SHUZI JINGJI YU SHITI JINGJI
GAOZHILIANG FAZHAN YANJIU

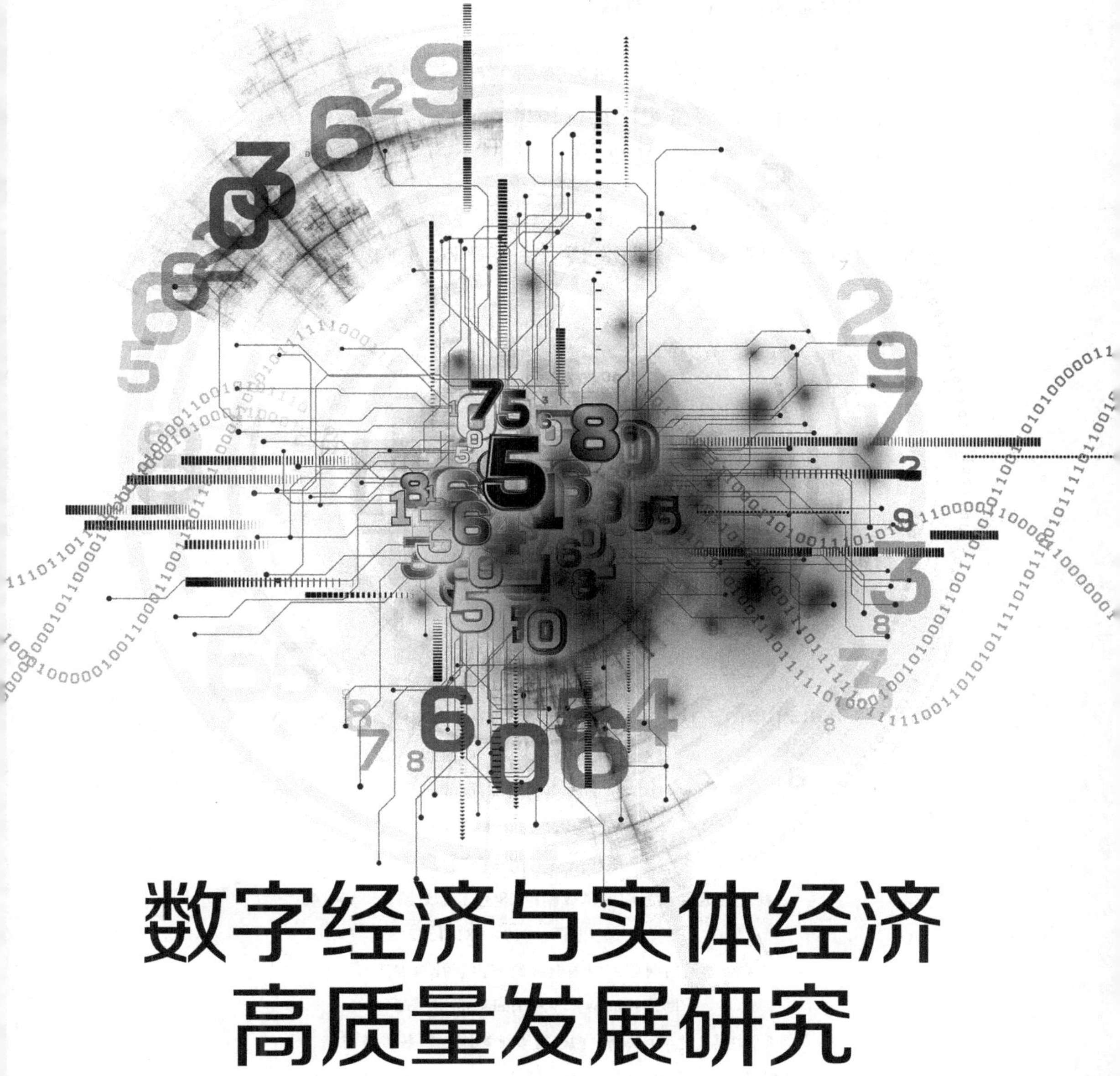

数字经济与实体经济高质量发展研究

丛海彬 等 / 著

中国财经出版传媒集团
中国财政经济出版社
· 北 京 ·

图书在版编目（CIP）数据

数字经济与实体经济高质量发展研究/丛海彬等著. --北京：中国财政经济出版社，2024.4
ISBN 978 -7 -5223 -2822 -5

Ⅰ.①数…　Ⅱ.①丛…　Ⅲ.①信息经济 - 经济发展 - 研究 - 中国②中国经济 - 经济发展 - 研究　Ⅳ.①F492 ②F124

中国国家版本馆 CIP 数据核字（2024）第 045197 号

组稿编辑：周桂元　　责任校对：胡永立
责任编辑：周桂元　　责任印制：张　健
封面设计：卜建辰

数字经济与实体经济高质量发展研究
SHUZI JINGJI YU SHITI JINGJI GAOZHILIANG FAZHAN YANJIU
中国财政经济出版社 出版
URL：http：//www.cfeph.cn
E - mail：cfeph@ cfeph.cn

社址：北京市海淀区阜成路甲 28 号　邮政编码：100142
营销中心电话：010 - 88191522
天猫网店：中国财政经济出版社旗舰店
网址：https：//zgczjjcbs.tmall.com
中煤（北京）印务有限公司印刷 各地新华书店经销
成品尺寸：170mm×240mm　16 开　23.25 印张　381 000 字
2024 年 4 月第 1 版　2024 年 4 月北京第 1 次印刷
定价：99.00 元
ISBN 978 -7 -5223 -2822 -5
（图书出现印装问题，本社负责调换，电话：010 - 88190548）
本社质量投诉电话：010 - 88190744
打击盗版举报热线：010 - 88191661　QQ：2242791300

前 言

数字经济作为我国经济发展的新动能，不仅能够直接作用于产业数字化、数字产业化发展，对实体经济产生直接影响，是提振实体经济的重要因素，还有利于调节实体产业生产过程中的供给与需求、使产业结构合理化，是新时代推进我国经济结构优化发展的重要动能。习近平总书记在中共中央政治局第三十四次集体学习时强调，要推动数字经济和实体经济融合发展，把握数字化、网络化、智能化方向，推动制造业、服务业、农业等产业数字化，利用互联网新技术对传统产业进行全方位、全链条的改造，提高全要素生产率，发挥数字技术对经济发展的放大、叠加、倍增作用。中国信息通信研究院发布的《中国数字经济发展研究报告（2023年)》显示，2022 年我国数字经济规模达到 50.2 万亿元，同比名义增长率为 10.3%，占 GDP 比重为 41.5%，数字产业化规模达到 9.2 万亿元，产业数字化规模为 41 万亿元，占数字经济比重分别为 18.3% 和 81.7%。但在实体经济数字化转型过程中，仍然存在转型路径不明晰、基础设施建设不够稳固、多领域融合的应用型复合型人才供给不足、企业认知偏差导致数据要素价值挖掘和利用不充分、核心数字技术瓶颈尚未突破等问题，制约了数字经济支持实体经济的高质量发展。特别是在国际市场规模萎缩且不确定性增强的条件下，发挥国内超大规模市场优势是促增长的必然选择，而促进数字经济支持实体经济高质量发展是内需最大潜力所在。在此背景下，开展数字经济支持实体经济高质量发展的机制、成效评估与优化路径等方面的研究，对于发挥数字经济的放大、叠加、倍增作用，释放数字红利，推动实体经济全方位变革，提升实体经济生产效率，提高全要素生产率以及完成传统实体经济向高质量发展转型具有重要的理论和现实意义。

本书以数字经济与实体经济高质量发展为研究对象，聚焦数字经济与实体经济高质量发展的作用机制、效率、路径与政策支撑体系。(1) 从理论上厘清了数字经济与实体经济高质量发展的内涵和特征、作用方式与衡量指标以及数字经济影响实体经济高质量发展的作用机理。理论研究表明，数字经济基于网络经济效应对经济增长发挥倍增作用，通过匹配效应实现生产要素和供需双方的精准匹配，提高生产效率，促进实体经济的高质量发展。同时，技术创新和人力资本会受到数字经济的影响，又会对实体经济发展产生影响，在不同的技术创新水平和人力资本水平下，数字经济对实体经济高质量发展的影响程度不同，呈现非线性特征；基于区域经济联系的紧密性，数字经济的影响会产生空间外溢性，对邻近地区的实体经济产生影响。（2）从宏观经济视角检验了数字经济对实体经济高质量发展的总体效应和作用机理。实证研究表明，数字经济对实体经济高质量发展具有显著的促进作用；从数字经济分维度来看，数字基础设施和产业数字化能够显著促进实体经济高质量发展，而数字产业化并无显著影响。在东部、中部以及西部地区，数字经济对实体经济高质量发展均具有积极影响，但影响程度存在差异，其对东部地区的促进作用要强于中西部地区。在不同的实体经济发展水平上，数字经济对实体经济的影响程度有所差异。（3）从中观行业视角检验了数字经济对实体经济高质量发展的总体效应和作用机理。实证研究发现，数字经济的快速发展为制造业提供了新的增长动力和发展机遇。通过数字化技术的广泛应用，制造业能够提高生产效率、优化生产流程，并实现产品创新和差异化。数字经济的发展还为制造业注入了新的活力，推动着制造业向更高附加值和创新驱动的方向发展；数字经济能有效促进乡村产业的产业链延伸、新业态发展、技术渗透和组织创新；数字经济能通过促进技术创新和突破式创新、弱化渐进式创新来显著促进乡村产业高质量发展；数字经济对乡村产业高质量发展的影响存在区域异质性，东部地区技术创新的中介效应最显著。（4）从微观企业视角检验了数字经济对实体经济高质量发展的总体效应和作用机理。实证研究发现，数字经济赋能制造业和农业企业高质量发展，该结论在经过一系列稳健性与内生性检验后依旧成立。技术创新和人力资本在数字经济与制造业和农业企业高质量发展中发挥了机制作用。数字经济对不同地区制造业和农业企业高质量发展的影响不同，其对内陆地区企业高质量发展的作用效果要强于沿海地区；技术和资本密集型制造业更容易受到数字经济的影响而实现高质量发展；相较于非国有企业，国有企业受益于数字经济红利而实现高质量发展的效果更甚。（5）针对数字经济与实体经济融合发展的目标和关键问题，从宏观、中观和微观三个层面提出政策建议，以支持并推动数字经济和实体经济有机融合，促进中国经济高质量、可持续发展。

本书的特色与创新之处在于：(1) 构建了系统的理论分析框架，全面阐释数字经济对实体经济高质量发展的影响。现有与数字经济与实体经济高质量发展主题相关的研究大多为二者关系的直接研究，对数字经济自身的特点及其空间演变规律在其中发挥的作用关注不足。而本研究考虑到数字经济的规模经济特征和跨时空优势，将数字经济、梅特卡夫法则、新经济地理学理论和经济增长理论纳入统一分析框架，探究数字经济对实体经济高质量发展的总效应、非线性效应和空间溢出效应以及技术创新和人力资本在其中的机制作用。(2) 定量刻画数字经济对实体经济高质量发展的影响，形成实证维度立体化的鲜明特色。本研究试图通过构建数字经济发展评价体系和实体经济高质量发展的评价指标体系，对我国数字经济与实体经济高质量发展情况进行特征事实分析，从宏观、中观、微观三个维度考察数字经济对实体经济高质量发展的影响，并结合基准回归模型、中介模型、面板门槛模型、空间计量模型等方法刻画数字经济对实体经济高质量发展的直接作用、间接作用、非线性效应和空间溢出效应。(3) 比较分析发达国家数字经济与实体经济高质量发展状况，总结可供我国数字经济与实体经济高质量发展可借鉴的经验。发达国家的数字经济起步较早，技术的研发和应用相对更为成熟，在实现数字经济驱动经济高质量发展方面优势较为明显。然而，学者们对数字经济与实体经济高质量发展的国际经验缺乏较为深入和具体的讨论。本书重点关注美、日、欧等典型经济体数字经济与实体经济高质量发展状况，并对其进行差异分析，在此基础上总结我国数字经济与实体经济高质量发展的启示，使我国在新一轮国际竞争中获得有利地位。(4) 模拟数字经济与实体经济高质量发展的融合路径，提出符合我国实际情况的最优发展路径。传统上，学者们较多地通过理论分析研究数字经济与实体经济高质量发展的路径，而本书研究将构建数字经济对实体经济高质量发展的系统性理论框架，突破传统研究的范式，运用现代仿真模拟法模拟数字经济影响制造业高质量发展的路径，运用组态分析法分析数字经济影响乡村产业高质量发展的路径，并从制造业和乡村产业两大范畴提出数字经济影响实体经济高质量发展的最优路径和有效方案，弥补当前研究缺乏从产业细分层面考虑数字经济与实体经济高质量发展的不足。

需要特别指出的是，本书是集体合作的研究成果，先由丛海彬提出本书的总体思路、结构框架、写作重点，再分工执笔。参加各章节初稿撰写的有黄萍、王文韬、胡丽娜、冯根荣、邵金岭、陈萍、李钰、董瑾慧、张潇天、刘艳、刘忱。各章节初稿完成后，经过多次讨论，最终由丛海彬对各章节进行了系统修改和完善。本书的出版得到了中国财政经济出版社的大力支持和帮助，特别是中国财政经济出版社周桂元编审在编辑和出版书稿上给予了很大帮助，提出了许多宝贵的建议，在此表示诚挚的感谢！感谢学术同行提供的大量参考文献，为本书的研究提供了重要的帮助，在此深表谢意！由于时间仓促，书稿中可能存在的缺点和错漏概由作者负责，也恳请学术同行和读者批评指正！

丛海彬

2023 年 12 月 28 日于宁波

目　　录

第一章　绪论………………………………………………………（ 1 ）
　第一节　研究背景与问题……………………………………………（ 1 ）
　第二节　研究目标与意义……………………………………………（ 4 ）
　第三节　文献回顾与评述……………………………………………（ 8 ）
　第四节　研究内容与方法……………………………………………（ 22 ）
　第五节　研究框架与路线……………………………………………（ 25 ）
　第六节　研究创新与局限……………………………………………（ 28 ）

第二章　数字经济与实体经济高质量发展的理论基础………………（ 30 ）
　第一节　数字经济理论………………………………………………（ 31 ）
　第二节　实体经济高质量发展理论…………………………………（ 43 ）
　第三节　本章小结……………………………………………………（ 55 ）

第三章　数字经济与实体经济高质量发展理论框架…………………（ 57 ）
　第一节　数字经济影响实体经济高质量发展的直接作用机理
　　　　　……………………………………………………………（ 58 ）
　第二节　数字经济影响实体经济高质量发展的间接作用机理
　　　　　……………………………………………………………（ 60 ）
　第三节　数字经济影响实体经济高质量发展的非线性作用与
　　　　　空间溢出机理………………………………………………（ 64 ）
　第四节　本章小结……………………………………………………（ 68 ）

第四章　中国数字经济与实体经济高质量发展特征事实分析………（ 69 ）
　第一节　中国数字经济发展历程与总体特征………………………（ 69 ）
　第二节　中国数字经济发展问题及趋势……………………………（ 75 ）

第三节 中国实体经济高质量发展水平测度与特征事实分析 …………………………………………………………………… (80)
第四节 数字经济与实体经济高质量发展的相关性考察……… (86)
第五节 本章小结……………………………………………… (88)

第五章 数字经济影响实体经济高质量发展的总效应分析…………… (90)
第一节 问题提出……………………………………………… (91)
第二节 模型构建、变量选取与估计策略…………………… (93)
第三节 实证结果及其分析…………………………………… (95)
第四节 本章小结……………………………………………… (103)

第六章 数字经济影响实体经济高质量发展的非线性及空间溢出效应分析…………………………………………………… (104)
第一节 问题提出……………………………………………… (105)
第二节 数字经济影响实体经济高质量发展的非线性效应分析…………………………………………………… (106)
第三节 数字经济影响实体经济高质量发展的空间溢出效应分析………………………………………………… (112)
第四节 本章小结……………………………………………… (120)

第七章 数字经济影响实体经济高质量发展的作用机制分析：技术创新渠道………………………………………………… (122)
第一节 问题提出……………………………………………… (123)
第二节 模型设定、变量选择与统计分析…………………… (126)
第三节 数字经济与技术创新的计量分析…………………… (128)
第四节 数字经济、技术创新与实体经济高质量发展的计量分析……………………………………………… (133)
第五节 小结与政策建议……………………………………… (135)

第八章 数字经济影响实体经济高质量发展的作用机制分析：人力资本渠道………………………………………………… (137)
第一节 问题提出……………………………………………… (138)
第二节 模型设定、变量选择与统计分析…………………… (141)

第三节　数字经济与人力资本的计量分析…………………………（143）
第四节　数字经济、人力资本与实体经济高质量发展的
　　　　计量分析…………………………………………………………（148）
第五节　小结与政策建议……………………………………………（150）

第九章　数字经济与实体经济高质量发展：制造业的考察…………（152）
第一节　问题提出……………………………………………………（153）
第二节　文献综述……………………………………………………（154）
第三节　机理分析与研究假说………………………………………（155）
第四节　模型、方法、变量与数据说明……………………………（158）
第五节　实证结果及其分析…………………………………………（161）
第六节　小结与政策建议……………………………………………（166）

第十章　数字经济与实体经济高质量发展：乡村产业的考察………（168）
第一节　问题提出……………………………………………………（169）
第二节　文献综述……………………………………………………（170）
第三节　机理分析与研究假说………………………………………（172）
第四节　模型、方法、变量与数据说明……………………………（175）
第五节　实证结果及其分析…………………………………………（178）
第六节　小结与政策建议……………………………………………（186）

第十一章　数字经济影响实体经济高质量发展的效率测度…………（188）
第一节　数字经济影响实体经济高质量发展效率的测度：
　　　　制造业的证据……………………………………………………（189）
第二节　数字经济影响实体经济高质量发展的效率测度：
　　　　乡村产业的证据…………………………………………………（205）
第三节　本章小结……………………………………………………（223）

**第十二章　数字经济背景下实体经济高质量发展的实践分析与
　　　　　国际比较………………………………………………………（225）**
第一节　数字经济背景下制造业企业高质量发展的典型案例
　　　　……………………………………………………………………（226）

第二节 数字经济背景下农业企业高质量发展的典型案例…… (242)
第三节 数字经济下实体经济高质量发展的国际比较………… (257)
第四节 本章小结……………………………………………… (284)

第十三章 数字经济影响实体经济高质量发展的路径优化研究…… (286)
第一节 数字经济影响制造业高质量发展的路径优化研究…… (287)
第二节 数字经济影响乡村产业高质量发展的路径优化研究……………………………………………… (304)
第三节 本章小结……………………………………………… (328)

第十四章 数字经济支持我国实体经济高质量发展的政策体系设计…………………………………………… (330)
第一节 宏观层面政策体系设计……………………………… (331)
第二节 中观层面政策体系设计……………………………… (340)
第三节 微观层面政策体系设计……………………………… (345)
第四节 本章小结……………………………………………… (351)

参考文献…………………………………………………… (353)

第一章

绪 论

第一节 研究背景与问题

一、研究背景

实体经济既是我国经济发展的基础和保障，也是我国在国际竞争中获得有利地位的重要支撑。随着实体经济的大力推进，我国日益形成健全的工业体系，工业规模逐步壮大。我国是世界各国中唯一拥有联合国产业分类目录中全部工业门类的国家，包括 41 个工业大类、207 个工业中类、666 个工业小类。工业增加值由 2001 年的 4. 39 万亿元增长到 2022 年的 40. 16 万亿元，充分发挥了工业对宏观经济大盘的“压舱石”作用。然而随着逆全球化带来的外需减弱，以及我国经济发展中的产业结构、要素成本和资源环境等因素的制约，传统粗放式的经济增长模式难以为继，被快速增长所掩盖的发展问题开始凸显。党的十九大明确指出，我国经济发展阶段已由高速增长向高质量发展转变。充分发挥实体经济在物质和技术方面的支撑作用，以实体经济高质量发展作为经济高质量发展的引擎与驱动，是全面建成社会主义现代化强国的重要途径。当前，随着世界新一轮技术革命和产业变革的展开，数字经济发展势头强劲。中国信息通信研究院（以下简称

“信通院”）的统计数据显示，我国数字经济规模已由2005年的2.6万亿元增长至2022年的50.2万亿元，在GDP中的占比从14.2%上升到41.5%。数字经济不仅可以通过促进产业数字化和数字产业化进而直接影响实体经济的发展，而且有利于调节实体产业生产过程中的供给与需求、合理化产业结构，其快速发展可能为实体经济高质量发展提供新动能。

（一）实体经济高质量发展是实现中国式现代化的关键举措

党的二十大报告强调中国式现代化的本质要求之一就是高质量发展，要把发展经济的着力点放在实体经济上。由此可见，实体经济高质量发展是基于实体经济发展是经济稳定运行的根本途径，是产业体系现代化的主要依托，是防范化解金融风险的必由之路，是经济结构低碳绿色转型的重要支撑所作出的科学决策和战略部署。首先，实体经济包含了人民生活所需的吃、穿、用、住、行，是吸纳就业的蓄水池和稳定社会的定海针，是解决新时代我国社会主要矛盾的出发点和落脚点。其次，实体经济是直接创造社会财富的产业部门，是现代工业系统的基石和核心。实体经济的高质量发展可以持续推动产业基础的高级化和产业链、供应链的现代化，从而提升供给体系的质量，促使供给结构与需求结构相适应。再次，实体经济的高质量发展通过创新驱动获得超额利润，使金融资源从根本上摆脱“脱实向虚”的倾向，成为防范化解风险的根本举措。通过提高资本要素配置效率，促使金融体系趋向完善、稳固、健康，进而形成中国式现代化进程的有效推动力。最后，实体经济高质量发展也是工业绿色化转型、实现经济与环境保协调发展的中国式现代化之路。

（二）当前实体经济高质量发展面临巨大挑战

我国实体经济整体“大而不强、全而不精”。从规模来看，我国制造业增加值已经连续多年位居世界第一，但从质量来看，我国价值链“低端锁定”的困局仍未破除，与高质量发展要求还有一定距离。虽然近年来国内企业逐渐认识到技术创新与研发对企业乃至国家发展的重要性，不断在创新研发活动方面加大资金投入力度。但我国存在整体创新基础薄弱的局限，无法有效突破“卡脖子”技术难题，也难以真正实现实体经济的高质量发展。同时，实体经济发展面临结构性供需失衡和虚拟经济与实体经济的失衡，亟须进行经济结构的优化调整。首先，消费是拉动我国经济增长的重要引擎。随着经济发展，当今人们的消费观念和消费模式不再具有过去的基础、单一、模仿性特征，而是逐渐转向个性化、高端化、多样化。然而现实的供给无法满足消费需求的转变，实体经济的结构性供求失衡较为严重。主要表现为产品的供给体系主要处于中低端位置，高品质产品有效供给相对不足。例如，我国虽是世界钢铁大国，但是一些高端钢铁产品却依赖进口。其次，金融与房地产与实体经济存在失衡。金融与实体经济的失衡体现在工业企业利润增速减缓，资金由实转虚。而房地产与实体经济失衡体现在以下三个方面：一是在全社会固定资产投资中房地产开发投资具有较高的占比，且出现增速赶超全社会固定资产投资和第二产业投资增速的现象；二是由于“有形之手”调控有限，各类资金纷纷转向房地产市场，导致热点城市的房价上涨过快；三是房地产领域能够产生高额的利润，容易吸引企业进入房地产市场。2008 年的国际金融危机留下的最大的教训就是虚拟经济是以实体经济为基础，不能脱离实体经济而孤立发展。必须认识到，实体经济是立国之本，无法替代，实体经济对长久保持经济繁荣和社会稳定具有重大意义。

（三）数字经济已经成为转变经济发展方式和促进经济增长的重要引擎

回顾历史，从蒸汽技术到电力技术再到计算机与信息技术，新的技术推动新的产业发展，极大地释放了社会的生产力，创造出了前所未有的繁荣，造就了英国、美国、日本等一批世界领头国。如今以人工智能、新材料技术、分子工程、石墨烯、虚拟现实、量子信息技术、可控核聚变、清洁能源以及生物技术为突破口的第四次工业革命已悄然而至，数字经济成为第四次工业革命最重要的特征。当今世界正在经历新一轮科技革命和产业变革，数字经济已成为世界经济发展的重要方向，并有望成为推动实体经济发展质量提升的重要动能。我国始终对数字技术、数字经济与实体经济的融合发展给予高度关注。党的十九大报告指出，要推动互联网、大数据、人工智能和实体经济深度融合。党的十九届五中全会提出，要发展数字经济，推进数字产业化和产业数字化，推动数字经济和实体经济深度融合。国务院印发的《“十四五”数字经济发展规划》明确部署，要将数据作为关键要素，把数字技术与实体经济的深度融合作为主线，赋能传统产业转型升级，培育新产业新业态新模式，不断做强做优做大我国数字经济。

二、研究问题

目前有关数字经济的研究和实体经济的研究比较丰富，但二者之间关系的系统性研究则较为少见。首先，由于数字经济快速发展的态势，有关数字经济的理论也处在一个不断发展和完善的阶段。其次，实体经济发展是一国经济的立身之本，也是国家竞争力的直接体现。随着国外经济形势复杂多变和国内发展压力日益严峻，探索实体经济高质量发展的新动力迫在眉睫。从经济结构来看，数字经济包括产业数字化和数字产业化，而产业数字化与数字产业化又是实体产业的新兴组成部分，直接关系到实体经济结构的合理化与高级化。因此，有必要对数字经济与实体经济高质量发展的关系做出探讨。最后，政府等有关部门对数字经济数据的陆续公布为数字经济与实体经济高质量发展关系的实证检验提供了数据支撑。鉴于此，本书尝试从多个角度，采用多种实证方法探究数字经济与实体经济高质量发展的作用机制及实际效果，并从数字经济的视角构建促进实体经济高质量发展的政策体系。本书着重回答如下问题：数字经济如何影响实体经济高质量发展？如何评估数字经济对实体经济高质量发展的效应？如何识别数字经济影响实体经济高质量发展的优化路径并构建相应的政策体系？

第二节 研究目标与意义

一、研究目标

本书在数字经济、梅特卡夫法则、新经济地理学理论和经济增长理论的基础上，综合运用宏观与微观、定性和定量相结合的分析方法，构建数字经济影响实体经济高质量发展的理论分析框架。本书总体目标是：从理论和实证角度，从宏观、中观、微观层面对数字经济与实体经济高质量发展的关系展开全面系统的分析，识别数字经济促进实体经济高质量发展的优化路径并构建相应的政策体系。

（1）归纳现有的关于数字经济的起源与发展、特征、政治经济学解析、实体经济高质量发展理论、内涵与特征等研究成果。在此基础上，从数字经济对实体经济高质量发展的直接影响、间接影响、非线性作用及空间溢出效应四个方面构建理论分析框架。

（2）结合数据资料，对数字经济和实体经济高质量发展的总体特征、空间格局、区域分异进行刻画，分析数字经济与实体经济高质量发展面临的现状与困境。通过比较美、日、欧等典型经济体数字经济与实体经济高质量发展状况得出国际经验，对我国实体经济的高质量发展提供启示和借鉴。

（3）采用固定效应模型、线性面板模型、空间计量模型和中介效应模型检验数字经济对实体经济高质量发展的总效应、非线性效应、空间溢出效应和中介效应。从省份的宏观层面考察数字经济对实体经济高质量发展的总体效应和作用机理。从制造业和乡村产业的中观层面考察数字经济与实体经济高质量发展，并对数字经济影响制造业和乡村产业发展的效率进行了测度。从制造业企业和农业企业的微观层面对数字经济背景下实体经济高质量发展的实践展开了分析。从制造业和乡村产业两方面对数字经济影响实体经济高质量发展的路径优化进行研究。

（4）基于理论与实证分析的结果，结合数字经济及实体经济高质量发展的现实特点，构建宏观、中观、微观三个层面的数字经济，进而对我国实体经济高质量发展的政策体系进行设计。

二、研究意义

（一）理论意义

目前数字经济方面的研究不断丰富，然而数字经济与实体经济高质量发展的系统性研究却相对滞后。

首先，本书根据数字经济与实体经济高质量发展的相关理论，结合以往学者们的研究成果，探究数字经济对实体经济高质量发展的直接影响以及其中的作用机制，丰富了关于实体经济高质量发展的影响因素和数字经济的经济效应两类文献。虽然，既有研究对数字技术对经济发展的影响给予较多关注，但对于数字经济对实体经济高质量发展的影响，数字经济自身的特点及其空间演变规律在其中发挥的作用、数字经济影响实体经济高质量发展的效率、数字经济背景下实体经济高质量发展的实践分析等问题的研究相对不足。因此，本书试图在充分考虑以上问题的基础上，构建数字经济与实体经济高质量发展全面系统的分析框架。

其次，本书根据统计资料、重要数据库和网站、实际调研数据等，使用基准回归、分位数回归、门槛回归、空间计量模型、中介效应模型等实证研究方法，从宏观、中观和微观三个维度深入探究数字经济与实体经济高质量发展的关系，在已有研究方法及研究视角的基础上进行了丰富和拓展，为理论研究提供了更为具体的实证依据。

最后，利用中观和微观数据检验数字经济影响实体经济高质量发展的异质性差异以及作用机制，深化了数字经济与实体经济高质量发展在中观和微观层面的认识，为通过数字经济手段促进实体经济高质量发展提供中观和微观经验证据。

（二）现实意义

改革开放以来，我国实体经济取得了长足发展。但是，实体经济“大而不强”的问题尤为突出，亟须探究新动能促进实体经济由大向强转变。此时，党和国家高度重视数字经济的发展，力图充分抓住数字经济这一历史性发展契机，实现经济由高速增长向高质量发展的全面转型。但是数字经济能否成为促进实体经济高质量发展的新动力，数字经济通过什么路径来助推实体经济发展质量的升级有待进行系统地考察。本书的研究旨在检验数字经济与实体经济融合发展的实践效果是否符合预期，并对未来发展路径进行思考。

首先，我国实体经济发展“大而不强”的主要原因在于自主创新能力薄弱。随着改革开放的不断深入，我国企业的总体实力和综合竞争力都有了很大的提高，其国际影响力也不断增强。然而，我国企业大多以规模为优势，在技术含量、品牌价值、商业模式、国际化程度等领域存在不容忽视的短板和不足。因此，提高实体经济发展质量意味着提高企业通过技术创新获得高质量发展的能力。而数字经济为技术创新营造了良好的环境。数字技术、数据资源和数字基础设施具有创新生成性，允许个人、团体和组织共同创建服务、应用程序和内容。此时，如何抓住数字经济这一历史性契机，提高实体经济供给质量这一关键问题亟待回答。

其次，我国目前正在大力推进数字经济发展。近年来，数字经济如何影响经济发展的问题深受社会各界的关注，甚至被寄予了驱动经济高质量发展的厚望。从零售（电子商务）到运输（自动驾驶汽车）、教育（大规模在线开放课程）、健康（电子记录和个性化医疗）、社会互动和个人关系（社交网络），数字经济迅速扩张，其背后的原因是经济、政治等各种因素交错相织的，但本身植根于技术创新。数字经济能够提高资本和劳动力生产率，降低交易成本，为数字初创企业提供新的、独特的市场。数字经济受梅特卡夫法则、摩尔定律和达维多定律支配，具有快捷性、高渗透性、自我膨胀性、边际效益递增性、外部经济性等特点。与传统产业相比，数字经济在基础设施、生产要素、生产和服务方式等方面拥有全新特征，既表现出独特的技术属性，又包含新经济的形态。因此，理论上数字经济有助于促进实体经济高质量发展，且数字经济自身特征在其中表现出一定作用。但是理论预期是否与现实相符需要进行严格的实证检验。

再次，对数字经济与实体经济高质量发展进行特征事实分析，有助于有效识别我国数字经济和实体经济发展的特征，明晰在发展中所面临的限制及障碍，为其进一步发展和提升提供了方向和经验上的指导。数字经济是推动经济和社会发展的重要力量。然而，要想充分发挥数字经济的经济效应需要考虑到一定的基础条件，包括数字经济自身特点以及空间区域分异。本文在测算数字经济对实体经济高质量发展的影响效率的同时，对影响数字经济发挥作用的技术创新、要素配置、人力资本、空间地理等因素进行了理论和实证研究，对于更好地抓住数字红利实现经济高质量发展具有重要意义。

最后，为促进数字经济和实体经济高质量发展提供政策建议。比较分析美、日、欧等典型经济体数字经济与实体经济高质量发展状况，为我国高质量发展提供启示和借鉴。同时，在理论研究及实证研究的基础上，构建数字经济促进实体经济高质量发展的政策体系。在宏观层面，为政府加强数字经济赋能实体经济高质量发展提供政策建议和支撑体系，从提高政府数字治理能力的角度入手，加强数字治理制度供给，为建立有利于数字经济支持浙江实体经济高质量发展的长效机制提出总体目标和具体建议，推动政府在新发展格局下更好地发挥调控作用。在中观层面，为实体经济加速数字化转型提供政策建议，从推进数字型产业建设、加强数字技术核心供给、加强产学研合作推动基础性核心数字技术创新和关键领域的突破等提出政策建议和完善支撑体系。在微观层面，明确实体经济企业加强数字经济运营能力的政策需求，分析企业生产经营状况，明确各类企业在数字化转型过程中面临的主要困难，为更好地推动企业吸收运用数字技术、提高自主创新能力提供可行的建议。

第三节 文献回顾与评述

一、数字经济相关文献

（一）数字经济的概念

美国学者唐·泰普斯科特（Don Tapscott，1996）最早提出“数字经济”概念，认为数字经济是广泛应用数字技术并使经济活动发生根本性变化的经济系统；美国学者金（Kim，2002）认为数字经济是一种以数字方式进行的商品和服务交易的经济形态；理查德·希克斯（Richard Heeks，2008）认为数字经济由数字贸易、软件基础设施和涉及数字内容的生产及销售部分三方面构成；乔吉亚迪斯（Georgiadis，2013）等认为数字经济只是涉及互联网和 ICT 的经济和社会活动，并非全新的经济形态。

在国务院印发的《“十四五”数字经济发展规划》中将数字经济定义为“以数据资源为关键要素，以现代信息网络为主要载体，以信息通信技术融合应用、全要素数字化转型为重要推动力，促进公平与效率更加统一的新经济形态”；目前较有共识的是 G20 杭州峰会通过的《G20 数字经济发展与合作倡议》对数字经济给出的定义：以使用数字化的知识和信息作为关键生产要素、以现代信息网络作为重要载体、以信息通信技术的有效使用作为效率提升和经济结构优化的重要推动力的一系列经济活动。数字经济被认为能够代表先进生产力，依托数字技术以高传播性、渗透性和普适性促进各行业效率提升和结构优化，成为继农业经济、工业经济之后的又一主要经济形态（裴长虹等，2018）。

（二）数字经济的测度

构建合理的数字经济发展水平评价体系有助于数字经济的健康发展，目前形成的主要方法有：增加值测算、卫星账户构建、指标编制。

1. 增加值测算

美国商务部经济分析局（BEA）基于 OECD 研究，借助“供给—使用”表从数字经济基础设施、电商和数字媒体等维度测算美国 2006—2016 年数字经济增加值；芬兰经济研究所（ETLA）基于 OECD 行业定义，通过计算数字经济核心产业增加值、非 ICT 行业中商品与服务的数字化增加值和非 ICT 行业中在线销售增加值规模三个步骤，对 ICT 行业增加值进行测算；中国信通院对数字经济的测算从“两化”扩展至“三化”，即数字产业化、产业数字化和数字化治理，通过加总“三化”的增加值测算数字经济发展水平；许宪春和张美慧（2020）借鉴 BEA 的做法，将涉及数字经济的相关行业的增加值相加，但由于数据不详细，便采用“结构系数”“调整系数”“增加值率”等工具系数进行估算。

2. 卫星账户构建

张美慧（2021）基于供给和使用层面构建了数字经济供给使用表概念框架，并编制了使用表实例，尝试完善数字经济测算体系；罗良清等（2021）从融合视角出发，明确数字经济范围、产业和产品，试图编制“中国化”数字经济卫星账户，更加符合我国实际需求，但是在这种思路下，难以界定和统计数字经济融合产业下的数字化产品，需要专门制定调查方案。

3. 指标编制

国际电信联盟先后构建了多个指标体系：1995 发布了用以评价西方七国信息化水平的信息通信技术指标、2003 年将此前的指标改进为数字接入指数（DAI）、2005 年提出反映区域 ICT 接入和应用水平的数字机遇指数（DOI）、2007 年提出 IDIITU 指数；欧盟在 2014 年发布数字经济与社会指数（DESI）；WB 编制了知识经济指数（KEI）；腾讯研究院发布的《中国“互联网 +”指数测算方法报告（2018）》编制了数字经济、数字政务、数字生活和数字文化四个分指标，加权平均得到“互联网 +”指数，体现中国数字化程度；焦帅涛和孙秋碧（2021）认为数字经济发展取决于“四个需要”，即需要完善数字化基础、需要拓宽数字化应用、需要加大数字化创新和需要提升数字化变革，并基于这“四个需要”构建省级指标体系评价；钞小静等（2023）基于形态属性，运用纵横向拉开档次法从信息经济、平台经济、共享经济、智能经济四个维度构建综合评价指标体系；王彦杰等（2022）参考国家统计局对数字经济的分类，从数字产品制造、数字技术应用、数字产品服务、数字化效率提升和数字基础保障五个层面综合构建指标。

（三）数字经济的经济效应

数字经济的影响渗透到了国民就业、消费等微观层面，也辐射到了整个宏观层面。

1. 对就业结构和工资水平的影响

Acemoglu D 和 Restrepo P（2020）认为数字经济发展会导致“机器替代人”，这会对就业率和工资水平产生负向影响，但孟祺（2021）发现数字经济对就业规模不仅仅存在着替代效应：造成部分岗位流失，也在存着促进效应：创造新的岗位、促进灵活就业；数字经济会导致就业结构“两极化”，低技能劳动力会被服务性岗位所吸收，但这一趋势可能会随着数字化发展程度的加深而截断（Dorn D，2009；Frey CB 和 Osborne MA，2017；杨骁等，2020），高学历群体在就业或创业中更容易被数字经济红利所影响（何宗樾和宋旭光，2020；张勋和谭莹，2019）；如果某个劳动者拥有更多数字化知识和信息且能合理利用，就能获得更多的劳动报酬（韩文龙和陈航，2021）。

2. 促进创新效应

数字经济对创新组织形式、创新生态系统、创新资源配置等都产生了变革性影响（张昕蔚，2019）。国内不少学者以区域为研究视角，发现数字经济发展可以明显加大创新投入力度，提升创新产出水平。此外，数字经济发展的创新效应具有显著的地区异质性和门槛效应（夏杰长等，2021；李雪等，2021；熊励和蔡雪莲，2020）；赵宸宇等（2021）以企业为研究视角，发现企业数字化转型有利于其全要素生产率的提高；唐要家等（2022）研究发现数字经济发展导致市场竞争加剧和创新激励提高，这会促进企业创新绩效，但数字经济发展同时也会导致内在市场结构的高度集中，会阻碍创新。

3. 带动产业转型升级效应

数字经济能够带动产业转型升级，催生新的生产和商业模式。数字经济作为一种新经济范畴，通过对传统行业升级再投资、改变经济主体的交互方式、采纳新型的技术等方式，从而催生出新的生产和商业模式（郑嘉琳和徐文华，2020）。数字经济通过改变原有的组织管理方式、优化资源配置、提升全要素生产率的路径，助推产业转型升级（胡俊和杜传忠，2020）；数字经济可以依托数字技术开发关联性产品，与其他产业深度融合，搭建全新融合型产品体系，优化产业布局，促进产业协同发展（任保平和何厚聪，2022）。

4. 空间溢出效应与碳减排效应

数字经济的发展具有空间溢出效应，数字经济发展较好的地区可以带动相邻省市数字经济的发展（王帅军等，2022），但是随着地理距离增加，数字经济空间溢出效应存在一定程度的衰减（罗军和邱海桐，2022）。同时，数字经济具有碳减排效应，这有助于该城市的绿色经济转型，数字经济主要通过提高政府环保投资、促进产业结构升级和增强公众环境关注度三条路径降低碳排放强度，并且碳减排效应在不同城市具有异质性，特大城市与大城市相较中小城市的效应更为显著（张传兵和居来提·色依提，2023）。

（四）我国数字经济发展过程中存在的问题及对策

1. 我国数字经济发展中存在的问题

目前我国数字经济发展态势良好，但同时也存在着一些问题影响其高质量发展：

第一，数字经济发展受制于底层关键技术缺失。工业和信息化部在2019年调查发现，我国在数字经济领域缺乏嵌入式CPU、高端芯片、存储器等300多项核心技术，这源于我国薄弱的基础研究、原创性重大创新成果产出困难以及创新人才匮乏（李三希等，2023）。

第二，从总体层面来看，我国数字经济发展呈现上升趋势，但从水平层面来看，我国数字经济发展不均衡，从东至西呈梯度式下降（王帅军等，2022）。此外，中国各省份存在着数字鸿沟问题，目前已成功跨越了一级数字鸿沟，但是二级数字鸿沟依然存在，农村地区数字化水平较低（郑国楠和李长治，2022）。

第三，随着数字经济的发展产生了垄断行为。价格歧视、数据信息限制、竞价排名、企业并购、掠夺性定价，造成消费者福利的损失（王世强，2021）。

第四，我国数字经济发展也存在着营运资金投入力度小、大众参与度低等问题（贾倩等，2020）。

2. 对策

国内诸多学者根据我国具体情况广开言路，各抒己见。加大资金投入以早日破解高端技术“卡脖子”问题、加强东西部区域间的数字经济协同发展以消除数字鸿沟、合理运用区块链技术用于支撑数据信任体系的构建（刘昱洋，2022）、重视对于高端数字经济领域人才的培育和引进以弥补我国人才的匮乏（任保平和何厚聪，2022；张姝和王雪标，2023）、打造更优的数字生态体系以激发我国数字优势（李三希等，2023），从以上几个方面助力我国数字经济高质量发展。

二、实体经济高质量发展相关文献

何为实体经济高质量发展？黄聪英（2019）认为实体经高质量发展应包括四个方面内容：主题是质量变革、核心是效率变革、基础是力变革、目的是服务人民”。金碚（2018）认为高质量发展的核心是人民日益长的物质和精神生活的需求得到满足。张军扩等（2019）对高质量发展的内涵进行概括，认为高质量的发展应该是绿色的、可持续的，同时也要满足人民的美好生活需求。夏杰长（2022）指出，随着社会的进步，实体经济的定义、范围及其影响力都在不断扩大，因此，要想推动实体经济的高质量发展，就必须加强数字与实体的融合，并通过创新的方式推动其发展，同时也要加强对金融机构的支持。通过对文献的梳理发现目前有关实体经济高质量发展的研究主要集中在三个方面。

（一）数据要素促进实体经济高质量发展的研究

陆岷峰（2023）认为实体经济发展面临需求收缩、生产受阻、动能减弱、韧性不足等诸多难题的重要原因之一就在于数据要素在实体经济发展中的应用水平不高。为此，推动数据要素和资本、技术等其他生产要素的深度融合，用数据要素来整合、锻牢市场关系中的各种链条，通过数据要素的市场化提升实体经济运行动力。朱瑞博等（2023）认为数据要素是驱动实体经济高质量发展的关键，必须通过加强顶层设计、完善政策法规，解决数据确权难题、促进数据共享和市场流通，推动数据供给侧改革等措施来激发数据要素的创新潜能，推动实体经济高质量发展。苏婧等（2022）构建了数据要素集聚的理论模型，结果发现在促进区域协调发展要素中，品牌效应要素和技术进步要素具有十分重要的影响，有利于助力实体经济高质量发展。

（二）数字经济促进实体经济高质量发展的研究

丁志帆（2020）认为数字经济能有效驱动经济高质量发展，降低成本、减少投入，能够极大地提升资源的利用效率。荆君等（2019）从微观和宏观两个角度研究了数字经济将如何促进实体经济高质发展，从理论上探索了数字经济对实体经济发展的影响。张鸿等（2019）从结构优化、创新驱动、经济增长、发展目标等多个角度进行研究，得出了数字经济在推动我国实体经济高质量的发展上有不可取代的作用。钞小静（2022）认为数字经济与实体经济的相互融合是由于数字技术在实体经济活动中的渗透与扩散所带来的，新形势下必须注重数字技术的运用，通过数字经济实体经济深度融合、相互促进赋能我国经济高质量发展。郭晗（2020）认为数字经济实体经济相互融合，不仅有利于实体经济的创新发展，还能拓展其发展空间，推动其制度环境优化，加快绿色化转型，进而提升我国实体经济的国际竞争力。曹建飞等（2022）认为数字经济的发展带动了技术创新、大大提升了互联网普及程度和实体经济水平，以此来带动城市经济高质量发展。邝劲松等（2020）通过实证研究发现，积极推进实体经济数字化转型，打造数字产业生态是促进中国经济高质量发展行之有效的方式。

（三）其他有关实体经济高质量发展的研究

汤谷良（2023）结合案例实践提出中国企业应加快构建个性化的财务管理制度建设体系，按照新发展格局要求再造财务组织架构与管理流程，设计出能够对接战略、监测经营并展现企业价值的财务模型以此来助力实体经济高质量发展。张华飞和卢露等（2022）通过宏观经济、金融体系、实体企业三个层面来分析了中国企业金融化的成因，并结合美国和德国企业金融化治理的成功案列为我国在防止企业过度金融化、实体经济高质量发展等方面提供一定的政策建议。

王竹泉和孙文君（2022）认为通过研究发现政府和社会资本具有一定的引导性，它可以通过集中规划，精准发力来撬动当地的资源倾斜，从而促进当地相关实体经济的高质量发展。刘洋和肖远平（2021）认为数字文化产业也可以为实体经济高质量发展供给新动力、新机遇。这其中的关键点在于要处理好基础建设与使用的关系、政府与企业招商的关系等。张健和李博琪（2021）从物流成本、用地用能成本、人工成本、制度性交易成本、融资成本、税费负担六个方面入手，对四川省内钢铁、煤炭、水泥等生产型企业开展了抽样调查，深入分析降成本政策措施对实体经济转型升级带来的影响。陈抗和战炤磊（2021）通过耦合系统分析模型，对五个省市实体经济和人力资源高质量协同发展绩效进行定量评价，结果表明必须紧扣高质量发展的内在规律，对实体经济发展模式和人力资源开发模式进行创新，才能实现人力资源与实体经济的高质量协同发展。任保平和宋文月（2019）通过研究发现新一代人工智能可能会成为实体经济高质量发展新引擎，它为实体经济的全面振兴提供了全新的技术支持和一定的变革机遇。

三、数字经济与实体经济高质量发展的相关文献

（一）数字经济与中国经济高质量发展

1. 区域经济高质量发展层面

相关研究从区域经济发展差异的角度出发，探讨了数字经济在促进区域经济高质量发展过程中的影响作用，区域本身的经济发展程度不同，则数字经济对该区域经济高质量发展的影响程度不同，即数字经济对其的影响存在区域异质性，并且从空间上来看，数字经济对相邻区域的影响效应存在空间溢出性（程广斌等，2023）；陈肖等（2023）、陈昭等（2022）认为数字经济发展通过产业结构升级和科技创新水平提高这两种方式间接影响中国经济高质量发展；陈景华等（2023）认为提高区域间数字经济的协调发展程度有利于进一步缩小高质量发展在不同地区上的表现差距；何寿奎等（2022）指出我国经济高质量发展水平具有区域不均衡性的特征；刘家旗等（2022）通过实证检验研究得出我国数字经济发展表现出区域不平衡性特征的原因，主要是由不同省份之间本身经济发展水平的差异所造成，在经济发展水平越高的地区，其数字经济的发展程度越高；申雅琛等（2022）、巫瑞等（2022）将数字经济助推经济高质量发展在不同区域间带来的影响结果差异进行了对比分析；李娟等（2022）认为数字经济驱动区域经济高质量发展主要是是通过四种途径来实现：一是促进区域间经济增长，二是推动产业和消费结构优化，三是加快科技创新速度，四是推动经济效益提升；张蕴萍等（2021）则认为数字经济推动区域经济高质量发展是通过提升人力资本水平和加快产业结构升级两种方式进行的，在东部与中西部地区之间，这两种推动方式带来的促进效应均表现出区域异质性。

2. 城市经济高质量发展层面

相关学者分析了数字经济是如何驱动中国城市经济高质量发展的，主

要探讨了具体的作用路径、机制和作用方式。在城市层面，以中心城市为焦点，向周边城市辐射，数字经济有利于带动其他城市高质量发展，且这种带动存在门限效应。数字经济促进城市经济高质量发展的传导路径为以下三条：一是提升技术创新水平，二是提高互联网普及深度和广度，三是加快实体经济的发展（曹建飞等，2023）；鲁玉秀等（2021）、李宗显等（2021）均研究指出数字经济在促进城市经济高质量发展层面上具有空间溢出效应，不仅有利于大幅度提升本地城市经济发展质量，也能够带动周边城市的经济发展；丁松等（2022）指出数字经济能够通过改善人力资本配置效率来驱动城市高质量发展，但是在提升城市高质量发展的水平方面，数字经济并不具有显著的促进作用。

（二）数字经济与农村、农业高质量发展

李明贤等（2023）研究得出数字经济对农业高质量发展的促进作用存在一定的空间聚集特征，在经济发达地区，数字经济对农业高质量发展的促进作用强，对落后地区来说，数字经济对农业高质量发展的促进作用较弱；周清香等（2022）指出在粮食主产区和主销区，数字经济正向赋能农业高质量发展的作用更为显著；李本庆等（2022）认为数字经济在农业结构升级和协同共享两个维度的促进作用明显，在农业创新方面，数字经济对其的促进作用相对较弱，同时，该研究还指出对于农业高质量发展来说，数字经济对其的促进作用表现出明显的区域异质性特征，就其促进作用的大小来看，东部地区较大，西部地区次之，中部地区较小；鲁钊阳等（2022）利用实证检验研究得出数字经济对农业高质量的促进作用存在门槛效应，当数字经济发展水平低于门槛值时，其对农业高质量发展的促进作用较小，当跃过门槛值时，数字经济的促进作用大幅提升；柯雨欣等（2022）、罗千峰等（2022）、唐文浩（2022）、张志新等（2022）研究分析了数字技术赋能农业、农村高质量发展的实现机制；董晓波等（2023）探究了在农业、农村高质量发展中新型数字基础设施建设的推动作用。

（三）数字经济与制造业高质量发展

1. 数字经济对实体经济的促进效应方面

霍春辉等（2023）认为数字化转型存在显著的行业同群效应与地区同群效应，这两种同群效应推动制造业高质量发展的路径也不同；徐星等

（2023）在研究数字经济驱动制造业高质量发展的影响时，主要侧重于技术创新效率提升与技术创新地理溢出的双重视角；徐冬梅等（2022）、秦建群等（2022）、韦庄禹等（2021）、刘鑫鑫等（2021）均研究在促进制造业高质量发展方面，数字经济具有显著的正向作用，且该促进作用具有区位异质性，在东部和南部地区，数字经济对制造业高质量发展的促进作用更显著；史言信等（2022）指出不同区域数字化发展的水平不同，则其对制造业高质量发展的促进作用不同；李史恒等（2022）研究指出数字经济不仅能够直接赋能制造业高质量发展，还能够通过积累人力资本、加速产业升级、增强创新能力的传导效应间接赋能；王德祥（2022）、钞小静等（2022）将研究视角聚焦在数据要素上，探讨了数据要素这一重要生产要素在数字经济促进制造业高质量发展中的作用机制；贾利军等（2022）、吕铁等（2021）则针对数字技术在制造业高质量发中的赋能作用展开了具体研究。

2. 数字经济促进制造业高质量发展的途径方面

梁小甜等（2022）研究得出数字经济能通过增加创新投入和提升人均创利这两个途径促进制造业高质量发展；惠宁等（2022）则通过实证研究指出数字经济是通过加速人力资本积累、激发创业活力这两个途径来驱动制造业高质量发展；王瑞荣等（2021）认为数字经济对不同密集型企业的影响程度不同，从制造业方面来看，数字经济对制造业高质量发展具有显著的负向影响，但是从资本和技术密集型制造业来看，数字经济具有显著的正向促进效应。

（四）数字经济与实体经济高质量发展

1. 数字经济与实体经济融合特征和融合水平方面

数字经济与实体经济融合发展中存在技术生态圈的打造、主体生产率的提升以及场景适应力的拓展三个基本逻辑（郑琼洁等，2023），相关学者研究指出在数字经济与实体经济的融合过程中出现了一些问题。宋义明（2022）指出在高质量发展的过程中，数字经济与实体经济的融合度不够；陈曦（2022）列出了我国融合过程中面临的底层技术支撑不足、融合质量不高的问题；郭晗等（2022）通过实证检验得出尽管各省份数字经济与实体经济耦合协调度持续深化，但大部分省份的数字经济发展滞后于实体经济的结论；李林汉等（2022）利用省际数据研究得出在数字经济发展较快的地区，如果数字经济与实体经济的融合程度越高，数字经济对周边地区的空间外部溢出效应越显著的结论；张帅等（2022）认为从整体上来看，中国数字经济和实体经济相互融合的水平呈现持续上升的趋势，但是从融合水平和质量上来看，仍然处于较低的阶段，从分布格局来看，由东部地区到西部地区融合水平由高到低，从等级差异来看，东部地区正在走向高融合程度转型，而中西部地区数字经济与实体经济的融合失调脱离；郭晗（2020）分析了二者融合的特征和问题，认为当前我国正在经历产业数字化加速发展、产业结构优化调整和“消费—生产”转型，与此同时，融合过程中也暴露出了核心技术欠缺、融合不平衡不充分、数字治理水平滞后于产业发展水平等制约因素。

2. 数字经济驱动实体经济高质量发展的路径和影响机制方面

陆岷峰（2023）认为平台经济是推动实体经济与数字经济融合的重要方式，通过平台经济的发展来赋能实体经济，达到经济发展便利化、智能化的目的，从而实现实体经济高质量发展；朱瑞博等（2023）认为实体经济的高质量发展需要激发数据要素的创新潜能；钞小静（2022）指出数字经济与实体经济融合发展的重点是数字技术的应用，合理运用数字技术能够加强创新能力和推动产业升级，从而达到提高全要素生产率的目的，这可以为实体经济高质量发展提供新优势与新动能；胡西娟等（2022）通过研究得出科技创新和人力资本是数字经济促进实体经济高质量发展过程中两种重要的中介传导机制的结论；宋旭光等（2022）认为数字产业化能够显著促进中国工业企业全要素生产率的提高，从而推动实体经济高质量发展；罗茜等（2022）经过研究认为数字经济影响实体经济存在直接和间接两种作用形式：一是通过产业数字化、数字产业化的发展来直接作用于实体经济，二是数字经济有利于优化实体产业的供需结构，将产业结构推向高级化和合理化，通过产业结构的调整间接作用于实体经济；陆岷峰（2022）提出要大力发挥场景生态圈的作用，将数字技术作为推进实体经济高质量发展的核心技术成分；刘洋等（2021）将研究视角聚焦于数字文化产业，提出利用数字文化产业的发展来为实体经济高质量发展培育新业态。

四、实体经济高质量发展的模式及政策措施研究

（一）金融与实体经济高质量发展及政策措施研究

习近平总书记指出：“金融是实体经济的血脉，为实体经济服务是金

融的天职，是金融的宗旨，也是防范金融风险的根本举措。”[①] 2017 年李克强总理在《政府工作报告》中强调：“要综合运用货币政策工具，维护流动性基本稳定，合理引导市场利率水平，疏通传导机制，促进金融资源更多流向实体经济。”

何青等（2018）认为金融系统性风险传导至实体部门，主要通过信贷这一渠道。我国宏观经济调控应预防和化解系统性风险，确保信贷平稳。刘伟和曹瑜强（2018）认为实体公司金融化由短期机构投资者持股所驱动，其驱动效果民企相比国企更加显著。应坚持虚实结合，抑制机构投机行为，鼓励长期价值投资。王竹泉等（2019）认为资本市场上唱衰实体经济和低估投资价值的现象应归因于糟糕的信息不对称，金融资本远离高风险低回报的实体经济。传统的财务分析高估了投资活动资金回报率，低估了经营活动资金回报率，致使资金从实体经营部门流向资本经营部门。应重新评估实体经济的发展状况和质量，慎重对待实体经济结构化去杠杆，搭建专业化的财务风险和资金效率信息平台。苏冬蔚和毛建辉（2019）发现实体经济增长受生产性和非生产性资产泡沫的相对比重的影响，股市过度投机会引起非上市中小企业的融资机会和生产力下降，影响实体经济的健康发展。汪亚楠等（2020）认为数字金融能够通过创新研发这一中介显著地促进我国实体经济发展。应持续推进数字金融的发展，为中西部地区数字金融营造良好环境，提升创新研发能力。成学真和龚沁宜（2020）发现，数字普惠金融通过传统金融发展、消费水平以及科技创新三个机制显著促进实体经济的发展。应提升数字普惠金融水平，推动传统金融转型和科技创新，刺激消费。王竹泉等（2020）认为我国实体经济上市公司短期财务风险较低且呈下降趋势，传统风险指标高估了实体经济的短期金融风险。应正视传统分析的不足，对实体经济短期金融风险进行理性客观分析，识别存在风险的重点领域，守住金融系统性风险的底线。杨继生和向镜洁（2020）发现企业资金越充足越容易获得融资，企业越容易获得融资资金越充足，陷入了实体经济流动性配置的“马太效应”。货币政策应增强靶向性和针对性，推进数字货币研发，防控金融市场泡沫。刘贯春等（2020）认为经济政策不确定性与金融资产投资正向变动，与固定资产投资反向变动，导致实体投资率降低，实体企业的金融化趋势加剧。应保持

① 2023 年 7 月 14 日习近平在全国金融工作会议上的讲话。

宏观经济政策的透明、稳定和一致。刘贯春等（2021）认为受人力资本在实体部门与金融部门之间的结构配置的资本挤入效应和创新挤出效应，人力资本配置情况与实体经济增长率之间呈现倒“U”形关系。应调整薪酬分配结构，管控金融部门的盲目扩张。唐松和谢雪妍（2021）认为企业通过持股金融机构可以对供应链上下游企业产生正向溢出作用，该研究对指引资金脱虚向实、稳定供应链、畅通国内循环有着重要启示作用。李青原等（2022）认为强化金融监管抑制了企业脱实向虚。资管新规积极的实体经济效应存在两个作用机制分别是压缩金融投资、降低债务融资成本。相对于长期，资管新规作用对象主要是短期金融资产配置较多的企业。为金融监管的实体经济效应提供了来自中国的初步微观依据。钟凯等（2022）认为数字普惠金融在一定程度上抑制实体企业金融化。数字普惠金融通过降低金融投资回报率和缩小影子银行规模两个机制缓解企业金融化水平。发展数字普惠金融能够降低企业金融化的经营风险。政府应加强普惠金融制度建设，中西部地区应持续推进金融市场化改革，金融机构应立足于金融服务实体经济的本质，上市公司应重视实业投资和金融风险管理。

（二）虚拟经济与实体经济高质量发展及政策措施研究

习近平总书记强调：“振兴实体经济是供给侧结构性改革的主要任务，供给侧结构性改革要向振兴实体经济发力、聚力。不论经济发展到什么时候，实体经济都是我国经济发展、我们在国际经济竞争中赢得主动的根基。我国经济是靠实体经济起家的，也要靠实体经济走向未来。”①

发达国家主导着虚拟经济，并由此牢牢掌握全球产业链中的高附加值部分，限制发展中国家产业结构的改进升级，是对发展中国家的经济掠夺（叶祥松和晏宗新，2012）。文春晖和任国良（2015）认为虚拟经济最终控制人通过金字塔持股分离上市公司最终所有权和控制权，使虚拟经济主体掌握实体经济，上市公司资本结构以及投资一同扭曲，投资不足与过度同时存在，虚拟经济最终控制人控制资本服务实体经济的投资结构发生扭曲，最终使虚拟经济游离于实体经济之外。罗来军等（2016）发现虚拟经济吸取实体经济中的资金，虚拟经济本该给实体经济提供的融资仍运转在虚拟经济中并没进入实体经济，这不利于实体经济发展，为我国利润迷失

① 2016 年 12 月 14 日习近平在中央经济工作会议上的讲话。

问题提供了现实依据。佟家栋等（2017）认为要扼制虚拟经济的利润率长期过高的走势，使实体经济企业可以达到社会平均利润率，使创新企业达到超额利润。这是实体经济企业生存发展和创新驱动引领转型升级的前提。苏治等（2017）认为在周期波动和规模水平两方面都存在着虚实背离现象，虚拟经济冲击实体经济的特点是具有惰性，并且对于来自自身的冲击反应更灵活，对实体经济具有挤出效应，价格型货币政策能长期阻止虚拟经济与实体经济分离，给予了习近平总书记提出的我国经济新常态下三大结构性失衡以实证支撑。党的十八大以来我国实体经济取得了瞩目成就，成为地位仍在加强的实体经济大国，但也存在诸如实体经济和虚拟经济的结构失衡等严重问题，应提高制造业的供给质量，工业和服务业互动共生，坚持实体经济决定论，从体制上化解此结构失衡（黄群慧，2017）。杨胜刚和阳旸（2018）认为实体经济发展与区域性资产短缺负相关，若资产长期短缺则会导致社会资金脱实向虚，应把金融稳定这一指标加入制定货币政策与监管的指标中，加强有效供给金融资产，实现虚实协同发展。刘晓欣和田恒（2021）认为虚实背离致使全球屡发金融危机，主要资本主义国家虚拟经济自循环的规模仍在扩大，应高度警惕国际金融风险，既要优化虚拟经济内部结构以便于更好地服务实体经济，又要利用我国人口优势积极主动应对全球虚拟资本自循环的冲击，持续夯实实体经济根基，优化、完善工业体系，发展与安全并重，强化管控虚拟经济盲目扩张。

（三）数字经济与实体经济高质量发展及政策措施研究

党的十九大以来，习近平总书记多次强调“要做大做强数字经济，贯彻新发展理念，推动互联网、大数据、人工智能和实体经济深度融合，建设现代化经济体系”。

何师元（2015）认为“互联网＋金融”有助于推动实体经济发展，应建立健全“互联网＋金融”相关制度政策，完善社会信用评价体系，深化银行与涉互联网金融的企业及平台的合作。王如玉等（2018）提出在新一代信息技术下虚拟集聚是产业变革的一个新概念，是在“互联网＋”下产业组织的新形式，是配置资源空间的新方针，是制造业转型升级的新途径。应加快企业数字化变革步伐，着力降低成本，推动提质增效，强化创新驱动。何帆和刘红霞（2019）发现数字经济政策对实体企业数字化的效益影响较大，数字化变革通过降低成本、提高资产效率以及增强创新能力三条路径显著提升了实体企业经济效益。姜松和孙玉鑫（2020）发现数字经济负向影响实体经济，呈现倒“U”形特征，挤出效应已产生。不同实体经济水平此挤出效应恒定存在，但程度会边际递减。应实施“互联网 +”战略，深化供给侧结构性改革，增强实体经济内生发展能力。张延林等（2020）提出基于企业层面的实体经济与信息技术深度融合的拼创理论，论述了十九大报告关于新一代实体经济与信息技术深度融合的内在含义和企业的实现机制。罗茜等（2022）认为数字经济的发展通过产业数字化、数字产业化的发展的直接作用以及通过影响实体产业供需结构促使产业结构合理化的间接作用两个机制，显著提升了实体经济发展水平。应大力推进数字产业化、产业数字化建设以确保数字经济的内源动力，注重数字经济实施市场环境的差异性。田秀娟和李睿（2022）认为数字技术与生产部门的集成整合和与金融部门的深度融合赋能实体经济转型发展，应加强数字技术研发与精准创新，推进数字技术与产业深度融合，发挥数字技术与金融部门融合的优势。洪银兴和任保平（2023）认为实体经济和数字经济深度融合是数据成为主要生产要素之后的要求，也是建设现代化产业体系的要求。数字技术和数据要素双轮驱动推动实体经济和数字经济深度融合，体现在数字经济与技术创新、产业创新和企业组织创新深度融合层面。应构建实体经济和数字经济深度融合的基础设施生态、产业生态、治理生态、政策生态、创新生态和安全生态。

五、文献评述

综上所述，国内外有关数字经济和实体经济的研究成果较为丰富，为本书研究数字经济与实体经济高质量发展提供了大量的理论借鉴和成功经验。国内外对于数字经济和实体经济的概念已经有了较为成熟的界定，同时，学界内也已经搭建起了较为成熟的数字经济发展水平评价体系，这对本书研究数字经济发展水平及后续相关研究提供了较为可靠的理论支持。数字经济对创新组织形式、创新生态系统、创新资源配置等都产生了变革性影响，数字经济还能够起到“消费激励”、推动产业转型升级和碳减排等重要作用，但是在数字经济发展过程中也面临底层关键技术缺失、区域发展不平衡等困境，相关研究提出了一系列措施来解决这些出现的问题。现有的相关研究主要从数据要素、金融科技、财务成本、人力资源、物流运输等方面探究了促进实体经济高质量发展的具体路径和方式，目前对如何促进实体经济高质量发展已经进行了较为详细的阐述，这些研究为本书探讨数字经济如何促进实体经济高质量发展提供了大量的可供借鉴的实证检验方法和经验。相关学者进行的政策措施研究为我国实体经济发展的政策安排提供了重要参考，这些政策的实践运用在促进经济高质量发展方面发挥了一定的作用，同时为本书相关的政策建议提供了参考。

我国经济已由高速增长阶段转向高质量发展阶段，与此同时，我国已经进入数字经济发展时代，数据要素成为经济发展过程中关键的生产要素，数字经济也已经成为推动经济发展的新动能，而实体经济作为国民经济发展的基础，对中国经济发展起到了支柱性的作用。在经济发展进入新阶段的现实情况下，只有将数字经济和实体经济充分结合，利用数字经济来加快实体经济数字化发展过程，同时将实体经济融入到数字经济发展的过程之中，才能更快、更好地推动中国经济进入高质量发展的新阶段。

现有的文献已经对数字经济与实体经济高质量发展进行了较为详细的研究，研究视角较为集中，主要是侧重于制造业和农业两大产业角度，本书将以此为基础进一步展开具体的研究，通过对制造业和乡村产业的考察，结合数字经济发展的现状，提出更符合现今经济发展新阶段的政策建议。关于数字经济影响实体经济发展的具体渠道，现有研究缺乏较为严谨的理论分析和实证检验机制，无法说明具体的作用机理，因此本书将从技术创新和人力资两个渠道来研究数字经济影响实体经济高质量发展的作用机制，结合数字经济与实体经济的未来发展趋势，提出相应的政策措施。从国际视角来看，现有研究对于其他国家数字经济与实体经济高质量发展的研究较为匮乏，没有提供较为可靠的成功经验，本书将对数字经济时代下其他国家的实体经济发展情况进行补充分析，以借鉴其他国家的成功经验。

第四节 研究内容与方法

一、研究内容

（1）数字经济影响实体经济高质量发展的理论框架。在梳理相关研究文献的基础上，从理论上研究数字经济对实体经济高质量发展的直接作用和间接作用。厘清数字经济的内涵和特征、作用方式和衡量指标，以及实体经济高质量发展的内涵、特征和影响因素，从微观企业、中观产业和宏观经济三个层面系统研究数字经济对实体经济高质量发展的影响机制，构建数字经济对实体经济高质量发展的理论分析框架。

（2）我国数字经济与实体经济高质量发展的特征事实。构建省级数字经济发展评价体系，探讨数字经济发展的地区差异和存在的问题及发展趋势。构建实体经济高质量发展综合评价指标体系，分析我国实体经济发展的特征事实。最后分析了数字经济与实体经济高质量发展、农民收入结构和各区域农民收入的关联性。这些分析将为研究数字经济影响实体经济高质量发展提供现实依据。

（3）数字经济对实体经济高质量发展的影响效应。宏观的视角，基于2005—2020年的省级面板数据，分析数字经济对实体经济高质量发展影响的总效应，非线性效应及空间溢出效应，并检验技术创新和人力资本在其中的机制作用。中观的视角，考察数字经济与制造业和乡村产业高质量发展的关系，测度数字经济影响制造业和乡村产业高质量发展的效率。微观的视角，基于A股上市公司数据，讨论数字经济背景下制造业企业和农业企业高质量发展的典型案例。

（4）数字经济影响实体经济高质量发展的路径优化和政策体系。采用现代仿真模拟的方法对数字经济下我国实体经济高质量发展的路径进行模拟，选择符合我国发展实际情况的有效路径。根据数字经济与实体经济的特征事实、理论研究和实证分析的结果以及国际经验借鉴，得出数字经济与实体经济高质量发展的政策启示，提出有针对性的政策建议。

二、研究方法

（1）文献研究法。在本书写作之前和过程中，对有关数字经济和实体经济高质量发展的国内外文献做了广泛的阅读，从中整理出与本书思想主题最为一致的文献进行详细阅读和理解。通过相关的研究分析，确定本书的研究背景、研究意义，在以往研究的基础上找到突破点和创新点。在经过具体的文献研究之后，形成研究分析思路，整理出本书的理论框架并提出研究假设。同时，在写作的过程中，参考相关文献中学者的写作思路，进行变量的测度和模型的选取。

（2）计量分析法。本书从宏观、中观、微观三个维度计量检验数字经济对实体经济高质量发展的影响，具体计量方法如下：①基准回归分析法。以实体经济高质量发展为被解释变量，以数字经济为解释变量，辅以宏观、中观和微观层面的控制变量，时间、空间、行业、企业层面的固定效应，构建固定效应模型进行基准回归分析。②空间计量分析法。在进行空间计量分析之前，需要对研究对象是否存在空间效应进行检验，即对数字经济和实体经济高质量发展进行空间自相关检验。采用 Moran's I 值法计算各年度的空间效应。在确定数字经济和实体经济高质量发展在空间上存在相关性和依赖性的基础上，通过 LM、Hausman、LR 和 Wald 检验对空间滞后模型、空间误差模型和空间杜宾模型这三个竞争性模型进行比选。选取合适模型检验数字经济影响实体经济高质量发展的空间溢出效应。以上检验主要通过 Geoda 空间计量分析软件和 stata 软件完成。③门槛回归分析法。先对门槛个数进行识别，检验门槛的存在性，确定门槛值，再构建门槛回归模型，对门槛值进行门槛回归分析，判断数字经济对实体经济高质量发展的影响是否存在非线性效应。④现代仿真模拟法。围绕数字经济驱动实体经济高质量发展的有效路径和政策选择，将采用现代仿真模拟方法对数字经济背景下我国实体经济高质量发展的路径进行模拟，并对现阶段我国出台的扶持政策进行研判，发现其实施过程中的政策障碍和制度瓶颈，从而选择最适合我国发展的有效路径和政策体系。

三、数据来源

（1）统计年鉴、统计公报、统计报告和研究报告等。统计年鉴包括：《中国统计年鉴》《中国金融年鉴》《中国财政年鉴》《中国农村统计年鉴》《中国城市统计年鉴》《新中国 60 年统计资料汇编》，等等。

（2）重要数据库及网站。重要数据库包括万得数据库、CSMAR 数据库、EPS 数据平台、北京大学数字普惠金融指数（2011—2018），等等。

（3）实际调查数据。包括相关研究和本研究组织的调查，对其来源和取得方法都将给予说明。

（4）国家法律和政策文件、权威性的报告、公告、专业研究报告、相关图书和科学论文等。凡是引用的文献资料，均在本文中注明了出处。

第五节 研究框架与路线

一、研究框架

第一章：该章为绪论部分，主要介绍数字经济与实体经济高质量发展的研究背景与问题，研究目标与意义，以及通过对国内外相关文献的整理、分类、总结，论述国内外研究现状，对已有研究展开评述。确定本书的研究内容与方法、研究框架与路线和研究创新与局限。

第二章：该章主要阐述数字经济与实体经济高质量发展的理论基础。其内容论述数字经济的起源与发展、数字经济的特征、数字经济的政治经济学解析、实体经济高质量发展的理论内涵、实体经济高质量发展的特征。

第三章：该章主要构建数字经济与实体经济高质量发展的理论框架。其内容为厘清数字经济影响实体经济高质量发展的直接和间接作用机理，分析技术创新、要素配置和人力资本的机制作用，以及结合数字经济自身发展特点和空间分布规律探究数字经济影响实体经济高质量发展的非线性作用与空间溢出机理。

第四章：该章主要对我国数字经济与实体经济高质量发展情况进行特征事实分析。其内容为梳理我国数字经济发展脉络，构建我国数字经济发展评价体系，对我国数字经济发展特征展开评价，分析我国数字经济发展的现状，测度我国实体经济高质量发展水平，分析数字经济与实体经济高质量发展、数字经济与农民收入结构和数字金融与各区域农民收入的相关性。

第五章：该章对数字经济影响实体经济高质量发展的总效应进行分析。其内容为介绍模型构建、变量选取与估计策略，在开展实证分析的基础上对数字经济影响实体经济高质量发展的总效应实证结果进行讨论。

第六章：该章对数字经济影响实体经济高质量发展的非线性及空间溢出效应进行分析。通过构建门限模型，对数字经济的门槛效应和人力资本的门槛效应进行检验，分析实证结果。对数字经济和实体经济高质量发展的空间相关性进行检验，选取适当的空间计量模型，检验数字经济影响实体经济高质量发展的空间溢出效应，分析实证结果。

第七章：该章是基于技术创新渠道对数字经济影响实体经济高质量发展的作用机制进行分析。主要内容为分别进行基于总体样本和细分样本的计量分析，开展数字经济、技术创新与实体经济高质量发展的计量分析，并在此基础上做拓展性讨论。

第八章：该章是基于人力资本渠道对数字经济影响实体经济高质量发展的作用机制进行分析。主要内容为分别进行基于总体样本和细分样本的计量分析，开展数字经济、人力资本与实体经济高质量发展的计量分析。

第九章：该章是基于制造业层面考察数字经济与实体经济高质量发展。其主要内容为数字经济与制造业高质量发展的文献综述，机理分析与研究假说，模型、方法、变量与数据说明，实证结果及其分析，小结与政策建议。

第十章：该章是基于乡村产业层面考察数字经济与实体经济高质量发展。其主要内容为数字经济与乡村产业高质量发展的文献综述，机理分析与研究假说，模型、方法、变量与数据说明，实证结果及其分析，小结与政策建议。

第十一章：该章对数字经济影响实体经济高质量发展的效率测度。主要涵盖数字经济影响制造业高质量发展的效率测度和数字经济影响乡村产业高质量发展的效率测度两部分。具体包括文献综述，机理分析与研究假说，模型、方法、变量与数据说明，实证结果及其分析，小结与政策建议。

第十二章：该章是对数字经济背景下实体经济高质量发展的实践分析与国际比较。其内容包括数字经济背景下典型实体经济制造业企业和农业企业高质量发展的现状和现实困境，数字经济对制造业企业和农业企业高质量发展的效果检验，美、日、欧等典型经济体数字经济与实体经济高质量发展状况比较，以及国际经验对我国实体经济高质量发展的启示和借鉴。

第十三章：该章是对数字经济影响实体经济高质量发展的路径优化研究。通过总结已有文献，分析机理，提出假说，构建模型，选取变量与数据，开展实证检验，研究数字经济影响制造业和乡村产业高质量发展的路径优化问题。

第十四章：该章对数字经济对我国实体经济高质量发展的政策体系设计。主要内容是总结理论与实证部分的结论，分析相关启示，提出数字经济驱动实体经济高质量发展的政策建议，包括为政府加强数字经济赋能实体经济高质量发展提供政策建议和支撑体系，为实体经济加速数字化转型提供政策建议和明确实体经济企业加强数字经济运营能力的政策需求。

二、技术路线

本书技术路线如图 1－1 所示。

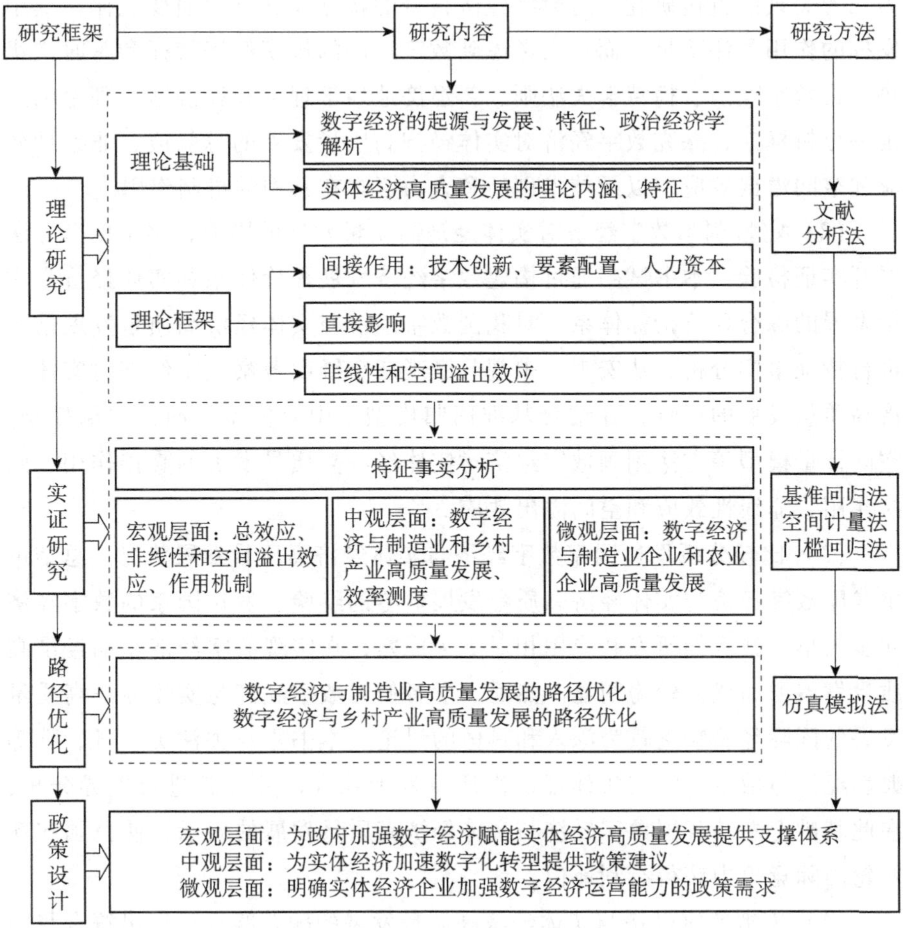

图 1－1 技术路线图

第六节 研究创新与局限

一、研究的创新

（1）构建系统性理论分析框架，全面阐释数字经济对实体经济高质量发展的影响。现有与数字经济与实体经济高质量发展主题相关的研究大多为二者关系的直接研究，对数字经济自身的特点及其空间演变规律在其中发挥的作用关注不足。而本文考虑到数字经济的规模经济特征和跨时空优势，将数字经济、梅特卡夫法则、新经济地理学理论和经济增长理论纳入统一分析框架，探究数字经济对实体经济高质量发展的总效应、非线性效应和空间溢出效应，以及技术创新和人力资本在其中的机制作用。

（2）定量刻画数字经济对实体经济高质量发展的影响，多维度多方法展开实证检验。本书试图通过构建数字经济发展评价体系和实体经济高质量发展的综合评价指标体系，对我国数字经济与实体经济高质量发展情况进行特征事实分析，从宏观、中观、微观三个维度考察数字经济对实体经济高质量发展的影响，并结合基准回归模型、中介模型、面板门槛模型、空间计量模型等方法刻画数字经济对实体经济高质量发展的直接作用、间接作用、非线性效应和空间溢出效应。

（3）比较分析发达国家数字经济与实体经济高质量发展状况，总结可供我国数字经济与实体经济高质量发展借鉴的经验。发达国家的数字经济起步较早，技术的研发和应用相对更为成熟，在实现数字经济驱动经济高质量发展方面优势较为明显。然而，学者们对数字经济与实体经济高质量发展的国际经验缺乏较为深入和具体的讨论。本书重点关注美、日、欧等典型经济体数字经济与实体经济高质量发展状况，并对其进行差异分析，在此基础上总结我国数字经济与实体经济高质量发展的启示，使我国在新一轮国际竞争中获得有利地位。

（4）模拟数字经济与实体经济高质量发展的融合路径，提出符合我国实际情况的最优发展路径。传统上，学者们较多地通过理论分析研究数字经济与实体经济高质量发展的融合路径，而本文将构建数字经济对实体经济高质量发展的系统性理论框架，突破传统研究的范式，运用现代仿真模拟法模拟数字经济与实体经济高质量发展的路径，并提出最优路径和有效方案，为当前数字经济与实体经济高质量发展的路径研究提供实证证据。

二、存在的局限

（1）通过构建评价指标体系量化评估数字经济发展情况不够精准。数字经济时代市场，交易主体和交易方式的多元化和复杂化使得对数字经济规模的实际测量仍然是一个挑战。目前，较为主流的数字经济测度方法是构建数字经济发展水平指标。然而，评价指标的构建具有主观性和片面性，不能很好地描绘数字经济发展全貌。同时，由于数字经济定义及界定方法存在国家异质性，部分数据可比性不高。

（2）随着数字经济的发展，很多问题将会逐渐暴露出来。虽然本文已经根据社会经济及技术变革的走向对未来趋势进行预判，但是分析结论和政策建议依然存在前瞻性不足的问题，在这方面后续研究中需要及时关注最新动态，对当前未能预见问题提出可行的解决的方案。同时，数字经济的定义较为宽泛和灵活，其价值创造和价值归属的模糊性使得数据产权的规范和数字税收的治理成为数字经济推动实体经济高质量发展过程中亟须解决的核心问题。企业能否使用消费者信息进行盈利活动、企业借助非自身产权数据所获收益是否合法、如何界定纳税主体，判定价值创造地并进行科学的税收核算等问题均需深入研究。

（3）数字经济对实体经济高质量发展的作用渠道是多方面的，虽然本文已经对技术创新和人力资本的机制作用进行了论述和检验，但仍存在一些难以识别乃至起到负向影响的作用渠道未被考虑到。

第二章

数字经济与实体经济高质量发展的理论基础

随着数字技术不断成熟和数字基础设施不断完善，数字经济已经成为推动实体经济结构升级和效率提升最重要的动力之一。在当前经济发展的新阶段，亟须对数字经济相关的一系列新形态和新模式进行深入的理论阐释和分析，以增强经济理论在数字化转型和实现高质量发展方面的应用能力。而数字经济和实体经济的融合、三大产业之间的融合以及产业内部的融合更加频繁和紧密，必然引发经济形态和产业属性的巨大变革，同时也模糊了产业间的边界。但相关经济理论研究滞后，难以准确解释新经济现象和更有效指导新发展阶段下实体经济高质量发展实践。推动数字经济和实体经济深度融合发展，既是中国数字经济发展提出的新战略和新方向，也是振兴实体经济的重要举措。鉴于此，本章在充分吸收已有研究成果的基础上，厘清数字经济和实体经济高质量发展的概念内涵与核心特征，运用政治经济学原理分析数字经济的直接生产过程、流通过程和消费的特点，并基于“宏观—中观—微观”分析框架系统剖析数字经济理论的演进及拓展，以期引起更多学者关注和发展数字经济与实体经济高质量发展的相关研究，为促进数字经济持续健康发展提供学理支撑，为以中国式现代化全面推进中华民族伟大复兴奠定最坚实的经济基础。

第一节 数字经济理论

一、数字经济的起源和发展

（一）数字经济的起源

1994 年，“数字经济”（digital economy）词组首次出现。在能找到的最早记录中，根据牛津英语词典记录，1994 年 3 月 1 日在报纸 *The San Diego Union – Tribune* 的一篇报道中，这一词组出现在以下句子中：“This new technology [cryptography] also provides digital signatures to authenticate transactions and messages, and allows for digital money, with all the implications that has for an electronic digital economy.”

1996 年，这一概念首次进入行业文献。Don Tapscott 出版的名为 *The Digital Economy: Promise and Peril in the Age of Networked Intelligence* 一书中详细描述了数字经济的各方面情况，并在业内引起了巨大反响，“digital economy”这一概念真正形成。Don Tapscott 因此被公认为“数字经济之父”。此后，曼纽尔·卡斯特的《信息时代：经济、社会与文化》、尼古拉·尼葛洛庞帝的《数字化生存》等一系列著作推动了数字经济的发展。1997 年，日本通产省开始使用“数字经济”一词。随后，美国商务部在 1998 年发布了《浮现中的数字经济》报告，从政府角度设计测量指标和收集数据，将数字经济纳入官方统计。自此，“数字经济”概念被广泛使用，用以描述信息技术革命引发的经济现象。

进入 21 世纪，尤其是 2008 年国际金融危机爆发后，各国开始制定数字经济战略，期望通过发展数字经济促进经济复苏。同时，数字经济的概念和内涵也在不断地演变和发展，涵盖了更广泛的范畴和更多的应用场景，成为现代经济发展的重要方向之一。

（二）发展阶段

人类历史的经济增长阶段可以大致分为农业经济、工业经济和数字经济三个阶段。数字经济的起源可以追溯到20世纪40—60年代，当时美国开发了第一台通用计算机埃尼阿克。数字经济的发展可以分为电子计算机时代、个人电脑时代、PC互联网时代、移动互联网时代和全面数字经济时代几个阶段，具体如表2－1所示。

表2－1　数字经济发展阶段

发展阶段	特点	产物
电子计算机时代（20世纪40—60年代）	电子计算机体积缩小、价格下降、计算速度提高	美国发明了第一台电子数字式计算机ENIAC（1946年），并应用于美国军事
个人电脑时代（20世纪70—90年代）	电子计算机进一步缩小	第一部真正意义上的个人电脑IBM－PC 5150（1979年）问世，万维网应运而生（1989年）
PC互联网时代（20世纪90年代—21世纪初）	计算机网络进入信息高速公路的发展阶段	众多互联网巨头开始崛起，如谷歌公司的创建（1996年）
移动互联网时代（21世纪初—2015年）	网络经济再次以移动互联网的形式复苏	互联网企业平台化趋势明显，共享经济模式开始受到广泛关注
全面数字经济时代（2016年之后）	数字经济开始向物联网、云计算、大数据和人工智能等方向发展	数字化程度日益深化，数字经济成为全球经济发展的重要动力

二、数字经济的科学内涵

到目前为止，国内外对数字经济的定义仍存在差异。早期的定义主要关注数字技术生产力，强调数字技术产业及其市场化的应用。随着数字技术及其应用的发展，人们逐渐将关注点转向数字技术的经济功能和数字技术对生产关系的影响，进一步拓展了数字经济的范畴。随着物联网、大数据、云计算和人工智能等技术的快速发展，数字经济已经成为全球经济发展的重要动力之一。

数字经济是一个广泛的概念，不同的机构和国家对数字经济的定义有所不同。联合国贸易和发展会议对数字经济的定义是“利用数字化和通信技术，促进生产、交付和使用货物和服务的生产、交付和使用方式的变革”；OECD从生态系统视角认为数字经济是由一系列数字技术组成的集群；国务院《“十四五”数字经济发展规划》将数字经济定义为继农业经济、工业经济之后的主要经济形态；国家互联网信息办公室将其定义为"以数字技术为核心的、数字化生产、数字化管理、数字化营销、数字化交易、数字化金融为主要特征的经济形态"。

本书将数字经济定义为以数字化信息（包括数据要素）为关键资源，以现代信息网络平台为重要载体，以数字技术创新驱动为核心牵引，以一系列新模式和新业态为表现形式的经济活动。根据该定义，如表 2－2 所示，数字经济的内涵可以分为四个核心内容。

表 2－2　　数字经济四大内涵

内涵要点	核心内容
关键资源	数字化的知识、信息。指以图像、文本、声音等形式存储在虚拟载体中并可反复使用的信息和知识
重要载体	现代信息网络。指的是由互联网形成的载体，包括共享经济平台、电子商务平台等，能够组织市场并传递数字化信息
核心牵引	数字技术。指的是大数据、云计算等新一代信息技术，能够收集、分析和处理数字化信息和知识
数字经济产物	新型经济模式和新业态。主要表现为将数字技术与传统实体经济相结合，以提高效率、优化经济结构并推动一系列经济活动，如个体经济、共享经济等

三、数字经济的相关概念辨析

（一）"数字经济"与"数据经济""信息经济""知识经济""智慧经济"

"数字经济"是指利用数字技术生产、流通、交换、消费各类信息产品和服务的经济活动，其中数字技术是数字经济的核心，而信息产品和服务则是数字经济的重要产出。数字经济在实体经济中发挥着越来越重要的作用，成为推动经济发展的新动力。"数据经济"则侧重于数据的生产、加工和分析过程。数据在其中是重要的生产要素，数据的价值和利用成为数据经济的核心。"信息经济"是指利用信息技术进行生产、流通、交换、消费的各类信息产品和服务的经济活动。其中信息技术是信息经济的核心，而信息产品和服务则是信息经济的重要产出。"知识经济"强调的是知识的生产、加工和应用。知识在其中是重要的生产要素，知识的创新和利用成为知识经济的核心。"智慧经济"则侧重于智慧的应用，是数字经济的进一步发展，强调利用人工智能、大数据等技术进行智能化生产、服务和管理，以提高生产效率和提供更好的服务。

总的来说，“数字经济”是包含“数据经济”“信息经济”“知识经济”“智慧经济”等多个方面的综合概念，是指利用数字技术和信息化手段促进生产、流通、交换和消费的经济活动，不同概念之间的区别在于其强调的重点和侧重点不同。

（二）“数字经济”与“网络经济”“Web 经济”

虽然这三个概念有着一定的重叠和联系，但在学术上它们指的是不同的方面和层面。“数字经济”关注数字技术在经济活动中的应用，其中数字技术是一种促进经济增长和创新的重要因素。“数字经济”主要包括电子商务、数字支付、大数据分析等数字技术产生的经济活动。“网络经济”是指利用互联网、移动互联网等网络技术进行经济活动的一种经济形态，包括电子商务、在线娱乐、社交网络等，强调互联网等网络技术在经济中的作用。而“Web 经济”是指 Web 技术在经济活动中的应用，包括电子商务、在线广告、搜索引擎优化等，关注的是 Web 技术在经济活动中的应用。

（三）“数字经济”与“新经济”

“数字经济”和“新经济”是两个相关但又不完全相同的概念。“新经济”（New Economy）指的是以信息技术、知识经济和创新为核心的经济形态。它的特点包括高速度、高技术含量、高附加值、高知识密集度、高网络化和高灵活性等。20 世纪 90 年代以来，随着信息技术的发展和应用，新经济成为全球经济发展的重要动力。新经济的代表性产业包括电子商务、互联网金融、智能制造、云计算、人工智能等。“数字经济”则侧重于数字技术在经济中的作用和影响，它是以数字技术为基础，利用信息和通信技术来生产、分配和利用物质和非物质财富的一种经济形态。总的来说，“数字经济”与“新经济”都强调数字技术对经济发展的重要作用，但数字经济更加强调数字技术的应用和数字化生产方式的发展，而新经济则更加注重知识经济和创新的推动作用。

因此，通过与相关概念的对比，本文认为数字经济最适合用于表述信息技术革命以来的经济现象。

四、数字经济的本质特征

本书通过对已有文献的归纳和总结，将数字经济的主要特征概括为三个方面，以更清晰地展示其对传统经济理论的拓展和变革。

（一）数据支撑

数据资本是指通过信息技术的处理和分析从海量数据中衍生出的集成信息资产，如大数据、智能算法等。随着信息技术的发展和渗透，越来越多的数据被数字化并积累起来，通过网络平台实现共享和汇聚。数据资本的挖掘、提取和凝练，使得行业更加智能化，帮助企业提高竞争力。数字经济下，企业能够通过数据分析，更加精细地进行运营管理，包括产品定价、销售策略、营销方案等，同时可以帮助企业了解消费者需求和行为，根据不同的消费者需求进行个性化定制，从而提升产品和服务的质量。此外，随着数字技术的进步和发展，对数据资本的虚拟存储提高了搜索效率，支持数据资本的低成本复制和搬运，从而降低了使用数据进行价值创造的成本。以上论述的研究支持者包括 Wu 等（2019）、王勇等（2019）、易宪容等（2019）和丁志帆（2020）等学者。

（二）融合创新

随着新一代信息技术的不断发展和广泛应用，数字经济正在逐步改变创新过程的规律和方式。与过去线性链条状的知识积累、研究和应用不同，现在各个创新阶段的边界逐渐变得模糊，相互交织并融为一体。数字经济的融合创新特征，既有因素驱动，又有机制支撑。一方面，数字经济的发展催生了各种新的需求和机会，例如数字化的商业模式、新的消费习惯、新的服务需求等，这些因素促使了各种不同领域的创新主体之间的合作和互动，从而推动了数字经济的发展。另一方面，数字经济的技术特点，如云计算、大数据、人工智能等，提供了多种创新机制和工具，使得创新主体能够更加快速、低成本地实现创新，从而加速数字经济的融合创新进程。这种数字经济的融合创新特征已经成为当今经济发展的重要方面，得到了广泛的关注和研究。总之，数字经济的融合创新特征，既是数字技术发展的必然结果，也是数字经济不断推动经济发展的关键所在。随着数字技术的不断进步和应用，数字经济的融合创新特征将持续发挥重要作用，为经济社会的可持续发展提供有力支撑。

（三）开放共享

数字经济的开放共享特征主要表现在数字化平台、商业模式、信息基础设施和云模式等方面，促进了各主体间经济活动的共建共享。一是开放的数字化平台。数字经济时代，各种数字化平台如电商平台、社交平台、金融平台等迅速崛起，并以开放的生态系统为基础，将生产、流通、服务和消费等各个环节逐渐整合至平台，这些平台为各个主体提供了共享的基础设施和平等的参与机会。二是共享的商业模式。平台经济是数字经济中的典型代表，平台的强大连接能力可以加速产业的跨界融合和协同生产过程，从而形成了许多新的商业模式和业态。这些商业模式多以共享和协作为核心，促进各方资源的互补和优化配置，实现合作共赢。三是数字化的信息基础设施和云计算。数字经济的发展依赖于信息基础设施和云计算等技术的支持，这些技术为数字经济的各个主体提供了按需、灵活的服务。同时，云计算和虚拟化技术也促进了资源的共享和利用效率的提高。四是共建共享的经济活动。数字经济的开放共享特征促进了各主体间经济活动的共建共享，实现了资源的优化配置和价值的最大化。数字经济的各个主体能够在开放的平台上自由交流、合作创新，共同推动数字经济的发展。

五、数字经济的政治经济学分析

（一）直接生产过程

1. 数字技术

以大数据、云计算、人工智能为核心的新技术范式为数字经济注入了新的动力，促进了数字产业化和产业数字化的进程。大数据作为数字经济发展的核心之一，具有海量、高速、多样、价值等特点。通过对大数据的收集、存储、处理和分析，可以挖掘出其中蕴藏的信息和知识，为企业决策提供科学依据和精准预测；云计算则提供了一种高效、可扩展和成本效益较高的计算和存储方式，通过云计算平台，企业可以灵活地进行资源配置和管理；人工智能则是数字经济发展的又一重要组成部分，通过对大数据进行智能化的处理和分析，从而为企业提供更加智能化的服务和产品。

其中，数字化成为劳动资料变革的起点。数字化劳动资料包括数据、信息、知识等无形的、可以电子化、数字化的资源和工具。数字化劳动资料具有很多新的特征，例如规模经济性、可再生性、强渗透性等，这些特征使得数字化劳动资料可以更加高效地被利用和应用。数字化劳动资料的出现，使得传统的生产过程发生了深刻的变革，它改变了生产要素的组合方式、生产方式的具体运作以及生产过程的组织形式；数字化劳动资料的应用，使得生产过程变得更加自动化、智能化和精细化，从而提高了生产效率和生产质量；数字化劳动资料也使得企业的生产和经营更加智能化和信息化，提高了企业的竞争力和创新能力。此外，数字化也在利用和改造传统劳动资料，如智能机器人正在替代传统机械制造工具。智能化机器生产体系的通用装备不需要工人协助，并通过物联网的各类传感器将所有机器设备连接在一起。这使得传统的机械制造工具得以智能化，提高了生产效率和生产线的灵活性。此外，传统的劳动资料被数字化、信息化、智能化，从而成为劳动对象的一部分，也需要不断地被更新和改进，以满足数字化生产的需要。

2. 数字劳动

数字技术通过劳动资料的数字化影响劳动过程，从而创造出新的生产方式，即数字生产方式。数字生产方式是指利用数字技术和互联网实现生产过程的数字化、网络化和智能化，这种数字化生产过程孕育了新的劳动形式——数字劳动（赵林林，2020）。数字劳动是指利用数字技术和互联网进行的工作和服务，包括远程工作、在线销售、数字内容创作、数据处理和分析、数字营销等。数字化的生产方式需要数字化的劳动力来实现，数字劳动的出现和发展为数字化的生产方式提供了更多的劳动力资源和技术支持。数字劳动者能够利用数字技术和互联网实现远程协作和全球化的合作，实现工作的灵活性和可扩展性，同时数字劳动者也需要不断提升自身的数字技能和知识，以适应数字生产方式的发展和变化。根据数字技术在劳动中的应用方式和特点进行分类，基于人工智能和机器学习的数据分析和处理工作属于智能化数字劳动，而基于网络和信息技术进行协作和协同的工作则属于数字协同劳动；根据数字劳动对经济增长和社会价值贡献的不同程度进行分类，从事数字技术研发和创新的工作属于高附加值数字劳动，而从事数字生产线上的操作和维护工作则属于低附加值数字劳动。不同的分类标准之间并不是完全孤立的，而是存在交叉和重叠的情况，一个具体的数字劳动岗位可能同时涉及不同的分类标准。

3. 数字商品

以数字技术为支撑，以数字平台为依托的新经济组织通过占有数据形成了一种新的商品——数字商品。数字商品是指以数字形式存在，可以在数字平台上进行交易和消费的商品，其本质是信息，是通过数字技术和互联网进行生产、传播、交易和消费的商品。数字商品在遵循劳动价值论的同时，也呈现出新特征。具体表现在：第一，可复制性。数字商品可以无限制地复制和传播，而不会损失质量和原始价值。第二，非物质性。数字商品不存在物质形态，只是以电子信息的形式存在于网络中。第三，时效性。数字商品可以实现随时随地、即时交付的特点，无须等待物流和邮递等传统物流环节。第四，可定制性。数字商品可以根据消费者的个性化需求进行定制，生产成本和销售成本相对较低。第五，可追溯性。数字商品的流向和使用记录可以被记录和追踪，有利于后续的管理和监管。这些特征不仅影响着数字商品的生产和销售，也对数字商品的消费和管理提出了新的挑战。数字商品的产生和发展是数字经济时代的产物，数字技术和互联网的发展使得数字商品的生产和交易更加便捷和高效。

（二）流通过程

商品的生产与消费需要通过流通环节来实现。只有经过流通环节，将社会化大规模生产的商品送到消费者需要的地方，商品的价值和使用价值才能得到充分实现。缩短流通时间、扩大流通范围、加快资本的循环和积累，是资本竞争或市场竞争不可或缺的策略，借助科技手段可以更高效地实现这一目标。

数字平台是以信息技术为底层架构的全新流通媒介，它的兴起使得商业流通格局发生了瓦解，同时也推动了流通主导型的新经济格局的建立。在数字商品流通的过程中，现代电子商务和物流业的崛起，为数字平台提供了必要的技术支持和基础设施。现代电子商务的便捷、高效、安全和可追溯的特点，使得商品可以更好地满足消费者需求，并降低了商品流通的成本和时间。而物流业的全球化网络和物流信息化技术，使得商品可以在更广泛的地域范围内流通，并且物流信息的实时跟踪和监控，也提高了商品的安全性和可靠性。在数字时代，交易更加去中心化和去中介化，商品交换不再受时间和空间的限制。平台依靠大数据资源和市场分析更有效地拓宽组织边界，并通过虚拟化交易场景持续扩大零售活动空间，形成合理化的商品采购结构，从而降低供需误配、缩短商品停留时间、实现时间空间双重效率突破。此外，为了实现数字化转型，零售企业需要更加注重数字技术的应用。例如，利用大数据和人工智能技术对消费者行为进行分析，实现销售的个性化和精准化；通过物联网技术和智能化设备实现仓储和物流的自动化管理，提高物流效率；通过数字支付和金融科技创新实现支付方式的多样化和便利化，提高购物体验。这些数字技术的应用有助于实现数字化转型，提高数字商品流通效率，为消费者提供更好的购物体验，同时也为传统零售企业带来更多的商业机会。

（三）消费过程

数字化消费是数字经济的产物，是指以互联网和数字技术为基础，以"数据消费"为驱动力来满足人们各种需求的过程。作为数字资本积累的重要组成部分，通过消费行为产生的数据和价值为数字资本积累提供了重要的资源。而随着数字技术的不断发展和创新，数字资本积累也在数字经济中发挥着越来越重要的作用。

数字化消费和数字资本积累之间的关系是当代政治经济学研究的一个热点课题。一方面，数字化消费的发展和数字资本积累的扩张相互促进，形成了数字经济和资本市场的深度融合。数字技术的快速发展为消费提供了更多的便利和选择，加速了数字经济的发展。在这个过程中，资本家通过对消费者进行数据分析和个性化推荐，掌握了更多的消费行为信息，并将这些信息转化为商业利润。数字化消费的增长，不仅仅推动了消费升级和消费结构变化，也成为数字资本积累的重要手段。另一方面，数字化消费对数字资本积累的贡献，不仅仅体现在马克思主义资本积累的逻辑性上，还体现在当代资本市场的时代性中。数字化消费通过不断塑造新的消费生态和消费方式，推动了数字经济和资本市场的深度融合。数字资本通过数据分析和算法优化，实现了资本效率的提升和资本回报的增长。在这个过程中，数字化消费成为数字资本积累的关键因素之一。同时，数字化消费也推动了资本市场的创新，促进了新兴产业的发展，加快了数字经济的发展。数字化消费在数字经济发展的同时，也带动了实体经济的转型升级，从而促进了经济发展的可持续性。

六、数字经济的基础理论

（一）宏观经济增长理论的演进

在工业经济时代，宏观经济增长理论以工业标准化生产作为价值基础，这也成为经济增长理论的事实基础。随着时间的推移，经济增长理论逐渐演变，将技术进步视为外生向内生的转变。经典的索洛模型和内生增长理论，都是以规模报酬不变为假设，通过产出、资本、劳动力和知识或劳动力的有效性四个要素来解释经济增长。随着数字经济时代的到来，宏观经济增长理论也在不断发展变革。数据作为新的经济增长要素被纳入生产函数，重构了生产要素体系。这一变化不仅扩展了经济增长理论的规模报酬递增假设，更拓宽了传统经济增长理论的边界。数字化转型使得技术进步成为内生的增长要素，为宏观经济增长提供了新的思路。随着数字经济的不断发展，数据、网络、信息等新兴要素已经成为经济增长的重要驱动力，也成为重新解释宏观经济增长的理论基础。因此，数字经济时代的到来为宏观经济增长理论的发展提供了新的机遇和挑战。

其中，数字经济延伸了“生产”的概念，成为了相关研究领域的热点话题之一。

第一，拓宽了“生产”的维度。数字经济在生产过程中，不仅通过标准化生产创造价值，更加注重需求发现和开拓新的商业模式，使服务这一非生产性活动创造出更高的附加值，从而拓宽了生产的维度。数字经济中的“生产”包括了标准化加工的价值，也包含非标准化服务创造的价值。

第二，打破了生产空间的限制。传统产业中，生产活动需要依托于特定的生产空间，而数字经济则通过网络等信息技术的支持，打破了生产空间的限制，使得生产活动具有了更大的自由度和灵活性。

第三，强化了创新价值的地位。数字经济中，随着数字技术的日新月异，工业经济的加工价值论逐渐演变为创新价值论。通过数字技术的应用，创新成为了数字经济最重要的生产要素之一。谢康等（2020）指出，数据还有助于提高其他要素的质量和效率，如劳动、资本、技术等。从传统的规模生产逐渐转向创新生产，创新要素的运用逐渐取代了传统生产要素的使用，数字资本也逐渐成为新的经济增长点。同时，数字经济的不确定性和不稳定性也可能会影响宏观经济增长理论的应用。数字经济通常是以高速发展和快速变化为特征的，这使得宏观经济增长理论的应用变得更加困难。此外，数字经济的不稳定性可能会导致市场波动和风险增加。

（二）中观产业组织理论的拓展

传统产业组织理论是经济学的一个重要分支，旨在解释企业在不同市场结构下的行为和市场结果。在传统产业组织理论的演进过程中，从 SCP 模型到博弈论研究范式，研究方法逐渐从静态分析向推理演绎变革，这一过程表明了产业组织理论的不断完善和演进，为理解现代市场的运行提供了理论支撑。随着数字经济时代的到来，通过数字技术的深度融合实现传统产业升级已成为经济数字化转型的基本模式，传统产业组织理论也随之发生变革。

第一，数字经济拓宽了产业组织理论的研究范畴。传统的产业组织理论主要关注企业之间的市场竞争、行为和绩效等方面，而数字经济时代的产业组织更加注重企业间的协同合作和互联互通。数字经济的发展加速了各产业之间的融合和互通，打破了传统产业的内涵边界，使得产业组织更加复杂和多样化。这也使得传统产业组织理论需要不断地拓展和更新，以适应数字经济时代的新形势。

第二，数字经济提供了更多的数据和信息，这为产业组织理论提供了更多的研究材料和方法。传统产业组织理论通常基于完全信息假设，基于“SCP”分析框架的第一代产业组织理论对企业行为进行静态截面观察，第二代产业组织理论认为其仅适用于短期静态分析的相关研究，因此引入博弈论的研究方法，通过逻辑推理预测企业行为，但又因为数据获取困难而受到限制。然而，数字经济时代的海量数据和信息让产业组织理论可以更加准确地分析和研究企业行为、市场结构和绩效；数字技术的应用还可以为产业组织理论提供新的工具和方法，有效解决了过去使用抽象博弈论解决定价问题的困难。在数字经济时代，传统产业组织理论的实证分析和推理演绎的研究范式得到了前所未有的融合，促进了传统产业组织理论的发展。同时，由于数字经济时代的特殊性质，产业组织理论需要结合数字技术、数据挖掘和大数据分析等新技术，进行全面的研究和探索。

（三）微观主体与共享经济萌芽

1. 平台经济

平台经济是近年来兴起的一种商业模式，它以互联网技术和大数据为支撑，通过连接不同的参与者，为用户提供各种服务和产品。平台经济的典型代表包括 Uber、Airbnb、京东、阿里巴巴等公司，这些平台将供需双方连接在一起，创造出全新的商业机会和商业价值。

平台经济的核心在于大数据，它通过利用大数据网络技术来克服传统经济中的信息约束和认知约束，整合和挖掘各种资源，从而全面提高资源配置效率。在传统经济中，资源配置是通过市场价格机制或企业组织来进行的，但所获得的影响决策的信息往往是不完整的，甚至是受到人为干扰的。平台经济通过数据挖掘和分析，能够更加准确地获取和分析市场需求，预测用户行为，从而为用户提供更加个性化和精准的服务。在平台经济中，平台作为连接供需双方的桥梁，利用大数据分析技术实现了信息的高度透明化和智能化，使得市场供求信息的匹配更为精准，企业的运营和管理也更为高效。平台经济的崛起对于经济结构、产业组织和企业竞争等方面都带来了深刻的影响。平台经济模式具有聚合力和规模经济优势，因此能够吸引更多的供应商和消费者，构建起更大规模的网络效应。同时，平台经济还能够通过数据分析挖掘用户需求，实现精准营销，提高营销效率和消费者满意度。这些特点使得平台经济成为了企业创新和竞争的重要领域。

2. 共享经济

共享经济是指基于互联网平台聚合的海量用户资源，个人或企业以获取一定报酬为目的，以较低的成本在互联网平台上“共享”闲置资源的一种新兴经济模式。其特点是通过最大化地盘活社会闲置资源，促进了资源的高效利用，催生出一种新的、可持续的经济模式。在共享经济中，只要共享价格高于实际成本，共享者就可以在一定时间内转让资源的使用权并获得回报；如果共享产品或服务的消费成本低于市场购买或租赁的成本，消费者就会获得利益，增加消费者剩余，并提高整个社会的福利水平。

从经济学意义上来看，共享经济具有以下特征：

第一，生产过程较少依赖对固定生产条件的占有，更多依赖生产者的智力、技术和数据，人力资本比物化资本更重要。这一趋势与数字经济基础设施的不断完善以及云计算、大数据和人工智能等技术的迅速发展密切相关。共享经济的生产过程中较少依赖固定资本，而更多依赖云计算、大数据、人工智能等技术将集结在互联网平台上的资源供给池和需求池进行快速地、低成本地自我匹配。

第二，共享经济中产品和服务的供给者主要是个人，供给者和需求者之间的地位是平等的。供给者在特定时间内让渡自己的闲置资源使用权，从而获得一定的报酬；需求者关注的是资源的使用价值，而不是资源的所有权本身。

第三，供给者和需求者的角色边界模糊不清，在一定程度上可以相互转换。这种供需身份的转变取决于参与者在特定时间、特定资源上的余缺情况。共享经济的成功在很大程度上得益于互联网的发展，它为人们提供了更加便捷、高效、灵活的资源配置方式。

第二节 实体经济高质量发展理论

一、实体经济高质量发展的内涵界定

（一）高质量发展

高质量发展的本质内涵在于：以高效率、公平和绿色可持续发展为目标，以满足人民日益增长的美好生活需求作为出发点，实现经济建设、政治建设、文化建设、社会建设和生态文明建设"五位一体"的协调发展。要提高发展质量，必须提高产品和服务的质量和标准，关键在于全方位促进经济、政治、社会和生态环境协调发展，为了追求单方面的高质量发展而牺牲某些方面是不可持续且不可取的。

第一，高质量发展是绝对和相对的统一。从绝对意义上讲，高质量发展要求达到一定的标准，例如产业技术水平、能源资源消耗强度和国际竞争力等方面需要达到一定的门槛。这些标准是不可或缺的，因为它们是确保经济健康发展的必要条件。然而，在相对意义上，高质量发展的标准是随着时间和发展阶段而变化的。因此，要求过高超越了当前阶段的发展现实，可能会导致各种扭曲和负面影响。

第二，高质量发展是质量与数量的统一。质量和数量并不是对立的，而是相互关联的。数量的增长是质量提升的基础，而质量提升则是数量增长的累积结果。根据"五位一体"协调发展的要求，发展质量的提升在许多方面都表现为数量的增长，同时，改善发展质量也可以为数量的可持续增长提供更加肥沃的土壤。资源和能源效率的提高奠定了高效的物质基础，意味着能够实现用更少的资源和能源获得更多的产出，而以人为中心

的社会发展环境则会充分调动群众参与现代化建设的主观能动性，从而推动物质财富快速积累。

（二）经济高质量发展

为了实现经济高质量发展，必须坚持质量第一、效益优先原则，并实现质量、效率和动力三大变革。其中，应不断提高全要素生产率，加快建设实体经济、推进科技创新和现代金融，协同发展人力资源，构建市场机制有效、微观主体有活力、宏观调控有度的经济体制，从而不断提升我国经济的创新力和竞争力。

经济高质量发展是当今经济学研究的热点之一，涉及宏观经济、中观产业和微观企业等多个层面的经济问题。从宏观经济学角度看，经济高质量发展不仅在产品和服务总量扩大的基础上实现经济运行更平稳、投入产出效率更高、经济结构更均衡、社会福利更全面的发展，同时也需要更高效率的要素投入和优化组合，以推动经济可持续发展。在发展经济学视角下，自然资源、劳动、资本等物质要素与人力资本、技术进步、制度、开放等要素共同构成影响经济增长和发展的因素，要素效率的提高和优化组合可以实现经济高质量发展的目标。

然而，宏观层面的经济高质量发展必然需要中观产业和微观企业的支撑和实现。中观产业是指中等规模的企业和产业集群，是经济发展的重要力量。中观产业高质量发展需要实现投入少、效率高、品质强、环境优、效益好的全链条可持续发展，符合新发展理念的指导。微观企业是经济发展的基础单位，是中观产业的组成部分。企业高质量发展需要追求高水平、高层次、高效率的经济价值和社会价值创造，以及卓越的企业持续成长能力和持续价值创造能力的目标状态和发展范式。在实现经济高质量发展的过程中，中观产业和微观企业都有着不可或缺的作用。

经济高质量发展是通过高效率和高效益的生产方式，为全社会提供持续而公平的高质量产品和服务。在具体经济形态上，它构建了一个高质量、高效率和高稳定性的供给体系。经济高质量发展的核心是质量第一、效益优先，它包括以下几点：第一，供给体系质量高，要素投入产出比率高。在具体产出形态层面，它表现为高质量和高性能的产品和服务；在产业层面，它表现为合理化和高级化的产业结构；第二，供给体系效率高，表现为技术效率和经济效益的协调。经济发展以创新驱动为主，从劳动、资本等要素型驱动转变为依靠劳动力素质提高、技术创新、管理创新投入和制度创新等知识要素的拉动，从而为经济增长提供持久的动力，突出经济发展动力的转变；第三，供给体系稳定性高，要求经济体系自身健康稳健，风险可控，并且与社会和环境相协调，同时为全体社会成员提供发展机会，成果为全体人民共享。

（三）实体经济高质量发展

1. 实体经济

实体经济是人类社会经济发展的重要组成部分，是实现经济增长、提高生活水平的关键支撑。实体经济部门为社会提供实际的产品和服务，推动技术进步、创新和创造就业机会。同时，实体经济也是城乡经济的重要基础，支持着社会的稳定和可持续发展。因此，对实体经济的研究和发展具有重要的现实意义和理论价值。从已有文献来看，实体经济可以从两个角度进行定义，一是与虚拟经济进行对比分析，二是从产业分类视角出发。马克思、恩格斯的著作中并未明确定义“实体经济”，但其中部分论述实际上含有实体经济的思想。在他们看来，“真实”的内容是物质生活的生产和生命的生产，它们是人改变自然并与自然达成协调的“生产力”。生产者在交换中形成生产关系，这些生产关系的总和构成社会的经济结构；彼得·德鲁克将实体经济定义为“产品和服务的流通”，与虚拟经济形成对比。实体经济创造了我们所需的产品和服务，对于日常生活和经济发展过程中都具有重要作用。另一个视角是产业分类视角，黄群慧（2017）提出了实体经济的分类框架，他认为实体经济的第一类是制造业，是实体经济的核心和最狭义的实体经济部分；第二类包括农业、建筑业、其他工业部门以及制造业，是实体经济的主体部分；第三类包括批发和零售业、交通运输仓储和邮政业、住宿和餐饮业以及所有非金融和房地产业的服务业，是实体经济的整体内容，也是最广义的实体经济。这种分类方式可以帮助人们更好地理解实体经济的内涵和发展现状，为相关研究提供了重要的分类基础。以上学者基本将实体经济定义为创造物质产品的部门以及少量生产性服务部门，但随着数字产业化和产业数字化的兴起，实体经济的内涵和范围必然不断扩大。夏杰长（2022）则从“数实融合”视角为实体经济赋予新内涵，他认为传统意义上的农业和工业仍是实体经济最基本的组成部分。除了巩固和发展传统实体经济，我们还应顺应技术进步和产业融合的大趋势，把握实体经济发展的新机遇。

2. 实体经济高质量发展

习近平总书记高度重视实体经济的发展，在党的十八大以来多次强调其重要作用和发展思路。实体经济不仅是强国之本、兴国之基、产业之根，也是中国发展的立身之本和高质量发展的重要支撑。在党的二十大报告中，习近平总书记进一步指出："要坚持把发展经济的着力点放在实体经济上，推进新型工业化，加快建设制造强国、质量强国、航天强国、交通强国、网络强国、数字中国。"[①] 习近平总书记对实体经济的重要论述是其经济思想的关键组成部分，为中国实体经济的高质量发展和现代化经济体系的建设提供了重要的理论指导和实践方针。

综上所述，笔者认为实体经济高质量发展的内涵应包含以下几点：一是高度重视发展先进制造业。作为国民经济的基础，制造业在实体经济发展中扮演着核心角色，应着重推动生产要素向制造业、特别是先进制造业的集聚；二是充分释放服务业的融合效应。通过推动制造业服务化和服务型制造来实现，进而促进制造业和服务业的融合发展，同时充分发挥服务业对制造业的拉动效应，以实现两业融合的最大化；三是抓住数字技术这一关键变量。用互联网新技术对传统产业进行全方位、全链条的改造，推动制造业、服务业、农业等产业数字化、网络化、智能化，发挥数字技术对经济发展的放大、叠加、倍增作用；四是加大对外开放和融入全球市场。在扩大内需、畅通国内流通机制的基础上，更好地融入全球市场并充分利用两个市场两种资源，为国内实体经济的发展提供更为重要的要素和市场；五是优先发展实体经济。金融以服务实体经济发展为天职，持续完善和强化"六稳"举措，引导人才流向实体经济。

二、实体经济高质量发展特征

（一）资源集聚

资源集聚是实体经济高质量发展的基本特征，是指在一个地区或区域内，由于某种因素的存在，例如产业集群、人才集聚、科技创新等，使得相关产业在该地区或区域内获得了特定的优势，从而形成了聚集效应。资源集

① 习近平．高举中国特色社会主义伟大旗帜 为全面建设社会主义现代化国家而团结奋斗——在中国共产党第二十次全国代表大会上的报告［N］．人民日报，2022－10－26（01）．

聚的本质在于提升资源配置效率和优化资源结构，有利于优化地区经济结构和提高经济效益。具体表现为高度重视发展先进制造业和优先发展实体经济。

1. 高度重视发展先进制造业

制造业是国民经济的基础，具有拉动经济增长、促进就业、改善人民生活等重要作用，高度重视发展先进制造业是实现国民经济高质量发展的必然选择。在发展实体经济的过程中，必须坚持制造业的核心地位，推动生产要素向制造业尤其是先进制造业聚集，以提高国民经济整体水平。一方面，构建以基础科技研发为主线的“卡脖子”技术攻关制度，发挥举国体制的优势，建立科技链、创新链、产业链融合发展、有序衔接和高效运转的国家科技创新和制造业支撑体系；另一方面，充分挖掘高校的科研潜力，集中政策优势、人才优势、区位优势、工业制造业基础优势，打造一批全球领先的先进制造业中心，吸引国内外资本和技术的积极投入，培育一批行业龙头和标杆企业，充分发挥先进制造业中心的集聚优势和行业龙头标杆企业的乘数效应，推动制造业向高质量发展的方向迈进。

2. 优先发展实体经济

实体经济的发展离不开财税金融人才政策的支持，壮大实体经济实现中国式现代化，实体经济发展的配套政策也在动态调整和持续优化。首先，金融作为服务实体经济的重要支撑，必须坚持以服务实体经济发展为天职，并通过积极的金融业务服务实体经济的发展。在实践中，金融机构通过创新产品、改进服务、加强风险管理等方式，为实体经济提供更好的资金支持和风险管理服务，促进经济的健康、稳定和可持续发展。其次，支持实体经济发展，还离不开财政政策，在当前环境下，尤其要保市场主体。习近平总书记在民营企业座谈会上指出要坚持“两个毫不动摇”，加大对受疫情影响较大的民营企业的政策支持力度，持续完善和强化“六稳”举措。最后，高质量的人力资本是实体经济发展的基石。实体经济的发展需要有优秀的人才作为支撑，只有人才具备创新能力和创造价值的能力，才能推动实体经济的发展。通过提高教育质量、改善职业教育体系、加强人才培训等途径，提高人力资本的质量和水平，是提高企业创新能力和生产效率、促进经济可持续发展的重要举措。

（二）协调融合

协调融合是实体经济高质量发展的重要抓手，具体表现为现代服务业和先进制造业融合互促和协调国内外两个市场两种资源。

1. 现代服务业和先进制造业融合互促

随着中国经济进入中高速发展阶段，制造业和服务业两大产业的融合已成为提高经济质量和效益、实现高质量发展的必然选择。服务业与制造业的融合并不是简单的“加工制造 + 服务”，而是在“服务 + 制造”的基础上推动服务业的升级和转型。服务业可以为制造业提供一系列的增值服务，如售后服务、技术支持、定制服务等，这些服务将进一步提升产品的附加值，使制造业从单纯的生产商变成了更加全面的解决方案提供商。而服务业本身也会在这一过程中得到升级和转型，由传统的简单服务向更高端、更专业的服务方向发展，提升了整个服务业的水平和质量。此外，制造业和服务业的融合需要更多的人力和技术支持，这将为就业市场提供更多的机会。而随着两业融合的不断深化，将出现越来越多的新产品、新技术和新服务，这些将为国家带来更多的税收和经济效益。

2. 协调国内外两个市场两种资源

当前，中国正在关键时期，即“构建以国内大循环为主体、国内国际双循环相互促进的新发展格局”阶段。实体经济是构建新发展格局的重要载体，协调国内外两个市场两种资源是实现中国实体经济高质量发展的重要途径之一，具体表现为在国内外市场之间，充分协调两种资源的利用，通过加强国内市场和国际市场之间的联系，实现资源的优化配置和互利共赢。在国内市场通过扩大内需、畅通国内流通机制、消除国内市场中不利于生产要素和产品流动的体制机制等方式，为实体经济提供更多的内生动力和发展空间。在国际市场通过适当扩大进口、发挥好超级市场对全球经济主体的吸引力、鼓励企业走出去、提升中国经济的全球资源配置能力等方式，为实体经济提供更多的外部市场和资源，最终在国内外市场之间实现产业链、价值链的协同发展，为企业提供更加便利的生产要素和市场环境。

（三）数智驱动

数智创新是实体经济高质量发展的核心牵引，主要可分为数智驱动和创新驱动。

1. 数智驱动

数字技术是 21 世纪的重要创新驱动力之一，已经成为推动经济质量变革、生产效率变革和发展动力变革的关键因素，为实体经济的发展提供了新动能。区别于传统的数字化进程，“数智化”的理念深入到了数据利用和算法创新在具体应用场景中的深层次赋能，同时，更为显著地强调了数据技术与智能化技术的融合使用。在这个框架下，“数”的方面更多聚焦于通过数字化手段，如网络构建、技术部署及数据整合处理的实施，而“智”的角度则重点突出了以这些数字基础为依托，进一步发展的智能化基础设施的构建（陈国青等，2022；孙小强等，2024）。数智化的实质并不仅仅停留在技术层面的应用，而是着眼于如何将这些前沿技术，尤其是智能化技术高效融合并针对性地应用于行业特定的业务场景中。以此促进产业的全面升级、优化经济体系结构以及增强社会管理的智能化水平，进而推动社会与经济的共同高质量发展。在实体经济领域，数智化转型的实施能够带来生产模式的革命性变革，包括实现生产过程的数字化、智能化、柔性化及绿色化，同时也促进了企业向平台化和产业链领导者的转变，加强企业间的合作及生态共建，为工业化的新阶段奠定基础。除此之外，数智化还可以构建产业“数据中台”，以数据流促进上下游、产供销协同联动，进一步提升产业整体效率和降低生产成本。这种以“智”为核心的数智化驱动，不仅优化了信息流与物流的高效衔接，还在智能决策支持、预测性维护等领域展现出巨大的潜力，为传统产业注入了新的生命力。在未来的发展中，数智技术将会成为推动实体经济高质量发展的重要引擎，具有极为广阔的应用前景。

2. 创新驱动

创新驱动实体经济高质量发展是指通过技术创新、制度创新、管理创新、商业模式创新等多方面的创新，加速实体经济产业结构调整和升级，提高资源利用效率、产品质量和技术水平，提升企业核心竞争力，实现经济增长与质量的双提升。党的二十大报告提出了“坚持创新在我国现代化建设全局中的核心地位”，“坚持面向世界科技前沿、面向经济主战场、面向国家重大需求、面向人民生命健康，加快实现高科技水平自立自强”。这一重要论述为中国实体经济高质量发展指明了方向，即以创新驱动引领实体经济高质量发展。第一，通过促进生产方式和经营模式的转型升级，提高企业效率和管理水平，推动实体经济向智能化、绿色化、可持续发展的方向转型；第二，通过加强产业链、供应链、价值链的协同效应，实现资源共享和优化配置，提高整个产业链的效益；第三，通过创新增强国家的科技实力和国际竞争力，推动中国在全球价值链中的位置向高端迈进。

（四）绿色发展

马克思主义认为，生产力与生产关系的矛盾以及经济基础与上层建筑之间的矛盾是人与人、人与自然关系问题的根源，因此，通过合理变革生产关系以适应生产力的发展是解决问题的根本途径。在资本主义社会中，其生态经济问题的根源在于基本矛盾，变革资本主义私有制度是解决其问题的根本途径。习近平总书记提出我们要建立以产业生态化和生态产业化为主体的生态经济体系，以“调结构、优布局、强产业、全链条”为重点，努力推动全方位全过程的绿色化转型。对于中国这样的社会主义国家，在不断完善制度的基础上实现更高层次的发展是至关重要的。

中国提出的绿色低碳循环发展是一条创新之路，是实践经验的总结。具体指的是在经济发展的过程中，采用绿色、低碳和循环利用的方式来实现资源的高效利用和生态环境的严格保护。具体来说，“绿色”是指在经济活动中尽可能减少对生态环境的不利影响，推动环境友好型经济发展；“低碳”是指降低温室气体排放，应对全球气候变化；“循环”是指采用循环利用的方式提高资源的使用效率，避免浪费和污染。循环经济是针对传统的生产方式、生活方式和消费模式中“大量生产、大量消耗、大量废弃”现象进行的根本性变革，其核心概念是将资源从生产到消费再到回收再到再生利用的“闭环系统”，最终实现零废弃的生产模式，其目的是通过最大限度地减少资源的消耗和浪费来实现可持续发展。

三、实体经济高质量发展与中国式现代化

（一）中国式现代化

中国式现代化，是习近平新时代中国特色社会主义思想的一个原创性科学概念，是贯穿党的二十大报告全篇的一个关键词。中国式现代化是一种既承袭现代文明成果，又符合中国国情、中华文化和人民利益的现代化模式。其内涵主要包括以下几个方面：

第一，坚持中国特色社会主义道路。中国式现代化不仅是经济现代化，还包括政治、文化、社会等方面的现代化。在现代化的进程中，坚持中国特色社会主义道路，保持稳定和可持续发展，也是中国式现代化的重

要内涵之一。

第二，坚持开放和合作。中国式现代化是通过与国际社会开放合作，吸收和融合世界各国的先进技术和管理经验，实现自我现代化和全球现代化的一个过程。同时，中国也愿意为世界现代化作出自己的贡献。

第三，坚持创新驱动。中国式现代化是以创新驱动为核心，推动经济发展方式转变、产业升级、科技进步和人才培养等方面的现代化。在这个过程中，中国注重自主创新和开放创新的结合，积极发展数字经济、新能源、新材料等高技术产业和战略性新兴产业。第四，坚持人民为中心。中国式现代化是以人民为中心的现代化，旨在为人民谋福利，实现人民全面发展。在现代化的进程中，中国注重人民的创造力、参与度和获得感，推动人的全面发展和社会全面进步。以下从现代化目标和现代化制度两方面系统阐释中国式现代化丰富内涵。

1. 现代化目标

中国式现代化在政治层面的根本目标是：国家富强、民族振兴和人民幸福，其在一般现代性角度下的中国式现代化目标包括社会变迁目标、国家发展目标和人的发展目标。关于“社会变迁目标”。社会变迁目标意味着从传统农业社会到工业社会，再到知识和信息社会的转变，以实现从传统性到现代性的社会建构。这一目标要求在经济、政治、文化等方面，实现一系列的改革和变革，如加强知识和文化教育，推动工业和信息化的发展等。关于“国家发展目标”。从国内角度看，国家发展目标体现为“国家进步目标”，包括生产力发展水平、社会公平程度和民众生活质量等一系列指标，这一目标强调国家整体的发展和进步，要求国家在经济、政治、文化等方面不断发展壮大，为人民谋求更多的利益和福祉。从国际角度看，国家发展目标体现为“国家地位目标”，作为后发国家，中国式现代化目标就是追赶和达到西方发达国家水平，甚至世界先进水平，这一目标要求中国加强国际合作，参与国际竞争，提高自身在国际上的话语权和影响力。关于“人的发展目标”。在现代化进程中，中国式现代化不断破除人的依附性和物的依赖性，不断增强人的独立性，促进人的自由而全面的发展。这一目标要求中国不断改善人民的生活条件和保障人权，使人民的素质和能力得到提高。总之，一般现代性角度下的中国式现代化目标是一个全面的、系统化的目标体系，这些目标相互关联、相互促进，体现了中国式现代化的全面性和发展性。

2. 现代化制度

中国式现代化的基本性质和未来走向是由社会主义制度所决定的。现代化制度不仅涉及社会性质和形态，而且在制度层面上展现了现代化的表现形态。制度现代化的表现形态指的是其在社会制度层面的具体实现。而一种现代化道路能否成功，关键在于能否形成有效的社会制度。中国式现代化制度主要表现为经济、政治、文化、社会和生态文明等方面，其中，中国经济制度现代化是指在保持社会主义基本经济制度不变的前提下，通过改革和创新，使经济制度更加适应市场经济的要求，提高市场经济化水平和效率，实现经济持续稳定发展的过程。中国经济制度现代化的具体表现是多方面的，既包括对市场机制的改革和完善，也包括对产权制度、金融体系、外贸体系等方面的改革，同时注重创新驱动，以实现经济发展的可持续性和高质量。

（二）现代化经济体系

现代化经济体系是中国式现代化语境下提出的概念，是支撑中国式现代化的经济体系。自党的十九大报告首次提出“现代化经济体系”概念以来，学术界已有不少文献阐释其内涵、提出的背景，或作相关理论探讨。刘伟（2017）在其研究中指出，现代化经济体系需要发展、改革、开放的有机统一；洪银兴（2018）在其研究中认为，建设现代化经济体系是新时代开启现代化新征程的关键，其中创新体系、供给体系和制度体系是现代化经济体系的三个关键体系；张辉（2018）认为，现代化经济体系是贯彻新发展理念，以现代化产业体系和社会主义市场经济体制为基础的经济体系；高培勇（2019）强调了经济体系的整体性、系统性和内在关联性，认为“现代化经济体系”包括“现代化”和“经济体系”两部分。

“现代化”是一个复杂而广泛的概念，它代表了人类社会的发展进程和对未来的探索。“现代化”进程的核心在于工业革命，它标志着传统的手工业和农业经济被机械化、自动化、电气化所取代，从而催生了“现代化”的各种现象。关于“现代化”的定义，学界存在不同的看法和论述，就经济层面来看，“现代化”是指传统的农业经济被工业经济所取代，人们生产方式、生活方式、社会关系等方面发生深刻变化的过程。

从比较的角度来看，“现代化经济体系”与“传统经济体系”相互对应。建设现代化经济体系并不需要全面重新建设，而是需要对现有经济体系进行转换，以适应高质量发展的需求。这种转换主要涉及以下四个方面。首先，社会主要矛盾从总量转向结构，即从传统的供需体系的总量性矛盾转化为结构性矛盾，如在需求方面由简单粗暴的数量增长转向更注重质量和结构的消费升级；其次，资源配置方式从政府主导转向市场主导，但市场和政府的干预方式都需要一个从简单到复杂的过程。这表明在资源分配和调节方面，市场机制和政府干预需要相互协调，逐步实现资源配置的有效性和公平性；再次，产业体系从工业主导转向服务业主导，且产业内部结构需要从低端转向高级化。这意味着，未来经济增长的重心将逐渐从制造业向服务业转移，而服务业也将向更高质量、更高附加值的方向发展；最后，增长阶段从高速增长转向可持续稳速增长，即从低质量发展转向高质量发展。这表明未来的经济增长不再单纯追求数量上的增长，而是注重提升经济质量和效率，同时保持可持续性和稳定性。

（三）实体经济高质量发展的必要性

党的二十大制定了当前和今后一个时期党和国家的大政方针，即以中国式现代化全面推进中华民族伟大复兴。实体经济作为财富创造和国家强盛的重要支柱，是一国经济的立身之本。中国式现代化是一项伟大而艰巨的事业，需要以高质量的实体经济作为基础。因此，振兴实体经济是建设现代化经济体系、实现高质量发展的根本要求。只有高质量发展实体经济，才能夯实现代化经济体系建设根基，赢得未来发展优势，满足人民美好生活需要，助推全面建成社会主义现代化强国的目标如期实现。因此，实体经济高质量发展是推进和拓展中国式现代化的必然要求。

1. 实体经济是大国发展的正确战略选择

作为一个政党或一个国家，战略问题是根本性问题。习近平总书记指出，一个国家必须做出正确的战略选择。中国是一个大国，必须不断推进实体经济的发展，推动工业现代化和提高制造业水平，不能脱实向虚。新中国成立后，工农业生产逐步走向正轨，实体经济得到恢复发展。社会主义革命和建设时期，我国优先发展重工业，实现了工业化“从无到有”的蜕变，实体经济实现快速发展。改革开放后，工作中心转移到经济建设上，坚持走新型工业化道路，实体经济实现跨越式发展。进入新时代，实体经济发展实现了量的稳步增长和质的显著提升，为全面建设社会主义现代化国家奠定了坚实基础。党的二十大报告提出，到 21 世纪中叶，要把我国建设成为综合国力和国际影响力领先的社会主义现代化强国。这对我国发展实体经济提出了新的更高要求，必须在社会主义现代化强国建设过程中牢牢抓住实体经济，加快建设制造强国、质量强国、航天强国、交通强国、网络强国、数字强国，助推现代化强国的蓝图一步步变为现实。

2. 实体经济是建设现代化经济体系的坚实基础

国家强，则经济体系必须强大。建设现代化经济体系是我国发展的战略目标和跨越关口的迫切要求。现代化经济体系越完善，就越能顺应现代化发展潮流，为其他领域的现代化提供有力支撑。习近平总书记曾强调，要大力发展实体经济，为建设现代化经济体系筑牢坚实基础。实体经济的发展是现代化经济体系建设的一项重要政策举措和行动，自党的十八大以来，我们以“咬定青山不放松”的决心振兴实体经济，以现代化产业体系为抓手，促进我国产业向全球价值链的中高端迈进，提升了我国经济质量优势，夯实了现代化经济体系的基础。党的二十大报告指出要“加快建设现代化经济体系”，为了实现这一目标，我们必须顺应现代化发展潮流，加快建设创新引领和协同发展的产业体系，推动实体经济、科技创新、现代金融和人力资源的协同发展，实现经济发展方式、经济结构优化和经济增长动力的转换，为全面形成高质量发展模式和现代化经济体系打下坚实基础。

3. 实体经济是构筑战略优势的重要支撑

我国经济始于实体经济，未来也必须依靠实体经济发展。习近平总书记曾强调，实体经济是我国发展的基石，是未来发展战略的关键支柱。无论我们的发展达到何种程度，都不能抛开实体经济，也不能忽视制造业的重要性。自党的十八大以来，我国大力发展高技术产业和先进制造业，积极培育战略性新兴产业，促进数字技术与实体经济深度融合。制造业规模连续多年居全球首位，这形成了经济的韧性、潜力和长期向好的基本面。党的二十大报告提出，“推动制造业高端化、智能化、绿色化发展”和“推动战略性新兴产业融合集群发展”。这要求我们在特定环境下，抓住战略机遇、应对风险挑战、坚持发展实体经济，优先发展制造业，努力掌握产业链核心环节，占据价值链的高端地位。

4. 实体经济是实现全体人民共同富裕的有力保障

中国式现代化是实现全体人民共同富裕的现代化。习近平总书记强调，让人民过上好日子是我们工作的出发点和落脚点。实体经济是我国经济的命脉，关系到人民的各个方面生活需求，例如住房、交通、教育等。

高度发达的实体经济能够提供更高质量的就业机会，为更多人创造致富机会，为实现共同富裕创造良好条件。自党的十八大以来，党和国家坚持以人民为中心的发展思想，将增强人民群众的获得感、幸福感、安全感融入改革发展稳定各项工作之中，积极发展实体经济，不断夯实人民幸福生活的物质基础，如期打赢脱贫攻坚战，完成全面建成小康社会的历史任务，推动共同富裕取得新成效。党的二十大报告提出，要增进民生福祉，提高人民生活品质，这要求我们在发展过程中持续提高和改善民生水平，通过打造高质量、有效益的实体经济来创造更多财富，牢牢抓住人民最关心、最直接、最现实的利益问题，让发展成果更加平等地惠及全体人民，更好地满足人民日益增长的美好生活需要。

第三节 本章小结

数字经济与实体经济的深度融合是当今经济发展的重要趋势。数字经济的快速发展使得传统实体经济得以全面升级和转型，实现了价值链和供应链的全面优化和升级。同时，实体经济的需求和挑战也促进了数字经济的持续创新和发展。数字经济和实体经济的融合不仅改变了传统产业的生产方式和商业模式，还催生出许多新的产业形态和商业模式。首先，基于现有经济理论与文献，本章在数字经济的内涵与特征界定基础上，从宏观、中观和微观三个层面深入探讨了数字经济基础理论的演进及拓展。宏观层面，数据作为新的经济增长要素被纳入生产函数，重构了生产要素体系。这一变化不仅扩展了经济增长理论的规模报酬递增假设，更拓宽了传统经济增长理论的边界；中观层面，数字经济拓宽了产业组织理论的研究范畴，为产业组织理论提供了更多的研究材料和方法；微观层面，平台经济通过利用大数据网络技术来克服传统经济中的信息约束和认知约束，整合和挖掘各种资源，全面提高资源配置效率。共享经济通过最大化地盘活社会闲置资源，促进了资源的高效利用，催生出一种新的、可持续的经济模式。其次，本章在吸收现有研究成果的基础上，对实体经济高质量发展的概念内涵和核心特征进行了界定，其中核心特征包括资源集聚、协调融合、数智驱动和绿色发展。最后，实体经济作为财富创造的根本源泉和国家强盛的重要支柱，是一国经济的立身之本。中国式现代化是一项伟大而艰巨的事业，需要以高质量的实体经济作为基础。因此，振兴实体经济是建设现代化经济体系、实现高质量发展的根本要求。只有高质量发展实体经济，才能夯实现代化经济体系建设根基，赢得未来发展优势，满足人民美好生活需要，助推全面建成社会主义现代化强国的目标如期实现。

第三章

数字经济与实体经济高质量发展理论框架

党的二十大报告中指出要“加快发展数字经济，促进数字经济和实体经济深度融合”。当前，数字经济已经成为促进我国经济实现高质量发展的重要驱动力，为提升经济发展质量提供了新动能。在此背景下，研究数字经济对实体经济高质量发展的影响，以及如何强化数字经济的作用，具有重要的理论价值和现实意义。那么，数字经济是否促进了实体经济的高质量发展？具有怎样的影响特征？又是通过什么作用机制发挥效应？这些问题都有待我们进一步探究。本章对数字经济影响实体经济高质量发展进行理论阐述。首先，关于直接作用机理方面，数字经济基于网络经济效应对经济增长发挥倍增作用，通过匹配效应实现生产要素和供需双方的精准匹配，提高生产效率，促进实体经济的高质量发展。其次，关于间接作用机理方面，技术创新和人力资本会受到数字经济的影响，同时又会对实体经济发展产生影响，因而在数字经济影响实体经济发展的过程中发挥重要作用。最后，关于影响的非线性作用和空间溢出机理，在不同的技术创新水平和人力资本水平下，数字经济对实体经济高质量发展的影响程度不同，呈现非线性特征。基于区域经济联系的紧密性，数字经济的影响会产生空间外溢性，对邻近地区的实体经济产生影响。本章的理论框架有利于深入了解数字经济对实体经济高质量发展的影响，也为后文的实证研究奠定了理论基础。

第一节 数字经济影响实体经济高质量发展的直接作用机理

数字经济是农业经济、工业经济更迭后的主要经济形态，是引领科技革命和产业革命、驱动新旧动能转换、推动质量变革的重要引擎，对经济的增长具有明显的带动作用。数字经济主要包括数字产业化与产业数字化两方面。数字技术的应用催生出平台经济、共享经济等新产业、新业态，即数字产业化，新产业的形成壮大了数字经济规模，创造新需求，有助于实体经济高质量发展；数字技术与传统产业融合形成产业数字化，利用数字技术整合要素资源来提高要素配置效率，同时促进生产的数字化、智能化转变，从而降低生产成本以及提高生产效率，实现产业数字化转型，对实体经济转型升级产生促进效应。为进一步探究其中的理论逻辑，本节从以下几个方面进行具体分析。

一、数字经济的成本节约效应

数字经济的成本节约效应主要体现在边际成本递减和交易成本降低两个方面。首先是边际成本递减。以数据作为新的关键生产要素的数字产业，其生产的长期平均成本曲线是一条递减且无限接近于0的曲线，虽然数字产品具有较高的固定成本，但产量增加所带来的边际成本很低甚至为0，使得厂商可以无限地扩大生产规模；同时数据要素的渗透提高了各要素的边际报酬增长率，数字技术的广泛应用引起传统产业积极开展数字化转型，提高生产效率，降低边际成本，促进生产规模的扩大，助力实体经济高质量发展。其次是交易成本降低。科斯认为市场摩擦引起交易成本，包括搜寻成本、信息成本、签约成本、监督成本等。一方面，数字经济时代，互联网、大数据等数字技术帮助消费者较为容易地获得产品与服务的价格、质量和评价等方面的信息，同时也能帮助企业获取到更为精准的消费者需求信息，并降低信息搜寻成本；另一方面，数字信息技术实现了信息的高速传播，促进沟通的便捷性与时效性，从而大幅度降低了企业双方合作时谈判、签约、监督等信息沟通成本，提高市场效率，为实体经济高质量发展赋能。

二、数字经济的规模经济效应、范围经济效应和网络经济效应

规模经济是指生产规模的扩大而导致长期生产成本下降的现象。由数字经济的边际成本递减效应可知，生产规模扩大带来的规模经济能够提高经济效益。同时，需求侧的消费者也能实现规模经济，形成生产者与消费者之间的良性互动，有利于实现供需平衡。范围经济指企业扩大经营范围，丰富产品种类而引起单位成本的降低，从而获得更多的利润。传统的范围经济是针对产品关联性而言，产品关联程度越大，范围经济特征越明显。然而，数字经济将产品相关性降到最低，极大地拓展了范围经济的应用范围，但这种范围经济以一定的规模经济为前提，基于一定的用户数量和市场覆盖率来扩大经营范围，以低成本开展多样化生产。范围经济出现的多种产品与服务逐渐满足了消费者的小众需求，通过定制化生产满足消费者的个性化需求，获得更多利润。数字经济强化了网络经济形态，使社会网络呈现明显的网络外部性。根据梅特卡夫法则，网络的价值以用户数量平方的速度增长，当网络用户超过一定数量时，将出现正反馈机制，网络价值呈现爆发式增长。网络效应是网络型产业特别是数字产业的典型特征，又称为需求方规模经济，当企业拥有足够的用户量时，正反馈机制发挥作用，吸引更多的用户进入，创造的价值呈非线性增长，且随着规模的扩大边际收益呈递增趋势。

三、数字经济的匹配效应

数字经济以其高渗透性的特点，将数字技术融入到生产、分配、流通和消费等环节，有效缓解了信息不对称，优化产业资源配置，通过更好的匹配机制来影响实体经济高质量发展。首先，数字经济提高了生产要素之间的匹配效率。要素配置扭曲的本质来源于信息不对称，而数字经济发展所具有的流动性和高渗透性的特点有助于生产要素流通过程的透明化与协同化，从而克服信息不对称问题，减少要素的流动壁垒，促进生产要素在产业之间、区域之间实现合理流动，并且高度互联互通的网络结构有助于生产要素的精准匹配，大幅度降低要素错配水平，促进经济发展。其次，数字经济提高了供需之间的匹配效率。大数据技术促进市场环境的公开透明化，为消费者参与企业研发生产和企业利用消费者数据进行研发生产提供了可能，提高产品与服务的有效供给。具体来看，大数据技术将消费者

行为数据化，这些数据反映了不同消费群体需求的特征和动态性，为企业的生产决策提供支持；同时，大数据降低了企业信息搜寻的成本，使企业深度挖掘市场运行的有效信息，充分利用消费者数据进行研发生产，消除供需双方的信息不对称，有利于企业针对消费者个性化需求生产产品和提供服务，有利于企业根据消费者需求变化来调整改进生产活动，提高供给与需求的匹配程度。无论是要素之间，还是供需之间的精准匹配，都属于要素配置的优化，是让产出接近产能、让生产点接近生产可能性曲线的过程。

四、效率提升效应

数字经济与传统经济的融合，有效弥补了传统经济发展的不足，由此带来效率的提升，对实体经济高质量发展产生积极作用。一是生产环节效率的提升，大数据、云计算、人工智能等新技术的发展，激励企业在生产环节使用数字化智能设备，促进产业数字化转型，简化生产流程，直接改善生产效率，同时数字化平台促进产业链上下游企业的联通，提高整个产业链的运行效率；二是流通环节效率的提升，数字经济加强生产者与消费者之间的交流，并与物流产业协同配合，快速实现商品与消费者之间的对接，提高流通效率，同时物流产业的智能化也提高了产品运输效率；三是交易环节效率的提升，数字技术的应用实现了信息的实时获取，同时数字经济带来商业模式的创新，互联网成为消费的主要渠道，线上销售模式的便捷性大大减少了交易成本，提高交易效率。

第二节 数字经济影响实体经济高质量发展的间接作用机理

一、技术创新

（一）数字经济与技术创新

技术创新在实体经济发展和壮大过程中发挥着积极作用，而数字经济作为技术高度密集的经济形态，在推动技术变革、经济增长方面也扮演着重要的角色。因此，关于数字经济对技术创新的影响，本文主要从缓解融资约束、提高创新能力、降低创新风险三个方面进行分析。

第一，数字经济的发展能够缓解融资约束，拓宽创新主体融资渠道。技术创新活动的成功需要充足的资金，但由于传统金融机构与企业之间存在着信息不对称问题，使得企业获取资金的难度大，交易成本高，面临融资难、融资贵的问题，极大地阻碍了企业的创新活动。但随着互联网、大数据等数字技术与传统金融服务有机融合，数字金融应运而生，为技术创新提供了坚实基础。数字金融利用数字技术在短时间内完成对企业的信用评估，提升小微企业的融资可得性，同时提供层次更为丰富的融资途径，让企业以低成本获取资金支持，缓解融资约束。更为重要的是，数字金融通过挖掘海量数据，降低了金融机构与创新主体之间的信息不对称程度，实现信贷资源与创新项目精准对接，避免信贷资源错配情况，提升金融资源配置效率，进一步改善了企业技术创新条件。

第二，数字经济的发展有利于提高技术创新的能力。首先，数字经济的应用能够降低各类成本，促进创新。成本的下降有利于高效利用要素资源，提高创新研发效率。同时，数字经济平台的应用在一定程度上解决了消费者与研发者之间信息分割问题，进而大幅度降低创新主体搜寻成本、信息成本等，将更多的资源用于创新研发，提高创新能力。其次，数字经济通过扩散效应带动整个产业的技术创新。创新资源基于数字要素可重复使用、可共享的特点，能够跨越物理空间的限制，在整个社会领域内外溢扩散，不断向上下游产业链渗透，创新领先的主体也能发挥带头作用，促使所有主体协同创新，倒逼着创新主体拓宽创新的深度与广度，带来区域整体创新能力的提升，进而促进经济发展。

第三，数字经济的发展降低了创新主体的创新风险。首先，数字经济因其融合渗透性的特点，能够实现诸多创新资源与创新主体间的快速连接，加强企业、科研机构、政府等多主体之间的创新资源交换与知识互补，实现协同创新，进而降低创新风险。其次，数字经济开放了创新模式，数字技术为消费者直接参与到产品的研发过程提供了可能，有效弥合了研发者与需求者之间的信息鸿沟，提高产品研发与市场需求的匹配度，降低创新的不确定性，从而降低创新风险。

（二）技术创新与实体经济

技术创新是实现经济高质量发展的重要因素，其对实体经济发展的促进作用也是毋庸置疑的。第一，技术创新促进资源要素利用与配置效率的提高。生产技术的进步大大减少人力消耗，提高了劳动和资本生产要素的使用效率，不同产业间相对生产率的变化导致生产要素从生产率增长缓慢部门流向生产率增长迅速部门，带来生产要素的重新组合及社会生产率水平的提升，为实现实体经济产业结构的转型升级提供要素支撑。第二，数字技术创新通过实现产业数字化和数字产业化来助推实体经济发展。首先，应用数字化技术的创新推动了传统产业的数字化、自动化与智能化转型，既降低了生产过程中的资源损耗与成本，又能突破复杂技术实现更为精细的生产，进而提高生产效率与产业整体竞争优势，促进实体经济的发展。其次，数字技术创新有助于推动数字产业化，促进新产业、新业态的形成，并吸引越来越多的劳动与资本等要素的转移，促进产业结构的升级并带动实体经济的发展。第三，技术创新从供需两侧拉动实体经济发展。一方面，技术创新需要增加创新要素的投入，创新主体通过产业链前后关联效应增加对产业链上下游各类产品和服务的需求，进而拉动上下游产业的增长，从需求侧推动实体经济发展；另一方面，生产者不断进行技术创新催生出新产品、新服务与新工艺，新产品与新服务的形成丰富了实体经济产品与服务的种类，满足了消费者多样化的需求，而新工艺的应用直接提高了生产效率，增加产出，无论是新产品、新服务还是新工艺都是增加了创新产出，从供给侧促进实体经济的发展。

二、人力资本

（一）数字经济与人力资本

人力资本水平的提升是数字经济驱动实体经济发展的基础条件。数字经济通过“替代效应”对行业中低技能劳动力产生冲击，同时又通过“提升效应”对原有岗位员工的要求有所提升，具有优化人力资本的作用。

数字经济的高速发展对劳动者提出了更高的要求，能够优化人力资本结构。一方面，数字经济拉动了技术密集型和知识密集型产业的发展，扩大技术和知识密集型产业的就业规模，增加具备专业技能的高素质劳动力的需求，并且高新技术产业接受高等教育人数的就业比重不断提升，引发人力资本需求层次的变化，企业的用工偏好逐渐从数量型向质量型转变，进而倒逼着劳动力赋能升级。智能资本的投入也会降低以程式化任务为主的就业比重，诱发知识和技术密集型产业对高端劳动力的需求。另一方面，智能化生产导致低层次劳动力被取代，数字技术的应用加大对高学历劳动力的需求。产业的数字化转型会使低技术含量、高重复性的工作被自动化的机器所替代，减少劳动力的需求。同时，技术进步引致劳动工具和对象的创新，催生新产业、新业态和新模式，不断创造出高端的工作岗位，但这些工作岗位需要高素质劳动力与之相匹配。面对劳动力市场模式和劳动者就业模式的变化，劳动者不得不通过参加培训、网上学习等方式提高自身的工作能力，以适应劳动力需求的变化，减少被替代的可能性；企业为了推动数字化转型，可能会通过增加人力资本投资来提高员工的技能水平以胜任新岗位，从而推动人力资本结构的高级化。

数字技术培训直接赋予了劳动力新技能，有助于提升劳动者的能力和素养，优化人力资本质量。从个人学习能力来看，数字生活对劳动者认知和智力的发展会产生积极影响，提高个人的学习能力，为构建终生学习体系提供了可能。从教育方式来看，数字化平台、线上教育等形式为教育资源的传播提供技术手段，在一定程度上促进教育资源的均等化发展，增加教育机会，带来教育方式的创新，促进人力资本水平的提高，同时网络知识的快速迭代与免费获取有利于劳动者利用空闲时间学习所需的知识与技能，为劳动者提供自由学习的环境。此外，数字技术打破了获取知识的时空界限，企业之间借助数字平台进行人才交流与合作，企业内部也能实现知识共享与学习互助，促进人力资本的积累。数字经济的互联网属性以及数字技术的应用降低了企业与员工之间的沟通成本，提高劳动力的配置效率，而劳动力资源的高效利用有助于促进人力资本的积累。

（二）人力资本与实体经济

人力资本是经济增长的重要源泉，人力资本数量的扩张是经济持续稳定增长的重要保障，人力资本质量的提高带来生产率改善是经济稳定增长的主导动力。胡西娟等（2022）指出人力资本能够通过内部自身能力的积累与外部环境的影响来促进实体经济发展。从内部来看，劳动力通过“干中学”提高知识技术水平来应对数字经济对劳动力市场的不利冲击，带来劳动力素质的整体提升，为产业升级提供保障，同时企业内高素质劳动力规模的扩大有利于推动技术创新，进而促进生产效率整体水平的提高，驱动实体经济发展。外在效应是指高质量的人力资本通过对周围的人产生正向溢出效应来促进实体经济增长，数字经济与实体经济融合程度的不断加深以及劳动力交流日益频繁，促进了高端人力资本的知识溢出与技术扩散，从而带动全社会整体人力资本的升级，推动实体经济增长。

除此之外，人力资本还能从消费需求和人力资本投资需求两方面对实体经济发展发挥引领作用。从消费需求角度来看，新经济格局下，内需的主拉动力由投资转向消费，消费需求对经济增长的作用将越来越突出。根据产业经济学的有关理论，消费升级带动产业升级主要通过两条途径：一是恩格尔效应，随着经济的增长和居民收入水平的持续提高，人们的消费需求逐渐由低层次向高层次迈进，高质量和具有创新性的产品与服务更加受到青睐，导致高端产业在经济中所占的比重越来越高，所以消费升级引领产业的高端化；二是鲍莫尔效应，产业的技术进步将引起资本回报率的增加，导致资本加速流入到技术含量更高的高端产业，促进高端产业规模的扩大，实现产业升级。综合两种路径，究其源头都是消费需求的升级，因而消费升级引领产业结构的升级来影响实体经济增长。人力资本在积累的同时伴随着收入水平的提升，引起消费偏好的个性化、多样化与高级化，消费水平不断提升，促进消费结构升级，相应的产业结构也会随之发生调整，为实体经济增长增添新动力。从人力资本投资需求角度来看，为了不断提升人力资本的素质，以教育培训等领域为代表的人力资本投资会持续增加，这不仅直接促进经济发展，而且通过经济的联系带动效应能够带动相关产业领域的转型升级。

第三节 数字经济影响实体经济高质量发展的非线性作用与空间溢出机理

一、数字经济影响实体经济高质量发展的非线性作用机理

（一）技术创新门槛效应

在初始阶段，数字技术主要应用于生活、服务等领域，而随着数字技术的成熟，不断融入实体经济，特别是生产制造领域，可能会进一步强化

数字经济对实体经济发展的促进作用。已有研究表明，数字经济的网络效应使得数字经济对产业结构升级的影响具有非线性特征。初始阶段，由于数字经济发展规模较小，数字基础设施不完善，使得网络效应难以发挥效用，对实体经济的促进作用有限。同时，数字经济发展低水平阶段的规模化程度较低，再加上低回报、高投入、高建设成本等特征，导致多数企业放弃投资新型数字化技术，仅有少数企业获得数字经济带来的红利，数字经济对实体经济高质量发展的溢出效应受到限制。而随着数字经济的快速发展，用户规模的扩大以及数据要素倍增效应的发挥，强化了数字经济网络的正外部性效应，同时也会吸引高端人才、创新技术等要素流入，促进产业结构的升级，并促使数字经济对产业结构升级的影响实现边际效应递增。

技术创新是数字经济发展的基础，有助于弥补数字基础软硬件等方面的不足，也能为攻克数字经济中核心技术等问题提供技术支撑，显著提升数字经济发展水平。作为数字经济发展的重要驱动力，技术创新会在数字经济促进实体经济高质量过程中产生影响。首先，技术创新成果的应用推动企业加大对数字化平台和设备的投入，促进企业的数字化转型，拓展数字经济的规模并发挥网络效应，进而强化其影响。其次，技术创新本身具有的非线性特点会引起数字经济影响的非线性。经济的发展、市场需求的不断细化使得技术创新的速度逐渐加快，促进许多具有突变性质的新技术产生，引起创新过程的急剧强化。因而，技术创新过程是一个越来越强的波动式过程，具有非线性扩张的特点，引起数字经济对实体经济增长影响的非线性。具体来说，当地区技术创新水平较低时，科技创新的意识较为薄弱，新型技术难以应用，数字技术的溢出效应有限；当地区技术创新水平提高时，会吸引创新资金、创新人才的集聚，有利于实体经济部门对数字技术的掌握与应用，助推实体经济高质量发展。因此，技术创新水平的高低影响着数字经济对实体经济高质量发展的促进作用。

（二）人力资本门槛效应

人力资本是经济增长过程中的重要因素，一个地区的经济水平越高越能促进人力资本的积累，同时也越能创造更多的经济机会，已有不少学者证明人力资本对经济增长的影响存在门槛效应。数字经济的发展为经济增长提供了技术资本，而技术也需要一定的人力资本与之相配合，最大程度发挥出对经济的积极作用。因而数字经济对实体经济高质量发展发挥积极作用需要一定的人力资本水平相匹配。

首先，数字经济发展对人力资本提出了更高的要求。具体来看，云计算、大数据产业等数字化产业以及传统产业的数字化发展引起社会对高技能劳动者的需求不断增加，劳动者需要掌握必要的专业知识、技能及其他必备特征才能避免被人工智能所替代。然而，当前我国数字化发展面临着复合型人才储备不足的现状，高端数字人才培养体系的不完善导致人才供给严重滞后于需求，这势必会阻碍我国数字经济的发展。因此，政府、企业及高校需要联合构建完备的高端数字人才培养体系，保障数字化转型充足的人才储备，同时劳动者也需要紧跟时代步伐，不断学习新知识与新技能，提高自身综合素质，进而满足数字经济发展的需要。

其次，人力资本水平影响数字经济优势的发挥。当人力资本处于较低水平时，劳动者自身学习能力不足，无法掌握并运用数字经济发展所产生的新知识与新技术，数字技术人才的缺乏限制了数字技术的普及与应用，推迟了数字产业化与产业数字化转型的进程，同时企业管理层人员知识储备的不足使得其主动推进产业数字化转型的意识较为薄弱，对数字经济优势的发挥形成阻碍；而当人力资本水平不断提升时，高素质人才所具备的快速学习、分析及协调能力与数字经济发展的适配性越来越高，进而增强数字经济的积极影响。基于前文分析，技术创新是一个重要的影响渠道，而技术创新促进经济增长的前提是相应的人力资本有效契合，较高的人力资本水平将有利于技术创新对经济增长发挥积极作用。此外，人力资本集聚也会影响经济的发展，发达地区凭借自身经济实力和区位优势，吸引大量的高素质人才，形成人力资本集聚，满足经济发展过程中对高素质人才的需求，有利于知识溢出，推动技术进步，促进经济转型升级，同时一定程度的人力资本集聚将使得数字经济对经济增长的促进作用逐渐变大。

二、数字经济影响实体经济高质量发展的空间溢出机理

社会学家 Castells 最早提出“流空间”概念，认为“不必地理邻接即可实现共享时间的社会实践的物质组织”，也可理解为在信息和技术的双重作用下，资本、人口等经济要素在全球信息网络中突破地理空间限制实

现了实时并置。基于“流空间”理论，经济发展需要考虑生产要素流动所带来的空间关联性，数字经济对实体经济高质量发展的影响存在着空间溢出效应。

首先，实体经济发展存在着空间关联效应。目前已有学者通过实证研究证明中国区域经济发展存在着空间关联性，空间溢出效应是中国经济发展不可忽视的重要影响因素。不同地区之间的经济要素资源存在着差异性和复杂性，得益于交通基础设施、互联网设施等方面的完善，要素资源在地区间的流动性加强，造成了区域经济之间的相互影响，具有空间相关性，进一步产生空间溢出效应，使得本地区的经济发展会受到邻近地区经济发展的影响。

其次，数字经济加速了要素资源的流动，增强区域间各种经济活动的关联，同时，数字经济发展带来的数字技术和数据要素能够突破空间限制，从而产生空间溢出效应。一方面，数字经济具有跨时空的特征，使各类生产要素的流动不受地理空间的限制，高效整合了不同地区间的要素资源并提高了不同地区间经济联系的紧密程度，不仅促进了本地区实体经济的高质量发展，还对邻近地区的实体经济发展产生溢出效应。另一方面，数据要素相较于传统生产要素具有较强的流动性且流通成本低，使数字经济影响实体经济高质量发展表现出较强的空间溢出效应等。同时，数字技术的发展加速了知识和信息资源在各主体、各地区之间的传播，网络平台为各主体低成本共享、学习来自全世界的优质资源和信息提供了可能，促进不同地区的企业在技术方面深入合作交流，从而弱化了企业地理距离带来的技术溢出效应递减规律，大大增强知识、信息的普惠性，提高经济发展的协同性，对邻近地区实体经济高质量发展产生积极影响。

基于以上分析，提出如下假说：

H1：数字经济能够直接促进实体经济高质量发展。

H2：数字经济能够通过提高技术创新水平来间接促进实体经济高质量发展。

H3：数字经济能够通过提升人力资本水平来间接促进实体经济高质量发展。

H4：数字经济对实体经济高质量发展的促进作用受到技术创新水平和人力资本水平的影响，具有非线性特征，并且具有空间溢出效应。

第四节 本章小结

本章主要分析了数字经济对实体经济高质量发展影响的作用机理，包括直接影响、间接影响以及非线性影响和空间溢出效应。研究认为，数字经济对实体经济高质量发展的影响不仅具有直接作用，还具有间接作用机制。直接作用机制是数字经济具有成本节约效应，引起边际成本递减并降低交易成本，网络经济效应使得用户量增加带来边际收益呈现递增趋势，匹配效应优化了生产要素的配置，效率提升效应促进了生产环节、流通环节以及交易环节效率的提升，进而促进实体经济高质量发展。间接作用机制是数字经济能够为创新主体拓宽融资渠道、降低创新风险等作用来提高技术创新能力，又对劳动者提出更高的要求来促进人力资本水平的提高，技术创新能力的提高对实体经济产业结构的升级、数字化转型等方面产生促进作用，人力资本水平的提高为实体经济的发展提供了人才支撑，又从消费需求和人力资本投资需求两方面对实体经济发展发挥引领作用，从而有利于实体经济实现高质量发展。由于数字经济会产生规模经济、范围经济等效应，数字经济对实体经济高质量发展可能具有非线性特征，考虑到技术创新和人力资本是经济发展的重要推动力，数字经济对实体经济高质量发展的影响可能存在技术创新门槛效应和人力资本门槛效应。基于当下区域间经济联系的紧密性，数字经济对实体经济高质量发展的影响可能存在空间溢出效应。

第四章

中国数字经济与实体经济高质量发展特征事实分析

本章主要对我国数字经济和实体经济高质量发展的特征事实进行梳理分析。首先，回顾了我国数字经济的发展脉络，并梳理总结了其现状特征；其次，分别构建了数字经济和实体经济高质量发展综合评价体系，并对相应的指数进行科学测度和统计分析，以期对我国实体经济高质量发展现状特征有所了解；最后，依据上述测度结果，就我国数字经济与实体经济高质量发展之间的关系进行初步研判，从而为后续相关论证提供现实依据。

第一节 中国数字经济发展历程与总体特征

数字经济是继农业经济、工业经济之后的主要经济形态。数字经济的发展始于数字技术的发明，技术进步推动了数据要素的普及，数据要素的广泛应用带来了数据要素市场的完善与成熟，随着市场体系的建立健全，与数字经济相关的体系制度也不断完善，促进了数字经济的高度发展。为加深对我国数字经济发展脉络的了解，本节首先对数字经济发展脉络进行简单阐述，具体将数字经济的发展时代划分为信息互联网时代、消费互联网时代和产业互联网时代，然后从数字经济总体规模、数字经济结构特征、数字经济渗透率方面对我国数字经济的现状及特征进行梳理。

一、中国数字经济发展脉络

近年来，数字经济的飞速发展已经成为全球经济发展的重要驱动力，不仅推动了要素资源的重新配置，也为我国经济稳定增长提供了强大支撑。20 世纪 90 年代末开始，中国的数字经济迅速崛起，跨越了信息互联网和消费互联网的界限，迈入了产业互联网的新纪元，实现了从传统的自动化到数字化的转变，迈向了数智化的新高度。信息互联网时代是我国数字经济发展的萌芽期，在这段期间内，中国第一家互联网接入商“瀛海威”，使得普通人可以享受上网服务，标志着中国正式进入 2G 通信时代。随着网易、新浪、搜狐、腾讯、百度的出现，以及阿里巴巴和京东等电子商务网站的建立，中国的互联网行业迎来了一个崭新的发展时期。该时期的主要特点表现为初创企业模仿国外成功商业模式，竞争的核心内容是流量争夺和用户积累。2003—2012 年，我国数字经济高速发展，进入了消费互联网时代。阿里巴巴推出的个人电子商务网站“淘宝网”改变了我国人民的消费习惯；第三方互联网支付软件“支付宝”的业务推出，则重新定义了人们的支付方式。同时，“博客”的兴起，使得人际联络方式发生了变革，腾讯的注册用户（QQ 用户）也已过亿，即时聊天工具成为了网民的标配。2009 年，“开心网”和“腾讯开心农场”开始流行，作为数字经济重要组成部分的游戏产业迅速升温。同年 8 月，微博平台上线，为个体网民对于经济社会的影响带来了重大变革。截至 2012 年，我国的手机网民数量首次超过台式电脑用户，达到 4.2 亿，这一现象标志着中国数字经济的发展进入了新的阶段。从 2013 年至今，我国数字经济发展进入了成熟期，这是第三个阶段。2013 年，我国三大移动通信运营商获得了 4G 通信技术的经营许可，这标志着移动通信进入了速度更快、应用更广、流量价格更低的全新时代，同时我国网络零售交易额超过 1.85 万亿元，成为了全球最大的网络零售市场。共享单车的诞生和网络直播的上线，也为中国数字经济发展注入了新活力。就数字经济规模而言，早在 2015 年我国数字经济规模达 18.6 万亿元，成为仅次于美国的世界第二位。

基于上述发展脉络，在中国大国规模经济及巨大的网民基础上发展起来的数字经济可以说是生逢其时。不仅如此，我国自上而下已经形成发展数字经济的共识，出台了诸多支持数字经济发展的政策。首个国家层面的数字经济整体战略规划《数字经济发展战略纲要》于 2018 年颁布，该纲要标志着数字经济已成为国家战略。2021 年，《“十四五”数字经济发展规划》进一步明确了十四五时期推进数字经济健康发展的目标和重点任务。各地方政府也加强数字经济布局，2021 年我国各省份提出了 216 项数字经济发展相关的政策建议。数字乡村是建设数字中国的重要组成部分，为推动农村信息基础设施建设，中共中央办公厅、国务院办公厅 2019 年 5 月颁布了《数字乡村发展战略纲要》，以提升农民的数字化素养，推动传统产业转型升级，进而缩小城乡“数字鸿沟”，推动城乡融合发展。2020 年以来疫情的常态化防控进一步提升了居民对数字经济的认识和应用。数字经济催生了新的生产和消费模式，也改变着居民的购物、餐饮和出行等方面的生活方式，数字经济的发展对推动实体经济高质量发展将起到重要作用。

二、中国数字经济发展评价体系

在梳理数字经济发展脉络的基础上，参考杨慧梅等（2021）的方法，从数字基础设施、数字产业化和产业数字化三个维度构建数字经济发展综合评价指标体系。如表 4－1 所示。

表 4－1　　数字经济发展指标体系

一级指标	二级指标	具体变量描述	单位
数字基础设施	电子信息制造业规模	通信设备、计算机及其他电子设备制造业主营业务收入	亿元
	电信业规模、通信能力及服务规模	电信业务总量	亿元
		移动电话年末用户数	万户
		互联网宽带接入端口数	万个
		移动电话交换机容量	万户
		长途光缆线路长度	公里
	基建投资	电力、煤气及水的生产和供应业	亿元
		信息传输、软件和技术服务业固定资产投资	亿元
		卫生和社会工作全社会固定资产人均	亿元
	人民生活水平	人均文教娱乐消费	元/个
		人均交通和通信消费支出	元/个

续表

一级指标	二级指标	具体变量描述	单位
数字产业化	软件和信息技术服务业规模、互联网及相关服务业规模及发展情况	软件企业数目	万个
		软件产品收入规模	亿元
		信息技术服务收入	亿元
		信息传输、软件和技术服务业就业人员	万人
产业数字化	农业	农林牧渔业增加值	亿元
	工业	工业增加值	亿元
		国家专利申请授权量/规模以上工业企业R&D人员全时当量	%
		规模以上工业企业新产品销售收入/工业企业主营业务收入	%
		规模以上工业企业技术改造经费支出	亿元
		规模以上工业企业技术引进经费支出	亿元
	第三产业	第三产业增加值	亿元
		原保险保费收入	亿元
		互联网上网人数	万人
		社会消费品零售总额	亿元
		快递量	万件
	数字化人才	普通高等学校数	万个
		普通高等学校本专科授予学位数	万个

第一维度为数字基础设施，主要反映数字经济发展基础设施的建设情况，包括电信业务总量等十一个指标；第二维度为数字产业化，主要指软件和信息技术服务业规模、互联网及相关服务业规模及发展情况，本文使用软件企业数目等共计四个指标；第三维度为产业数字化，主要指以数字技术对产业链上下游进行转型升级再造的过程，体现在对三次产业产出的提升上。本书使用工业增加值、第三产业增加值、快递量、农林牧渔业增加值和人均文教娱乐消费等十三个指标来衡量产业数字化维度。

三、中国数字经济发展总体特征评价

本部分根据对既有文献及相关资料的研究，将从三个方面对我国数字经济发展的总体特征进行归纳。

（一）数字经济总体规模特征

当前，世界正面临前所未有的重大变局。国际形势日益不稳定和不确定，同时新冠肺炎疫情大流行，给全球经济、科技和文化等领域带来复杂的变化。然而，在这种背景下，新一轮科技革命正在深入展开，数字经济因此成为全球经济增长的重要推动力之一，也是中国经济的稳定器和加速器。

如图 4－1 所示，近年来我国数字经济发展不断取得新的突破，总体规模和数字经济占 GDP 的比重均呈现不断上升的趋势。2021 年我国数字经济总体规模达 45.5 万亿元，较 2014 年增加了 29.3 万亿元，且在 2014 年到 2021 年间，我国数字经济增速始终高于 GDP 增速；数字经济占 GDP 的比重也由 2014 年的 26.1% 上升到了 39.8%，较 2014 年提升了 13.7 个百分点。在过去几年，尽管全球疫情严峻，但我国的数字经济发展潜力不断释放，疫情成为数字经济发展的"试金石"，为疫情防控增添了许多便利。数字经济的发展愈发成为我国国民经济增长的强大力量，也为实现我国"十四五"奠定了良好的开局，同时，预测未来伴随着数字技术的进一步创新，数字经济将继续发挥对我国经济增长的重要拉动作用。

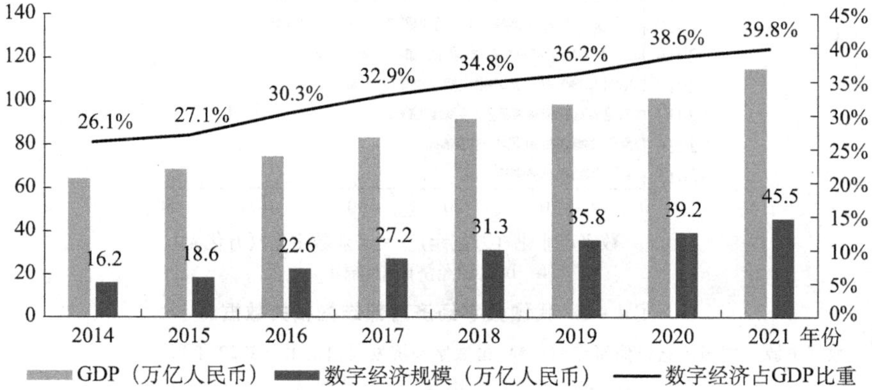

图 4－1　我国 2014—2021 年数字经济规模及其占 GDP 比重

数据来源：中国信息通信研究院：《中国数字经济发展白皮书（2022 年）》。

（二）数字经济结构特征

数字产业化和产业数字化是数字经济中重要的组成部分。如图 4－2 所示，无论是从规模还是从其占 GDP 的比重来看，产业数字化一直是我国数字经济发展的主导力量。具体而言，自 2015 年至 2021 年，数字产业化和产业数字化规模均呈上升趋势，但产业数字化规模一直远超过数字产业化。以 2021 年为例，我国数字产业化规模约为 8.4 万亿元，而产业数字化规模高达 37.2 万亿元，是数字产业化的 4 倍以上。就数字产业化和产业数字化在 GDP 中的比重而言，数字产业化始终维持在 7% 左右，而产业数字化比重逐年增加，在 2021 年达到 32.5%。这表明产业数字化在数字经济中占比和占 GDP 比重均高于数字产业化，说明数字技术正在渗透和合作各行各业，推动产业数字化转型加速，提高了行业效率和产出增长。

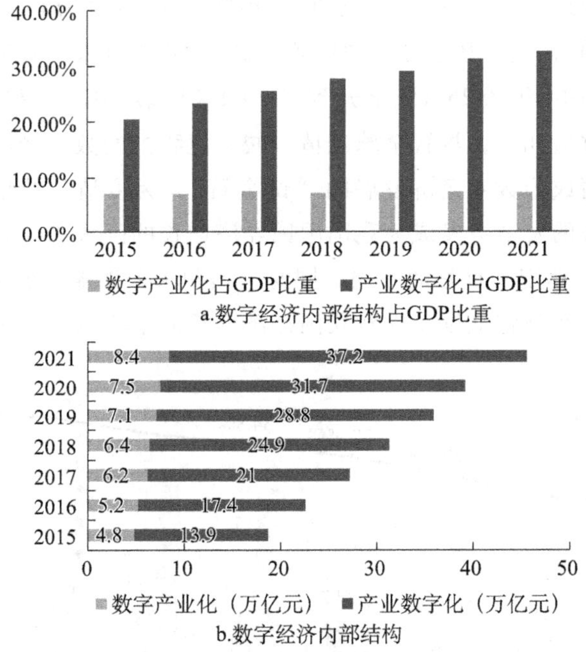

图 4-2 我国数字经济内部结构相关数据

数据来源：中国信息通信研究院：《中国数字经济发展白皮书（2022 年）》。

（三）数字经济渗透率特征

数字经济的快速发展以及其与我国三次产业的融合程度不断提升，三次产业的数字经济渗透率也不断提高。由图 4-3 可以看到，在 2016—2021 年，由于我国农业、工业和服务业的数字化深入推进，三次产业的数字经济渗透率均呈上升趋势。具体对比三次产业的数字经济渗透率可知，数字经济在不同行业中的渗透率存在差异，农业渗透率较低，工业渗透率处于中等水平，而服务业渗透率则最高。农业作为我国国民经济的命脉，数字经济的渗透率较低，表明当前我国农业应用数字化设备程度较低，在往后的一段时间内农业数字化水平都具有较大的提升空间；从 2016 年到 2021 年，工业作为我国第二产业，数字经济渗透率持续上升，且其增速比农业要快。这说明当前我国有大量企业利用大数据、工业互联网等数字技术应用于生产、管理、销售等环节，实现了高效生产和精准对接；第三产业是数字经济渗透率最高的产业，在 2021 年达到了 43%，较 2016 年增加了 13.4 个百分点，尤其是新冠肺炎疫情以来，服务业与数字经济的融合程度进一步加深，在线办公、互联网医疗、在线教育的蓬勃发展，满足人民日益增长的美好生活需求。

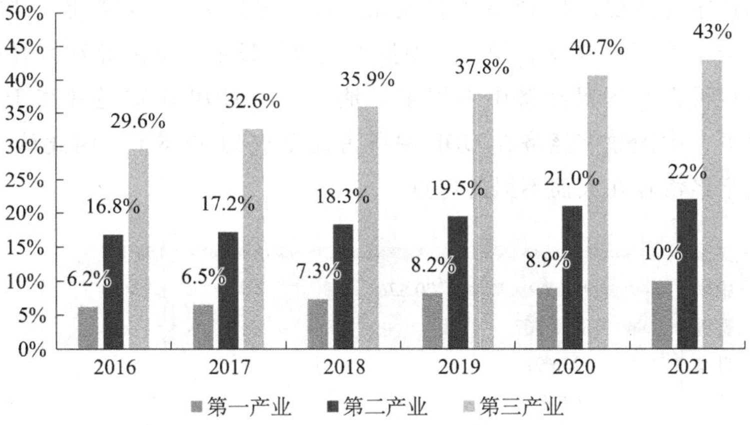

图 4－3　2016—2021 年数字经济渗透率

数据来源：中国信息通信研究院：《中国数字经济发展白皮书（2022 年）》。

第二节

中国数字经济发展问题及趋势

随着全球数字化时代的到来，数字经济已成为各国经济发展的重要引擎。为了获得更多数字经济发展的红利，各国都在开启数字化革命。作为全球最大的发展中国家，中国高度重视数字经济的发展，数字技术发展迅猛，数字经济已取得巨大进步。随着数字基础设施的不断完善和企业数字化转型的加速，数字产品和数字化服务日益丰富。这些发展使得数字经济发展水平大幅度提高，从而有利地支持了我国实体经济的发展。

一、中国数字经济发展存在的问题

（一）数字经济大而不强

虽然我国数字经济迅猛增长，2021 年的数字经济增速达到了 16.2%，但我国仍需要继续支持产业数字化和数字产业化，培育更多的新业态和新模式。图 4－4 是 2021 年全球数字经济规模前十位国家的排行榜，从中可以看到，2021 年我国数字经济规模达 7.1 万亿美元，位居全球第二，但同年美国数字经济规模为 15.3 万亿美元，我国的数字经济规模远不如美国，且仅相当于美国的 46%；同样，根据相关数据显示，美国等发达国家的数字经济规模在其国民经济中占据主导地位，占 GDP 比重通常高于 60%。相比之下，中国数字经济在 GDP 中所占比重仅为 39.8%。因此认为当前我国数字经济存在大而不强的特点。

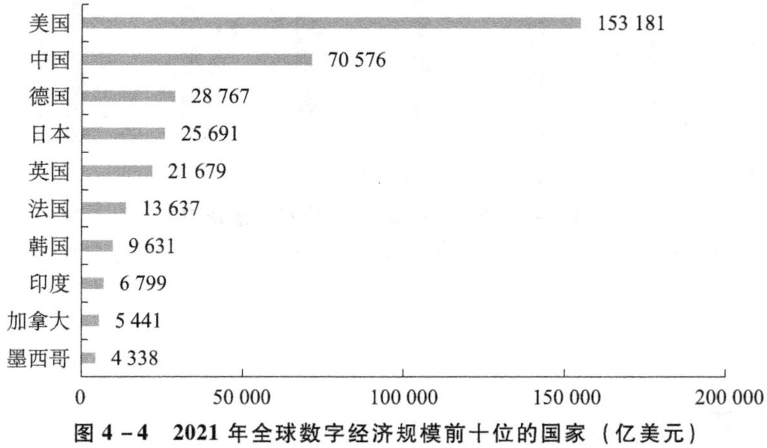

图 4－4 2021 年全球数字经济规模前十位的国家（亿美元）

数据来源：中国信息通信研究院：《全球数字经济白皮书（2022 年）》。

（二）关键技术工程亟待突破

近年来，我国数字技术发展迅速，在大数据、5G、人工智能等技术方面取得了较大的成就，但在一些关键技术和领域方面仍然存在短板，面临着所谓的“卡脖子”问题。根据美国半导体行业协会公布的数据，美国是全球最大的半导体企业供应国，其半导体销售额占全球总额的47%。美国凭借其出色的技术实力，在全球半导体产业保持着较强的竞争优势，同时半导体也是美国的主要出口产品之一。韩国位列第二，其半导体企业销售额占全球总额的19%，由于韩国政府的资金和政策支持，为半导体行业创造了良好的环境，使其迅猛发展。日本和欧盟占比并列第三名，其半导体企业销售额各占全球总额的10%。相比之下，中国大陆的半导体企业销售额占全球总额的6%，从侧面反映了我国当前在半导体领域与美国差距巨大，在高端芯片、存储器等核心关键技术上仍然受制于人，同时也反映出我国整体创新能力欠缺，这与我国相关领域创新人才缺乏、基础创新研究薄弱等原因相关，如图4－5所示。

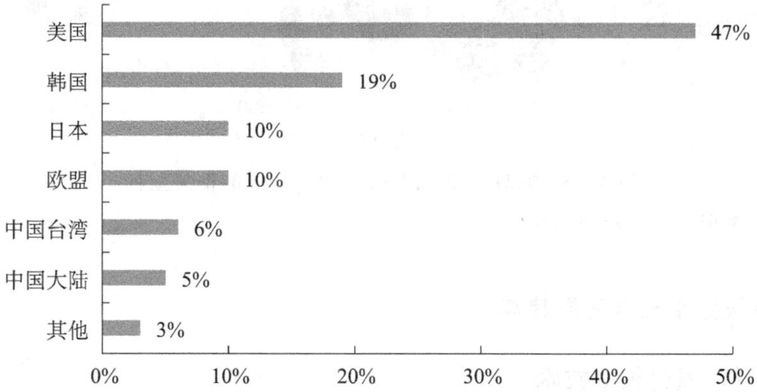

图4－5　2020年全球半导体企业销售额国家地区分布

数据来源：SIA。

（三）区域间数字经济发展不平衡

2021年我国各地区数字经济发展水平与前几年的态势相似，呈现经济发展水平较高的省份数字经济发展水平也相对较高的特点。图4－6是由2021年我国各省份在移动互联网用户、电话普及率和快递业务量方面数据生成的气泡图。从移动互联网用户规模来看，2021年移动互联网用户数超过15 000万户的省份只包括了广东，而山东、河南、江苏、四川、河北、浙江、湖南的移动互联网用户数也超过6 000万户。从移动电话普及率来看，北京和上海最高，超过每百人200部，其次是浙江和天津，也高于每百人150部。从快递业务量来看，即图4－6中的圆圈大小，可以看到圆圈最大的为广东省，其次是浙江、江苏、山东等省份。综上，我国数字经济的发展呈现出空间不均衡的特点。无论是从移动互联网用户规模、电话普及率还是快递业务量等指标来看，不同地区之间存在明显的差距。总体而言，我国东部沿海地区省份的数字经济发展相关指标更好，这与我国各地区经济基础、产业基础存在明显差异有关。

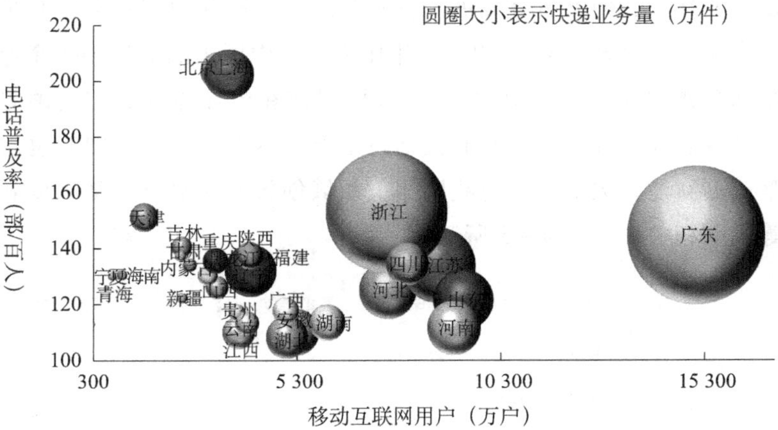

图 4-6　2021 年我国各省份数字经济的相关指标

数据来源：各省统计年鉴。

二、中国数字经济发展趋势

（一）强化核心技术

党的二十大报告明确指出要增强自主创新能力，并坚决打赢关键核心技术攻坚战。关键核心技术是数字经济的核心竞争力，当前我国的数字经济正处于快速发展的关键阶段，虽然在数字经济规模上位列全球第二，但在高端芯片、量子互联网等关键技术领域仍面临“卡脖子”的问题，从本质上看，我国仍不是“数字经济强国”。因此，加强核心技术的发展不仅是我国数字经济发展的重要趋势，还能够解决我国数字经济在关键工程技术突破方面所面临的问题。

因此，应当加快完善我国数字创新体系的建设。在政府支持方面，各地方政府应当加大对数字技术的研发投入力度，同时也要发挥好组织的作用，推动校企联合以促成共建数字经济创新联合体的局面。在企业方面，龙头企业应当在研发核心技术、授予企业高管与核心技术人员股权等方面起带动作用，不断提升企业的核心技术水平。此外，高校也可以为强化核心技术提供驱动力，鼓励高校师生与企业联合攻关“卡脖子”技术，从而有效促进我国形成以企业为主体的产学研深度融合的数字创新体系的建立。

（二）加快布局新型基础设施

首先，以5G网络、千兆宽带等为代表的新型数字基础设施是数字经济发展的基础，根据我国工信部的数据，截至2021年，我国5G基站总数已达142.5万个，占全球总量的60%以上，同时，千兆光网覆盖了3亿户家庭。从总体情况看，我国在新型数字基础设施方面已取得较大的成就，但由于我国各地区在经济基础等方面存在较大差距，地区间新型基础设施建设水平存在较大差距，通常经济发展水平较好的地区，新型基础设施建设也较为完善。其次，数字技术的深度发展对数字基础设施建设提出了新的要求。智慧城市的建设需要应用物联网、空间地理信息集成等数字技术以发展智慧出行、智慧商圈等应用场景；数字乡村的建设同样也需要应用大数据、人工智能等数字技术发展智慧农业、普惠金融、乡村旅游等内容。

要弥合区域发展不平衡引致的“数字鸿沟”最关键的是要推进新型数字基础设施的区域均衡建设。要加大对相对落后的中西部地区数字基础设施的建设力度，并充分利用“东数西算”等国家重点工程给当地带来的利好政策，开展具有地区特色的数字资源开发、加快对城市和农村的数字基础设施建设，为数字经济发展奠定基础。

（三）与实体经济深度融合发展

党的二十大报告提出，要“推动数字经济快速发展，促进数字经济和实体经济深度融合”。数字经济与实体经济深度融合不仅是推进全产业链数字化转型升级的必由之路，而且也是实现全体人民共同富裕的必然选择。一方面，以大数据为代表的数字技术应用于实体经济，有利于驱动实体经济在生产方式、生产对象和生产工具等方面发生深刻变革，推动实现产业数字化和数字产业化，提高经济发展质量和效益，增强我国行业的竞争力。另一方面，实体经济作为提供就业岗位、满足人民物质文化需求的重要力量，与数字经济的深度融合，有利于充分发挥数字技术的普惠作用，更快地推进数字乡村建设，缩小城乡数字鸿沟，从而不断收敛城乡之间、地区之间的收入差距，为实现中国式现代化提供动力。

数字经济与实体经济的深度融合是推动产业数字化转型的主要抓手

（钞小静，2022），数字技术在传统农业、制造业和服务业等产业的应用，有助于提高全要素生产率和经济质量。为此，应当推动大数据等数字技术在农业生产中的应用，利用数字技术变革农业的生产、销售等环节；持续深化人工智能在生产制造、经营管理等环节中的融合应用，推进制造业的数字化转型；同时也要加快数字技术在金融、物流、餐饮、教育等全链条数字化转型的步伐，促进数字技术的全面普及。

第三节 中国实体经济高质量发展水平测度与特征事实分析

实体经济是我国实现经济高质量发展的重要引擎和根基。党的十八大以来，国家高度重视实体经济的发展，党的二十大报告进一步强调，“要把发展经济的着力点放在实体经济上”，实现实体经济高质量发展俨然已成为我国今后一段时间内的发展要求。在此背景下，科学合理地构建实体经济高质量发展评价体系，有助于把握我国实体经济高质量发展的状况和趋势，为相关部门制定政策提供依据。本节将从宏观层面出发，构建实体经济高质量发展的评价体系，为后续的实证研究奠定基础。

一、评价体系理论逻辑

为科学合理地构建实体经济高质量发展评价体系，需要明确实体经济高质量发展的内涵。当前我国实体经济不仅重视规模，而且更加注重实体经济的效益提升、结构优化、科技创新和经济与生态协调发展。上述四个方面发展目标、结构布局、动力机制和发展方式四个维度阐释了实体经济高质量发展的核心要求，为本文构建评价指标体系提供了理论基础。

党的十九大报告指出，应当坚持“质量第一、效益优先”的原则。经济效益是衡量我国实体经济发展水平的重要指标之一，在我国经济从数量型和速度型转变为质量型和效益型后，必须把提高经济效益作为主攻方向，这样才能显著增强我国实体经济的质量。结构优化是衡量我国实体经济发展水平的另一个重要指标。当前，我国的主要矛盾表现为“人民日益增长的美好生活需要和不平衡不充分的发展之间的矛盾”。在产业结构上，主要表现为供需结构错配的问题，具体是指高端产品供给不足、低端产能严重过剩，无法满足人民对产品和服务的多样化和个性化需求。创新是驱动我国实体经济高质量发展的核心动力，创新一方面有助于我国转变经济发展方式，突破技术瓶颈，实现更高水平的发展；另一方面，有助于提高我国在国际舞台上的综合竞争力，提升中国的国际话语权。为贯彻新发展理念，必须坚持经济与生态协调发展，将经济发展模式由传统的粗放型转向集约型，践行绿色发展理念。

二、综合评价指标体系构建

在前文分析实体经济高质量发展评价体系形成逻辑的基础上，尝试构建实体经济高质量发展综合评价指标体系。

（1）指标选取原则。为保证所构建的综合评价指标体系的科学性和适用性，本书遵循科学性、结构性和数据可得性三大原则。具体地，科学性是指在选择衡量实体经济高质量发展指标时，有相关理论支撑，与其内涵相契合；结构性是指构建指标体系逐层考虑，先从一级指标出发，再细分二级指标；数据可得性是指所采用的指标具有可靠的数据来源或者能够通过计算相关原始数据获得。

（2）指标体系构建。在深刻理解实体经济高质量发展内涵的基础上，我们参考了冯锐等（2021）提出的指标体系，并遵循上述原则，构建了实体经济高质量发展的指标体系。该指标体系包含四个一级指标和十二个二级指标，分别涉及经济效益、产业结构、科技创新和生态环境。我们使用该指标体系来反映中国各省份的实体经济高质量发展水平。指标体系见表4－2。

表4－2　实体经济高质量发展指标体系

一级指标	二级指标	指标含义
经济效益	实体经济GDP	GDP剔除房地产和金融市场部分
	工业销售值	规模以上工业企业工业销售产值
	工业利润总额	规模以上工业企业工业利润总额
产业结构	第二、三产业贡献	第二、三产业与实体经济GDP比值
	产业结构高级化	第三产业与第二产业比值
	产业结构合理化	泰尔指数

续表

一级指标	二级指标	指标含义
科技创新	专利授权数	国内三种专利申请受理数和授权数
	R&D 活动	R&D 项目经费支出
	高新技术产业贡献	高新技术产业主要营业收入与规模以上工业企业主要营业收入比值
生态环境	废物排放	工业废水排放总量
	废气排放	废气中二氧化硫排放量
	污染治理	工业污染治理投资额

经济效益指标。企业一切经济活动的出发点是追求经济效益。经济效益高意味着企业能够生产更多的产品和服务，从而满足我国人民的物质和文化需求；经济效益高也意味着工业企业盈利增加，利于资本积累，缓解资金短缺。鉴于此，本书从实体经济 GDP、工业销售值和工业利润总额三个方面刻画地区经济效益状况。具体而言，借鉴黄群慧（2017）的做法，采用我国国民生产总值中剔除房地产和金融市场部分来表征实体经济 GDP；采用规模以上工业企业的工业销售产值和工业利润总额表征工业销售值和工业利润总额。

产业结构指标。当前我国经济发展的产业结构不合理现象虽然有所缓解，但仍存在的经济发展不协调、结构不平衡等问题需进一步调整。因此，本书以第二、三产业贡献、产业结构的高级化和合理化来刻画地区的产业结构协调水平。具体而言，用第二、三产业与实体经济 GDP 比值来衡量第二、三产业的贡献；而产业结构高级化是反映产业结构由低级向高级的变迁过程，第三产业的占比高意味着该地区的产业结构高，因此，以第三产业与第二产业比值衡量产业结构高级化的过程；产业结构合理化参考干春晖等（2011）的做法，用泰尔指数进行衡量。

科技创新指标。创新主要由创新投入和创新产出构成，因此本书使用 R&D 项目经费支出代表创新投入情况，由国内三种专利申请受理数和授权数来衡量创新产出情况。此外，高新技术产业，顾名思义，高新技术产业是技术密集型产业，是地区创新的重要来源之一。鉴于此，本书在此还考虑了高新技术产业贡献，具体而言，以高新技术产业主要营业收入与规模以上工业企业主要营业收入比值来刻画地区高新技术产业的创新状况。

生态环境指标。习总书记的“绿水青山就是金山银山”理念阐述了经济发展和生态环境保护的关系问题，为我国实现生态环境保护和经济高质量发展双赢奠定了理论基础。本文主要从废物和废气排放以及污染治理三个方面刻画地区生态环境的保护情况。具体而言，采用工业废水排放总量表征废物排放情况；采用废气中二氧化硫排放量表征废气排放情况；采用工业污染治理投资额表征污染治理情况。

三、测度方法与数据说明

（1）测度方法选择。关于实体经济高质量发展指数，本文依然借鉴冯锐（2021）的研究思路，采用熵值法对指数进行测度。具体做法如下：首先，由于评价指标体系中基础指标存在正向和负向两种情况，需要将原始数据进行标准化处理，具体的处理方法如下公式：

$$X'_{ij} = (X_{ij} - X_{min})/(X_{max} - X_{min}) \quad (4-1)$$

$$X'_{ij} = (X_{max} - X_{ij})/(X_{max} - X_{min}) \quad (4-2)$$

式中，X'_{ij}表示第 i 年第 j 个指标标准化后的数值，X_{ij}表示第 i 年第 j 指标的原始数值，X_{min}和 X_{max}分别为各指标值的最大值和最小值。

其次，计算各指标的比重。

$$P_{ij} = X'_{ij}/\sum_{i=1}^{n} X'_{ij} \quad (4-3)$$

第三，计算各指标的信息熵。

$$e_j = -\frac{1}{\ln n}\sum_{i=1}^{n} P_{ij}\ln P_{ij} \quad (4-4)$$

第四，计算差异系数 d_j 并进行归一化处理。

$$d_j = 1 - d_j \quad (4-5)$$

$$w_j = \frac{d_j}{\sum_{j=1}^{n} d_j} \quad (4-6)$$

式中，w_j 表示第 j 指标的熵权。

最后，计算综合指数。

$$Y_{ij} = \sum_{j=1}^{n} X'_{ij} w_j \quad (4-7)$$

（2）数据来源与指标说明。考虑到数据的可获得性，本节以 2005—2020 年中国 30 个省级行政区（不含西藏）为研究对象，数据主要来源于《中国统计年鉴》和各省市统计年鉴、《中国环境统计年鉴》、《中国金融统计年鉴》等，个别缺失数据使用插值法补齐。

四、特征事实分析

（一）实体经济高质量发展指数演进趋势分析

根据上述实体经济高质量发展评价体系和熵权法，本书测算出我国30个省份2005—2020年实体经济高质量发展指数，由于涉及的年份较多，按照间隔3年的原则，筛选出6年，结果如表4－3所示。

表4－3　2005—2020年我国各省份实体经济高质量发展指数

省份	2005年	2008年	2011年	2014年	2017年	2020年
北京	0.402 0	0.413 6	0.450 0	0.473 1	0.507 4	0.537 5
天津	0.331 3	0.339 0	0.379 9	0.401 0	0.410 0	0.437 2
河北	0.224 1	0.248 1	0.278 3	0.346 3	0.385 6	0.414 0
山西	0.227 6	0.2520	0.261 6	0.285 5	0.364 9	0.375 8
内蒙古	0.213 9	0.210 9	0.2520	0.298 8	0.348 8	0.342 8
辽宁	0.260 3	0.263 6	0.296 4	0.331 3	0.358 4	0.394 4
吉林	0.279 0	0.282 8	0.284 5	0.313 6	0.340 6	0.346 8
黑龙江	0.266 4	0.282 2	0.293 0	0.324 3	0.362 1	0.351 1
上海	0.348 7	0.369 4	0.414 3	0.441 1	0.495 8	0.505 2
江苏	0.217 7	0.300 0	0.406 7	0.469 2	0.548 4	0.579 9
浙江	0.273 7	0.301 1	0.365 6	0.422 9	0.464 9	0.534 7
安徽	0.269 4	0.282 8	0.299 6	0.331 2	0.386 5	0.422 2
福建	0.284 8	0.290 7	0.312 2	0.367 2	0.399 1	0.421 2
江西	0.277 3	0.259 4	0.291 1	0.323 2	0.359 7	0.398 4
山东	0.244 2	0.302 8	0.352 5	0.458 0	0.525 9	0.491 6
河南	0.194 3	0.235 7	0.276 3	0.3420	0.442 6	0.434 1
湖北	0.255 3	0.2720	0.283 3	0.333 3	0.387 3	0.425 4
湖南	0.237 0	0.257 9	0.289 1	0.314 2	0.361 6	0.404 8
广东	0.258 8	0.316 7	0.443 4	0.455 8	0.567 6	0.643 2
广西	0.207 4	0.196 6	0.257 6	0.291 5	0.333 9	0.370 0
海南	0.298 2	0.292 2	0.319 7	0.343 2	0.361 2	0.381 2
重庆	0.230 4	0.240 8	0.291 1	0.331 8	0.373 4	0.390 1
四川	0.221 3	0.245 0	0.293 6	0.330 4	0.394 5	0.425 3

续表

省份	2005 年	2008 年	2011 年	2014 年	2017 年	2020 年
贵州	0. 175 4	0. 185 9	0. 230 4	0. 261 2	0. 299 4	0. 363 9
云南	0. 237 3	0. 247 7	0. 256 3	0. 288 6	0. 311 3	0. 359 8
陕西	0. 239 6	0. 241 0	0. 298 5	0. 305 1	0. 341 4	0. 387 1
甘肃	0. 251 6	0. 250 6	0. 250 6	0. 284 3	0. 313 1	0. 344 2
青海	0. 310 1	0. 275 5	0. 300 1	0. 354 5	0. 327 2	0. 345 5
宁夏	0. 297 4	0. 272 2	0. 268 5	0. 337 3	0. 312 7	0. 347 0
新疆	0. 266 0	0. 257 5	0. 259 1	0. 301 2	0. 313 1	0. 346 7
均值	0. 260 0	0. 272 8	0. 308 5	0. 348 7	0. 389 9	0. 417 4

由表 4 - 3 所示，从全国均值来看，我国实体经济高质量发展指数逐年增大，说明近些年来我国实体经济高质量发展水平总体有明显的进步，尤其是北京、天津、上海、江苏、浙江、广东等省份的实体经济高质量发展指数每年都能保持稳定增长，且每年都超过全国均值，说明这些省份是我国实体经济高质量发展的主力军。

（二）三大地区实体经济高质量发展指数演进趋势分析

为展现地区间的差异，将我国地理区域划分成中部、东部、西部三个区域。由表 4 - 4 可见，在样本考察期间，东部地区一直处于三区中的领先地位，这是因为东部地区的省份大多都处于中等偏高的实体经济高质量区间，除北广和江浙沪这几个格外突出的省份，其余省份的实体经济高质量指数也大多集聚在 0. 2—0. 5，各省市之间的差距不大，东部地区整体得分最高。这也表明我国东部地区技术、资本和劳动力等要素流动远大于中西部地区，从而带动了东部地区实体经济的繁荣发展。中部地区次于东部地区，其均值与东部地区具有较大差距，大部分省份的实体经济高质量发展指数集中在 0. 2—0. 3，发展较为稳定但也未见太大优势，其均值仍低于全国均值，说明中部地区实体经济高质量发展进程缓慢，使得该地区的实体经济高质量水平略低于东部地区。西部地区实体经济高质量发展指数较低，且与东部和中部地区存在较大差距，但总体表现出增长的趋势，说明近十五年来年西部地区也持续注重实体经济的发展，但由于基础设施相对落后、各类资源相对缺乏导致了西部地区与其他地区存在较大发展差距。

由此，应当加大对中部、西部地区各类要素的投入，因地制宜地推动经济转型，此外实行人才优惠政策，留住西部地区人才，吸引更多人才去西部地区，形成多元合力促进实体经济高质量发展。

表 4-4　2005—2020 年我国三大地区实体经济高质量发展指数

年份	全国	东部地区	中部地区	西部地区
2005	0.260 0	0.285 8	0.250 8	0.240 9
2006	0.262 6	0.291 7	0.252 4	0.241 1
2007	0.268 6	0.304 2	0.259 9	0.239 2
2008	0.272 8	0.312 5	0.265 6	0.238 5
2009	0.291 6	0.329 0	0.275 7	0.265 9
2010	0.296 0	0.345 0	0.279 8	0.258 8
2011	0.308 5	0.365 4	0.284 8	0.268 9
2012	0.314 6	0.370 2	0.292 9	0.274 7
2013	0.332 6	0.392 4	0.313 3	0.286 7
2014	0.348 7	0.409 9	0.320 9	0.307 7
2015	0.350 2	0.417 8	0.328 4	0.298 4
2016	0.380 3	0.447 9	0.364 3	0.324 4
2017	0.377 5	0.456 7	0.375 7	0.333 5
2018	0.377 5	0.441 2	0.365 1	0.322 9
2019	0.402 9	0.469 7	0.387 1	0.347 6
2020	0.417 4	0.485 5	0.394 8	0.365 7

第四节
数字经济与实体经济高质量发展的相关性考察

上面介绍了我国数字经济及实体经济高质量发展的基本情况，接下来对中国数字经济与实体经济高质量发展之间的关系进行初步考察。图 4-7 刻画了 2005—2020 年数字经济指数和实体经济高质量发展指数的演进趋势。可以清晰地发现，我国数字经济发展指数与实体经济发展指数随着时间推移均实现了不同程度的增长。

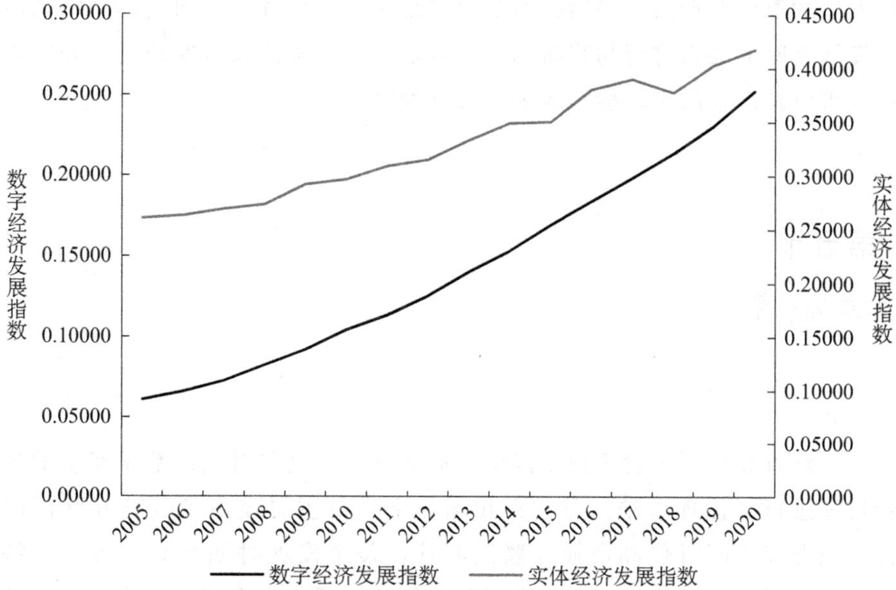

图 4－7　数字经济发展指数与实体经济发展指数演进趋势图

图 4－8 为各省份数字经济发展指数与实体经济发展指数的散点图，并绘制了数字经济发展指数对实体经济发展指数的一次函数拟合图。其中，横轴为数字经济发展指数，纵轴为实体经济发展指数，一次函数的斜率为正（0.520 57），表明数字经济发展与实体经济高质量发展具有正相关关系。

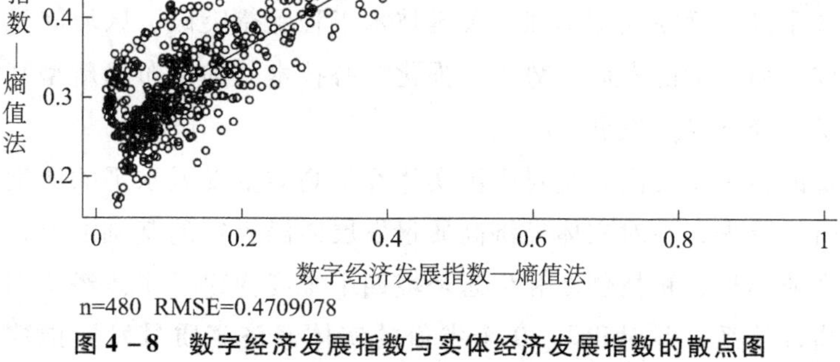

图 4－8　数字经济发展指数与实体经济发展指数的散点图

基于上述分析可以初步判断，数字经济可能是推动中国实体经济高质量发展的重要驱动力。当然，本节仅仅是对数字经济与中国实体经济高质量发展之间的关系进行初步研判，二者之间的真实关系需要经过充分的理论分析以及严谨的实证检验才能作最终判定。

第五节 本章小结

本章首先回顾了我国数字经济发展脉络，紧接着对我国数字经济的现状特征进行了梳理总结。首先，我国数字经济主要经历了信息互联网时代、消费互联网时代和产业互联网时代。每个发展时期都具有各自的特点，每个时期出现的新技术都会变革人们的生活生产方式。其次，在此基础上从数字基础设施、数字产业化和产业数字化三个维度构建了数字经济发展综合评价指标体系，并以此对我国 30 个省份的数字经济发展水平进行测度。在数字经济发展总体特征方面，从数字经济总体规模看，我国数字经济规模连续多年位居世界第二，在全球范围内具备较强的发展优势。从数字经济结构看，产业数字化一直是我国数字经济发展的主导力量，占 GDP 比重逐年提升；而数字产业化的规模较小，且年均增长率也不高。从数字经济渗透率看，三次产业的渗透率存在较大差异，具体表现为服务业数字经济渗透率最高、工业数字经济渗透率中等、农业数字经济渗透率偏低。在分析中国数字经济发展脉络和总体特征的基础上，对我国数字经济发展存在的问题以及未来的发展趋势进行了总结与判断。发现当前我国主要存在数字经济规模大而不强、关键技术工程亟待突破、区域间发展不平衡等问题，而当前的发展趋势正是强化核心技术、加快布局新型基础设施以及与实体经济融合发展。

本章的另一重要内容是对中国实体经济高质量发展水平的测度与特征事实分析。首先，在对实体经济高质量发展内涵界定的基础之上，从经济效益、产业结构、科技创新和生态环境四个维度构建了实体经济高质量发展评价指标体系，并对我国 30 个省份的实体经济高质量发展指数进行了测度与统计分析。结果发现，我国实体经济高质量发展指数在2005—2020年保持逐年增长的趋势。分地区来看，我国东部地区实体经济高质量发展水平相比中西部地区更高，说明我国东部地区实体经济发展具有更大的优势，政府应注重区域协调，实现更加平衡、充分的发展。最后，根据上述测度结果，就数字经济与中国实体经济高质量发展之间的关系进行初步研判，发现二者之间呈显著的正相关关系，这意味着数字经济可能是推动我国实体经济高质量发展的重要力量。但是，两者之间的关系需要后续更加严谨的实证检验才能最终判定。

第五章

数字经济影响实体经济高质量发展的总效应分析

实体经济是一国经济的立身之本，推动实体经济高质量发展是加快构建“双循环”新发展格局的重要内容。从前面章节数字经济影响实体经济高质量发展的作用机理可知，数字经济可以通过成本节约效应、网络经济效应、匹配效应等多种方式对实体经济高质量发展产生直接影响。事实上，数字经济与实体经济是相互关联、相互渗透的，数字经济能够帮助企业提升创新能力、提高生产效率、扩大市场范围、变化人才需求等方面对实体经济高质量产生作用，数字经济与实体经济深度融合，将有助于实体经济实现更加稳健、可持续和高质量的发展。本章从宏观视角利用2005—2020年的省级面板数据，基于前面理论分析框架，采用固定效应模型进行实证研究，探究数字经济对实体经济高质量发展影响，进一步从地区差异的角度进行异质性分析，并进行分位数回归。结果发现：数字经济对实体经济高质量发展具有显著的促进作用；从数字经济分维度来看，数字基础设施和产业数字化能够显著促进实体经济高质量发展，而数字产业化并无显著影响。根据区域异质性分析发现，在东部、中部以及西部地区，数字经济对实体经济高质量发展均具有积极影响，但影响程度存在差异，其对东部地区的促进作用要强于中西部地区。根据分位数回归结果可知，在不同的实体经济发展水平上，数字经济对实体经济的影响程度有所差异。研究认为，实现实体经济的高质量发展，要利用好数字经济的优势，促进数字经济与实体经济的融合，充分发挥数字经济对实体经济高质量发展的促进作用，同时中西部地区也要把握好数字经济发展的机遇，大力培育后发优势，缩小与东部地区的差距。

第一节 问题提出

实体经济是我国建设社会主义现代化国家的坚实基础，党的二十大报告强调，要坚持把经济发展的着力点放在实体经济上，同时加快数字经济的发展，促进数字经济与实体经济的深度融合。近年来，互联网经济的快速发展，使得实体经济发展日渐低迷，突如其来的新冠疫情也对实体企业造成了较大的负面冲击。理论和实践研究表明，影响实体经济高质量发展的因素包括科技进步、人力资本、金融发展、进出口贸易、资源禀赋等。其中，科技进步作为实体经济不断发展的重要动力，在推动实体经济高质量发展方面发挥重要作用。但我国企业在科技进步方面存在创新能力不足、产业结构不合理等问题，虽然总量上取得了较大的进步，但发展质量上仍然相对落后。为促进实体经济企业的科技创新，我国政府采取了提高财政资金投入、加强知识产权保护、优化创新环境等措施，这对改善企业创新能力发挥了很大的作用，但并未得到根本性扭转，对实体经济高质量发展支持乏力，需要寻求新的动力促进实体经济持续高质量发展。

数字经济的快速发展为实体经济高质量发展带来机会。数字经济通过信息技术、数字技术和互联网等手段，将传统产业数字化、信息化，为实体经济提供了新的增长点和动力，从而促进了实体经济的高质量发展。数字技术的应用使得传统行业的生产、管理和交易过程得到了数字化、自动化和智能化改造，提高了生产效率、降低了成本，从而增加了企业的利润空间，促进了企业的健康发展。数字技术的应用打破了地域限制，拓展了企业的市场，使得实体经济的产品和服务能够更广泛地覆盖全球市场，从而实现了企业的快速扩张和增长。数字经济还能够带来新产业、提供新就业：数字技术的应用为新兴产业的发展提供了支持，例如云计算、人工智能、物联网等，这些新兴产业的快速发展为实体经济注入了新的活力，带来了新的增长点和就业机会。数字技术的应用优化了企业的供应链，提高了供应链的效率、透明度和安全性，使得企业的生产、管理和运营更加精准和高效，进一步促进了实体经济的发展。数字经济的快速发展，也让消费者享受到了更多更好的服务和体验，从而提高了消费者的购买力和消费需求，拉动了实体经济的发展。

现有关于数字经济与实体经济的研究主要集中于以下几个方面：

一是数字经济与实体经济的融合。党的二十大报告提出要促进数字经济与实体经济的深度融合，两者的深度融合有助于构建现代化产业体系，推动实体经济高质量发展。从理论研究来看，数字经济与实体经济深度融合的内涵是大数据、云计算和人工智能等数字技术以及数据要素渗透到实体经济生产流通的全过程，以数据要素与数字技术双轮驱动对实体经济进行改造（洪兴银等，2023）。随着信息技术的不断普及、数字经济的稳步增长，数字经济与实体经济的融合速度在不断加快，是实现经济高质量发展的重要推动力，但数字经济与实体经济的融合仍面临着关键底层技术不足、融合质量不高等问题（陈曦，2022）。从实证研究来看，有学者基于省域层面的数据测算了我国数字经济与实体经济的融合水平，发现我国数字经济与实体经济融合水平逐渐上升，但二者融合水平仍然偏低，且存在区域性差异，呈现出由东向西的高低两梯度的空间分布格局（张帅等，2022）。此外，数字产业发展、科技创新、人力资本、经济发展水平等因素均能对数字经济与实体经济融合产生积极影响（张帅等，2022；胡西娟等，2022）。

二是数字经济对实体经济的影响。数字经济对实体经济的影响主要包含产业数字化和数字产业化两个方面。在产业数字化方面，通过数字技术与传统产业的融合，促进传统产业的数字化、网络化和智能化转型，实现传统生产要素的优化重组，尤其是数据要素的融入，激发了实体产业的乘数倍增效应，有效促进实体产业生产效率提升，同时数字化转型有利于产业的跨界融合，从而增加生产要素获取，减少了交易成本，促进产业实现更高质量的发展，进一步推动实体经济的高质量发展（罗茜等，2022；肖旭等，2019）；在数字产业化方面，数字经济发展以实体经济为基础，不断涌现出以大数据、云计算和人工智能等为主的创新企业，形成数字经济新产业、新业态，有助于实体经济向高端产业跃进（罗茜等，2022）。

三是数字普惠金融作为数字经济发展的产物也会对实体经济的发展产

生重大影响，数字金融通过降低金融服务门槛、缓解信息不对称状况等途径改善了实体企业的融资环境，提高实体经济部门的融资可得性（王儒奇等，2023）。

四是数字普惠金融的政策导向性，能够在一定程度上引导资金配置方向，避免资金过度集中于房地产和虚拟经济行业，使得实体经济行业获得合理的金融服务（李林汉等，2022）除了数字经济对实体经济的直接影响之外，也有学者对数字经济对实体经济的间接传导机制做了研究。从产业结构合理化角度来看，数字经济能够通过改善企业“生产－流通－销售”三个阶段的供需结构来影响实体经济，数字经济的发展有利于解决低端供给与中高端需求错位的问题，促进产品供需的匹配，也能促进产业间的融合与交流，优化产业结构，实现产业结构的合理化，进而对实体经济发展产生经济影响（罗茜等，2022）。从技术创新视角来看，数字经济发展所带来的新技术、新工艺以及新产品、新服务本身就是一种创新，多元化的数字技术为创新主体提供更多的创新资源，有利于提升技术创新能力，进而改善实体经济部门的生产效率、产业结构等，促进实体经济的高质量发展（李宗显等，2021）。从人力资本视角来看，产业数字化转型增加对高素质劳动力的需求，促使劳动力通过自身能力积累提高人力资本水平以释放内在效应促进产业的发展，另外，高素质劳动力的增加也会通过知识溢出和技术扩散对周围人产生影响，提高整体人力资本水平，从而推动实体经济增长（胡西娟等，2022）。

第二节 模型构建、变量选取与估计策略

一、模型构建

根据第三章的理论分析，数字经济相较于传统经济具有高效性、创新性等优势，这些优势为数字经济的快速发展提供了有力支撑，同时也有利于企业提升创新能力，提高人力资本水平，从而促进实体经济高质量发展。为此，借鉴以往的研究文献，构建如下面板计量模型检验数字经济对

实体经济高质量发展的总体效应。

$$Re_{it} = \beta_0 + \beta_1 Dig_{it} + \beta_2 Fdi_{it} + \beta_3 Gov_{it} + \beta_4 Gre_{it} + \beta_5 Urb_{it} + \mu_i + \lambda_t + \varepsilon_{it} \quad (5-1)$$

式中，i 表示各个省份，t 表示时间；Re 表示实体经济高质量发展指数，β_0 表示截距项，Dig 表示数字经济发展指数，μ_i 表示个体固定效应，λ_t 表示时间固定效应，ε_{it}表示随机误差项。

二、变量选择

（1）被解释变量：实体经济（Re）。本部分实体经济指标体系构建与前面章节一致，并采用熵值法确定指标权重测算实体经济发展水平，具体指标体系构成见前面章节。

（2）核心解释变量：数字经济（Dig）。与前文一致，从数字基础设施、数字产业化、产业数字化三个维度共来构建指标体系，并采用熵值法确定指标权重测算数字经济发展水平，具体指标体系构成见前面章节。

（3）控制变量：外商直接投资水平（Fdi），外资的进入通常会带动国内工业和服务业的发展，本文采用外商直接投资与 GDP 的比值衡量各地区外商直接投资的情况。政府规模（Gov），为促进实体经济的发展，许多地方政府会加大对工业和服务业的投入，但政府的财政支出对经济活动的作用可能促进经济增长也可能是抑制经济发展，本文采用一般预算支出与 GDP 的比值来衡量政府规模水平。建成区绿化覆盖率（Gre），城市绿地建设与居民生活、基础设施等内容息息相关，良好的环境能够与经济相辅相成、互相促进，采用建成区绿地面积与建成区面积的比值来衡量建成区绿化的覆盖情况。城市化水平（Urb），城市化可以有效降低农村剩余劳动力数量，既有利于提升第一产业的生产效率，也为第二、三产业的发展提供了更多的劳动力，能够促进三次产业的发展。本文采用城镇人口占总人口的比值来表示各地区的城市化水平。上述变量数据来源于历年《中国统计年鉴》和各地区统计年鉴。相关变量的描述性统计见表 5－1。

表 5－1　变量描述性统计

变量	符号	N	mean	sd	max	min
被解释变量	Re	480	0.329 6	0.079 0	0.643 2	0.164 8
解释变量	Dig	480	0.141 3	0.121 8	0.897 6	0.014 5

续表

变量	符号	N	mean	sd	max	min
控制变量	Fdi	480	0.021 7	0.019 8	0.121 0	0.000 1
	Gre	480	37.838 8	4.815 1	55.100 0	22.000 0
	Urb	480	0.550 7	0.140 6	0.938 0	0.269 0
	Gov	480	0.238 5	0.108 8	0.758 3	0.091 9

三、估计策略

本文采用OLS回归、随机效应模型和固定效应模型分别进行估计，并根据F检验和Hausman检验结果确定模型的具体形式。考虑可能存在的异方差，在计量回归过程中加入了异方差稳健标准误；考虑可能存在的内生性问题，采用滞后性作为工具变量，并利用两阶段最小二乘法（2SLS）对估计结果进行稳健性检验。在分析区域异质性差异时，采用分组回归和虚拟变量回归反映数字经济对实体经济高质量发展的促进作用。采用分位数回归反映数字经济对实体经济发展不同发展阶段的影响。若采用以上各种计量方法得到类似的结果，可认为估计结果是稳健的。

第三节 实证结果及其分析

一、基准回归分析

在模型选择上，根据F检验和豪斯曼检验，它们的P值分别为0.000和0.000 0，在1%的水平上拒绝了原假设，说明固定效应模型优于混合效应模型和随机效应模型，因此本文使用固定效应模型实证探究数字经济对我国实体经济高质量发展的影响。表5－2报告了OLS和固定效应的估计结果。可以发现，无论是在OLS回归还是固定效应回归下，数字经济与实体经济高质量发展均表现出显著的正相关关系。具体地，列（1）是未控制个体和固定效应的回归结果，估计系数为0.411 3，并且通过了1%水平的显著性检验，可以初步证明数字经济对实体经济高质量发展具有促进作用。列（2）是控制了个体和时间效应但未控制影响实体经济高质量发展的控制变量的回归结果，数字经济的估计系数依然在1%的水平下显著为正。列（3）是在此基础上加入了影响实体经济高质量发展的控制变量，数字经济对实体经济高质量发展的估计系数依然在1%的水平上显著，且数字经济的系数为0.489 3，表明数字经济每提升一个单位，将引起实体经济高质量发展水平提升0.489 3个单位，这也验证了前文理论分析部分提出的数字经济能够有效促进实体经济高质量发展这一论断。这主要是因为，首先，数字经济具有边际成本递减效应，能在生产和消费环节降低成本，实现规模经济，对实体经济高质量发展产生积极的作用；其次，数字技术与生产、分配、流通和消费等环节的融合，有利于缓解信息不对称，提高生产要素之间的匹配效率和供需之间的匹配效率，促进实体经济的高质量发展；最后，数字经济与传统经济的融合，能够提高传统经济生产、流通和交易环节的效率，有利于提高实体经济高质量发展。综上所述，数字经济有助于从成本、效率等方面助力实体经济高质量发展。以表5－2列（3）为基准，对控制变量的作用效果进行分析。外商直接投资水平（Fdi）的估计系数为负，但没有通过显著性检验，说明外商直接投资对实体经济高质量发展并没有起到促进作用，原因在于，一方面存在外商直接投资使用成本过高的问题，不利于经济内生增长能力的增强，同时也不利于经济的可持续发展；另一方面，外商直接投资产业结构的不合理在一定程度上会导致我国产业结构的不合理。政府规模（Gov）的估计系数为负，且通过了5%水平的显著性检验，这可能是因为当前我国政府对市场进行了较多不必要的干预，市场对资源的决定性作用需要进一步强化，从而为实体经济高质量发展创造良好的营商环境。建成区绿化覆盖率（Gre）的估计系数为正，但没有通过显著性检验，说明建成区绿化覆盖率对实体经济高质量发展具有促进作用，但作用有限。城市化水平（Urb）的估计系数为正，说明城市化水平的提升可以促进实体经济高质量发展，但其提升作用可能已逐步弱化。从数字经济分维度来看，数字基础设施的估计系数为0.032 3，在1%的水平上显著，说明数字基础设施的完善有利于促进实体经济高质量发展。完善的数字基础设施是提高数字经济水平的基础，也为传统产业的数字化、智能化转型提供关键支撑。与传统基础设施相比，数字基础设施在打破信息、知识、产业、空间等方面的界限具有显著优势，降低信息在传播过程中的成本，以更快的速度在更广的范围内传播信息，增强了区域之间、产业之间以及部门之间的联系，提高工作效率，促进更多的经济主体一起参与到社会发展的建设中，赋能实体经济高质量发展。产业数字化的估计系数为0.034 2，在5%的水平上显著，说明产业的数字化转型对实体经济高质量发展具有积极的影响。从微观来看，产业数字化为数字技术在生产、运营、管理和经营等方面的应用，充分发挥数字技术对产业发展的赋能引领作用，既能降低产品研发和生产的成本，又能促进产业提质增效，还能通过大数据技术和网络化平台挖掘消费者爱好、体验等信息，实现基准营销和个性化服务，促进经济增长；从宏观来看，随着产业数字化的不断发展，数字技术的广泛应用和消费需求的不断变革将会催生出平台经济等新业态新模式，促进实体经济高质量发展。而在数字产业化方面，其对实体经济高质量发展的影响并不显著，可能的原因在于中国数字产业的发展水平相对于发达国家仍然较低，且技术创新是数字产业快速发展的核心，而中国的技术创新能力不足，数字产业发展仍存在着较多的技术瓶颈，影响了数字产业化发展对实体经济高质量发展促进作用的发挥。

表5-2　数字经济与实体经济高质量发展：基准回归

	(1) OLS	(2) FE	(3) FE	(4) FE	(5) FE	(6) FE
Dig	0.411 3*** (29.456 8)	0.502 2*** (9.741 7)	0.489 3*** (11.109 8)			
Dig1				0.032 3*** (12.307 9)		
Dig2					0.011 5 (0.289 4)	
Dig3						0.034 2** (2.496 4)
Fdi	0.038 7 (0.530 0)		-0.035 8 (-0.299 9)	-0.068 4 (-0.617 7)	0.253 2 (1.273 3)	0.244 4 (1.223 5)
Gov	0.136 9*** (10.076 4)		-0.098 2** (-2.244 5)	-0.104 2** (-2.345 2)	-0.348 4*** (-3.047 5)	-0.354 9*** (-3.061 6)
Gre	0.001 6*** (4.811 6)		0.000 2 (0.275 3)	0.000 1 (0.183 7)	-0.001 8 (-1.203 7)	-0.001 8 (-1.208 5)
Urb	0.252 7*** (22.076 5)		0.136 3 (1.583 4)	0.108 0 (1.237 3)	0.080 0 (0.507 2)	0.083 5 (0.530 8)

续表

	(1) OLS	(2) FE	(3) FE	(4) FE	(5) FE	(6) FE
_cons	0.038 2*** (3.166 6)	0.229 4*** (43.048 0)	0.178 8*** (4.614 2)	-0.285 3*** (-4.673 5)	0.329 8*** (5.167 3)	0.328 3*** (5.151 7)
个体固定	未控制	控制	控制	控制	控制	控制
时间固定	未控制	控制	控制	控制	控制	控制
N	480	480	480	480	480	480
R^2	0.875 7	0.920 9	0.925 9	0.924 9	0.796 4	0.797 3

注：***、**、*分别表示变量在1%、5%和10%的水平上显著；括号里为t值。

二、稳健性检验

为缓解可能因遗漏变量、互为因果及数字经济发展指数测度误差等导致的内生性问题，采用两阶段最小二乘法将数字经济的滞后项作为工具变量进行内生性检验，采用替换变量、滞后一期和缩尾处理进行稳健性检验，表5-3归纳了估计结果。具体地，由于当期数字经济的影响可能存在滞后性，因而列（1）将自变量数字经济滞后一期作为解释变量进行回归的结果，结果显示数字经济对实体经济高质量发展的显著性未发生明显变化。列（2）为替换解释变量数字经济的实证结果，此处使用主成分分析法重新测算数字经济。结果显示数字经济仍对实体经济高质量发展仍具有显著的正向影响。列（3）为对解释变量进行滞后一期，并作为工具变量运用两阶段最小二乘法进行模型估计的结果，不可识别检验得到的统计值强烈拒绝"不可识别"原假设，弱工具变量检验统计值大于10%显著性水平下的临界值，故拒绝原假设。两阶段最小二乘法的估计结果再次证明前文的结论，即数字经济有助于提高实体经济高质量发展。考虑到极端值可能会对回归结果产生干扰，列（4）为对所有变量进行1%水平的双边缩尾处理后进行基准回归的结果，结果显示，数字经济对实体经济高质量发展仍然具有显著的促进作用，与基准回归结果一致。

表5-3 稳健性检验

	(1) 滞后一期	(2) 替换变量	(3) 两阶段最小二乘法	(4) 缩尾
L. Dig	0.518 0*** (13.547 9)			

续表

	(1) 滞后一期	(2) 替换变量	(3) 两阶段最小二乘法	(4) 缩尾
Dig			0.481 4 *** (18.285 3)	0.545 5 *** (14.224 2)
Digl		0.072 3 *** (11.643 4)		
Fdi	0.026 0 (0.262 3)	-0.006 6 (-0.058 8)	-0.042 7 (-0.506 8)	-0.099 0 (-0.809 2)
Gov	-0.074 1 (-1.664 8)	-0.133 7 ** (-2.639 0)	-0.077 4 ** (-2.332 3)	-0.076 5 * (-2.014 9)
Gre	0.000 7 (0.999 9)	0.000 04 (0.061 8)	0.000 5 (1.120 5)	0.000 4 (0.618 4)
Urb	0.115 2 (1.363 2)	0.192 8 ** (2.059 2)	0.128 5 *** (3.137 5)	0.121 6 (1.409 2)
_cons	0.166 9 *** (4.340 5)	0.221 6 *** (5.629 3)	0.223 9 *** (7.034 4)	0.173 1 *** (4.488 3)
个体固定	控制	控制	控制	控制
时间固定	控制	控制	控制	控制
Kleibergen - Paap rk LM			31.768 ***	
Kleibergen - Paap rk Wald F			1.8e +04	
N	450	480	450	480
R^2	0.923 5	0.919 9	0.959 9	0.928 4

注：***、**、* 分别表示变量在 1%、5% 和 10% 的水平上显著；括号里为 t 值。

三、区域差异分析

由于各地区在资源禀赋、技术水平等方面存在显著差异，数字经济对实体经济高质量发展的影响可能也会因区位不同而产生差异。本文将总样本划分为东中西部地区三个子样本，研究各区域的实际情况，回归结果见表 5 -4 所示。结果显示，数字经济对东、中、西地区实体经济高质量发展的估计系数分别为 0.473 3、0.468 1 和 0.508 4，且通过了不同水平的显著性检验。说明数字经济确实能够促进各地区的实体经济高质量发展，但通过比较估计系数可以发现，数字经济对西部地区实体经济高质量发展的作用最强，其次是东部地区，最后是中部地区。产生上述结果的原因在于：东部地区作为改革开放的前沿阵地，数字技术的普及程度以及数字经济的发展水平较高，在传统产业结构升级方面已经逐步实现产业结构的高端化和产品价值链的高级化，不仅如此，东部地区将新兴服务业高质量发展作为重点，不断促进生产性和生活性服务业效率和质量的提高。而中部地区的产业数字化发展水平相对于其经济规模来说还不够匹配，长期以来经济发展方式以粗放型为主，产业结构仍处于中低端化。西部地区具有发展数字技术的自然资源优势，而且西部地区需要发展数字经济来降低经济运行的各类成本，以加快传统产业向现代化产业转型，促进实体经济高质量发展。在政策扶持方面，东部地区和中部地区的发展已经相对成熟，政策扶持力度相对较小。

表 5-4 数字经济影响实体经济高质量发展的区域差异：分组回归

	(1) 东部	(2) 中部	(3) 西部
Dig	0.473 3*** (9.593 8)	0.468 1* (2.164 2)	0.508 4*** (4.326 7)
Fdi	-0.052 9 (-0.340 1)	0.440 5 (1.176 2)	-0.334 1 (-1.106 6)
Gov	-0.104 7 (-0.587 5)	0.117 8 (0.840 3)	-0.091 1 (-1.439 2)
Gre	-0.001 2 (-1.442 4)	0.000 1 (0.142 4)	0.002 3* (2.224 3)
Urb	0.182 3 (1.293 1)	0.293 8** (2.415 7)	0.186 6 (0.654 1)
_cons	0.194 2* (2.199 7)	0.071 8 (1.146 4)	0.118 0 (1.142 7)
个体固定	控制	控制	控制
时间固定	控制	控制	控制
N	176	128	176
R^2	0.949 7	0.951 7	0.891 3

注：***、**、* 分别表示变量在 1%、5% 和 10% 的水平上显著；括号里为 t 值。

由于各区域的估计系数均通过不同水平下的显著性检验，接下来通过设置虚拟变量的方法再次检验数字经济影响实体经济高质量发展是否具有显著性。具体方法是：当省份属于东部地区时，area1 = 1，否则为 0；当省份属于中西部地区，area2 = 1，否则为 0。将 area1 和 area2 分别乘以数字经济变量，得到的交叉项。Dig 的估计系数表示数字经济发展对中西部地区的影响，如果交叉项系数显著不为 0，则表明数字经济对相应区域实体经济高质量发展的影响显著不同于中西部地区。表 5 - 5 即为相应的回归结果，结果表明，Dig 的估计系数为正，且通过了 1% 水平下的显著性检验，交叉项 area1_Re 和 area2_Re 的系数均通过 1% 和 5% 的显著性检验。这说明数字经济发展对实体经济高质量发展的影响存在着显著的区域差异性对东部地区实体经济的影响要强于中西部地区。

表 5 - 5　数字经济影响实体经济高质量发展的区域差异显著性：虚拟变量回归

	(1) Re
Dig	0.300 8*** (3.690 3)
area1_Re	0.353 3*** (3.272 6)
area2_Re	0.262 6** (2.409 6)
Fdi	0.211 1* (2.009 6)
Gov	-0.085 4* (-1.905 0)
Gre	0.000 2 (0.437 9)
Urb	0.157 5* (1.999 8) (2.930 9)
_cons	0.111 6*** (3.404 8)
N	480
R^2	0.944 8

注：***、**、* 分别表示变量在 1%、5% 和 10% 的水平上显著；括号里为 t 值。

四、分位数回归

数字经济主要包括数字产业化与产业数字化两方面。数字技术的应用催生出平台经济、共享经济等新产业、新业态，即数字产业化，新产业的形成壮大了数字经济规模，创造新需求，有助于实体经济高质量发展；数字技术与传统产业融合形成产业数字化，利用数字技术整合要素资源来提高要素配置效率，同时促进生产的数字化、智能化转变，从而降低生产成本以及提高生产效率，实现产业数字化转型，对实体经济转型升级产生促进效应（刘洋等，2021）。因而数字化是实体经济实现高质量发展的重要途径之一，数字经济通过数字技术与传统实体经济的跨界融合，为传统实体经济提供了新技术、新服务，对传统实体经济企业转型难等问题发挥着积极作用，从而有利于实体经济的高质量发展。为了反应不同发展程度的实体经济在数字经济发展中的获益情况，本文采用面板分位数模型进行估计。表 5－6 归纳了数字经济在代表性分位数上的估计结果。在实体经济不同发展程度上，数字经济对实体经济高质量发展均有明显的作用。随着实体经济发展水平的提升，数字经济对实体经济高质量发展的系数总体上呈现出下降的趋势。数字经济在 0.6RQ 分位数上的系数大于其他分位点，这说明数字经济对处于中等实体经济发展水平的促进作用更强。以上分析表明，处于不同发展水平的实体经济企业均能从数字经济中受益，但处于中等偏上发展水平的实体经济企业获益相对更多，这可能是因为低发展水平企业缺乏实现数字化需要的足够资金和技术支持，而高发展水平的实体经济企业已有较好的基础，数字化对其而言只起到锦上添花的作用。

表 5－6　不同收入分位数上数字经济对实体经济高质量发展的影响

分位点	(1) 0.25RQ	(2) 0.3RQ	(3) 0.6 RQ	(4) 0.9 RQ
Dig	0.489 3 *** (11.109 8)	0.486 0 *** (21.217 7)	0.531 5 *** (23.039 0)	0.467 9 *** (10.714 1)
Fdi	−0.035 8 (−0.299 9)	0.000 9 (0.008 8)	−0.044 6 (−0.438 8)	0.002 7 (0.013 9)
Gov	−0.098 2 ** (−2.244 5)	−0.071 8 ** (−2.000 3)	−0.044 8 (−1.238 7)	−0.089 0 (−1.299 5)
Gre	0.000 2 (0.275 3)	0.000 06 (0.113 1)	0.000 3 (0.592 5)	0.000 6 (0.624 0)
Urb	0.136 3 (1.583 4)	0.166 3 *** (3.587 4)	0.065 7 (1.406 2)	0.024 5 (0.276 7)
_cons	0.178 8 *** (4.614 2)	0.202 5 *** (5.357 5)	0.288 6 *** (7.5820)	0.327 0 *** (4.538 8)
N	480	480	480	480
R^2	0.925 9	0.794 1	0.815 0	0.853 0

注：***、** 分别表示变量在 1%、5% 的水平上显著；括号里为 t 值。

第四节
本章小结

本章基于前文理论分析，以 2005—2020 年我国 30 个行政区作为研究样本，综合运用最小二乘法模型、固定效应模型、分位数回归等计量模型，多维度检验了数字经济对实体经济高质量发展的作用效果。主要研究结论如下：

第一：数字经济能够有效促进实体经济高质量发展，已成为推动实体经济高质量发展的重要驱动力，在充分考虑了潜在的内生性、极端值等因素可能会对结果产生误差，采取了滞后一期、两阶段最小二乘法、替换变量、缩尾等处理方法后，该结论依然成立。

第二，数字经济对实体经济高质量发展的作用效果存在显著的地区异质性特征。数字经济对西部地区实体经济高质量发展的作用最强，其次是东部地区，最后是中部地区。可能的原因在于：首先，随着“一带一路”建设的推进和西部大开发的深入实施，我国政府对西部地区的政策扶持力度逐渐加大，数字经济发展成为重要的支持方向。相比之下，东部地区和中部地区的发展已经相对成熟，政策扶持力度相对较小；其次，西部地区的传统产业相对落后，数字经济的发展可以带来更多的产业升级机会，推动产业结构的优化和升级，进而促进实体经济的高质量发展。

第三，分位数回归结果显示，数字经济对发展水平处于中上的实体企业发挥了更加显著的促进作用。原因在于：一方面，发展质量水平中偏上的实体企业往往具有较高的技术水平和较为充足的资金储备，具有较好的数字化转型条件；另一方面，发展水平中偏上的实体企业能够更快地接受新技术，提高企业的生产效率，从而更好地促进实体经济的高质量发展。

第六章

数字经济影响实体经济高质量发展的非线性及空间溢出效应分析

在数字经济发展初期，由于数字经济发展规模较小，数字基础设施不完善，数字技术的渗透范围和覆盖范围相对较为狭窄，使得网络效应难以发挥效用，对实体经济的促进作用有限。同时，数字经济发展低水平阶段的规模化程度较低，再加上低回报、高投入、高建设成本等特征，导致多数企业放弃投资新型数字化技术，仅有少数企业获得数字经济带来的红利，数字经济对实体经济高质量发展的溢出效应受到限制，而随着数字经济的快速发展，网络的正外部性效应增强，对实体经济的影响可能呈现非线性的特征。同时，随着区域经济联系的紧密性增强，数字经济与实体经济的发展不可避免存在着空间关联性，进而引起数字经济对实体经济的影响存在空间溢出效应。本章基于数字经济影响实体经济高质量发展的非线性和空间溢出效应的理论分析框架，利用省级面板数据并采用面板门槛模型和空间计量模型进行实证检验。结果发现：数字经济对实体经济高质量发展的影响确实具有非线性特征，随着技术创新水平和人力资本水平的提高，数字经济的促进作用会逐渐增强；从空间效应来看，数字经济对实体经济高质量发展的影响具有空间溢出效应，不仅能够促进本地区实体经济的发展，还能辐射带动邻近地区实体经济的发展。研究认为，基于数字经济影响的非线性特征，要不断提高区域技术创新水平和人力资本水平，促进数字经济发展，并强化其对实体经济的促进作用，同时不可忽略空间溢出效应，发挥高水平地区的带头作用，带动邻近地区的发展，进而促进实体经济的高质量发展。

第一节 问题提出

第五章实证检验了数字经济影响实体经济高质量的总效应。从结果来看，数字经济对实体经济高质量发展具有促进作用，且通过异质性分析发现数字经济的促进作用在东部地区和实体经济发展水平较低的地区更强。基于上述的研究结论以及当下经济联系的紧密性，本章节进一步检验二者之间是否存在非线性关系和空间溢出效应。

一、数字经济的非线性效应

由于数字经济存在规模经济和网络效应的特点，数字经济的影响可能呈现非线性动态特征。一方面是数据要素发挥的倍增效应，数据作为新型生产要素嵌入到实体经济的各个环节，融合其他要素充分释放生产要素红利，对经济发展具有倍增效应；另一方面是数字技术的蓬勃发展和用户规模的扩大强化了数字经济网络效应，数字经济的边际成本下降，但边际收益却在提升，可观的数字红利促使企业加大对数字技术的投资，推动传统产业的自动化、智能化和数字化转型，从而降低生产成本，形成规模报酬递增机制。同时，数字产业化为传统产业提供了优质的网络技术和产品服务，由于以数据要素为核心的数字产业化发展具有边际效应递增规律，使得传统产业的生产力和市场竞争力呈几何式增长。此外，创新要素配置效率的提高也能增强数字经济对实体经济转型升级的促进作用。数字经济的发展有助于创新要素的高效流动与协同，推动创新要素的集聚，强化了数字经济对实体经济高质量发展的促进作用。

二、数字经济的空间溢出效应

已有研究表明，中国各省份数字经济的发展存在显著的正向空间相关性，与数字经济高水平地区邻近对提高本地区的数字经济水平有促进作用，空间分布上呈现高高集聚、低低集聚的态势，数字经济高水平地区存在趋同现象，而低水平地区正由低向高发展，整体呈现逐渐提高的趋势。与传统要素相比，数据作为数字经济时代的核心要素具有高流动性特征，能够克服地理空间距离进行信息传播，加快了各地区要素的流通并降低经济活动的各类成本，有效提高了不同地区间经济联系的紧密程度，进而能够对邻近地区的经济发展产生外溢效应。更进一步从产业结构来看，数字经济空间效应的发挥与数字经济发展水平有关，在高水平地区，数字经济能够促进产业结构的升级并能辐射周边地区的产业发展，而在低水平地区，数字经济仅能促进本地区的产业结构升级。此外，数字技术的发展不仅有助于促进区域创新能力的提升，还会对邻近地区的创新能力产生空间溢出效应。得益于数字平台的发展，数字技术能够轻易实现跨时空传播、创造与复制，实现技术等创新资源的共享与学习，促进不同区域、行业、部门之间创新主体的交流与合作，并通过“竞争效应”和“示范效应”促进邻近地区创新能力的提升。

基于以上文献的研究，本章采用2005—2020年的省级面板数据进一步研究数字经济的非线性和空间效应。首先，通过门槛效应分析数字经济影响实体经济高质量发展的技术创新和人力资本门槛效应；其次，运用SDM模型分析数字经济的空间溢出效应；最后，对研究结论进行总结。

第二节 数字经济影响实体经济高质量发展的非线性效应分析

一、模型构建

根据本文的理论分析，数字经济对实体经济高质量发展的影响可能存在基于技术创新和人力资本的门槛效应，为此构建如下模型：

$$Tr_{it} = \beta_0 + \beta_1 Dig_{it}\ (q \leqslant \gamma_1) + \beta_2 Dig_{it}\ (\gamma_1 < q < \gamma_2) + \beta_3 Dig_{it}\ (q > \gamma_2) + \beta_4 Controls_{it} + \varepsilon_{it} \quad (6-1)$$

式中，Tr_{it}和Dig_{it}分别表示i省t年的实体经济高质量发展水平和数字经济发展水平；q 表示门槛变量，在本文中代表技术创新（Inn）和人力资本（Edu）；γ_1、γ_2 表示门槛值，ε_{it}表示随机扰动项。

二、变量选择

（1）被解释变量：实体经济（Re）。本部分实体经济指标体系构建与前面章节一致，并采用熵值法确定指标权重测算实体经济发展水平，具体指标体系构成见第四章第三节。

（2）核心解释变量：数字经济（Dig）。与前文一致，从数字基础设施、数字产业化、产业数字化三个维度构建指标体系，并采用熵值法确定指标权重测算数字经济发展水平，具体指标体系构成见第四章第一节。

（3）门槛变量：基于第三章的理论分析，本书将技术创新和人力资本作为门槛变量，检验数字经济对实体经济高质量发展的非线性影响。在技术创新方面，本书使用技术市场成交额占 GDP 比重衡量技术创新水平。至于人力资本，加大教育投入是提高人力资本水平的一个重要手段，因此在实证研究中将教育支出作为人力资本的代理变量。

（4）控制变量：控制变量的选择如下：外商直接投资水平（Fdi），外资的进入通常会带动国内工业和服务业的发展，本文采用外商直接投资与 GDP 的比值衡量各地区外商直接投资的情况。政府规模（Gov），为促进实体经济的发展，许多地方政府会加大对工业和服务业的投入，但政府的财政支出对经济活动的作用可能促进经济增长也可能是抑制经济发展，本文采用一般预算支出与 GDP 的比值来衡量政府规模水平。建成区绿化覆盖率（Gre），城市绿地建设与居民生活、基础设施等内容息息相关，良好的环境能够与经济相辅相成、互相促进，采用建成区绿地面积与建成区面积的比值来衡量建成区绿化的覆盖情况。城市化水平（Urb），城市化可以有效降低农村剩余劳动力数量，既有利于提升第一产业的生产效率，也为第二三产业的发展提供了更多的劳动力，能够促进三次产业的发展。本文采用城镇人口占总人口的比值来表示各地区的城市化水平。所有变量的描述性统计如表 6 -1 所示。

表 6 -1　变量描述性统计

变量	符号	N	mean	sd	max	min
被解释变量	Re	480	0. 329 6	0. 079 0	0. 643 2	0. 164 8
解释变量	Dig	480	0. 141 3	0. 121 8	0. 897 6	0. 014 5

续表

变量	符号	N	mean	sd	max	min
门槛变量	Edu	480	624.401 3	518.797 2	3 510.560 0	19.519 7
	Inn	480	0.046 3	0.130 4	1.257 9	0.000 0
控制变量	Fdi	480	0.021 7	0.019 8	0.121 0	0.000 1
	Gov	480	0.238 5	0.108 8	0.758 3	0.091 9
	Gre	480	37.838 8	4.815 1	55.100 0	22.000 0
	Urb	480	0.550 7	0.140 6	0.938 0	0.269 0

三、技术创新门槛效应结果分析

（1）技术创新的门槛检验。表6－2和表6－3报告了技术创新的门槛检验结果和门槛值的估计结果。结果显示，在进行单一门槛检验时，拒绝原假设H0，因此技术创新存在单一门槛效应；在进行双重或三重门槛检验时，均接受原假设H0，故不存在双重或三重门槛效应。图6－1报告了似然函数图，根据统计图形可知：在95%的置信区间内，门槛值为0.000 2。综上所述，数字经济对实体经济高质量发展在技术创新的单一门槛模型下通过了显著性检验，表明二者确实存在非线性关系。

表6－2　　门槛效应检验结果：门槛变量为技术创新

门槛变量	模型	F值	P值	BS次数	1%临界值	5%临界值	10%临界值
技术创新	单一门槛	14.58	0.023 3	300	16.280 8	12.113 1	9.683 2
	双重门槛	7.39	0.246 7	300	15.431 4	11.582 3	9.894 7
	三重门槛	6.00	0.436 7	300	14.583 1	12.335 2	10.684 6

表6－3　　门槛值估计结果：门槛变量为技术创新

门槛变量	门槛估计值	95%的置信区间
技术创新	单一门槛估计值（γ_1）0.000 2	[0.000 2，0.000 2]

（2）门槛模型估计。表6－4报告了当技术创新为门槛变量的估计结果。检验结果显示，当技术创新低于门槛值0.000 2时，数字经济对实体经济高质量发展的影响系数为0.480 3，且通过了1%水平下的显著性检验；当技术创新超过0.000 2时，其对应回归系数为0.512 5，也通过了1%水平下的显著性检验。显然当技术创新水平跨越相应的门槛值时，数字经济对实体经济高质量发展的促进作用有所增强。数字经济对实体经济

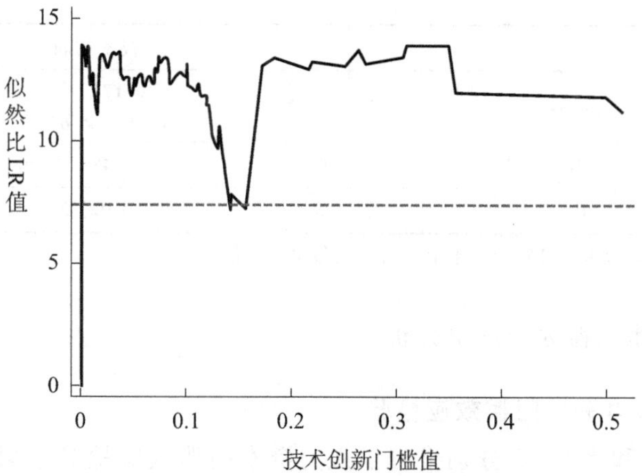

图 6－1　技术创新的门槛值及置信区间

高质量发展的影响表现出显著的正向且边际效应效应递增的非线性特征，说明数字经济对实体经济高质量发展的促进作用不仅受自身水平的影响，还与技术创新水平有关。技术创新水平的提高能够吸引金融资源的流入和高素质人才的集聚，并基于大量前期经验的积累以及充足的资金、丰富的人力资本、基础设施、政府支持力度等外部因素的优势，为数字经济和实体经济的发展提供良好的环境。同时，技术创新水平的提高有助于技术和科研成果的共享，突破数字经济发展的技术瓶颈，也能推动传统实体产业进行技术改造，带动实体经济的高质量发展，从而强化数字经济对实体经济高质量发展的促进作用。

表 6－4　　门槛效应检验结果：门槛变量为技术创新

	技术创新
Fdi	－0.049 2 (－0.629 9)
Gov	－0.093 4*** (－3.358 8)
Gre	0.000 2 (0.453 6)
Urb	0.131 7*** (3.669 7)
Inn ($q \leq \gamma$)	0.480 3*** (26.677 1)
Inn ($q > \gamma$)	0.512 5*** (26.191 8)

续表

	技术创新
_cons	0.178 9*** (9.305 6)
N	480
R^2	0.927 2

注：*** 表示变量在 1% 的水平上显著；括号里为 t 值。

四、人力资本门槛效应结果分析

（一）人力资本门槛效应检验

表 6－5 和表 6－6 分别报告了人力资本门槛效应检验结果和门槛值的估计结果。结果显示，在进行单一和双重门槛检验时，拒绝原假设 H0，因此人力资本存在单一和双重门槛效应；在进行三重门槛检验时，均接受原假设 H0，故不存在三重门槛效应。图 6－2 报告了似然函数图，根据统计图形可知：在 95% 的置信区间内，门槛值为 526.690 0 和 1 147.101 7。以上分析表明，数字经济对实体经济高质量发展的影响存在人力资本的双重门槛效应，两者存在非线性关系。

表 6－5　　门槛效应检验结果：门槛变量为人力资本

门槛变量	模型	F 值	P 值	BS 次数	1% 临界值	5% 临界值	10% 临界值
人力资本	单一门槛	38.10	0.013 3	300	40.938 8	27.806 3	22.567 0
	双重门槛	25.16	0.013 3	300	26.093 9	20.029 1	17.837 0
	三重门槛	14.57	0.580 0	300	37.910 9	34.364 4	29.255 2

表 6－6　　门槛值估计结果：门槛变量为人力资本

门槛变量	门槛估计值	95% 的置信区间
人力资本	第一个门槛估计值（γ_1）526.690 0	[504.567 8，529.460 0]
	第二个门槛估计值（γ_2）1 147.101 7	[1 047.900 0，1 148.503 9]

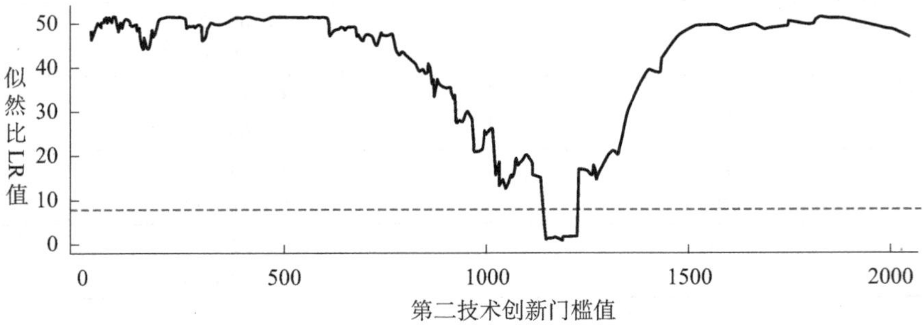

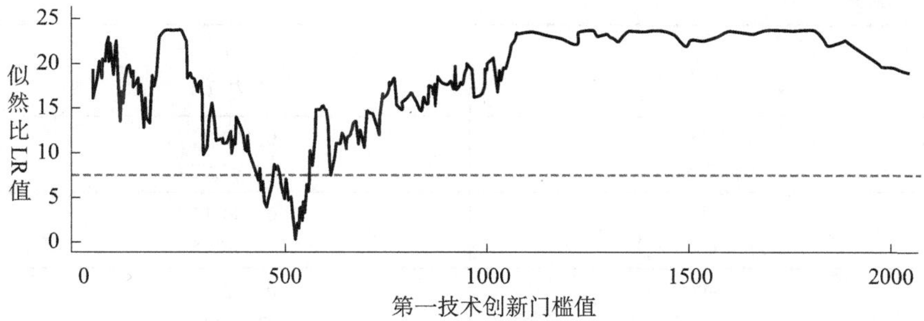

图 6－2　人力资本的门槛值及置信区间

（二）人力资本门槛效应

根据表 6－7 检验结果显示，当人力资本低于门槛值 526.69 时，数字经济对实体经济高质量发展的影响系数为 0.160 7，且通过了 1% 水平下的显著性检验；当人力资本在 526.690 0 到 1 147.101 7 之间时，其对应回归系数为 0.284 1，也通过了 1% 水平下的显著性检验；当人力资本大于 1 147.101 7 时，其对应的回归系数为 0.393 7，同样通过了 1% 水平下的显著性检验。可见，随着人力资本水平的逐渐提高，数字经济对实体经济的促进作用愈加增强，呈现非线性特征。上述分析也表明拥有较高文化水平的居民从数字经济的发展中获益更多。高水平的人力资本能够为地区经济发展提供人才支撑，同理也会为数字经济促进实体经济高质量发展提供相应的保障和支持，有利于释放数字经济发展的红利。由此可见，人力资本水平的提高会强化数字经济对实体经济高质量发展的促进效应。

表 6－7　门槛效应检验结果：门槛变量为人力资本

变量	（1） 人力资本
Fdi	0.008 9 （0.119 9）
Gov	－0.108 3*** （－3.932 2）
Gre	0.000 3 （0.685 4）
Urb	0.114 5*** （3.341 6）

续表

变量	(1) 人力资本
Edu ($q \leqslant \gamma_1$)	0.160 7*** (3.420 7)
Edu ($\gamma_1 < q \leqslant \gamma_2$)	0.284 1*** (8.779 5)
Edu ($q > \gamma_2$)	0.393 7*** (18.872 7)
_cons	0.206 8*** (11.027 6)
N	480
R^2	0.935 0

注：*** 表示变量在 1% 的水平上显著；括号里为 t 值。

第三节 数字经济影响实体经济高质量发展的空间溢出效应分析

随着市场化改革的推进，要素资源在地区之间的流动变得更加频繁，加之互联网的快速发展，加速了信息的传播与扩散，从而促使生产要素、人力资本和信息资源在更大的地理空间范围内进行优化配置，同时也增强了不同地区之间经济发展的联动性。这意味着，一个地区的经济发展可能会对其邻近地区的经济发展产生一定的影响，即呈现空间相关性。此外，由于数字技术具有强大的渗透力，在促进本地区的实体经济高质量发展之后，能够突破地理空间的约束，进一步通过关联效应、模仿效应对邻近地区的实体经济高质量发展产生一定影响。在这种情况下，若仅仅采用普通面板模型进行回归分析，得出的结果可能会存在较大偏差。鉴于此，本书将空间效应引入模型，以全面考察数字经济对实体经济高质量发展的作用。

一、空间相关性检验

在进行空间计量分析之前，需要确保样本之间存在空间相关性，通常采用莫兰指数和吉尔里指数，其中莫兰指数最为常用，其计算公式如下：

$$I = \frac{\sum_{i=1}^{n}\sum_{j=1}^{n} w_{ij}(x_i - \overline{X})(X_j - \overline{X})}{S^2 \sum_{i=1}^{n}\sum_{j=1}^{n} w_{ij}} \tag{6-2}$$

其中，$S^2 = \frac{1}{n}\sum_{i=1}^{n}(X_i - \overline{X})^2$ 为样本方差，w_{ij}为空间权重矩阵，n 为省份数量，x_i 表示第 i 个省份实体经济高质量发展指数。莫兰指数的取值范围为［-1，1］，若等于或接近于 0 意味着实体经济高质量发展的空间分布是随机的，不存在空间相关性；若大于 0，意味着各省实体经济高质量发展存在空间正相关，实体经济发展水平相似的地区聚集在一起；若小于 0，意味着空间负相关，实体经济高质量发展水平较高的地区与较低的地区聚集在一起。

关于空间权重矩阵 w_{ij}的设置，研究中较多根据地理距离、经济变量的经济距离等构建空间权重矩阵。本文将通过地理距离分别构建空间邻接矩阵和最近邻空间权重矩阵。空间邻接矩阵的设置原则如下：

$$w_{ij} = \begin{cases} 1 & i、j\text{省域相邻} \\ 0 & i、j\text{省域不相邻} \end{cases} \tag{6-3}$$

表 6-8 报告了我国 30 个省份的实体经济高质量发展水平的莫兰指数检验结果，结果显示，在样本考察期内，我国各省份实体经济高质量发展的莫兰指数均为正值且通过了 1% 或 5% 水平下的显著性检验，表明我国各省份实体经济高质量发展存在着正向的空间依赖特征，意味着实体经济发展水平较高的地区在空间上表现为集聚的特征，而实体经济发展水平较低的地区周边也往往是相类似水平的地区。

表 6-8　2005—2020 年我国 30 个省份实体经济高质量发展水平的莫兰指数（Moran'I）

年份	邻接矩阵				经济反距离矩阵			
	Moran's I	E（I）	Z 值	P 值	Moran's I	E（I）	Z 值	P 值
2005	0.220	-0.034	2.141	0.032	0.067	-0.034	0.825	0.409
2006	0.233	-0.034	2.248	0.025	0.118	-0.034	1.240	0.215
2007	0.340	-0.034	3.179	0.001	0.162	-0.034	1.618	0.106
2008	0.361	-0.034	3.350	0.001	0.222	-0.034	2.103	0.035

续表

年份	邻接矩阵				经济反距离矩阵			
	Moran's I	E（I）	Z值	P值	Moran's I	E（I）	Z值	P值
2009	0.292	-0.034	2.755	0.006	0.097	-0.034	1.072	0.284
2010	0.384	-0.034	3.486	0.000	0.211	-0.034	1.984	0.047
2011	0.394	-0.034	3.531	0.000	0.244	-0.034	2.223	0.026
2012	0.474	-0.034	4.163	0.000	0.321	-0.034	2.820	0.005
2013	0.501	-0.034	4.360	0.000	0.422	-0.034	3.604	0.000
2014	0.437	-0.034	3.833	0.000	0.354	-0.034	3.063	0.002
2015	0.489	-0.034	4.273	0.000	0.373	-0.034	3.227	0.001
2016	0.417	-0.034	3.685	0.000	0.371	-0.034	3.210	0.001
2017	0.364	-0.034	3.267	0.001	0.347	-0.034	3.032	0.002
2018	0.313	-0.034	2.904	0.004	0.294	-0.034	2.665	0.008
2019	0.333	-0.034	3.046	0.002	0.290	-0.034	2.608	0.009
2020	0.323	-0.034	3.000	0.003	0.261	-0.034	2.404	0.016

为进一步考察我国实体经济高质量发展的局域空间集聚特征，本文绘制了2005年和2020年各省份实体经济高质量发展的莫兰散点图。由图6-3可以清晰地看到2005年和2020年我国实体经济高质量发展的莫兰指数散点图比较相似，大部分省份位于第一和第三象限内，只有少数省份位于第二和第四象限内，这说明我国实体经济高质量发展呈现出高高集聚和低低集聚的特征。具体地，在2005年的莫兰指数散点图中，位于第一象

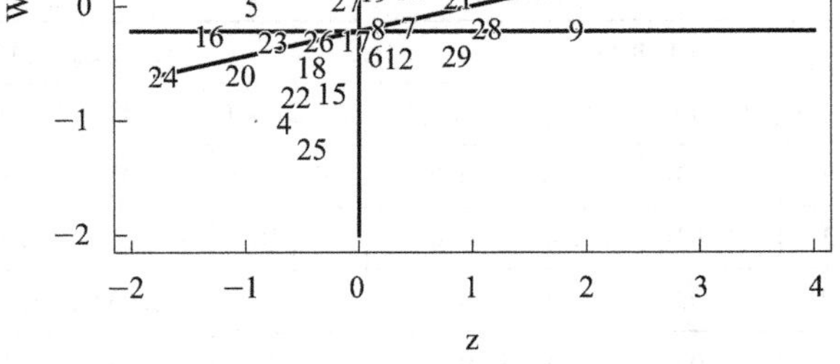

(a) 2005年

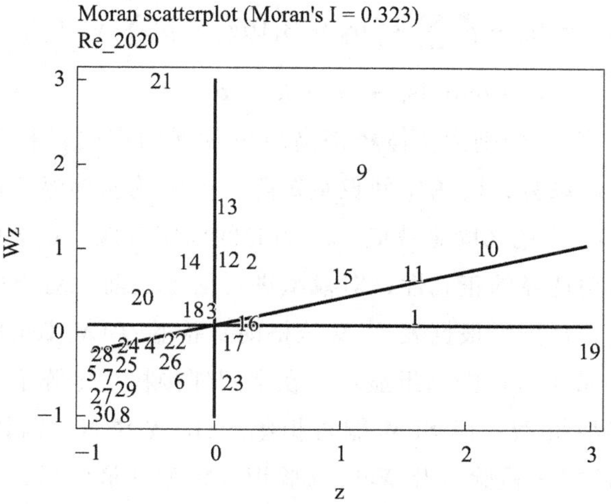

(b) 2020年

图 6 -3　中国实体经济高质量发展的莫兰指数散点图

限的省份有 7 个，大部分是实体经济发展水平较好的地区，位于第三象限的省份有 11 个，大部分来自实体经济发展质量相对较低的中西部地区。2020 年的莫兰指数散点图显示，位于第一象限的省份有 8 个，与 2005 年总数上增加了一个，但以东部地区为主的特征更加突出；位于第三象限的有 13 个，同样大部分来自我国中西部地区。通过对比 2005 年和 2020 年我国实体经济高质量发展的莫兰指数散点图发现，在我国东部地区呈现高高集聚的特征，而我国中西部地区呈现低低集聚的特征。

二、空间计量模型构建

根据第三章的理论分析和前文数字经济高质量发展水平的空间自相关检验结果，可以推断数字经济对实体经济高质量发展的影响可能存在空间溢出效应。因此，可以构建空间面板计量模型进行检验。在空间面板模型中，最常用的有空间杜宾模型、空间滞后模型和空间误差模型。通常认为，空间杜宾模型更具有优势，具体有两个表现：其一，空间杜宾模型是空间滞后模型和空间误差模型的一般形式，因而具有更强的适用性；其二，空间杜宾模型在考虑因变量和残差项的空间自相关问题的基础上，也考虑了自变量之间的交互作用对因变量的影响。因此，本书采用空间杜宾模型检验数字经济影响的空间溢出效应，具体模型的设定如下：

$$Tr_{it} = \beta_0 + \rho_1 \sum_{j}^{n} w_{ij} tr_{it} + \beta_1 Dig_{it} + \rho_2 \sum_{j}^{n} w_{ij} Dig_{it} + \beta_2 Controls_{it} + \mu_i + \lambda_t + \varepsilon_{it} \qquad (6-4)$$

式中，ρ_1 和 ρ_2 分别为实体经济高质量发展的空间自相关系数和数字经济的空间溢出系数，w_{ij}为空间权重矩阵，$w_{ij}tr_{it}$为实体经济高质量发展的空间滞后项，μ_i 为地区固定效应，λ_t 为时间固定效应，ε_{it}为随机误差项。

为确保模型选择的正确性，对模型进行估计之前，对空间计量模型的形式进行检验。首先，根据表6-9拉格朗日检验（LM Test）和稳健拉格朗日检验（RLM Test）的结果显示，在空间邻接权重矩阵下，空间误差模型优于空间滞后模型，但SDM能否拒绝SAR或SEM，需进一步进行检验。其次，通过LR检验以及Wald检验识别模型的最优形式。检验结果显示，LR-Lag、LR-Error检验均通过了1%的显著性检验，表明建立空间滞后模型或误差模型更为合适。而Wald-Lag、Wald-Error检验也通过了1%的显著性水平，表明空间杜宾模型不能简化为另外两个模型。这说明选择公式（2）的空间杜宾模型作为本文的计量模型是恰当的。

表6-9　空间计量模型形式检验结果（空间邻接权重矩阵）

检验类型	数字经济		数字基础设施		数字产业化		产业数字化	
	统计量	P值	统计量	P值	统计量	P值	统计量	P值
Moran's I Error	2.290	0.022	2.517	0.012	2.863	0.004	2.811	0.005
LM-Error	84.397	0.000	101.458	0.000	132.554	0.000	127.818	0.000
Robust LM-Error	95.284	0.000	101.669	0.000	136.943	0.000	131.812	0.000
LM-Lag	6.063	0.014	0.000	0.991	24.704	0.000	0.002	0.966
Robust LM-Lag	16.950	0.000	4.390	0.036	6.350	0.012	3.996	0.046
LR-Lag	25.06	0.000 0	19.68	0.001 4	34.93	0.000 0	36.63	0.000 0
LR-Error	25.12	0.000 0	20.82	0.000 9	19.91	0.001 3	20.60	0.001 0
Wald-Lag	16.22	0.002 7	11.36	0.022 8	20.37	0.000 4	22.28	0.000 2
Wald-Error	28.30	0.000 0	23.66	0.000 3	25.24	0.000 1	26.08	0.000 1

三、空间计量结果分析

根据上文的检验结果，本文选择构建空间杜宾模型进行研究。表6-10报告了邻接权重矩阵和最近邻空间权重矩阵条件下空间杜宾模型的回归结果。结果显示，实体经济高质量发展的空间滞后系数rho在两种空间权重矩阵条件下均显著为正，说明实体经济高质量发展存在正向的空间外溢性，本省的实体经济高质量发展水平提升能够带动邻近省份实体经济高质量发展水平的改善。这种正向空间溢出效应之所以存在，是因为区域间的联系越来越紧密，各地区在实施推动经济高质量发展的相关政策时，大概率会对邻近地区产生影响，较为成功的实体经济发展模式、经验会引起周边地区的效仿、学习与借鉴，进而推动地区实体经济高质量发展不断迈向新台阶。进一步地，无论是邻接矩阵还是最近邻矩阵，数字经济的估计系数均显著为正，说明数字经济具有显著的空间外溢性，不仅对本地区的实体经济产生影响，也会辐射到邻近地区的实体经济发展，推动其发展。这一现象可以通过多种方式实现。首先，数字经济的快速发展带来了知识和技术的传播，当一个地区成功建立了数字化基础设施和创新生态系统时，其经验和成果可以很容易地传递给周边地区，加速其数字化进程。其次，数字经济的发展为企业提供了更广阔的市场和供应链拓展机会，通过在线平台和电子商务，企业可以跨越地域限制，扩大市场规模，促进跨区域合作。此外，数字经济的蓬勃发展也吸引了大量的人才和专业人士，他们的技能和知识可以通过培训和流动来传递给周边地区，推动其经济的发展。

由于 SDM 模型中存在着空间滞后项，导致其参数估计结果存在偏差。因此，本书根据计量结果，采用偏微分方程对自变量对因变量的总效应进行分解，即直接效应和间接效应。就本书的研究内容而言，直接效应衡量数字经济发展对本省实体经济高质量发展的影响，间接效应衡量数字经济对邻近省份实体经济高质量发展的影响，直接效应与间接效应之和为总效应，衡量数字经济对实体经济高质量发展的总影响。表 6 – 10 的结果显示，在两种空间权重矩阵下，数字经济（Dig）对实体经济高质量发展（Re）的直接效应、间接效应和总效应的系数均显著为正，具体来说，本省数字经济指数每增长 1 个单位，将会促进本省实体经济高质量发展水平增长 0.498 个单位，促进邻省实体经济高质量发展增长 0.179 个单位。通过对比发现，数字经济的直接效应系数远大于间接效应，表明本省数字经济对邻接省份实体经济高质量发展的影响要小于对本省实体经济高质量发展的影响，进一步说明了数字经济对实体经济高质量发展的影响主要来自直接效应，这与我国数字经济发展水平和实体经济高质量发展水平呈现显著的空间非均衡特征有关。最近邻空间权重矩阵下的估计结果与空间邻接矩阵的估计结果基本一致。因此，本省数字经济发展水平的提升，不仅有助于本省实体经济的高质量发展，还可以促进邻省的实体经济高质量发展，即数字经济的提升对实体经济高质量发展具有显著的空间正向外部性。

表 6-10　　　　数字经济的空间杜宾模型估计结果

	(1) 邻接空间权重矩阵	(1) 最近邻空间权重矩阵
Spatial rho	0.230*** (4.048)	0.116* (1.942)
Dig	0.488*** (13.410)	0.503*** (13.590)
W · Dig	0.031 (0.448)	0.149** (1.994)
直接效应	0.498*** (13.201)	0.509*** (13.424)
间接效应	0.179** (2.455)	0.229*** (3.314)
总效应	0.677*** (7.803)	0.739*** (8.937)
控制变量	Yes	Yes
个体固定效应	Yes	Yes
时间固定效应	Yes	Yes
观测值	480	480

注：***、**、* 分别表示变量在 1%、5%、10% 的水平上显著；括号里为 t 值。

数字经济细分维度对实体经济高质量发展的空间溢出效应结果如表 6-11 所示。列（1）—（2）为数字基础设施的估计结果：邻接空间权重矩阵下，三种效应中数字基础设施的系数均显著为正，从具体数值来看，数字基础设施每提高 1 个单位，将会促进本省实体经济高质量发展增长 0.035 个单位，促进邻接省份实体经济高质量发展增长 0.012 个单位。同样通过比较可以发现，数字基础设施的直接效应系数大于间接效应系数，表明数字基础设施对本省实体经济高质量发展的影响要大于对邻省实体经济高质量发展的影响，进一步说明了数字经济对实体经济高质量发展的影响主要来自直接效应。最近邻空间权重矩阵下的估计结果与空间邻接矩阵的估计结果基本一致。因此，可以得出数字基础设施水平的提升对实体经济高质量发展具有显著的空间正向外部性。

列（3）—（4）为数字产业化的空间效应估计结果：无论是在邻接空间权重矩阵还是最近邻空间权重矩阵下，数字产业化的直接效应都没有通过显著性检验，表明数字产业化对本省实体经济高质量发展无明显影响，这可能是由于当前我国数字经济仍处于初步发展阶段，数字产业化发展不足，难以发挥其优势来促进实体经济发展。数字产业化的间接效应为负，且在邻接空间权重矩阵下通过了10%的显著性检验，这说明数字产业化的空间溢出效应更多体现在地理上的相邻，而非空间距离上。

列（5）—（6）为产业数字化的空间效应估计结果：在邻接空间权重矩阵下，产业数字化的直接效应系数为正，且通过5%的显著性检验，表明产业数字化对本省实体经济高质量发展具有正向作用。最近邻空间权重矩阵下的估计结果与此类似。产业数字化的间接效应系数为负，表明产业数字化对实体经济高质量发展的影响中发生了虹吸效应。数字经济优势的发挥依赖于当地的数字技术水平及经济发展水平，相对于处于领先地位的地区会吸纳周围地区的资金、人才等要素，使得更多的丰富且廉价的生产要素会流入周围地区，进而抑制了邻近地区实体经济的高质量发展。此外，与数字产业化相类似，产业数字化的间接效应仅在邻接空间权重矩阵下通过5%的显著性检验，最近邻空间权重矩阵下没有通过显著性检验，说明产业数字化与数字产业化一样，其空间溢出效应更多体现在地理上的相邻，而非空间距离上。

表6-11　数字基础设施的空间杜宾模型估计结果

	(1) 邻接空间 权重矩阵	(2) 最近邻空间 权重矩阵	(3) 邻接空间 权重矩阵	(4) 最近邻空间 权重矩阵	(5) 邻接空间 权重矩阵	(6) 最近邻空间 权重矩阵
Spatial rho	0.208*** (3.585)	0.114* (1.907)	0.301*** (5.492)	0.254*** (4.516)	0.308*** (5.654)	0.257*** (4.591)
Dig1	0.034*** (15.329)	0.036*** (16.145)				
Dig2			0.024 (0.524)	0.004 (0.102)		
Dig3					0.047** (2.175)	0.034* (1.745)

续表

	(1) 邻接空间 权重矩阵	(2) 最近邻空间 权重矩阵	(3) 邻接空间 权重矩阵	(4) 最近邻空间 权重矩阵	(5) 邻接空间 权重矩阵	(6) 最近邻空间 权重矩阵
W·Dig	0.003 (0.582)	0.010** (2.166)	-0.101 (-1.536)	-0.065 (-1.179)	-0.072** (-2.214)	-0.046* (-1.714)
直接效应	0.035*** (15.115)	0.036*** (15.915)	0.018 (0.410)	0.002 (0.045)	0.043** (2.047)	0.033* (1.666)
间接效应	0.012*** (2.712)	0.015*** (3.765)	-0.125* (-1.671)	-0.080 (-1.302)	-0.078** (-2.046)	-0.046 (-1.535)
总效应	0.046*** (9.125)	0.051*** (10.401)	-0.107* (-1.673)	-0.078 (-1.338)	-0.034 (-0.992)	-0.014 (-0.442)
控制变量	Yes	Yes	Yes	Yes	Yes	Yes
个体固定效应	Yes	Yes	Yes	Yes	Yes	Yes
时间固定效应	Yes	Yes	Yes	Yes	Yes	Yes
观测值	480	480	480	480	480	480

注：***、**、* 分别表示变量在1%、5%、10%的水平上显著；括号里为 t 值。

第四节 本章小结

本章基于前文理论分析，选取2005—2020年我国大陆除去西藏外的30个省级行政区的面板数据对数字经济对实体经济高质量发展的非线性影响和空间效应进行实证分析。

首先，基于技术创新的面板门槛模型分析表明，数字经济影响实体经济高质量发展的技术创新的门槛效应存在单一门槛。随着技术创新水平的提升，其对实体经济高质量发展的促进作用越大。基于人力资本门槛模型的分析表明，数字经济影响实体经济高质量发展存在人力资本的双重门槛效应，数字经济对实体经济高质量发展的促进作用会随着人力资本水平的提升而逐渐增强。这表明数字经济对实体经济高质量发展具有非线性特征。

其次，在空间相关性检验上，实体经济高质量发展水平存在显著的空间集聚特征。数字经济时代，互联网逐渐成为社会生产生活的重要工具，使得不同个体在时间和空间之间流动的障碍越来越小，从而使得要素与资源在省份之间的流动效率大大提高，地区之间的联系也变得更加紧密。数字经济作为我国新的经济形式，可以从成本、效率等多个方面促进实体经济高质量发展。但是通过分析莫兰散点图我们发现，具有良好区位优势和经济发展水平的东部地区数字经济发展最具优势。采用空间杜宾模型的分析结果表明，数字经济存在正向的空间溢出效应，对本省和邻省的实体经济发展都具有积极影响。进一步分维度检验发现，数字经济各维度对实体经济高质量发展的空间影响不同。具体来看，数字基础设施对实体经济高质量发展具有正向的空间溢出效应；数字产业化对实体经济的影响不明显；产业数字化促进本省实体经济高质量发展，但抑制了邻省的实体经济高质量发展。

第七章

数字经济影响实体经济高质量发展的作用机制分析：技术创新渠道

实施创新驱动发展战略对于我国提高经济增长的质量和效率具有重要意义。科技创新不仅有利于推动传统产业的转型升级，还能培育出新的经济增长点。进入新发展阶段，我国要依靠科技和创新培育壮大新动能来推动实体经济的高质量发展。在数字经济发展时代，技术创新同样发挥着举足轻重的作用。我们通过实证检验证实了数字经济能够显著促进实体经济的高质量发展。但是具体的作用机制是怎样的？数字经济是否能够通过技术创新影响实体经济高质量发展？这些问题需要进一步验证。本章首先通过固定效应模型分析了数字经济对技术创新的影响，其次建立中介效应模型探究数字经济是否可以通过技术创新进而影响实体经济高质量发展。结果发现：在数字经济对技术创新的影响上，总体样本中数字经济及其各维度都对技术创新会产生促进作用，细分样本中在不同的社会经济条件下数字经济对技术创新的促进作用存在异质性；根据中介效应检验结果可知，数字经济能够通过促进技术创新来对实体经济高质量发展产生积极影响。研究认为，技术创新是推动经济增长的重要驱动力，也是数字经济影响实体经济高质量发展的重要渠道。因而需要不断完善创新体系，提高我国的技术创新能力，充分发挥数字经济对实体经济高质量发展的促进作用。

第一节 问题提出

2022年中国GDP为121.02万亿元，稳居世界第二位，支撑着中国作为最大发展中国家的世界地位。同时，2022年我国人均GDP达到85 698元，总体上达到中等偏上收入国家的标准，这说明我国的综合国力、社会生产力、人民生活水平都在进一步提升。然而，中国经济高速发展的背后，依赖于“高投资、高能耗、高污染”的粗放型经济增长方式，实体经济发展面临着生产效率低下、资源错配、增长动力不足以及环境污染等问题，严重制约着中国实现经济高质量发展的目标。在此背景下，中国亟待转变经济发展方式，寻找经济发展的新动能、新动力，实现中国经济由高速增长向高质量发展的跨越。数字经济的发展带来了新机遇。一方面，数字经济高渗透性的特点使得数字技术不断融入传统产业，并催生出一大批新工艺、新技术和新产品，实现对传统产业的改造，促进传统产业的数字化转型，进而提高了区域技术创新活力，发挥创新的引领作用；另一方面，数字经济的发展促进了生产要素的流通，提高生产效率，同时有助于形成信息开放共享的格局，缓解创新主体与市场之间信息不对称的状况，提高技术创新效率。现有研究表明，数字经济通过数据要素驱动、底层技术推动、新型商业模式和产业组织变革等途径促进制造业产业创新，并且数字经济的发展加速了科研成果的转化，推动了技术创新成果向有关产业的渗透，提高产业整体的创新能力。同时，数字经济的发展不仅促进本地技术创新效率的提升，还通过技术创新的溢出效应带动邻近地区的技术创新。此外，在“双碳”目标背景下，数字经济还能促进绿色创新，提升城市绿色创新能力。

关于技术创新与实体经济的关系：嵌入型理论认为，人类经济嵌入并缠结于经济与非经济的制度之中，受到多种因素的影响，其中技术创新的影响最为重要。技术创新成果进入并应用于实体经济时，能显著促进实体经济的发展，并且根据创新扩散理论，技术创新的成果会逐渐对外扩散，从而不仅对本地的实体经济产生促进作用，还能拉动周围地区的实体经济发展。从各国经济发展历史来看，美国依靠于国内生产结构的调整、技术进步以及市场的扩张实现了经济的赶超，日本实现经济高速增长主要依靠创新，韩国同样也是依靠技术创新推动经济发展。由此可见，技术创新是一个国家经济发展的重要驱动力。早在 20 世纪，Solow（1957）便提出了中性技术进步假设条件的“索洛剩余”，并计算了技术进步对经济增长的贡献率；Romer（1990）把技术进步内生化，随着时间的推移，技术水平逐渐提高，进而带来技术的进步和劳动生产率的提高，从而推动经济的可持续性增长，以此来解释要素生产率的增长。从国内学者的研究来看，有学者认为科技创新在短期和长期内均对实体经济增长具有显著的促进作用，还能显著增加经济增长效率，具有优化产业结构、提升绿色发展水平和改善社会福利的作用，带动经济的高质量发展，同时科技创新与区域经济增长之间还具有相互带动的作用。

随着科技创新战略的实施和科技体制改革的推进，我国科技创新能力逐渐提升。根据世界知识产权组织发布的《2021 年全球创新指数报告》显示，中国排名第 12 位，较 2020 年上升 3 位。从图 7－1 也可看出，中国创新指数排名从 2013 年起连续 9 年稳步上升，居中等收入经济体首位，超过日本、以色列、加拿大等发达经济体。从图 7－2 可知，自 2013 年起，我国 R&D 经费支出保持高速增长，占 GDP 比重保持持续上升，2022 年我国 R&D 经费支出达 30 870 亿元，占 GDP 比重为 2.55%。由此可见，随着世界各国科技创新水平的提升以及中国经济发展进入新阶段，科技创

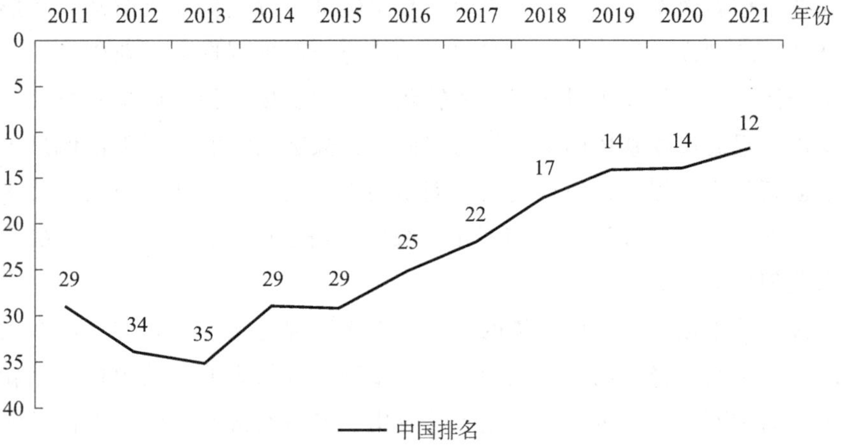

图 7－1 中国创新指数排名

新对经济发展的重要性日益体现，因而我国不断增强科技创新的投入以提高技术创新能力，实现以科技创新驱动经济高质量发展。

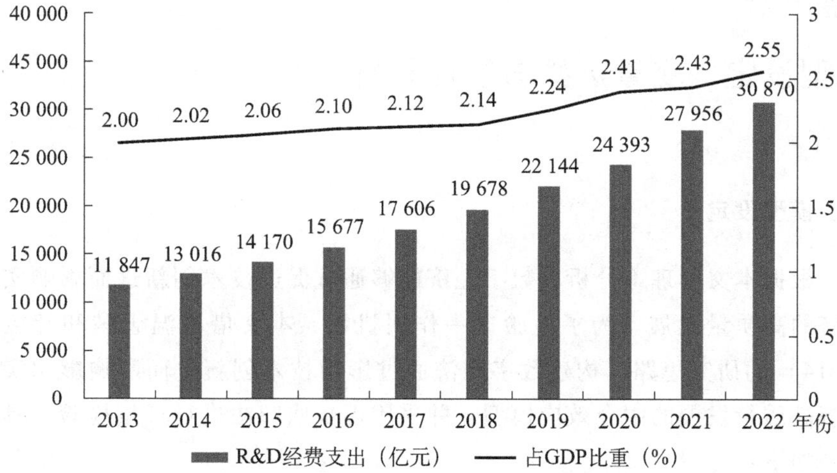

图 7－2　2013—2022 年中国 R&D 经费支出及其占 GDP 比重

基于以上分析和前文阐述，我们可以预期数字经济能够通过技术创新来实现实体经济的高质量发展，接下来将采用计量方法进行实证检验。见表 7－1。

表 7－1　部分国家创新指数排名

国家	整体排名	创新制度	人力资本和研究	基础设施	市场成熟度	商业成熟度	知识和技术产出	创意产出
瑞士	1	13	6	2	6	4	1	2
瑞典	2	9	2	3	11	1	2	5
美国	3	12	11	23	2	2	3	12
英国	4	15	10	10	4	21	10	4
韩国	5	28	1	12	18	7	8	8
荷兰	6	6	14	16	31	5	7	7
芬兰	7	2	4	11	19	6	5	16
新加坡	8	1	9	15	5	3	13	17
丹麦	9	8	5	5	7	11	14	13
德国	10	17	3	21	20	12	9	11
法国	11	19	15	17	17	19	16	6
中国	12	61	21	24	16	13	4	14
日本	13	7	20	9	15	10	11	18

数据来源：《2021 年全球创新指数报告》《2021 年中国企业科技创新力蓝皮书》。

第二节 模型设定、变量选择与统计分析

一、模型设定

根据本文的理论分析，数字经济能够通过促进技术创新进而影响实体经济的高质量发展。为了检验这一作用机制，本文借鉴温忠麟和叶宝娟（2014）的研究思路，构建数字经济通过影响技术创新进而影响影响实体经济高质量发展的中介效应模型，并采用逐步回归法进行计量检验。具体模型如下：

$$Re_{it} = \alpha_0 + \alpha_1 Dig_{it} + \beta \sum CV_{it} + \mu_i + \delta_t + \varepsilon_{it} \quad (7-1)$$

$$Tech_{it} = \alpha_0 + \alpha_2 Dig_{it} + \beta \sum CV_{it} + \mu_i + \delta_t + \varepsilon_{it} \quad (7-2)$$

$$Re_{it} = \alpha_0 + \alpha_3 Dig_{it} + \alpha_4 Tech_{it} + \beta \sum CV_{it} + \mu_i + \delta_t + \varepsilon_{it} \quad (7-3)$$

式中，Re_{it}为被解释变量，表示实体经济高质量发展水平；Dig_{it}为核心解释变量，表示数字经济发展水平；CV_{it}为产业结构水平、对外开放程度、市场化水平以及城市化水平四个控制变量合成的全局变量；$Tech_{it}$为中介变量，表示技术创新，下标 i 表示省份，下标 t 表示年份；μ_i 表示地区固定效应；δ_t 表示时间固定效应；ε_{it}表示随机误差。

二、变量选择

（1）被解释变量。实体经济（Re），本部分实体经济指标体系构建与前面章节一致，并采用熵值法确定指标权重测算实体经济发展水平，具体指标体系构成见第四章第三节。

（2）核心解释变量。数字经济（Dig），与前文一致，从数字基础设施、数字产业化、产业数字化三个维度共来构建指标体系，并采用熵值法确定指标权重测算数字经济发展水平，具体指标体系构成见第四章第一节。

(3) 中介变量。技术创新（Tech），本文参考何兴邦的研究，采用技术市场成交额占 GDP 比重来表示技术创新水平。

(4) 控制变量。为了减弱模型中可能存在的遗漏变量偏误，本文参考已有研究选取以下四个控制变量：产业结构化水平（Is），以第二三产业与实体经济 GDP 比值来表示；对外开放程度（Fdi），以外商直接投资占 GDP 比重来表示；市场化水平（Mar），采用樊纲市场化指数中的要素市场发育程度来表示；城市化水平（Urb），采用城镇人口占总人口的比重表示。

三、数据来源

本书选取 2005—2020 年中国大陆 30 个省份（西藏因数据缺失严重而剔除）的面板数据进行实证分析，选取数据主要来源于历年《中国统计年鉴》以及各省份的统计年鉴，部分年份缺失值用插值法和趋势法进行计算得出。

四、统计分析

本部分采用 2005—2020 年的省级样本分析数字经济对实体经济的影响以及技术创新的作用机制，各变量的描述性统计见表 7-2。

表 7-2　变量描述性统计

变量	名称	观测值	平均值	标准差	最大值	最小值
实体经济	Re	480	0.329 6	0.079 0	0.164 8	0.643 2
数字经济	Dig	480	0.141 3	0.121 8	0.897 6	0.014 5
数字基础设施	Dig1	480	0.168 6	0.131 3	0.002 3	0.885 5
数字产业化	Dig2	480	0.097 9	0.143 4	0.000 8	0.900 0
产业数字化	Dig3	480	0.196 5	0.136 2	0.010 2	0.846 6
技术创新	Tech	480	0.046 3	0.130 4	1.257 9	0.000 0
对外开放程度	Fdi	480	0.021 7	0.019 8	0.121 0	0.000 1
产业结构化水平	Is	480	0.985 7	0.105 7	1.371 6	0.697 0
市场化水平	Mar	480	7.360 8	3.374 3	15.690 0	0.370 0
城市化水平	Urb	480	0.550 7	0.140 6	0.938 0	0.269 0

第三节 数字经济与技术创新的计量分析

一、基于总体样本的计量分析

根据 Hausman 检验结果，P 值小于 0.01，拒绝原假设，采用向固定模型进行回归分析，结果如表 7－3 所示。列（1）为仅考虑核心解释变量数字经济与技术创新之间的关系，不添加控制变量；列（2）为考虑所有控制变量后的实证结果；列（3）—（5）为数字经济分维度对技术创新的影响。从表 7－3 可知，不管是否添加控制变量，数字经济对技术创新的作用方向一致，仅是影响程度有所差异，说明数字经济在总体层面上对地区技术创新水平的提升具有积极影响。数字经济一方面通过信息化手段使得创新资源的获取在网络空间得以实现，极大地拓展了创新资源的配置范围并提高配置效率，另一方面数字经济还能实现创新资源与创新主体之间的快速连接，增强高校、科研机构、企业等各类创新主体联系的紧密性，不断促进地区技术创新能力的提升。从数字经济分维度影响来看，数字经济三个维度的回归系数均在 1% 的水平上显著为正，说明数字基础设施、数字产业化以及产业数字化对技术创新的提升具有促进作用，且通过系数大小的对比，数字基础设施对技术创新的影响程度最大，产业数字化的影响次之，数字产业化的影响最小。数字基础设施的完善有利于促进信息的跨时空传播、数据共享，降低信息的获取与交易成本，减少市场信息不对称的情况，增加市场的公开透明性。数字金融基础设施的完善可以缓解企业的融资约束，为企业的创新活动提供必要的资金支持，进而促进技术创新水平的提升。数字产业化主要侧重于为产业的数字化转型提供数字技术、产品与服务等，从而为创新活动提供技术支持，促进产业技术升级，提升技术创新能力，同时，数字技术催生出新产品、新工艺改变着消费者的消费模式与习惯，进而倒逼着企业进行产品创新。产业数字化是数字技术融入到生产、运营、销售以及管理等环节，实现企业的数字化转型。产业数字化有助于优化创新要素的重新组合、缩短创新周期，激发企业的创新潜力，还能改善供需两端信息不对称的情况、促进多元产业主体协作创新。从控制变量来看，产业结构化水平对技术创新的影响显著为正，产业结构的升级引导地区对传统产业进行技术改造，特别是发展高新技术产业，带动了地区的技术创新。市场化水平对技术创新具有负向影响，这可能是由于目前我国的市场化机制不完善，市场化水平处于低位，难以激发地区的创新活力，抑制了地区技术创新能力的提升。而对外开放程度和城市化化水平对技术创新的影响并不显著。

表 7-3　　基准回归结果

变量	(1)	(2)	(3)	(4)	(5)
Dig	0.288 3*** (2.934 1)	0.346 6*** (3.105 5)			
Dig1			0.415 4*** (3.770 8)		
Dig2				0.235 3*** (2.828 4)	
Dig3					0.365 2*** (3.378 3)
Fdi		0.464 5 (0.857 1)	0.527 7 (1.134 6)	0.550 9 (1.174 9)	0.359 3 (0.757 5)
Is		0.316 5* (2.030 1)	0.342 4** (2.112 8)	0.293 4* (1.810 5)	0.319 2** (1.970 3)
Mar		-0.009 696** (-0.213 7)	-0.008 5* (-1.927 5)	-0.009 6** (-2.103 1)	-0.008 7* (-1.960 1)
Urb		-0.213 7 (-1.085 3)	-0.341 7 (-1.608 3)	-0.044 5 (-0.197 5)	-0.360 3* (-1.682 4)
_cons	0.312 5*** (5.861 0)	0.144 9 (0.875 8)	0.167 8 (0.991 5)	0.098 8 (0.564 3)	0.194 1 (1.145 7)
Province FE	Yes	Yes	Yes	Yes	Yes
Year FE	Yes	Yes	Yes	Yes	Yes
N	480	480	480	480	480
R^2	0.388 5	0.400 7	0.404 7	0.396 3	0.401 0

注：*、**、*** 分别表示变量在 10%、5%、1% 的水平上显著；括号内为 t 值。

为了解决内生性的问题，本文采用数字经济滞后一期作为工具变量并采用二阶段最小二乘法进行实证回归，结果如表7－4列（1）所示。从表可知，数字经济显著促进了技术创新水平的提升，与前文结果一致，并且不可识别检验P值为0.000，弱工具变量检验Kleibergen－Paap rk Wald F统计量为5 482.165，说明工具变量的选择存在一定的合理性。进一步借鉴黄群慧等的方法，将各省份1984年固定电话数量（取对数）作为数字经济发展水平的工具变量，但固定电话数作为截面数据，无法参与面板数据的计量回归，因此进一步借鉴Nunn等的方法，构建上一年全国互联网投资额与各省份1984年固定电话数量的交互项作为新的工具变量用2SLS方法进行检验，其中全国互联网投资额以信息传输、软件和信息技术服务业固定资产投资额表示。实证结果见表7－4列（2），同理可知工具变量识别不足和弱工具变量的问题不存在，并且数字经济对技术创新的回归系数显著为正，与基准回归结果一致，说明前文的结论是稳健的。

表7－4　内生性与稳健性检验结果

变量	(1) 滞后一期	(2) 工具变量	(3) 主成分	(4) 缩尾处理	(5) 剔除直辖市
Dig	0.213 2*** (3.990 3)	0.841 0*** (2.644 8)	0.051 00*** (3.217 4)	0.348 7*** (3.490 9)	0.366 7*** (3.329 6)
CV	Yes	Yes	Yes	Yes	Yes
Province FE	Yes	Yes	Yes	Yes	Yes
Year FE	Yes	Yes	Yes	Yes	Yes
Kleibergen－Paap rk LM	37.625 [0.000]	8.931 [0.002 8]			
Kleibergen－Paap rk Wald F	5 482.165 {16.38}	18.277 {16.38}			
N	450	450	480	480	416
R^2	0.306 5	0.368 9	0.399 5	0.414 9	0.424 8

注：*、**、*** 分别表示变量在10%、5%、1%的水平上显著；括号内为t统计量。

此外，本文进一步采用如下方法进行检验：（1）替换解释变量，将数字经济采用主成分分析法重新测度；（2）缩尾处理，对所有变量进行1%的缩尾处理，剔除异常值的影响；（3）剔除直辖市，考虑到直辖市的特殊行政地位，在经济发展水平、政策优先度等方面存在差异，因而剔除北京、天津、上海和重庆的样本数据。结果如表 7.4 列（3）—（5）所示，根据估计结果，数字经济对技术创新的影响系数仍然显著为正，说明结果的稳健性。

二、基于细分样本的计量分析

由于我国区域发展不平衡，数字经济发展水平存在较大差异。数字经济发展水平较低的地区，数字基础设施不完善，技术创新能力也较为薄弱，削弱了数字经济对技术创新的促进作用，因为各区域数字经济发展对技术创新的影响可能存在异质性。因此，本书将 30 个样本省份划分为东部和中西部两个部分进行区域异质性检验，具体的回归结果如表 7 - 5 列（1)—(2）所示。由结果可以发现，不管是东部地区还是中西部地区，数字经济的影响系数大于零，对技术创新表现出显著的正向促进作用，这与前文的总体样本估计结果一致。但值得关注的是，东部和中西部的数字经济对技术创新的影响系数分别为 0.167 4、0.478 7，即中西部 > 东部，这说明中西部地区的数字经济对技术创新的促进效应要大于东部地区。基于完善的基础设施等外部条件，东部地区数字经济发展起步早、水平高，且随着信息技术的不断普及，数字经济对技术创新影响的红利可能已经提前释放；而中西部地区虽然数字经济发展水平较为落后，但受益于国家相关政策的倾斜以及自身具备的资源，具有良好的后发优势，同时随着中西部地区的数字经济建设的加速推进，其所释放的红利有效促进了该区域技术创新水平的提升。

表 7 - 5　　异质性分析

变量	(1) 东部	(2) 中西部	(3) 高市场化水平	(4) 低市场化水平	(5) 互联网普及率高	(6) 互联网普及率低	(7) 高级产业结构	(8) 低级产业结构
Dig	0.167 4** (2.983 0)	0.470 5* (1.706 9)	0.162 7* (1.778 3)	0.250 0 (0.645 0)	0.262 2* (1.755 9)	1.615 8** (2.479 3)	0.406 7*** (3.356 7)	0.419 3 (1.394 0)
_cons	0.364 8** (2.369 4)	0.143 9 (0.560 8)	0.053 7 (0.316 1)	0.303 5 (0.960 1)	0.047 2 (0.139 7)	-0.063 2 (-0.326 7)	-0.071 6 (-0.278 5)	0.449 3 (1.586 0)
CV	Yes	Yes	Yes	Yes	Yes	Yes	Yes	Yes
Province FE	Yes	Yes	Yes	Yes	Yes	Yes	Yes	Yes

续表

变量	(1) 东部	(2) 中西部	(3) 高市场化水平	(4) 低市场化水平	(5) 互联网普及率高	(6) 互联网普及率低	(7) 高级产业结构	(8) 低级产业结构
Year FE	Yes	Yes	Yes	Yes	Yes	Yes	Yes	Yes
N	176	304	240	240	240	240	240	240
R^2	0.429 5	0.444 7	0.442 8	0.456 4	0.415 0	0.428 2	0.428 2	0.411 2

注：*、**、*** 分别表示变量在10%、5%、1%的水平上显著；括号内为t统计量。

经济发展与其所处的市场环境有着密切的关系。良好的市场环境意味着更好的信息透明度、更完善的监管制度以及更有效的知识产权保护，这都有利于数字经济优势的发挥，促进技术创新和实体经济高质量发展。因此，本文根据市场化水平中位数将样本分为高市场化水平地区和低市场化水平地区，进一步研究在不同市场化水平条件下数字经济影响的差异性，结果如表7-5列（3）—（4）所示。在高市场化水平组，数字经济的回归系数为0.162 7，在10%的水平上显著，而在低市场化水平组，数字经济的回归系数不显著，说明数字经济对技术创新的影响在市场化水平较高的地区更加明显，促进效应更大。当地区市场化水平较低时，不利于数字经济优势的发挥，弱化了数字经济对技术创新的促进作用。而在市场化水平高的地区，市场机制较为完善，能够不断激发企业的创新活力，企业进一步利用数字经济优势解决其发展所遇到的人力、物力以及资金等方面的问题，进而促进技术创新水平的提升以及经济的高质量发展。

拥有足够的互联网用户规模是支撑数字经济发展的关键基础。本书以样本期内各省份宽带接入用户数均值的中位数为标准，高于中位数的为互联网普及率高组，低于中位数的为互联网普及率低组，回归结果如表7-5列（5）—（6）所示。数字经济回归系数在两组回归中均显著为正，但在互联网普及率高的地区，数字经济回归系数为0.262 2，显著性水平也有所下降，说明数字经济对技术创新的促进作用在互联网普及率低的地区更加明显，互联网普及率低的省份从数字经济发展中获取的收益相对更多。在互联网飞速发展的时代，各地区都把信息基础设施建设作为重点投资领域，越是数字基础设施较差的地区相应的投资力度越大，地区间的数字鸿沟逐渐缩小，形成较强的增长动力。

产业结构的差异可能会导致数字经济促进效应有所不同。本文以样本期内产业结构化水平的中位数为标准，将样本分为高级产业结构组与低级产业结构组进行回归，结果如表 7 – 5 列（7）—（8）所示。在不同产业结构的组别中，数字经济对技术创新的影响存在差异，具体来说，数字经济对产业结构高级的地区具有积极影响，而对产业结构低级的地区无显著影响。数字经济具有技术溢出效应，相对于传统产业，技术、知识密集度更高的这类产业具有较为高级的产业机构，它们更能吸收先进技术，达到技术创新的目的。

基于以上四组分样本的估计结果可以发现，在所属地区、市场化水平、互联网普及率以及产业结构不同的省份，数字经济对技术创新的影响存在异质性。大致而言，在中西部地区，数字经济对技术创新的促进作用较大；在市场化水平较高、产业结构高级的地区，外部环境更有利于数字经济的发展，其对技术创新的促进作用更强；在互联网普及率低的地区，数字经济对技术创新的优势更能得到充分发挥。因而，对于经济落后的中西部地区以及互联网普及率较低的地区，可以通过大力发展数字经济，享受其所释放的红利促进技术创新，这为跨越数字鸿沟、培育数字新动能、实现经济弯道超车提供了可能。

第四节

数字经济、技术创新与实体经济高质量发展的计量分析

一、数字经济、技术创新与实体经济高质量发展

第五章已经讨论了数字经济对实体经济高质量发展的总效应，基于前面章节的理论分析，本部分主要从技术创新的视角出发，通过中介效应模型检验其中的影响机制，表 7 – 6 为估计结果。列（1）只含有核心解释变量数字经济（Dig）和技术创新（Tech），估计结果显示，数字经济和技术创新的影响系数显著为正。列（2）在列（1）的基础上加入了一系列控制变量，估计结果显示数字经济和技术创新的影响系数依然为显著为正。列（3）为剔除北京、上海、天津三个直辖市的样本，估计结果表明数字经济和技术创新的影响系数仍然显著为正向。结合前文的研究结果可以发现，技术创新是数字经济促进实体经济高质量发展的重要渠道，数字经济

不仅可以直接促进实体经济高质量发展，也可以通过技术创新促进其发展，验证了假说。

表 7-6 数字经济、技术创新与实体经济高质量发展

变量	(1) Re	(2) Re	(3) Re
Dig	0.4967*** (9.6036)	0.4838*** (10.9990)	0.4952*** (10.3230)
Tech	0.01907*** (2.8555)	0.02039*** (3.1121)	0.02115*** (2.9712)
_cons	0.2234*** (42.4221)	0.1710*** (4.4873)	0.1427*** (4.0664)
CV	No	Yes	Yes
Province FE	Yes	Yes	Yes
Year FE	Yes	Yes	Yes
N	480	480	480
R^2	0.9219	0.9270	0.9299

注：***、**、* 分别表示变量在 1%、5% 和 10% 的水平上显著；括号里为 t 统计量。

表 7-7 为数字经济各维度、技术创新对实体经济高质量发展的影响。通过列（1）—（3）可知，数字基础设施与技术创新的回归系数均显著为正，且列（3）数字基础设施的回归系数相较于列（1）有所下降，说明数字基础设施通过技术创新促进了实体经济高质量发展。列（4）数字产业化的回归系数为 0.3193，在 1% 的水平上显著，说明数字产业化能够促进实体经济高质量发展；列（5）数字产业化的回归系数为 0.2353，在 1% 的水平显著，说明数字产业化对技术创新水平的提升具有积极影响；列（6）数字产业化与技术创新的回归系数均显著为正，且数字产业化的回归系数较列（4）有所下降，说明数字产业化通过技术创新促进了实体经济高质量发展。列（7）产业数字化的回归系数显著为正，说明产业数字化转型促进了实体经济高质量发展；列（8）产业数字化的回归系数显著为正，说明产业数字化发展促进了技术创新；列（9）产业数字化和技术创新的回归系数均显著为正，且产业数字化的回归系数较列（7）有所下降，说明产业数字化能够通过技术创新来促进实体经济的高质量发展。综上所述，无论是数字经济整体还是细分维度对实体经济的影响，技术创新都是重要的作用渠道，有助于促进实体经济要素配置效率、生产效率等方面的提高，实现高质量发展。

表 7-7　　数字经济各维度、技术创新与实体经济高质量发展

变量	(1) Re	(2) Tech	(3) Re	(4) Re	(5) Tech	(6) Re	(7) Re	(8) Tech	(9) Re
Dig1	0.523 4 *** (26.228 4)	0.415 4 *** (3.770 8)	0.517 2 *** (25.556 8)						
Dig2				0.319 3 *** (17.179 5)	0.235 3 *** (2.828 4)	0.312 1 *** (16.776 9)			
Dig3							0.517 8 *** (27.014 2)	0.365 2 *** (3.378 3)	0.511 0 *** (26.428 1)
Tech			0.014 9 * (1.711 8)			0.030 6 *** (2.860 5)			0.018 6 ** (2.185 0)
_cons	0.112 3 *** (3.661 2)	0.167 8 (0.991 5)	0.109 8 *** (3.583 5)	0.013 7 (0.350 8)	0.098 8 (0.564 3)	0.010 7 (0.275 8)	0.141 5 *** (4.710 3)	0.194 1 (1.145 7)	0.137 9 *** (4.603 2)
CV	Yes	Yes	Yes	Yes	Yes	Yes	Yes	Yes	Yes
Province FE	Yes	Yes	Yes	Yes	Yes	Yes	Yes	Yes	Yes
Year FE	Yes	Yes	Yes	Yes	Yes	Yes	Yes	Yes	Yes
N	480	480	480	480	480	480	480	480	480
R^2	0.913 8	0.404 7	0.914 4	0.867 1	0.396 3	0.869 6	0.916 9	0.401 0	0.917 8

注：*、**、*** 分别表示变量在 10%、5%、1% 的水平上显著；括号内为 t 统计量。

第五节

小结与政策建议

首先，数字经济对技术创新的影响。研究表明，就样本期间而言，数字经济及其各维度对技术创新会产生积极影响。在不同社会经济条件下数字经济对技术创新影响具有异质性，发现在中西部地区，在市场化水平较高、产业结构较为高级、互联网普及率低的省份，数字经济对技术创新的促进作用更为明显；在市场化水平较低、产业结构低级的省份，数字经济尚未发挥其对技术创新的促进作用。其次，技术创新的中介作用。研究结果表明，技术创新是数字经济及其各维度促进实体经济高质量发展的一个重要途径。

基于此，为充分释放数字经济红利，要立足技术创新的作用渠道。在政府层面，首先要加大对科技教育的投入力度，提高创新型人才培养质量，提高整体人力资本水平，同时推出高层次人才引进工程，通过提供便利的落户政策、丰厚的住房补贴等形式吸引优秀人才，为技术创新提供人才保障；其次，要营造良好的市场创新环境，积极完善对企业关键技术引进和技术创新成果的保护支持制度，加强知识产权保护，重视数字经济时代创新成果被侵权的问题；最后，政府积极打造一批创新竞争力强、成长潜力大且具有引领作用的创新主体，激发其他主体的创新潜力，发挥对区域创新的带动作用。在企业层面，一方面，企业要设立高水平研发机构，主动与高校、科研机构寻求合作，发挥高校与企业之间的协同创新效应，增强创新能力；另一方面，企业要加强对数字技术的应用，促进数字技术的深度融合，促进企业创新水平的提升。

第八章

数字经济影响实体经济高质量发展的作用机制分析：人力资本渠道

第五章到第七章检验了数字经济对实体经济高质量发展的促进效应，并从技术创新的角度检验了其中的作用机制。本章进一步从人力资本视角出发，讨论数字经济对实体经济高质量发展的作用机制。一个国家的经济发展影响着人力资本水平的提升，但人力资本又能反作用于经济发展，两者是相辅相成、相互促进的关系。数字经济的发展提高了对人力资本的要求，人力资本质量的提高进一步促进数字经济的发展，也对实体经济产生积极影响。因此，本章基于前文人力资本理论分析框架，利用中介效应模型检验数字经济影响实体经济高质量发展中人力资本的中介作用。结果发现：从数字经济对人力资本的影响结果来看，数字经济的发展有利于促进人力资本水平的提升；从数字经济细分维度来看，产业数字化对人力资本的促进最强，数字基础设施影响次之，数字产业化影响最小；同时，在所属区域、经济发展水平、互联网上网人数以及人力资本水平不同的地区，数字经济对人力资本的影响存在异质性。根据中介效应的检验结果，数字经济能够通过促进人力资本水平的提高来促进实体经济的高质量发展。研究认为，为了充分发挥人力资本作为数字经济影响实体经济发展的重要机制作用，各地区要积极采取措施培养和吸引高素质人才，促进人力资本存量增加的同时，推进人力资本结构的优化，实现人口红利向人才红利的转变，推动数字经济的发展，发挥数字经济优势促进实体经济高质量发展。

第一节 问题提出

人力资本增长是实体经济高质量发展的重要基础，是衡量一个国家综合国力的重要指标。近年来，党和国家一直把人才工作摆在经济发展的突出位置，推进人力资本水平的提升是实体经济高质量发展的重大战略任务。在数字经济背景下，数字产业迅猛发展，逐渐成为驱动实体经济高质量发展的重要驱动力。随着数字经济的发展以及数字技术的广泛应用，必然会对人力资本产生深远的影响，进而辐射到实体经济的发展。

关于数字经济与人力资本之间的关系，学者们已进行大量研究，大致可分为以下两个方面：一是数字经济通过影响劳动力就业市场进而对人力资本产生影响。数字经济发展以数字技术进步为推动力，而技术进步又通过引导生产方式变革和催生新产业新业态，进一步影响就业增长和就业结构的变化。在就业增长方面，国外学者从技术进步角度出发，指出技术进步所具有的“净岗位创造效应”会对就业产生积极影响，它能够通过创造新产品、新机器、新产业部门等产品创新直接实现就业增长。国内有学者指出，数字技术的应用提高了劳动生产率并降低生产成本，刺激社会消费需求，进而扩大了产品市场的需求，提高了产品生产规模，从而扩大就业市场容量。同时，数字技术的发展催生出一大批新业态、新模式，创造了大量知识和技术密集型的工作岗位，增加对高技能人才的需求，促进就业。在就业结构上，一方面，企业的数字化转型以及数字技术的进步会减少对低技能劳动力的需求，增加对高技能、高学历劳动者的需求。例如，智能化技术的维护和发展会产生的编程技术、数据分析等知识技能密集型任务，而这些需要掌握有关知识的数字人才来完成。另一方面，数字产业化以及产业数字化的飞速发展促进互联网金融、电子商务、智慧物流等新型数字化产业的出现，新产业的发展要求劳动具备相应的素养，增加对高素质劳动力的需求。为了适应劳动力市场需求的变化，劳动者不得不通过学习新知识、新技术来提高自己的就业技能，并提升人力资本水平。因此，数字经济的发展会引起劳动力就业市场的变化进而对人力资本积累产生重大影响。二是数字经济提供了更多机会给劳动者来提高人力资本水平。数字技术的便捷性使得人们能够随时随地通过网上学习、培训等方式提高自身的工作能力和业务水平。例如，慕课等互联网教育平台为全国各地的劳动者提供了优质的教育资源，极大地促进了人力资本水平的提高。企业之间数字平台的建立能够促进人才的交流与合作，实现知识技术的共享与学习，促进了人力资本的积累。

关于人力资本与实体经济方面的研究主要包括：第一，人力资本单方面对实体经济的影响。已有研究表明，人力资本对经济增长具有显著的促进作用。首先，劳动者通过教育、培训等途径进行人力资本积累，使得劳动者综合素质不断提高，引起其就业观念和择业行为的转变，更加偏好高端产业部门，从而驱动产业的转型升级，助力实体经济高质量发展。其次，人力资本水平的提高带来了生产效率的改善，直接提高经济产出水平，促进经济稳定的增长。同时，高素质人力资本具备较强的要素配置能力，进而提高要素使用效率、完善生产结构，最终促进生产效率的提高。最后，高质量人力资本具有“技术载体”的功能，有助于技术的消化吸收与应用并极大地诱发技术创新，进一步通过技术溢出效应促进区域技术进步，从而驱动实体经济高质量发展。第二，人力资本与实体经济的互动关系。人力资本水平的提高促进了经济增长，同时经济增长也能反作用于人力资本。教育水平和健康状况是人力资本质量最主要的因素，而经济增长为改善教育环境、提高医疗与健康水平提供了物质基础，促进地区教育与健康水平的提高，提升人力资本质量。进一步，学者们提出人力资本与实体经济需要实现协同发展。一方面，人力资本为经济高质量发展提供了人才支撑，经济发展又能不断创造出新岗位，满足劳动者的就业需求；另一方面，人力资本升级派生了更高层次的消费需求与更强的购买能力，使得经济高质量发展所提供的高级产品与服务能够在消费市场完成价值实现过程。同时，人力资本与实体经济的协同发展促进了科技成果产业化、减少了金融错配，有助于现代产业体系的构建。

中国人力资本与劳动经济研究中心发布的《中国人力资本报告

2021》中直接给出了全国及地区的人力资本数据，本书截取了部分数据，具体如表 8－1 所示。因为人力资本存量的实际值比名义值更具意义，该数据以 1985 年为基期的消费物价指数进行平减，并使用 J－F 终生收入法计算出了人力资本实际值，因篇幅有限，本书只截取了 2010—2020 年的数据。2010—2020 年，中国人力资本存量由 271.56 万亿元增长到 569.23 万亿元，增长超过 1 倍，人力资本存量的年平均增长率达到 7.70%。对比城乡的人力资本存量来看，2010—2020 年，城镇实际人力资本从 206.26 万亿元增长到 489.50 万亿元，年平均增长率约为 9.07%；农村实际人力资本从 65.30 万亿元增长到 79.74 万亿元，年平均增长率约为 2.04%。人均人力资本剔除了总人口的影响，能够更好地反映人力资本的发展状况。2010—2020 年，全国人均人力资本从 23.65 万元增长到 50.65 万元，平均增长率约为 7.94%；城镇人均人力资本从 33.56 万元增长至 66.07 万元，平均增长率约为 7.03%；农村人均人力资本从 12.23 万元增长至 19.74 万元，平均增长率约为 5.48%。由此可以看出，不管是全国还是城乡，总人力资本与人均人力资本都呈现增长趋势，且城镇人力资本一直高于农村人力资本，城镇人力资本的增速也明显高于农村，导致城乡间人力资本的绝对差距逐渐扩大。这可能是由于城镇化进程的加快导致大量农村人口涌入城市以及城乡教育水平的差距所引起的。人力资本作为影响经济增长的关键因素，城乡人力资本的差距会加剧城乡发展的不平衡，因而要重视农村地区教育。

表 8－1　2010—2020 年全国实际总人力资本及实际人均人力资本

年份	实际总人力资本（十亿元）			实际人均人力资本（千元）		
	全国	城镇	农村	全国	城镇	农村
2010	271 561	206 262	65 298	236.45	335.62	122.30
2011	295 527	231 819	63 708	255.49	360.28	124.12
2012	325 660	261 344	64 316	280.82	391.40	130.73
2013	364 479	299 773	64 706	315.76	439.05	137.23
2014	395 273	328 657	66 617	344.23	474.11	146.39
2015	417 596	347 640	69 956	365.44	496.16	158.26
2016	450 511	378 947	71 564	394.16	531.84	166.26
2017	487 572	413 229	74 343	428.26	573.55	177.84

续表

年份	实际总人力资本（十亿元）			实际人均人力资本（千元）		
	全国	城镇	农村	全国	城镇	农村
2018	519 064	442 520	76 544	458.62	609.30	188.76
2019	547 301	469 517	77 784	485.65	640.66	197.39
2020	569 231	489 495	79 736	506.51	660.68	208.22

数据来源：中国人力资本与劳动经济研究中心：《中国人力资本报告 2021》。

第二节 模型设定、变量选择与统计分析

一、模型设定

根据本书的理论分析，数字经济能够通过促进人力资本提高进而影响实体经济的高质量发展。为了检验这一作用机制，本文借鉴温忠麟和叶宝娟（2014）的研究思路，构建以人力资本为中介变量的中介效应模型，并采用逐步回归法进行计量检验。具体模型如下：

$$Re_{it} = \alpha_0 + \alpha_1 Dig_{it} + \beta \sum CV_{it} + \mu_i + \delta_t + \varepsilon_{it} \tag{8-1}$$

$$Edu_{it} = \alpha_0 + \alpha_2 Dig_{it} + \beta \sum CV_{it} + \mu_i + \delta_t + \varepsilon_{it} \tag{8-2}$$

$$Re_{it} = \alpha_0 + \alpha_3 Dig_{it} + \alpha_4 Edu_{it} + \beta \sum CV_{it} + \mu_i + \delta_t + \varepsilon_{it} \tag{8-3}$$

其中，Re_{it}为被解释变量，表示实体经济高质量发展水平；Dig_{it}为核心解释变量，表示数字经济发展水平；CV_{it}为产业结构水平、对外开放程度、市场化水平以及城市化水平四个控制变量合成的全局变量；Edu_{it}为中介变量，表示人力资本水平，下标 i 表示省份，下标 t 表示年份；μ_i 表示地区固定效应；δ_t 表示时间固定效应；ε_{it}表示随机误差。

二、变量选择

（1）被解释变量。实体经济（Re），本部分实体经济指标体系构建与前面章节一致，并采用熵值法确定指标权重测算实体经济发展水平，具体

指标体系构成见第四章第三节。

（2）核心解释变量。数字经济（Dig），数字经济综合指标体系的构建与前文一致，并采用熵值法确定指标权重测算数字经济发展水平，具体指标体系构成见第四章第一节。

（3）中介变量。人力资本（Edu），本文参考胡西娟等的研究，采用地方财政教育支出来表示人力资本水平。

（4）控制变量。为了减弱模型中可能存在的遗漏变量偏误，本文参考已有研究选取以下四个控制变量：金融发展水平（Fin），采用金融业增加值占 GDP 比重来表示；外商直接投资水平，采用外商直接投资占 GDP 比重来表示；城市化水平，采用城镇人口占总人口比重表示；经济发展水平，采用地区人均 GDP 的对数来表示。

三、数据来源

本文选取 2005—2020 年中国大陆 30 个省份（西藏因数据缺失严重而剔除）的面板数据进行实证分析，选取数据主要来源于历年《中国统计年鉴》以及各省份的统计年鉴，部分年份缺失值用插值法和趋势法进行计算得出。

四、统计分析

本部分采用 2005—2020 年的省级样本分析数字经济对实体经济的影响以及人力资本的作用机制，各变量的描述性统计见表 8－2。

表 8－2　　变量描述性统计

变量	名称	观测值	平均值	标准差	最大值	最小值
实体经济	Re	480	0.329 6	0.079 0	0.164 8	0.643 2
数字经济	Dig	480	0.141 3	0.121 8	0.897 6	0.014 5
数字基础设施	Dig1	480	0.168 6	0.131 3	0.002 3	0.885 5
数字产业化	Dig2	480	0.097 9	0.143 4	0.000 8	0.900 0
产业数字化	Dig3	480	0.196 5	0.136 2	0.010 2	0.846 6
人力资本	Edu	480	0.062 4	0.051 9	0.351 1	0.0020
金融发展水平	Fin	480	0.057 6	0.032 3	0.199 1	0.006 1
外商直接投资	Fdi	480	0.021 7	0.019 8	0.121 0	0.000 1
城市化水平	Urb	480	0.550 7	0.140 6	0.938 0	0.269 0
经济发展水平	Lngdp	480	9.474 5	0.994 0	11.615 1	6.297 7

第三节 数字经济与人力资本的计量分析

一、基于总体样本的计量分析

根据 Hausman 检验结果，P 值小于 0.01，拒绝原假设，采用向固定模型进行回归分析，结果如表 8－3 所示。列（1）为仅考虑核心解释变量数字经济与人力资本之间的关系，不添加控制变量；列（2）为考虑所有控制变量后的实证结果；列（3）—（5）为数字经济分维度对人力资本的影响。从表 8－3 可知，在未考虑控制变量的模型中，数字经济的回归系数在 1% 的水平上显著为正，添加控制变量后，数字经济对人力资本的作用方向依然一致，仅是数值大小有所区别，影响程度不同，说明数字经济在总体层面上能够显著提高人力资本水平。一方面，数字经济促进技术密集型和知识密集型产业的发展，引发人力资本需求层次的变化，同时随着数字经济渗透到企业的生产、销售以及管理等方面，促进企业的数字化转型，导致低层次劳动力逐渐被取代，进而倒逼着劳动力赋能升级，引起人力资本水平的提高。另一方面，数字技术通过发展数字平台、线上教育等形式促进了教育资源的传播，增加教育机会。劳动者通过在线教育和在线培训等方式不断提高专业知识和技能，促进人力资本综合素质和水平的提高。从数字经济细分维度来看，数字经济三个维度的回归系数均在 1% 的水平上显著为正，说明数字基础设施、数字产业化以及产业数字化均对人力资本水平的提升具有促进作用，进一步比较系数大小，发现产业数字化对人力资本的影响程度最大，数字基础设施的影响次之，数字产业化的影响最小。产业数字化主要是数字技术对传统产业的改造，传统产业的数字化转型将增加对高技能劳动力的需求进而提高人力资本水平。一是产业在数字化转型的同时必然引起生产技术的升级，进而增加高技能劳动力的投入，促进人力资本结构的升级；二是产业数字化转型除了数字技术的硬件支撑外，还需要人力资本的软件支持，这也会促进人力资本的提升。数字产业化主要是指依托于数字技术产生的新产业新业态，这些数字化新产业的发展对人力资本提出了一定的要求，需求劳动力具备数字化知识、技术技能等，为了适应劳动力市场的变化，劳动者不得不通过“干中学”或者“再教育”的方式来提升自身的人力资本水平。从控制变量来看，外商直接投资和城市化水平对人力资本的影响显著为正，而金融发展水平与经济发展水平与人力资本之间具有不显著的负相关关系。城市化的发展不仅引起劳动力向城市转移，也迫使劳动力提高自身素质逐渐向高级产业转移。

表 8-3 基准回归结果

变量	(1)	(2)	(3)	(4)	(5)
Dig	0.406 1*** (20.876 8)	0.406 6*** (17.039 7)			
Dig1			0.422 7*** (39.974 7)		
Dig2				0.243 1*** (22.323 2)	
Dig3					0.427 5*** (49.437 2)
Fin		-0.098 56 (-1.430 4)	-0.005 3 (-0.095 9)	-0.536 2*** (-6.871 5)	0.018 3 (0.394 0)
Fdi		0.109 9* (1.838 3)	0.167 5*** (3.796 4)	0.215 6*** (3.309 2)	-0.015 8 (-0.421 4)
Urb		0.111 0*** (3.201 0)	-0.0820*** (-3.525 8)	0.267 1*** (7.225 9)	-0.061 4*** (-3.145 5)
Lngdp		-0.014 09 (-1.492 1)	0.010 3** (2.233 9)	-0.025 1*** (-3.686 8)	-0.008 0** (-2.091 2)
_cons	-0.012 43*** (-6.093 1)	0.055 92 (0.739 9)	-0.079 3** (-1.976 5)	0.131 7** (2.243 6)	0.075 7** (2.267 5)
Province FE	Yes	Yes	Yes	Yes	Yes
Year FE	Yes	Yes	Yes	Yes	Yes
N	480	480	480	480	480
R^2	0.965 8	0.971 4	0.948 3	0.887 1	0.963 5

注：*、**、*** 分别表示变量在 10%、5%、1% 的水平上显著；括号内为 t 统计量。

考虑到内生性问题的存在，本文采用数字经济滞后一期作为工具变量并采用二阶段最小二乘法进行实证回归，结果如表 8-4 列（1）所示。从该表可知，数字经济的影响系数显著为正，说明数字经济显著促进了人力资本水平的提升，与前文结果一致，并且不可识别检验 P 值为 0.000，弱工具变量验 Kleibergen－Paap rk Wald F 统计量为 5 541.864，说明工具变量的选择存在一定的合理性。

此外，本书进一步采用如下方法进行检验：(1) 替换解释变量，将数字经济采用主成分分析法重新测度；(2) 缩尾处理，对所有变量进行 1% 的缩尾处理，剔除异常值的影响；(3) 剔除直辖市，剔除北京、天津、上海以及重庆四市的样本数据。结果如表 8－4 列 (3)—(5) 所示，根据估计结果，数字经济对人力资本的影响系数仍然显著为正，说明结果的稳健性。

表 8－4　内生性与稳健性检验结果

变量	(1) 2sls	(2) 主成分	(3) 缩尾处理	(4) 剔除直辖市
Dig	0.403 8*** (43.865 0)	0.061 53*** (16.404 6)	0.402 2*** (49.894 7)	0.404 6*** (53.868 2)
_cons	0.004 967 (0.153 3)	0.086 92 (1.173 9)	0.076 5** (2.500 1)	0.049 7 (1.422 8)
CV	Yes	Yes	Yes	Yes
Province FE	Yes	Yes	Yes	Yes
Year FE	Yes	Yes	Yes	Yes
Kleibergen－Paap rk LM	34.440 [0.000]			
Kleibergen－Paap rk Wald F	5 541.864 {16.38}			
N	450	480	480	416
R^2	0.984 1	0.967 5	0.969 3	0.971 4

注：*、**、*** 分别表示变量在 10%、5%、1% 的水平上显著；括号内为 t 统计量。

近年来，中国数字经济迅猛发展，数字经济对人力资本水平提升的作用力度是否也在加强呢？为了反映不同年份数字经济对人力资本的影响程度，本文分别按年度进行估计，表 8－5 汇报了估计结果。从表可知，数字经济与人力资本呈现显著正相关关系，估计系数从 2005 年的 0.150 0 上升到2020年的0.344 8，数字经济与教育支出的关联度越来越强，其对教育方面的影响也会增强。随着数字经济的持续发展，数字经济优势得到充分发挥，其对人力资本水平的影响逐渐增强。

表8-5　不同年度数字经济与人力资本的关系（OLS估计）

变量	2005年	2008年	2011年	2014年	2017年	2020年
Dig	0.150 0*** (6.560 1)	0.226 4*** (11.323 3)	0.258 2*** (8.278 3)	0.277 7*** (7.138 8)	0.322 3*** (9.994 9)	0.344 8*** (13.717 0)
_cons	-0.013 88** (-2.117 9)	-0.024 21** (-2.734 7)	-0.048 73* (-2.011 9)	-0.072 13 (-1.613 7)	-0.040 76 (-0.830 6)	0.008 971 (0.174 0)
CV	Yes	Yes	Yes	Yes	Yes	Yes
N	30	30	30	30	30	30
R^2	0.937 9	0.977 7	0.952 3	0.940 7	0.963 6	0.972 3

注：*、**、***分别表示变量在10%、5%、1%的水平上显著；括号内为t统计量。

二、基于细分样本的计量分析

由于我国区域发展不平衡，经济发展水平存在较大差异，各地区数字经济发展对人力资本的影响可能存在异质性。本文对中国区域划分上的东部、中部和西部进行了区域异质性检验，结果如表8-6列（1）—(2）所示。从表可知，东部和中西部地区的数字经济估计系数均显著为正，表明在东部及中西部地区，数字经济都能显著促进人力资本水平的提升。东部地区地理位置优越，经济发达，数字经济发展水平较高，对各类人才具有较强的吸引力，从而促进人力资本水平的提升。从系数来看，与东部地区相比，数字经济对中西部地区人力资本水平提升的促进作用更为显著，说明数字经济时代，中西部地区具有一定的后发优势，从数字经济发展过程中获取更多红利。近年来，政府大力推进中西部地区数字基础设施建设，努力弥合数字鸿沟，例如在贵州建立大数据中心，发展大数据产业，吸引了众多公司入驻，逐渐缩小与东部地区的经济差距，经济环境的改善也有利于促进人力资本水平的提升。

数字经济发展水平的高低影响其优势的发挥，可能会对人力资本水平提升产生不同程度的影响。因此，本文以数字经济发展水平的平均值为标准，低于均值的为数字经济低水平地区，高于均值的为数字经济高水平地区，基于这两个组别，研究数字经济在不同发展水平下对人力资本影响的异质性，结果如表 8 - 6 列（3)—(4）所示。从表可知，数字经济估计系数在两组回归中均在 1% 的水平上显著为正，但相比较而言，数字经济对人力资本提升的促进作用在数字经济低水平地区更加明显。这一现象可能的原因在于：数字经济发展水平高的地区经济较为发达，人才集聚，致使数字经济对人力资本的边际效应减弱，而数字经济发展水平较低的地区具有更大的发展空间，使得数字经济对人力资本具有更强的促进作用。因此，数字经济发展水平较低的地区要充分发挥数字经济的后发优势来提升人力资本水平，并进一步促进实体经济高质量发展。

互联网上网人数影响着数字经济的发展，拥有足够的互联网上网人数有利于数字经济的持续性发展。本文以不同省份互联网上网人数的平均值为分组依据，低于均值的为低互联网上网人数地区，高于均值的为高互联网上网人数地区，进而研究数字经济在互联网上网人数差异下对人力资本影响的异质性，结果如表 8 - 6 列（5)—(6）所示。从表可知，低互联网上网人数地区的数字经济估计系数为 0. 471 3，在 1% 的水平上显著，高互联网上网人数地区的数字经济估计系数为 0. 406 5，在 1% 的水平上显著，说明无论互联网上网人数的多少，数字经济均能促进人力资本水平的提升，但在低互联网上网人数地区，数字经济的促进作用更为明显。在低互联网上网人数的地区，其数字经济发展基础相对落后，但随着数字经济建设的不断推进，数字经济红利得到有效释放，对人力资本水平的提升发挥积极作用。

数字经济发展本身就意味着创新知识的更高效利用，需要大量的高端人才来推进其发展，同时也会对地区人力资本水平提升产生影响。因此，本文依据中位数划分为高人力资本水平地区和低人力资本水平地区，分组回归结果如表 8 - 6 列（7)—(8）所示。从表可知，数字经济对人力资本水平提升的促进作用在两个地区均显著为正，但相比较而言，数字经济对高人力资本水平地区的促进作用更为显著。数字经济的持续推进需要高素质人才作支撑。在低人力资本水平地区，人们的受教育程度相对较低，一时难以掌握数字经济发展所产生的知识与技术，从而限制了数字经济的发展，导致其对人力资本水平的促进作用相对有限。而在高人力资本水平地区，聚集大量的高素质人才，其所具备的综合素质以及快速学习能力与数字经济的发展具有较高的适配性，有效地发挥数字经济优势，增强数字经济对人力资本水平的促进作用。

表 8－6 异质性分析

变量	(1) 东部	(2) 中西部	(3) 数字经济低水平	(4) 数字经济高水平	(5) 低互联网上网人数	(6) 高互联网上网人数	(7) 高人力资本水平	(8) 低人力资本水平
Dig	0.408 6*** (43.596 9)	0.426 4*** (25.717 9)	0.510 5*** (5.027 8)	0.386 9*** (10.433 9)	0.471 3*** (4.989 1)	0.406 5*** (11.593 6)	0.395 6*** (46.378 1)	0.351 2*** (14.553 7)
_cons	0.436 6*** (7.774 0)	-0.011 5 (-0.292 3)	-0.036 77 (-0.570 0)	0.4320*** (3.804 7)	-0.031 58 (-0.465 9)	0.424 1*** (3.999 0)	-0.013 5 (-1.338 4)	-0.057 1*** (-5.778 6)
CV	Yes	Yes	Yes	Yes	Yes	Yes	Yes	Yes
Province FE	Yes	Yes	Yes	Yes	Yes	Yes	Yes	Yes
Year FE	Yes	Yes	Yes	Yes	Yes	Yes	Yes	Yes
N	176	304	280	200	292	188	240	240
R^2	0.985 5	0.963 3	0.947 2	0.986 2	0.942 8	0.984 9	0.990 6	0.939 1

注：*** 表示变量在1%的水平上显著；括号内为t统计量。

基于以上四组分样本回归的结果可以发现，在所属区域、经济发展水平、互联网上网人数以及人力资本水平不同的地区，数字经济对人力资本水平提升的影响存在异质性。大致而言，在中西部地区、数字经济发展水平较低的地区以及互联网上网人数低的地区，数字经济对人力资本水平提升的促进作用更为显著；在人力资本水平较高的地区，为数字经济的发展提供人才保障，进一步提高数字经济发展水平，从而使得数字经济更为有效地促进人力资本水平的提升。

第四节 数字经济、人力资本与实体经济高质量发展的计量分析

第五章已经讨论了数字经济对实体经济高质量发展影响的总效应，基于前面章节的理论分析，本章主要从人力资本的角度出发，通过中介效应模型检验数字经济是否通过促进人力资本提升来助力实体经济的高质量发展，表 8－7 为估计结果。列（1）为只有核心解释变量，估计结果显示数字经济和人力资本的估计系数均显著为正；列（2）在列（1）的基础上

加入一系列控制变量，数字经济和人力资本的估计系数分别为 0.245 3 和 0.603 1，且均通过显著性检验；列（3）为剔除北京、上海、天津三个直辖市样本的估计结果，数字经济和人力资本的估计系数依旧显著为正。结合前文的研究结果可知，数字经济可以通过促进地区人力资本水平的提升来助推实体经济的高质量发展。由于数字经济的系数显著为正，人力资本在数字经济影响实体经济高质量发展中表现为不完全中介效应，验证了假说。数字经济有助于人力资本结构的优化，同时随着数字经济与实体经济不断融合，促进了人力资本的流动，发挥其溢出效应，带动社会整体人力资本水平的提升，进而壮大实体经济高质量发展。

表 8－7 列（4）—（6）为数字经济细分维度对实体经济高质量发展的作用机制检验结果。结合前文的分析结果可知，数字经济细分维度能够促进实体经济的高质量发展，对人力资本水平的提升同样具有积极影响，进一步将人力资本这个中介变量放入各个基准模型中进行回归。从列（4）可知，数字基础设施和人力资本水平的估计系数均显著为正，说明数字基础设施的完善能够通过人力资本水平的提升来促进实体经济高质量发展。从列（5）可知，数字产业化和人力资本水平的估计系数也显著为正，说明在数字产业化这个维度，人力资本同样具有中介效应。从列（6）可知，产业数字化和人力资本水平的估计系数同样显著为正，说明产业数字化也能通过人力资本来促进实体经济高质量发展。综上所述，人力资本在数字经济整体和细分维度中都是数字经济影响实体经济高质量发展的重要渠道。

表 8－7　数字经济、人力资本与实体经济高质量发展

变量	(1) Re	(2) Re	(3) Re	(4) Re	(5) Re	(6) Re
Dig	0.223 5* (1.882 6)	0.245 3* (1.919 0)	0.276 2** (2.094 8)			
Dig1				0.133 9*** (3.285 1)		
Dig2					0.0720*** (3.761 6)	
Dig3						0.164 2*** (3.481 5)
Edu	0.686 2*** (3.173 4)	0.603 1** (2.371 0)	0.553 9** (2.104 5)	0.946 6*** (11.057 1)	1.037 2*** (17.975 3)	0.869 5*** (8.544 8)

续表

变量	(1) Re	(2) Re	(3) Re	(4) Re	(5) Re	(6) Re
_cons	0. 237 9 *** (34. 3120)	0. 213 9 *** (5. 077 6)	0. 179 4 *** (3. 913 0)	0. 362 3 *** (5. 063 7)	0. 416 2 *** (5. 889 7)	0. 418 0 *** (5. 895 3)
CV	Yes	Yes	Yes	Yes	Yes	Yes
Province FE	Yes	Yes	Yes	Yes	Yes	Yes
Year FE	Yes	Yes	Yes	Yes	Yes	Yes
N	480	480	432	480	480	480
R^2	0. 928 0	0. 930 7	0. 932 8	0. 928 2	0. 928 8	0. 928 5

注：*、 **、*** 分别表示变量在 10%、5%、1% 的水平上显著；括号内为 t 统计量。

第五节 小结与政策建议

一、小结

首先，数字经济与人力资本方面，相对于研究样本来说，数字经济及其各维度对人力资本水平的提升具有显著的促进作用，且经过一系列检验，该结果仍然成立。进一步研究在不同社会条件下影响的异质性，发现无论所属区域、经济发展水平的高低、互联网上网人数的多少以及人力资本水平的高低，数字经济均能促进人力资本水平的提升，但相对而言，在中西部地区、经济发展水平较低的地区、互联网上网人数较少的地区以及人力资本水平较高的地区，数字经济对提升人力资本水平的促进作用更为显著。

其次，探究人力资本的中介效应，发现数字经济及其各维度发展都可以通过促进人力资本水平提升进一步来赋能实体经济的高质量发展。

二、政策建议

基于以上结论，为充分发挥数字经济对实体经济高质量发展的促进效应，要强化人力资本的中介作用。加强数字化创新人才队伍的建设，为数字经济和实体经济高质量发展提供人才支撑，也能发挥数字经济的促进作用。在政府层面，要不断加大对教育方面的投入，提高财政教育经费比例，为社会整体人力资本水平的提升提供财政支持；在高校层面，要创新数字人才培养模式，重视数字技术的教育，加大实践课程的占比，以培养出既擅长工业技术又精通数字技术知识的复合型数字人才，夯实数字经济赋能实体经济高质量发展的人才基础；在企业层面，积极探索并引入现代化手段对员工开展数字经济职业技能培训，培养数字经济职业人才，以适应企业当前生产、管理以及销售等方面的数字化转型；在个人层面，建立终生学习的意识，利用当下丰富的教育资源不断提升自身的综合素质，不断提升人力资本质量。

第九章

数字经济与实体经济高质量发展：制造业的考察

数字经济的不断发展对制造业产生了越发重要和深远的影响。数字经济以其高度数字化、信息化和智能化的特点，为制造业提供了新的机遇和挑战。本章通过使用2005—2020年的省级层面数据，基于中介效应和调节效应模型，深入研究和探讨了数字经济对制造业高质量发展的影响。结果显示，数字经济的发展能够显著促进制造业的高质量发展。数字经济的快速发展为制造业提供了新的增长动力和发展机遇。通过数字化技术的广泛应用，制造业能够提高生产效率、优化生产流程，并实现产品创新和差异化。数字经济的发展还为制造业注入了新的活力，推动着制造业向更高附加值和创新驱动的方向发展。另外，机制检验证明，数字经济的发展也能够改善资本要素的错配问题，进一步促进制造业的高质量发展。数字经济为制造业提供了更加高效和灵活的资源配置方式，有助于优化资本的配置和利用，提高生产效率和经济效益。通过数字化平台和技术的应用，企业能够更好地利用资本资源，降低生产成本，提高质量标准，并增强竞争力。此外，政府的质量在数字经济对制造业高质量发展的影响中起到了正向调节作用。政府在数字经济领域的政策支持和引导，有助于培育数字经济生态系统，提升数字经济的创新能力和竞争力。政府还可以通过政策引导，加强数字经济和制造业的融合，促进产业升级和转型，推动制造业向高质量发展的方向迈进。研究结果还表明，相较于中部和西部地区，东部地区能更充分地享受数字经济对制造业的高质量促进作用。这一差异可能与东部地区相对发达的数字基础设施、创新能力和市场需求有关。东部地区的制造业更容易受益于数字经济的发展，从而实现高质量发展。

第一节 问题提出

自改革开放以来，中国制造业经历了巨大的发展，建立起了一个门类齐全、品种繁多、质量可靠、市场竞争力强的现代制造业体系。然而，中国的制造业一直面临“大而不强”的尴尬局面，在全球价值链中一直处于中低端位置，受到来自其他发展中国家和发达国家的“双重压力”（焦勇，2020）。核心竞争力的缺失和行业内的恶性竞争是制约中国制造业转型升级的重要因素。中国制造业需要解决技术和创新能力的短板，提高产品质量和附加值，以提升核心竞争力。同时，恶性竞争导致资源浪费和利润下降，妨碍了行业的整体发展。在这样的背景下，党的二十大报告明确提出了坚持以供给侧结构性改革为主线，推动制造业高质量发展，加快建设制造强国的目标。推动制造业高质量发展意味着促进技术升级、创新驱动和绿色转型，提高制造业的竞争力和可持续发展能力，实现制造业高质量、高效率、高附加值、高水平的发展目标。这不仅是为了推动经济发展，也是为了满足人民对美好生活的向往和需求，推动社会进步。为实现制造业的高质量发展，需要从多个方面着手。首先，加强研发和创新能力，推动技术创新和工艺改进，提高产品质量和技术含量。其次，注重人才培养和引进，建设创新型人才队伍，提高企业的创新能力和竞争力。此外，加强绿色制造，推动生产过程的环境友好型转变，减少资源消耗和环境污染。此外，还需要加强产业协同和合作，形成产业链的合理划分和优化布局，提高整体竞争力。制造业的高质量发展将为中国经济注入新的活力，提升中国在全球价值链中的地位。

随着数字经济的蓬勃发展，其在促进经济增长方面的重要性日益凸显。根据中国信通院于2023年发布的《中国数字经济发展报告》，我国数字经济规模在 2022 年达到了 50.2 万亿元，同比名义增长了 10.3%，且数字经济增加值占 GDP 的比重不断上升至 41.5%，相当于第二产业占国民经济的比重。然而，尽管数字经济在经济总量上取得了显著进展，但其对制造业高质量发展的作用尚不明显。数字经济与制造业的融合具有巨大潜力，数字技术的广泛应用可以提升制造业的生产效率、降低成本，加快产品研发和创新，促进智能制造和灵活供应链的建设。同时，数字经济也为制造业提供了更广阔的市场空间，通过电子商务和在线平台，制造业企业能够拓展国内外市场，实现产品的个性化定制和全球化竞争。在经济进入新常态的背景下，推动数字经济与制造业的紧密融合，促进制造业的高质量发展成为中国经济高质量转型所亟须解决的问题。

第二节 文献综述

首先是数字经济方面的文献。近些年来，文献大多研究数字经济在经济领域方面的影响。一方面，数字技术的进步催生了数字经济（史丹，2022），以技术溢出和技术冲击（许恒等，2020）这两种形式，对经济高质量发展产生了四方面的影响：包括提高市场交易效率、提高供给侧生产效率、增进需求侧消费者福利以及促进社会公平（李三希和黄卓，2022）。同时，数字技术与实体企业和金融的融合合作，有助于赋能实体经济的转型发展和实现普惠金融，创造新的经济增长动能（田秀娟等，2022；张勋，2019）。在促进经济增长的同时，数字经济也带来了一些问题。数字经济通过要素重组升级和再配置，使资本和劳动要素流向了生产率增长相对缓慢的服务部门而非制造部门，并使得高低技能人才之间的收入差距越来越大，造成结构性失业（李三希等，2022；柏培云等，2021）。

其次是制造业高质量发展方面的文献。当前学者主要关注两个方面的研究，即制造业高质量发展的内涵与路径，以及测量制造业高质量发展水平。制造业高质量的发展离不开要素配置结构的改善和生产效率的升级（马中东等，2020）。在新时代，制造业的高质量发展是创新、协调、绿色、开放、共享多维作用下的发展（余东华等，2022）。对于如何实现制造业高质量发展，学者们从顶层设计（史丹和李鹏，2019）、营商环境优化（张乃丽，2023）、人工智能（杨仁发等，2022）、企业创新（曹伟等，2022）等多方面进行分析。当前对于制造业高质量发展的测度主要采取指标体系衡量法。如余东华和王梅娟（2022）从投入要素、期望产出、绿色非期望产出和社会非期望产出四个方面来构建制造业高质量发展的测度指标体系。杨仁发和陆瑶（2022）则从经济效益、创新效益绿色效益和附加值效益四个方面来构建。

最后是数字经济对制造业高质量发展方面的文献。现有文献大多研究数字经济实现路径和数字经济如何影响制造业出口（姚战琪，2022）、制造业效率（黄慧群等，2019）、制造业企业分工（施炳展等，2020）等方面。此外，对于中间机制对探讨大多集中在企业家精神（余东华等，2022）、政府创新偏好（秦建群等，2022）、资本和劳动要素（马中东等，2020）、技术创新（徐星等，2023）和数据要素（李治国等，2021）等视角切入。

根据现有研究，尽管学术界围绕数字经济对制造业高质量发展的影响已经进行了广泛研究，但仍存在一些不足之处。首先，关于制造业高质量发展的指标尚未有较为权威的解释，并且很少考虑到智能制造对制造业高质量发展的影响。其次，现有研究主要将内在机制集中在企业家精神、技术创新、数据要素等方面，未充分探讨数字经济对资本要素配置优化和政府治理改善的角度。因此，本书在前人研究的基础上进行改进的可能边际贡献包括以下两个方面：首先，建立一个综合的指标体系，将智能制造的指标纳入考量，以全面评估制造业高质量发展的水平。其次，从缓解资本要素扭曲和改善政府质量的角度，研究数字经济对制造业高质量发展的作用机制。

第三节 机理分析与研究假说

一、数字经济对制造业高质量发展的直接影响机制

数字经济在制造业的高质量发展中起着至关重要的作用，主要体现在

三个方面：改变生产方式、重塑人员结构、提升综合效率。

（1）数字经济变革制造业生产方式。随着数字经济的快速发展，以大数据、物联网和云计算为代表的数字技术，在推进整体创新水平的同时也改变了传统制造业的生产方式。数字化制造业正在利用信息技术、网际技术和工业智能等数字技术来开展生产活动。这种数字化转型促使制造业不再局限于传统的批量加工模式，而是具备了实现产品创新和柔性化需求的能力。数字化转型有助于制造业更好地了解消费者需求，提高生产效率，改善内部管理系统，增强管理效率，加强内部沟通效率，通过数字营销扩大市场接入，更好地联通供应链上下游，以及通过数字金融缓解融资约束，实现了对传统制造业的变革（李三希等，2022）。

（2）数字经济重塑制造业人员结构。人力资本是数字经济驱动下实现制造业高质量发展的基本条件。随着数字技术的不断发展和普及，产业劳动技能需求也在不断变化。自动化技术的不断进步对低技能工人产生了更大的替代压力，因此，制造业要想实现高质量发展，必须增加高技能工人和高层次人才的比例。数字技术的出现可以方便员工之间分享知识，从而提高制造业从业员工的专业知识水平，推动制造业劳动力的高素质化。然而，数字化技术的普及在提高劳动效率的同时，也高技能人才和低技能人才之间的收入差距和结构性失业问题（李三希，2022）。值得注意的是，尽管数字经济带来了结构性失业，但也通过数字化治理提高了中低技能劳动者的福利（柏培文，2021）。在制造业转型升级的背景下，制造业越来越重视技术水平、学习能力和知识储备，对高级劳动力的需求越来越大，中低技能的劳动力将逐渐被淘汰，而受过高等教育或具有特殊技能的高级劳动力将获得更多的机会和优势。因此，高质量的人力资源对制造业的高质量发展具有至关重要的作用。

（3）数字经济提升制造业综合效率。在某种程度上说，数字技术是数字经济的核心，是数字经济发展的主要驱动力。数字技术的运用有助于制造业企业在五个方面降低市场交易成本，包括搜寻成本、复制成本、交通成本、追踪成本和验证成本，从而提高市场交易效率（Goldfarb and Tucker，2019）。成本的降低便利了制造业企业通过提高技术效率，整合信息、物流和其他资源，以提高研发效率（余东华，2022）。除了研发效率的提高，制造业企业还可以借助数字技术，对生产和管理进行优化进而促进企业生产效率的提高（韦庄禹等，2021）。制造业综合效率的提升使得制造业从“微笑曲线”转变为“武藏曲线”，进而转变为高附加值产业（史丹，2022）。

基于以上分析，提出如下假说：

H1：数字经济能够显著促进制造业高质量发展。

二、数字经济促进制造业高质量发展的中介效应机理

数字经济的发展具有促进优化资本要素配置的潜力，从而减少资本要素错配问题。数字技术的广泛应用让企业能够更加便捷地进行市场调研、产品设计和营销。此外，数字技术的发展也催生了新的产业和商业模式，这些新的产业和商业模式能够更好地匹配不同的资本要素，从而减少了资本要素错配的问题。数字经济的快速发展也促进了资本市场的改革和创新。数字技术的应用使得资本市场更加透明、高效和便捷。得益于高效率、大面积和低成本的优势，数字金融推动了技术进步并带来了产能结构升级，从而改善了资本错配问题（张勋，2019；张宗新等，2022）。数字经济也可以通过促进二、三产业的集聚来改善资本错配（姚战琪，2022；季书涵等，2016）。要素配置结构的改善和生产效率的提升是制造业质量升级的关键因素（马中东等，2020）。一方面，要素配置失衡导致制造业企业过度依赖低成本和低技术含量的产品生产，而忽视高技术含量和高附加值产品的生产。这会影响制造业的创新能力和竞争力，同时也会限制其高质量发展的潜力。另一方面，低效率的企业容易因为资本要素的轻易获得而带来更多的落后产能过剩，而高效率的企业由于更高标准的融资约束，使其更难开展研发、设备更新和技术升级，这二者都会影响制造业的高质量发展（韩瑞栋等，2022）。

基于以上分析，提出如下假说：

H2：数字经济通过缓解资本要素错配影响制造业高质量发展。

三、政府质量在数字经济促进制造业高质量发展中的调节作用机理

数字经济是技术和经济的系统性变革，促进了市场结构的转变和资源的重新配置，从而对政府的服务质量提出了更高的要求。推动数字经济和制造业的深度融合，需要数字技术和数据要素双轮驱动（洪银兴等，2023）。但是，数据本身并不带来价值增量，只有当数据成为生产要素并作用于生产时，它才会创造更多的价值增量，才会成为变革制造业的重要

要素支撑（徐晋，2017；焦勇，2020）。数据要素要想赋能实体经济必须有完整的数据要素应用服务体系和有效的数据要素市场循环机制（陆岷峰，2023），这就需要一个高质量的政府去搭建合适的应用平台来帮助数据赋能高质量发展。此外，一个低质量、低效率或低能力的地方政府，势必会削弱对辖区内制造业的环境规制，导致制造业倾向于追逐“短平快”的项目，自愿放弃有利于高质量发展的高附加值项目的投资，最终阻碍数字经济对制造业高质量发展的作用。与之相对的是，高质量的政府治理可以通过合理的环境规制激发企业的创新行为。企业为了提升竞争力与技术水平，生产要素会自动实现从低生产率到高生产率部门的转移并促进产业结构升级（王圆圆等，2023）。在这个过程中，企业偏向于用次优资源投入研发创新，政府则需要通过政策引导或补助来改善资源配置情况（Peneder M，2008）。综上所述，不论是数字经济的进步还是制造业的优质发展，都是一个需要不断创新和升级技术、产业、基础设施和制度的结构变迁过程（引自林毅夫，2017）。因此，只有高质量的政府才能承担或组织协调相关的活动。

基于以上分析，提出如下假说：

H3：政府质量正向调节数字经济对制造业高质量发展。

第四节 模型、方法、变量与数据说明

一、模型构建

（1）基准模型。本书构建了如下的基本模型来对前文中关于数字经济对制造业高质量发展的直接影响进行检验：

$$Gzl_{i,t} = \alpha_0 + \alpha_1 Dig_{i,t} + \Sigma_k \alpha_k Control_{i,t} + U_i + V_t + \varepsilon_{i,t} \quad (9-1)$$

式（9－1）中，下标 i，t 分别表示省份和年份。$Gzl_{i,t}$为省份 i 在 t 时期的制造业高质量发展水平指数，$Dig_{i,t}$为省份 i 在 t 时期的数字经济发展水平，$Control_{i,t}$为控制变量，U_i 和 V_t 分别代表省份和时间效应，$\varepsilon_{i,t}$为随机扰动项。

（2）中介效应模型。除了模型（9－1）体现的直接效应外，为了讨论数字经济对制造业高质量发展的间接机制，我们需要对资本要素错配是否为二者之间的中介变量进一步验证。本书借鉴中介模型，对数字经济通过缓解资本要素错配来促进制造业高质量发展进行实证检验，模型设计如下：

$$Gzl_{i,t} = \alpha_0 + \alpha_1 Dig_{i,t} + \Sigma_k \alpha_k Control_{i,t} + U_i + V_t + \varepsilon_{i,t} \quad (9-2)$$

$$KE_{i,t} = \beta_0 + \beta_1 Dig_{i,t} + \Sigma_k \beta_k Control_{i,t} + U_i + V_t + \varepsilon_{i,t} \quad (9-3)$$

$$Gzl_{i,t} = \gamma_0 + \gamma_1 Dig_{i,t} + \gamma_2 KE_{i,t} + \Sigma_k \gamma_k Control_{i,t} + U_i + V_t + \varepsilon_{i,t} \quad (9-4)$$

其中，$KE_{i,t}$为资本要素错配变量，其他变量与模型（1）一致。

（3）调节效应模型。为了检验政府质量的调节作用，本文构建了如下的调节效应模型：

$$Gzl_{i,t} = \delta_0 + \delta_1 Dig_{i,t} + \delta_2 Dig_{i,t} \times Gov_{i,t} + \Sigma_k \delta_k Control_{i,t} + U_i + V_t + \varepsilon_{i,t} \quad (9-5)$$

在式（9－1）的基础上，用数字经济发展指标和政府质量的交互项 $Dig_{i,t} \times Gov_{i,t}$作为解释变量，建立式（9－5）。如果系数 δ_2 显著且为正，那么政府质量的正向调节作用得到了验证。

二、变量设置

（1）被解释变量。制造业高质量发展指数（Gzl）。制造业的高质量发展需要一个全面且综合的指标体系。目前，业内还没有形成权威且统一的标准，本文参考刘鑫鑫等（2021）的研究，从经济效益、创新驱动、绿色发展、结构优化和智能制造这五个方面构建制造业高质量发展指标体系（见表9－1）。

表9－1　制造业高质量发展指标体系

一级指标	二级指标	指标解释	单位
经济效益	销售利润	规模以上工业企业利润总额	亿元
	工业经济产值	工业增加值	亿元
创新驱动	研发投入量	R&D 内部经费支出	万元
	从业人数	R&D 人员全时当量	人年
绿色发展	工业固体废物使用量	一般工业固体废物产生量	万吨
	水资源使用量	工业废水排放总量	万吨

续表

一级指标	二级指标	指标解释	单位
结构优化	工业固体废物利用量	工业固体废物综合利用量	万吨
	高端技术产业发展	城镇科学研究和技术服务业人员	万人
	高新技术产业主营业务收入水平	高新技术产业主营业务收入	亿元
智能制造	信息通信发展水平	电子及通信设备制造业主营业务收入	亿元
	智能制造企业规模	高技术制造业主营业务收入	亿元

（2）核心解释变量。数字经济发展水平（Dig）。通过构建指标体系测算数字经济水平（详见第四章）。

（3）中介变量。关于资本要素错配的衡量，本文参考陈永伟等（2011），赵志耘（2006）和季书涵等（2016）的做法，依据要素相对扭曲系数（$\hat{\gamma}_i$）测算的资本错配指数（τ_k）进行解释。具体来说，资本的相对扭曲系数公式为：

$$\hat{\gamma}_{ki} = \frac{1}{1+\tau_{ki}} \tag{9-6}$$

$$\hat{\gamma}_{ki} = \frac{ki}{k} \Big/ \frac{s_i \times \beta_{ki}}{\beta_k} \tag{9-7}$$

其中$\frac{s_i \times \beta_{ki}}{\beta_k}$表示该省份实现有效配置时的资本比例；$\frac{ki}{k}$表示省份 i 固定资本存量占固定资本总量的比例。联立二式，根据赵志耘（2006）测算出的要素产出弹性 $\beta_k = 0.56$，即可测算出资本要素错配指数。

（4）调节变量。本文参考了王小鲁和樊纲在《中国分省份市场化指数报告》中的观点，他们提出了三个指标来衡量市场与政府之间的关系：市场在分配经济资源中所占比重、减少政府对企业的干预程度以及缩小政府规模。通过采用熵值法来测算这些指数，可以得出综合指数越高，政府的质量就越好。

（5）控制变量。本文参考已有文献，选择以下四个控制变量来减少模型中可能存在的遗漏变量偏差：对外开放水平（Open），该变量使用地区进出口总额占 GDP 的比重来衡量；技术活跃度（Innoex），该变量使用地区技术市场交易额并取对数进行衡量；工业规模（Size），该变量使用工业增加值占 GDP 的比重来衡量；工业成本（Cost），该变量使用规模以上工业企业主营业务成本并取对数进行衡量。表 9－2 包含主要变量的描述性统计信息。

表 9-2　　描述性统计表

变量名	观察值	均值	标准差	中位数	最小值	最大值
Gzl	480.000 0	0.087 3	0.112 3	0.017 2	0.046 6	0.883 2
Dig	480.000 0	0.123 8	0.118 8	0.004 1	0.088 3	0.891 2
Innoex	480.000 0	-0.622 7	1.343 6	-3.946 7	-0.732 4	2.883 2
Open	480.000 0	30.919 1	34.246 6	0.730 9	16.043 3	169.355 4
Size	480.000 0	3.541 7	0.287 2	2.304 0	3.597 1	4.049 7
Cost	480.000 0	9.724 4	2.079 2	5.800 7	9.610 9	19.587 0
Abstauk	480.000 0	0.292 9	0.330 1	0.000 1	0.237 0	2.857 6
Gov	480.000 0	6.468 5	1.841 4	1.480 0	6.595 0	10.650 0

三、数据来源

考虑到数据的可获得性，剔除西藏、新疆、香港和澳门这四个省份和地区，以 2005—2020 年 30 个省份面板数据为样本进行分析。除政府调节指数来自《中国分市场化指数报告》以外，所有原始数据均来自《中国统计年鉴》《中国工业统计年鉴》、各省份统计年鉴、《高技术产业数据库》以及各类公开信息，部分数据存在缺漏值，采用插值法补齐。

第五节
实证结果及其分析

一、基准回归分析

表 9-3 是数字经济对制造业高质量发展影响的基准回归结果，所有模型总体上都具有良好的解释效力。第（1）列是不添加控制变量的回归结果，数字经济的回归系数为 0.924 2，在 1% 的显著性水平上显著为正。第（2）列是加入控制变量后的回归结果。在控制技术活跃度，对外开放水平，工业规模和工业成本后，数字经济的回归系数为 0.857 9，在 1% 的显著

性水平上也是显著为正的。表中的数据显示，数字经济发展水平每提高1%，制造业高质量发展的成果就会提高0.857 9%，这意味着无论是否有控制变量的影响，数字经济都对制造业的高质量发展产生了积极影响，且在1%的显著性水平上显著。基准回归得出的变量符号与预期假说一致，说明数字经济的发展水平与制造业高质量发展是正相关的，因此，H1成立。

表9-3 基准回归结果

被解释变量	(1) Gzl	(2) Gzl
Dig	0.924 2*** (0.019)	0.857 9*** (0.020)
Innoex		-0.003 6** (0.002)
Open		-0.000 8*** (0.000)
Size		0.015 7 (0.013)
Cost		0.015 3*** (0.006)
Cons.	-0.001 8 (0.004)	-0.153 1*** (0.045)
省份效应	是	是
年份效应	是	是
观测值	480	480
R^2	0.883 9	0.899 4

注：***、** 分别表示在1%、5%的水平上显著；括号内为t统计量。

二、作用机制检验

表9-4反映了在考虑资本要素配置情况下数字经济对制造业高质量发展影响的实证检验结果。第（1）列是不加资本要素错配的基准回归检验，第（2）列是对模型（3）估计得到的数字经济对资本要素错配指数的影响结果。结果显示，资本要素错配指数的回归系数为负，且在5%的显著性水平上显著，说明数字经济能够缓解资本要素错配。一方面，数字经济提供了更多的信息和数据，使得市场参与者能够更全面、准确地了解市场需求、供应和竞争情况。这有助于企业更好地评估市场需求，进行准

确的市场预测和产品定位，从而避免过度或不足的资本投入。另一方面，数字经济为企业提供了更多个性化定制和精细化管理的机会。通过大数据分析和人工智能技术，企业能够更好地了解消费者的需求和偏好，实现产品的个性化定制。同时，企业能够通过数字化的管理系统，精确掌握生产过程中的各个环节，从而更好地调配和优化资本要素的使用。第（3）列是对模型（4）进行估计所得出的结果。结果显示，数字经济的回归系数为正且为0.85，但其值小于表5第（2）列对模型（1）的回归，说明数字经济对制造业高质量发展的促进作用有一部分是通过缓解资本要素错配实现的。同时，资本要素错配指数的回归系数为负，且在1%的水平下显著，说明缓解要素错配能促进制造业高质量发展。通过缓解要素错配，制造业可以更有效地配置生产要素，使其与生产需求相匹配。合理配置的要素可以提高生产效率，减少资源的浪费，从而实现更高水平的产出。而要素错配往往导致产业结构的失衡，要素错配的缓解使制造业可以实现产业结构的优化和升级。合理配置的要素将有助于推动制造业向技术密集型、高附加值的产业转型。因此，H2得以验证。

表9-4　机制检验结果

被解释变量	(1) Gzl	(2) Gzl	(3) Gzl	(4) Gzl
Dig	0.857 9*** (0.020)	-0.396 0** (0.173)	0.850 0*** (0.020)	0.776 8*** (0.018)
τ_k			-0.020 0*** (0.005)	
Interact				0.120 3*** (0.010)
Cons	-0.153 1*** (0.006)	1.490 2*** (0.390)	-0.123 3*** (0.045)	-0.175 7*** (0.041)
控制变量	是	是	是	是
省份效应	是	是	是	是
年份效应	是	是	是	是
观测值	480	480	480	480
R^2	0.899 4	0.283 8	0.902 2	0.927 7

注：***、** 分别表示变量在1%、5%的水平上显著；括号内为t统计量。

在表 9 – 4 第（4）列中，交互项的回归系数为正，且在 1% 的水平上显著为正，表明政府质量的提高能够正向调节数字经济在制造业高质量发展中的作用，即随着政府质量的提高，强化了数字经济对制造业高质量发展的促进作用。高效率、高透明的政府可以通过制定合理的政策法规、建设数字基础设施、促进标准化、提供资金支持、促进产学研合作等方面，推动数字经济对制造业高质量发展的积极影响。可以通过因此，H3 得以验证。

三、内生性处理与稳健性检验

为了消除数字经济与制造业高质量发展之间存在着可能的双向因果关系，本文选择了适当的工具变量，通过二阶段最小二乘法的方式来处理内生性问题。本文参考黄群慧等（2019）的研究，选择 1984 年的固定电话普及率（每百人固定电话数）和邮局覆盖率（每百万人邮局数）作为数字经济的工具变量。原因如下：首先，通过固定电话拨号上网是最早连接互联网的形式，因此，我们可以认为拥有高固定电话普及率的省份互联网普及率更高。其次，固定电话的安装是邮局部门所负责，那么邮局的分布数量也会影响周边地区固定电话的分布数量，进而影响在信息时代下该地区的互联网普及率和整体的数字经济发展水平。此外，1984 年的固定电话数量和邮局数量不再随着时间变化，也就是说它们不可能再影响当今制造业的高质量发展，符合工具变量的外生性标准。

由于这两个工具变量是横截面数据，无法作用于面板数据当中，本文参考 Nunn 和 Qian（2014）的做法，通过引入一个时间变量来构建面板工具变量。具体来说，将上一年的全国互联网上网人数（时间依赖型）分别乘以 1984 年各省的固定电话和邮局数量（个体依赖型），构建工具变量（IV1 和 IV2）作为当年数字经济的工具变量。表 9 – 5 报告了内生性检验的结果，第（1）列结果显示，数字经济的系数均在 1% 的水平上显著为正，说明在对工具变量进行回归后本文的结果仍成立。

为了检验上述回归结果的可靠性，本文采用了如下两种方式。首先，数字基础设施的建设具有时间，因此，数字经济可能滞后影响制造业的高质量发展。我们在模型中引入了数字经济的滞后期，以分析其滞后性。其次，本文还新增了表示地区高等教育水平的控制变量来检验模型的稳健性。表 9 – 5 报告了稳健性检验的结果。第（2）列结果显示，数字经济滞后项系数显著为正，表明在加入滞后项滞后，数字经济仍然能对制造业的高质量发展产生积极作用。第（3）列结果显示，在新引入控制变量后，数字经济的系数仍显著为正，这再次验证了模型（1）的稳健性。

表 9－5　　内生性及稳健性检验结果

被解释变量	(1) Gzl	(2) Gzl	(3) Gzl
Dig	1.454 2*** (0.310)	1.043 1*** (0.139)	0.849 1*** (0.020)
l. Dig		−0.213 7 (0.151)	
Cons	0.135 8 (0.086)	−0.291** (0.113)	−0.165 8*** (0.045)
控制变量	是	是	是
省份效应	是	是	是
年份效应	是	是	是
观测值	480	450	480
R^2	0.836 7	0.894 3	0.900 4

注：***、** 分别表示变量在 1%、5% 的水平上显著；括号内为 t 统计量。

四、异质性分析

中国在经济发展和数字化进程方面存在着明显的省际差异。本文将中国的省份分为东部、中部和西部三个区域进行异质性分析。表 9－6 报告了异质性分析的结果。从表中结果看，三组数字经济的回归系数都在 1% 的水平上显著为正，说明无论是在东部、中部还是西部地区，数字经济对制造业的高质量发展都有促进作用。比较第（1）、（2）和（3）列中数字经济的回归系数，我们可以发现，数字经济对东部地区制造业高质量发展的促进作用明显大于中部和西部地区。首先，中国东部地区是经济发展相对较为先进的地区，数字经济的发展程度也相对较高。这使得东部地区的制造业企业更容易利用数字技术进行生产流程优化、管理升级和产品创新等方面的改进，从而实现高质量发展。另外，东部地区的产业链比较完整，各个环节之间的数字化程度也相对较高，不可避免的提升了数字经济在东部地区对制造业高质量发展的影响水平。其次，中国中部地区的制造业发展相对较为滞后，数字经济的普及程度也较低。中部地区的制造业企业面临着传统工业结构、技术水平和管理模式等方面的瓶颈，数字经济的发展对于这些企业的影响相对较小。最后，中国西部地区的经济发展水平较低，数字经济的普及程度也相对较低。西部地区的制造业企业面临着基础设施和交通运输等方面的瓶颈，数字经济的发展对于这些企业的影响也相对较小。综上所述，数字经济对于制造业高质量发展的影响在中国东部、中部和西部地区之间存在差异。不同地区的制造业企业面临着不同的挑战和机遇，需要因地制宜地采取相应的政策和措施，推动数字经济和制造业的协同发展。

表 9-6　异质性分析结果

被解释变量	(1) Gzl	(2) Gzl	(3) Gzl
Dig	0.975 4*** (0.038)	0.461 4*** (0.029)	0.377 1*** (0.023)
Cons	0.111 9 (0.139)	-0.226 9*** (0.027)	-0.103 9*** (0.039)
控制变量	是	是	是
省份效应	是	是	是
年份效应	是	是	是
观测值	480	480	480
R^2	0.836 7	0.953 3	0.867 2

注：*** 表示变量在 1% 的水平上显著。

第六节 小结与政策建议

数字技术的革新促进了数字经济的发展，推动了生产方式的变革和生产效率的提高，为制造业实现高质量发展创造了前所未有的机遇。本文基于中国 2005—2020 年的省际层面数据，在依此构建制造业高质量发展指标和数字经济发展水平指标的基础上，基于中介效应和调节效应模型，检验了数字经济对制造业高质量发展的影响，分析了数字经济如何通过改善资本要素错配来促进制造业高质量发展的内在机制和政府质量的调节作用，并进一步阐释了上述效应的异质性。主要结论如下：第一，基准回归的结果表明数字经济显著促进了制造业的高质量发展，在引入工具变量、进行滞后和替换控制变量后，结果仍然稳健。第二，中介机制检验的结果表明，数字经济的发展能够改善资本要素的错配，并且通过改善资本要素的错配来促进制造业的高质量发展。第三，调节效应检验的结果表明，一个高质量的政府对制造业的高质量发展产生积极作用。第四，在区域异质性方面，得益于完备的基础设施和合适的政策环境，东部地区相比中部和西部地区能更充分地享受到数字经济对制造业的高质量促进作用。基于以上实证结果，本文得出以下政策建议：首先，政府应该充分明确数字经济能够显著促进制造业高质量发展的这一事实，利用数字经济优势促进制造业转型升级。加大对数字基础设施的投入，包括加强宽带网络建设、提升数据中心建设等。其次，中国应该更加强调政府的质量建设，为制造业高质量发展提供更好的政治生态。在数字经济的背景下，政府要“后退一步”，加快推动有为政府和服务型政府建设，政府在有些方面需要“前进一步”，建立健全数字经济政策法规体系，加强知识产权创新保护力度，加强数字技术标准化的制定和推广，促进数字技术的应用和创新。最后，通过异质性分析可以发现，虽然相较于东部地区，中部和西部地区在利用数字经济促进制造业高质量发展方面天然处于劣势，但是，中部和西部地区仍然有着丰厚的自然资源和劳动力资源，且具有相当可观的市场，数字经济可以为它们提供新的发展机遇，推动制造业高质量发展。

第十章

数字经济与实体经济高质量发展：乡村产业的考察

乡村产业高质量发展是乡村振兴的内在要求之一，其本质是通过产业富民和融合发展的相互促进，进一步提升乡村产业内生发展动力。当下乡村产业面临价值链低位、同质化严重等问题，而数字经济的作用则为乡村产业高质量发展提供了新的路径。本章将基于2005—2020年中国省级面板数据，以技术创新为中介变量，考察数字经济对乡村产业高质量发展的影响及其作用机制。研究结果表明：数字经济能有效促进乡村产业的产业链延伸、新业态发展、技术渗透和组织创新；数字经济能通过促进技术创新和突破式创新、弱化渐进式创新来显著促进乡村产业高质量发展；数字经济对乡村产业高质量发展的影响存在区域异质性，东部地区技术创新的中介效应最显著。本章的研究结果对于深入研究数字经济与乡村产业高质量发展之间的内在联系提供了重要的经验证据。研究认为，通过鼓励技术创新、大力发展数字经济、重视区域协调发展，能够进一步促进乡村产业高质量发展。

第一节
问题提出

2017 年，党的十九大报告首次提出乡村振兴战略并确定其五大要求，其中产业兴旺作为排在首位的要求，是切实推进乡村振兴战略实施的首要任务。当前中国经济发展面临需求收缩、供给冲击、预期转弱三重压力，这对产业发展提出了更高的要求，尤其是大多数乡村地区仍以低附加值的农林牧渔业为主，农业产业链和价值链的延伸渗透作用尚未发挥，产业发展不充分，且部分乡村地区生产力相对落后，资源利用效率低下，由此可见，乡村产业面临的发展瓶颈亟须突破，更需要转变其依赖传统技术的生产模式，挖掘乡村产业的发展潜力，实现乡村产业质的稳步提升和量的合理增长。而乡村产业高质量发展作为乡村产业兴旺的具体内涵，正是产业优化升级、转型创新的过程，这其中如何寻求产业的创新发展路径成了关键突破点。2022 年，党的二十大报告中再次对推进乡村振兴作出深刻论述和全面部署，并提出要加快工业化、信息化、城镇化、农业现代化同步发展，这为乡村产业的创新发展提供了新的指导意见。

近年来，随着科技的不断发展，许多领域的产业依托 5G、大数据、物联网等现代化信息技术的蓬勃发展实现了数字化转型，并催生出数字经济这一新的经济形态。数字经济以数字化信息为生产要素，将各种数字技术作为核心驱动力，并借助互联网为载体实现信息的高效率传送，成为拉动经济增长的重要引擎，数字要素与实体产业的结合能够为乡村产业高质量发展提供新的转型路径选择，为乡村产业高质量发展注入新的动力。2019 年，国务院发布的《数字乡村发展战略纲要》提出要释放数字技术的普惠效应，推进农村数字化转型，2022 年中央一号文件聚焦产业促进乡村发展，并指出要着力推进数字乡村建设。2023 年中央一号文件再次聚焦乡村振兴，明确指出要深入实施数字乡村发展行动，加快农业农村大数据应用，推进智慧农业发展。政策的支持和扶持使得数字技术不断渗透，范围也逐渐扩展到偏远的乡村地区，数字乡村的建设已经是大势所趋，许多村镇已经实现网络基建的全覆盖，数字基础设施逐渐完善，数字乡村建设示范点的做法也在逐步推广，大量实践证明乡村产业数字化具有广阔光明的发展前景。学者们的大量研究发现，数字经济能够推动经济高质量发展，对农业技术发展亦有促进作用。那么，乡村产业高质量发展的具体内涵是什么？数字经济是否能够显著促进乡村产业高质量发展？其对乡村产业高质量发展的具体影响机制是什么？基于上述问题，本章将利用2005—2020 年剔除西藏外中国 30 个省份和地区的面板数据，在系统测算乡村产业高质量发展水平的基础上，对数字经济和乡村产业高质量发展的关系进行研究，以期为乡村产业振兴提供科学的路径选择。

第二节 文献综述

《中国数字经济发展白皮书（2021）》显示，2020 年我国数字经济规模达到 39.2 万亿元，占 GDP 比重为 38.6%，数字经济增速更是达到 GDP 增速 3 倍以上。数字经济在经济领域的作用愈发凸显，成为稳定经济增长的关键动力，也越来越成为学界研究的热点。如前面所说，数字经济的概念最早由美国学者 Tapscott 提出，他认为数字经济是一种有关技术和智能化的系统，论述了互联网对数字经济的影响。从数字经济的定义和内涵来看，目前研究的共性认识是数字经济是信息技术、信息化带来的经济形态，以数字信息化为基础。如张亮亮等（2018）认为数字经济是以数字技术为支撑点提供产品或服务，以现代信息网络为主要载体的新型经济形态。在数字经济发展水平的测度方面，许多学者采用数字普惠金融水平作为数字经济发展水平的代理变量，亦有学者以信息化水平的角度切入，此外也有学者建立数字经济的指标体系进行测算，例如杨慧梅和江璐（2021）从数字基础设施、数字产业化和产业数字化这三个方面建立数字经济指标体系。

随着研究的不断深入，学者们逐渐将视角转向数字经济对经济发展的影响方面。宏观来看，数字经济能优化资源配置从而提升要素效率和劳动生产率，还能通过创造商业新模式、催生新业态从而促进产业结构升级。从微观视角看，数字经济通过推动企业的专业化分工提升了企业的全要素生产率，亦能借助数智赋能提升企业的风险承担水平。在数字经济对乡村产业发展的影响方面，数字技术是推进乡村产业高质量发展的新动能，农业信息化则能够提高农村产业的生产和经营效率以及农业全要素生产率。也有学者通过研究证明，数字经济中的数字金融能够健全农村信用体系，显著促进乡村产业振兴，还能减小城乡之间的收入差距。

从作用机制来看，传统金融竞争和人力资本能够显著影响数字经济对乡村产业高质量发展的促进作用。大量研究表明，数字经济作为数字技术与实体经济的结合，与技术创新联系密切，宏观上能显著提升高技术产业的创新效率，亦能通过数字技术模块集成化赋能制造业创新，微观上则对企业绿色技术创新有显著正效应，并且能通过技术创新间接促进区域经济增长。在技术创新和乡村产业发展方面，技术创新能够推动农村产业结构升级，并借助科技创新的内在集聚功能促进产业规模的扩大和产业的规模化经营，从而推动乡村产业的高质量发展。因此，在数字经济对乡村产业高质量发展的作用机制方面，重点研究技术创新的影响路径具有一定的研究意义。此外，在乡村产业高质量发展水平的测度方面，现有研究多构建指标体系进行测度，例如余涛（2020）从产业重组、产业延伸、产业交叉和产业渗透四方面选取指标进行测算，黎新伍和徐书彬（2021）基于农村产业融合视角从融合主体、融合基础、融合路径和融合效应四大方面进行测度，但指标体系多集中在农业相关指标。

从现有研究看，学术界对数字经济和乡村产业高质量发展进行了大量的研究，但仍有不足之处：第一，数字经济发展水平多采用数字普惠金融水平进行度量，对乡村产业高质量发展水平的测度则集中在农业相关指标，指标选取并不全面；第二，针对数字经济、技术创新、乡村产业高质量发展的研究主要集中在二者的关系上，尚未从技术创新的角度揭示数字经济对乡村产业高质量发展的影响机制；第三，尽管有文献针对数字经济对乡村产业高质量发展的影响进行研究，但缺少数字经济对乡村产业高质量发展各个维度的影响研究。因此，在前人研究的基础上进行了改进，可能的边际贡献在于：第一，建立指标体系，纳入多个维度的指标，全方位测度数字经济发展水平和乡村产业高质量发展水平；第二，从技术创新的角度探究数字经济对乡村产业高质量发展的作用机制；第三，对乡村产业高质量发展进行内涵界定，并将其分为多个维度，进而研究数字经济对各个维度的影响。

第三节 机理分析与研究假说

一、乡村产业高质量发展内涵

乡村产业高质量发展立足点在农村，践行的主体是农民，从本质来看，乡村产业高质量发展是农村和农民的高质量发展。而从目标来看，乡村产业的高质量发展既追求产业的转型升级和融合集聚，也旨在满足乡村人民精神和物质的双重需求。乡村产业高质量发展的核心在于产业，从产业的关联、培育、动力、主体四个层面，将乡村产业高质量发展的内涵进行四个维度的界定，分别是产业链延伸、新业态培育、技术渗透和组织创新。首先，从产业的关联性来看，产业链的纵向延伸提升了农村一、二、三产业之间的关联程度，这是乡村产业高质量发展的重要体现。其次，高质量发展不仅在于产业的协调性，还在于产业的创新性，乡村新业态的培育反映了乡村产业转型升级的程度，也是乡村产业发展多元化、精细化的体现。再次，技术是乡村产业高质量发展的内生动力，技术在乡村产业的渗透程度代表了乡村产业的现代化水平和发展潜力。最后，乡村产业高质量发展注重产业发展的可持续性，产业主体的组织模式关系到乡村产业的生产效率和竞争力，乡村产业主体的组织创新水平则代表着乡村产业的可持续发展水平。

二、数字经济与乡村产业高质量发展

数字经济对乡村产业高质量发展的促进作用是肯定的，但是其如何影响乡村产业高质量发展的机制尚不明确。本文基于产业链延伸、新业态发展、技术渗透和组织创新这四个维度，深入探讨数字经济对乡村产业高质量发展的作用机制。

第一，数字经济能够加强农村三产之间的联系，促进乡村产业链的延伸。在供给端，数字经济的发展加快了农村产业间的信息流动，打破了产

业间由于信息不对称所造成的要素流通壁垒，从而模糊了产业之间的界限，实现了产业之间的互联互通，推动产业链的纵向延伸；而在需求端，传统农业的信息化挖掘了各环节的数据价值，将市场需求有效传导至产业生产端，并借助数字化支付、数字信贷等等进一步拉动消费内需，刺激农村居民消费增长。总之，数字经济能够通过供给端和需求端的结构匹配，打破产业的传统界限，推动产业链的延伸，优化产业间的资源配置，从而有效促进乡村产业高质量发展。

第二，数字经济催生了乡村产业新业态，通过数字化手段为传统农业赋能。从产业结构的角度看，数字经济借助数字手段的技术优势，突破了传统农业的发展局限，深刻改变了农业的生产方式，培育出农林牧渔服务业等新业态，精准提升一产附加值，从而发挥二者融合的乘数效应，优化农村产业结构。从销售渠道的角度来看，物联网、大数据、人工智能等新一代信息技术的应用培育了新的消费模式和消费业态，依靠新型信息基础设施提升实时信息连接和数据处理能力，打破了农村产品销售的时空壁垒，催生出直播电商、社交电商等乡村产业新业态，推动农村产业的多元化发展，“梅尔卡夫原则”和“长尾理论”也证明，基于网络平台能够大大降低销售成本，提高乡村产业的经济收益。

第三，数字经济加速了技术在乡村产业中的渗透，依靠技术进步提升乡村产业的现代化水平。一方面，数字经济加快了传统农业技术的数字化转型，发展设施农业等现代化农业，通过农业的技术进步有效减少土地、劳动力等传统生产要素的投入，在降低生产成本的同时提升了生产效率，而数据这一新型生产要素与传统生产要素的结合也又进一步拓宽了效率边界，提高全要素生产率。另一方面，新型数字技术尤其是互联网技术的应用改变了传统产业的发展模式，以互联网平台为主的供销方式让集中化和分散化的农业发展模式并存，并借助数字化手段遵循市场的供求规律优化资源配置，提高要素利用率。

第四，乡村产业高质量发展的关键在于生产经营主体，数字经济能够有效提升农村生产经营效率，优化组织管理，由传统的经营方式向新型数字化经营模式转型。数字经济的发展能够有效提升农户收入水平，使得农民在物质需求得到满足的前提下有富余的精力参与培训，通过培育农民的企业家精神促进农村创新创业发展。此外，数字平台的引入通过实现农村农民与外部主体的接触，提升了农民的数字素养和金融素养，提高农民参与农村产业数字化发展的积极性和主观能动性，而农民数字金融素养的提升又有利于激活农村的土地、资本、劳动力要素市场，从而实现劳动力要素市场和农民数字金融素养的良性互动，为乡村产业高质量发展注入新的活力。

基于以上分析，提出以下假设：

H1：数字经济对农村的产业链延伸、新业态发展、技术渗透和组织创新具有正向作用，从而推动乡村产业高质量发展。

三、技术创新的中介作用

数字经济促进乡村产业高质量发展的核心要义是借助数字化手段，通过技术扩散逐步模糊产业的边界，使得数字经济和乡村产业从二元独立的状态逐渐趋向一元整合。因此，数字经济、技术创新和乡村产业之间的联系十分密切，研究技术创新作为数字经济影响乡村产业高质量发展的中介变量具有重要意义。

具体而言，数字经济的重要载体是现代信息与通信技术（ICT），在ICT技术的有效使用下，数字经济能够充分发挥数据作为新型生产要素的效用，降低农村产业在发展过程中所面临的自然和市场的双重风险，实现农村的全产业链信息化管理，推动农村产业的初步融合和渐变式融合，提升产业的附加值，有利于推动乡村产业高质量发展。再者，在土地作为刚性生产要素的约束条件下，传统的生产技术无法满足人民日益增长的需求，使得规模化生产陷入瓶颈，而数字经济推动互联网和电子商务的兴起，强化了数字技术的创新使用，加速了泛农业生态圈的形成，有助于推动农村的数字化生产，在降低市场交易成本的同时，提升农业经济效率，实现规模经济。技术创新渗透到金融领域，带动了金融科技的发展，其作为信息技术和金融服务的结合体，衍生出数字金融这一新的经济形态，而数字金融显著的普惠效应能通过技术创新促进各类传统生产要素和金融服务要素的融合，使得参与乡村产业发展的各方主体由单一博弈转变为多方博弈，提高了农村数字金融服务的可得性，为乡村产业的可持续发展提供保障。最后，数字经济能够高效地对产业的创新空间载体及创新资源进行配置和聚合，依靠技术创新为乡村产业赋能，并通过提高研发投入促进产业的高质量发展。

科技的发展使得技术创新逐渐向双元化推进，一方为基于传统技术巩固产业原有价值链、实现低成本低收益的渐进式创新；另一方为基于高复杂度技术进行产业变革的突破式创新。相比较而言，突破式创新对技术的要求更高，更高的投入风险也意味着更高的边际收益。数字经济借助大数据、云计算等数字技术，能够改善市场上信息不对称的情况，为产业的创新提供市场信息，有助于企业制定产品创新战略，从而降低了乡村产业内部进行突破式创新的风险和创新成本。此外，数字经济的发展使得人们对于产品的需求更加多样化，产业间的竞争加剧，也激发了突破式创新的产出。而渐进式创新属于低风险低收益的产出，尽管市场竞争加剧，但由于其风险程度较低、有固定收益，因此其资金和人力的投入也是固定的，信息透明化程度相比于突破式创新更高，因此，数字经济的发展无法显著降低渐进式创新的成本，甚至在面临愈加复杂的竞争环境时，在数字经济的筛选下，渐进式创新还面临被市场淘汰的风险。乡村产业的变革包含产业链延伸和价值链提升的双重推进，需要新型技术培育新业态，具有高边际收益的突破式创新，能够引致资金和人才要素的流入，并通过技术溢出效应促进乡村产业的高水平创新，从而推动乡村产业的高质量发展。而渐进式创新虽然成本低，并且能提高乡村产业生产效率，但由于跟随于市场变动方向而运行，若无法站到引领市场方向的高度，可能会陷入“追赶-落后-追赶”的恶性循环，不利于乡村产业的可持续性发展。在数字经济的识别下，能够筛选出较高收益的突破式创新，逐渐淘汰渐进式创新，从而有助于促进乡村产业高质量发展。据此，提出如下假设：

H2a：数字经济能够通过促进技术创新，推动乡村产业高质量发展。

H2b：数字经济能够通过促进技术的突破式创新，推动乡村产业高质量发展。

H2c：数字经济能够通过弱化技术的渐进式创新，推动乡村产业高质量发展。

第四节 模型、方法、变量与数据说明

一、模型构建

根据上述理论假设，构建如下模型：

$$Intg_{it} = \alpha_0 + \alpha_1 Dig_{it} + \beta \sum CV_{it} + \mu_i + \delta_t + \varepsilon_{it} \quad (10-1)$$

其中，CV_{it}代指所有控制变量合成的全局变量，下标 i 表示省份，下标 t 表示年份，μ_i 代表地区固定效应，δ_t 代表时间固定效应。此外，本文还将被解释变量替换为乡村产业高质量发展的四个维度进行检验。

为了进一步检验数字经济对乡村产业高质量发展的间接作用机制，本文引入技术创新、突破式创新和渐进式创新作为中介变量，通过逐步回归法对中介效应机制进行检验，模型如下：

$$MED_{it} = \alpha_0 + \alpha_2 Dig_{it} + \beta \sum CV_{it} + \mu_i + \delta_t + \varepsilon_{it} \quad (10-2)$$

$$Intg_{it} = \alpha_0 + \alpha_3 Dig_{it} + \alpha_4 MED_{it} + \beta \sum CV_{it} + \mu_i + \delta_t + \varepsilon_{it} \quad (10-3)$$

其中，MED_{it}表示中介变量，分别为技术创新（Tech）、突破式创新（R）和渐进式创新（I）。

二、变量设置

（1）被解释变量。乡村产业高质量发展水平（Intg），当前学界多将乡村产业高质量发展界定为产业融合集聚和组织模式创新的有效结合，而在产业高质量发展水平的测度方面，部分学者基于高质量发展的五大内涵建立指标体系进行测算，亦有学者将农村产业融合水平作为乡村产业高质量发展水平的代理变量。本文借鉴陈池波等的指标选取和测度方法，从产业链延伸（Ext）、新业态发展（Dev）、技术渗透（P）和组织创新（Org）四个维度，构建乡村产业高质量发展水平综合指标体系（表 10－1），为了提高指标权重确定的科学性和客观性，本文借助熵值法对各个指标进行赋权并计算权重，最终得到乡村产业高质量发展水平的综合得分。

表 10－1　　乡村产业高质量发展水平综合指标体系

一级指标	二级指标	单位
产业链延伸	一产增加值占 GDP 比重	%
	农产品加工业主营业务收入与农业总产值比重	%
新业态发展	乡村二三产业就业占乡村从业人员比例	%
	农林牧渔业服务业产值	亿元

续表

一级指标	二级指标	单位
技术渗透	农业机械总动力	万千瓦
	设施面积/耕地面积	%
组织创新	农村居民工资性与财产性收入占比	%
	农业与农村社会发展团体数量与农村人口之比	个/万人

（2）核心解释变量。数字经济发展水平（Dig），通过构建指标体系测算数字经济水平（详见第4章）。

（3）中介变量。技术创新（Tech1），本书引入R&D经费支出占GDP比重衡量技术创新水平，在双元技术创新的度量上，选择技术复杂度更高的发明专利授权量的对数值代表突破式创新（Tech2），选择技术复杂度较低的实用新型和外观设计专利申请数量之和的对数值代表渐进式创新（Tech3）。

（4）控制变量。为了避免遗漏变量对模型造成的不利影响，本书参考已有研究在模型中加入了六个控制变量，分别是农村人民生活水平（Liv，农村居民人均消费支出的对数）、农村生活条件（Elec，农村用电量的对数）、政府教育投入力度（Edu，财政教育支出占GDP的比重）、传统农业发展水平（Ag，人均粮食产量+1的对数）、农村生态环境（Env，农作物受灾面积的对数）、农村交通基础设施水平（Trans，平均每个乡镇村道长度的对数）。各变量的描述性统计结果见表10-2。

表10-2　　　　变量描述性统计

变量性质	变量名称	变量定义	观测值	平均值	标准差	最小值	最大值
被解释变量	Intg	农村产业融合水平	480	0.147 9	0.079 4	0.045 4	0.494 9
	Ext	产业链延伸	480	0.129 1	0.106 4	0.013 6	0.616 5
	Dev	新业态发展	480	0.106 4	0.096 5	0.011 6	0.583 1
	P	技术渗透	480	0.116 7	0.103 0	0.018 5	0.625 9
	Org	组织创新	480	0.145 4	0.120 9	0.0220	0.742 1
解释变量	Dig	数字经济发展水平	480	0.120 6	0.123 0	0.014 3	0.890 7
中介变量	Tech1	技术创新	480	0.018 8	0.014 4	0.001 8	0.105 1
	Tech2	突破式创新	480	7.485 1	1.668 8	3.135 5	11.166 1
	Tech3	渐进式创新	480	9.303 6	1.670 4	4.007 3	13.367 7

续表

变量性质	变量名称	变量定义	观测值	平均值	标准差	最小值	最大值
控制变量	Ag	传统农业发展水平	480	8.951 7	0.631 1	6.905 3	11.144 1
	Env	农村生态环境	480	6.263 1	1.522 5	0.693 1	8.908 4
	Trans	农村交通基础设施水平	480	4.010 4	0.555 6	1.970 9	5.187 9
	Liv	农村居民生活水平	480	8.078 4	0.355 3	7.347 6	9.276 1
	Elec	农村生活条件	480	4.686 5	1.353 7	1.098 6	7.606 4
	Edu	政府教育投入力度	480	0.045 9	0.022 9	0.013 5	0.137 4

三、数据来源

基于数据的可得性，本书研究样本为2005——2020年剔除西藏外中国30个省份的面板数据，主要来自于历年《中国统计年鉴》《中国人口和就业统计年鉴》《中国科技统计年鉴》《中国农村统计年鉴》《中国工业统计年鉴》《中国交通统计年鉴》《中国民政统计年鉴》《中国第三产业统计年鉴》以及各省份的统计年鉴，其中涉及产值和产品收入的数据均采用各自的指数进行平减，部分年份缺失值采用线性插值法和指数平滑法等方法进行了补全。

第五节 实证结果及其分析

一、基准回归检验

本书将乡村产业高质量发展分为四个维度，即产业链延伸、新业态发展、技术渗透和组织创新，分别验证数字经济对四个维度的作用。在模型选择上，借助LM检验和Hausman检验，选择双重固定效应模型，将时间与省份进行固定，回归结果见表10－3。从回归结果来看，核心解释变量数字经济的系数均显著为正，表明数字经济对农村产业链延伸、新业态发展、技术渗透和组织创新均存在显著促进作用，说明数字经济的发展能够通过促进产业链延伸、新业态发展、技术渗透和组织创新，从而促进乡村产业高质量发展，验证了假说 H1。从回归系数来看，数字经济对新业态发展的促进作用最大，说明数字经济主要通过新业态的培育来推动促进乡村产业高质量发展。一方面，数字经济的发展促使农村产业数字化转型，充分发挥数据作为新型生产要素的作用推动农村智慧农业的发展。另一方面，数字经济的发展借助现代信息技术的优势，畅通城乡要素双向流通，促进知识和信息在农村的传播，有利于农村电商等新业态的培育。数字经济对技术渗透的系数最小，数字经济对乡村产业技术渗透的作用发挥有赖于完善的数字基础设施，而当前数字基础设施还未在全国各地的乡村普及，在一定程度上阻碍了乡村数字经济的发展，限制了数字经济对乡村产业技术渗透作用的发挥。

表 10－3　　数字经济与乡村产业高质量发展的基准回归结果

变量	(1) Intg	(2) Ext	(3) Dev	(4) P	(5) Org
Dig	0.249 9** (2.410 1)	0.287 8*** (10.969 4)	0.508 4*** (13.887 8)	0.172 5*** (5.039 0)	0.358 4*** (9.351 5)
Liv	0.262 1*** (2.913 5)	0.245 1*** (3.224 4)	0.205 5* (1.937 6)	0.219 5** (2.213 3)	0.298 3*** (2.686 0)
Elec	0.024 9** (2.246 5)	0.019 2*** (3.139 1)	−0.028 7*** (−3.361 7)	−0.012 9 (−1.613 7)	0.075 7*** (8.453 1)
Edu	−0.599 2* (−1.836 2)	0.027 4 (0.132 3)	−0.449 3 (−1.553 5)	−1.199 4*** (−4.435 1)	−0.595 5** (−1.966 6)
Ag	−0.001 2 (−0.092 7)	0.020 5*** (2.883 4)	0.016 5* (1.658 6)	−0.029 4*** (−3.168 3)	0.016 8 (1.614 3)
Env	−0.001 7 (−0.874 0)	0.001 5 (0.717 9)	−0.005 2* (−1.752 1)	−0.005 3* (−1.918 0)	−0.002 5 (−0.817 6)
Trans	−0.016 8 (−1.137 1)	−0.017 0** (−2.124 4)	−0.018 4* (−1.650 7)	−0.021 0** (−2.013 1)	−0.010 1 (−0.864 9)
_cons	−1.969 5** (−2.543 7)	−2.051 5*** (−3.533 1)	−1.507 0* (−1.860 2)	−1.193 8 (−1.576 1)	−2.691 3*** (−3.173 3)
Province	Yes	Yes	Yes	Yes	Yes
Year	Yes	Yes	Yes	Yes	Yes
N	480	480	480	480	480
adj. R^2	0.720	0.536	0.685	0.471	0.484
F	28.406 0	27.451 5	49.761 6	21.742 1	22.710 3

注：*、**、*** 分别表示变量在 10%、5%、1% 的水平上显著；括号内为 t 值。

二、作用机制检验

上述研究结果表明，数字经济能显著促进乡村产业高质量发展，且具有直接效应，本文理论机制部分提出数字经济能够通过影响技术创新以及技术创新中的突破式创新和渐进式创新间接影响乡村产业高质量发展，为验证相关假设，接下来采用中介效应模型进行检验。

首先，检验技术创新的中介效应，结果如表 10-4 所示。从回归结果来看，三个检验中数字经济的系数均通过了显著性检验，其中，列（2）显示数字经济对技术创新在 1% 的水平上显著为正，说明数字经济对技术创新有显著促进作用，列（3）的结果显示技术创新对乡村产业高质量发展也有显著促进作用，且列（3）中数字经济的回归系数小于列（1）基准回归中数字经济的系数，验证了技术创新这一中介效应的存在，表明数字经济能够通过促进技术创新从而促进乡村产业高质量发展，验证了假说 H2a。对回归系数计算可知，数字经济通过促进技术创新推动乡村产业高质量发展的中介效应为 0.07，中介效应与总效用的符号一致，且中介效应占总效应的 28.03%，即数字经济对乡村产业高质量发展的影响有 28.03% 是通过技术创新实现的。实证结果也证明，数字经济能通过促进研发投入推动乡村产业高质量发展，数字经济具有边际报酬递增和边际成本递减的天然优势，能引致人才、资金等要素的流入，增加在数字技术等前沿技术方面的研发投入，优化产业的资源配置。研发投入的增加一方面通过知识溢出效应，提高乡村产业主体的数字素养，提升乡村产业的经营效率，另一方面通过技术溢出效应，推动传统产业的技术进步，减少土地、劳动力等传统生产要素的使用，从而降低生产成本，提升产业的生产效率。此外，本文还对将乡村产业高质量发展的四个维度进行技术创新的中介效应检验，囿于篇幅原因不在正文中展示。检验结果中，产业链延伸、新业态发展、技术渗透的三个检验中数字经济的系数均通过了显著性检验，第三个回归中技术创新的系数亦通过了显著性检验，且第三个回归中数字经济的系数小于基准回归中数字经济的系数，表明数字经济能通过技术创新的中介效应促进乡村产业链延伸、新业态发展和技术渗透。而组织创新的第三个回归中技术创新的系数没有通过显著性检验，说明技术创新作为数字经济推动组织创新的效应还有待发挥。

表 10-4　数字经济、技术创新与乡村产业高质量发展中介效应检验结果

变量	(1) Intg	(2) Tech1	(3) Intg
Dig	0.249 9** (2.410 1)	0.034 3*** (5.185 8)	0.179 9* (1.800 8)
Tech1			2.0420*** (3.285 5)
Liv	0.262 1*** (2.913 5)	-0.039 2** (-2.341 5)	0.342 2*** (4.002 3)
Elec	0.024 9** (2.246 5)	0.001 3 (0.836 3)	0.022 3** (2.309 0)
Edu	-0.599 2* (-1.836 2)	0.012 3 (0.285 7)	-0.624 4* (-2.000 2)
Ag	-0.001 2 (-0.092 7)	-0.010 0*** (-4.297 5)	0.019 2 (1.505 1)
Env	-0.001 7 (-0.874 0)	-0.000 2 (-0.667 9)	-0.001 4 (-0.744 8)
Trans	-0.016 8 (-1.137 1)	0.001 3 (0.630 6)	-0.019 5 (-1.500 9)
_cons	-1.969 5** (-2.543 7)	0.394 0*** (3.048 0)	-2.774 1*** (-3.793 2)
Province	Yes	Yes	Yes
Year	Yes	Yes	Yes
N	480	480	480
adj. R^2	0.720	0.845	0.745
F	28.406 0	151.862 4	44.403 9

注：*、**、*** 分别表示变量在 10%、5%、1% 的水平上显著；括号内为 t 值。

为了进一步探究技术双元创新在数字经济对乡村产业高质量发展影响中所发挥的作用，本文采用突破式创新和渐进式创新两个变量进行中介效应检验，结果如表 10-5 所示。从回归结果看，数字经济对突破式创新的系数在 1% 的水平下显著，且系数为 1.275 9，系数较大，表明数字经济对突破式创新具有明显的促进作用，而数字经济对渐进式创新具有显著的抑制作用，系数在 1% 的水平下显著为负。结合列（1）、列（2）和基准回归的结果可以看出，中介效应和总效应的符号一致，表明数字经济能够通过促进技术的突破式创新，显著提升农村的产业融合水平，验证了假说

H2b。技术的突破式创新意味着新发明、新创造诞生，数字经济越发达，技术突破式跨越成长越迅速，不仅能提高农村产业的总体生产效率，提升产业附加值，还能带动更多人才、资金等生产要素的流入，进一步推动了农村的产业融合。列（3）中数字经济的系数符号负向显著，表明数字经济抑制了渐进式创新的发展，而从列（4）的结果看，渐进式创新对农村产业融合的作用并不显著，且列（3）与列（4）的数字经济回归系数相乘符号为负，与基准回归总效应的符号相反，因此，回归结果表明数字经济不利于渐进式创新的发展，从而导致渐进式创新无法显著提升农村产业融合水平，验证了假说 H2c。双元创新的中介回归结果与假说一致，表明数字经济的发展会逐渐筛选出技术含量更高的创新产出，淘汰技术含量较低的创新产出，从而依靠高复杂度的突破式技术创新促进农村产业融合发展。

表 10-5 数字经济、技术双元创新与乡村产业高质量发展中介效应检验结果

变量	(1) Tech2	(2) Intg	(3) Tech3	(4) Intg
Dig	1.275 9*** (5.273 1)	0.259 5*** (14.443 9)	-1.489 8*** (-5.596 4)	0.269 9*** (14.907 3)
Tech2		0.006 7* (1.936 1)		
Tech3				0.001 3 (0.399 9)
Liv	-3.060 2*** (-4.899 3)	0.236 4*** (5.119 8)	-0.899 4 (-1.308 8)	0.217 0*** (4.798 5)
Elec	0.017 6 (0.326 1)	0.024 3*** (6.253 1)	-0.141 8** (-2.381 3)	0.024 6*** (6.262 8)
Edu	0.629 5*** (5.604 9)	-0.043 4*** (-5.185 3)	1.081 8*** (8.754 9)	-0.040 5*** (-4.601 6)
Ag	0.018 1 (0.458 5)	-0.005 3* (-1.853 9)	-0.072 7* (-1.670 2)	-0.005 1* (-1.765 8)
Env	0.008 5 (0.443 1)	-0.001 9 (-1.385 4)	-0.021 9 (-1.039 1)	-0.001 8 (-1.316 9)
Trans	0.317 7*** (4.282 8)	-0.019 8*** (-3.641 9)	-0.117 0 (-1.433 5)	-0.017 6*** (-3.269 0)
_cons	25.542 2*** (5.436 9)	-1.6120*** (-4.612 9)	10.959 1** (2.120 3)	-1.453 9*** (-4.261 7)

续表

变量	(1) Tech2	(2) Intg	(3) Tech3	(4) Intg
Province	Yes	Yes	Yes	Yes
Year	Yes	Yes	Yes	Yes
N	480	480	480	480
adj. R^2	0.953	0.706	0.936	0.703
F	439.996 2	52.196 8	322.876 7	51.607 3

注：*、**、*** 分别表示变量在 10%、5%、1% 的水平上显著；括号内为 t 值。

三、异质性检验

我国幅员辽阔，不同地区之间的资源禀赋、经济基础差异较大，导致数字经济发展水平、技术创新水平和乡村产业高质量发展水平也呈现出显著的区域异质性。因此，对 30 个省份所处的东、中、西三个区域，分别进行技术创新的中介效应检验，检验结果如表 10 - 6 所示。其中，CV 表示所有控制变量的全局变量，列（1）—(3）为东部地区的中介检验结果，列（4)—(5）为中部地区的中介检验结果，列（7)—(9）为西部地区的检验结果。从回归结果来看，东部地区的技术创新具有显著的中介效应，中介效应为 0.112，中介效应占总效应的 44.06%，说明东部地区数字经济对乡村产业高质量发展的影响有 44.06% 是通过技术创新实现的。中部地区数字经济对乡村产业高质量发展具有显著影响，但其中介效应并不显著，而西部地区数字经济对乡村产业高质量发展的作用不显著。产生上述结果的原因可能是因为东部地区区位优势和资源禀赋优势明显，发达的交通水平和完善的基础设施有利于要素的流入，使其数字经济较早起步发展，为技术创新作用的发挥提供了良好的环境，进而推动乡村产业高质量发展。

表 10 - 6　　　异质性检验结果

变量	(1) Intg	(2) Tech1	(3) Intg	(4) Intg	(5) Tech1	(6) Intg	(7) Intg	(8) Tech1	(9) Intg
Dig	0.255 2*** (9.873 0)	0.027 5*** (8.286 6)	0.142 6*** (5.312 9)	0.468 9*** (17.852 4)	0.089 1*** (12.196 9)	0.450 3*** (10.767 5)	0.042 7 (0.985 9)	0.015 3*** (2.712 7)	0.082 2* (1.954 8)
Tech1			4.088 7*** (7.358 6)			0.208 6 (0.572 2)			-2.577 0*** (-4.239 4)

续表

变量	(1) Intg	(2) Tech1	(3) Intg	(4) Intg	(5) Tech1	(6) Intg	(7) Intg	(8) Tech1	(9) Intg
_cons	-5.226 3 *** (-4.897 3)	0.493 4 *** (3.598 1)	-7.243 8 *** (-7.612 6)	-1.000 3 * (-1.854 0)	0.521 0 *** (3.473 7)	-1.109 0 * (-1.932 9)	-0.531 6 (-1.244 9)	0.289 4 *** (5.209 2)	0.214 0 (0.486 0)
CV	Yes	Yes	Yes	Yes	Yes	Yes	Yes	Yes	Yes
Province	Yes	Yes	Yes	Yes	Yes	Yes	Yes	Yes	Yes
Year	Yes	Yes	Yes	Yes	Yes	Yes	Yes	Yes	Yes
N	176	176	176	128	128	128	176	176	176
adj. R^2	0.788	0.911	0.846	0.910	0.886	0.909	0.720	0.825	0.750
F	31.068 6	82.883 1	43.117 5	59.645 6	46.159 5	56.675 1	21.931 4	38.855 8	24.249 2

注：*、*** 分别表示变量在 10%、1% 的水平上显著；括号内为 t 值。

四、稳健性和内生性检验

为了验证数字经济对乡村产业高质量发展的促进作用，排除异常值、极端值的影响，保证结论的稳健性，本文采用以下方法进行进一步验证：(1) 将核心解释变量 Dig（熵值法）替换为 Szjj（主成分法），结果如列 (1) 所示；(2) 将被解释变量 Integration（熵值法）替换为 Cyrh（主成分法），结果如列 (2) 所示；(3) 将解释变量和被解释变量同时替换为主成分法进行回归，结果如列 (3) 所示；(4) 由于北京、天津、上海、重庆四个直辖市与其他省份之间差异较大，故将这四个直辖市数据在样本中进行剔除，结果如列 (4) 所示；(5) 为了剔除极端值的影响，对解释变量和被解释变量进行 1% 的缩尾处理，结果如列 (5) 所示。从结果来看，五种处理方式的基准回归结果与原基准回归结果均保持基本一致，说明数字经济对乡村产业高质量发展具有促进作用这一结论是可靠的。在内生性检验方面，本文借鉴赵涛等[1]的做法，选择 1984 年各省邮电局数量、各省邮电业务总量作为数字经济的工具变量，并参考 Nunn 和 Qian[55]的研究中构建工具变量的方法，使用数字经济的滞后一期与原工具变量的交互项作为新的工具变量进行检验，估计结果如表 10-7 的列 (6) 所示。结果显示两个工具变量通过了 LM 检验和 Hansan 检验，Wald F 检验的 F 值为 23.675，大于 10% 临界值，且数字经济的系数仍然显著，与基准回归结果相比，工具变量的估计结果没有发生明显改变，表明基准回归结果是可靠的。

表 10－7 稳健性和内生性检验结果

变量	(1) Intg	(2) Cyrh	(3) Cyrh	(4) Intg	(5) Intg	(6) Intg
Szjj	0.036 5 ** (2.306 2)		0.251 9 * (1.9820)			
Dig		1.747 2 ** (2.091 9)		0.268 9 ** (2.563 7)	0.283 9 *** (3.958 7)	0.824 0 *** (9.620 4)
Liv	0.240 2 *** (2.776 7)	1.367 4 ** (2.057 9)	1.205 4 * (1.862 1)	0.235 5 ** (2.562 3)	0.257 0 *** (3.568 6)	0.525 2 *** (5.787 9)
Elec	0.026 9 ** (2.419 6)	0.070 8 (0.909 1)	0.084 1 (1.015 4)	0.013 8 (0.709 3)	0.024 7 ** (2.301 7)	0.036 9 *** (5.115 3)
Edu	−0.648 2 * (−1.933 7)	0.181 2 (0.080 2)	−0.170 1 (−0.074 1)	−0.371 8 (−1.153 7)	−0.512 6 * (−1.729 4)	−0.261 1 (−1.197 0)
Ag	0.002 0 (0.152 2)	0.173 6 * (1.851 4)	0.194 3 * (2.026 0)	0.039 5 * (1.792 7)	−0.003 0 (−0.297 8)	0.022 7 ** (2.023 9)
Env	−0.001 9 (−0.919 9)	−0.017 1 (−1.371 8)	−0.018 1 (−1.425 9)	−0.000 7 (−0.376 0)	−0.001 5 (−0.892 1)	0.0020 (0.659 5)
Trans	−0.016 0 (−1.085 5)	−0.031 7 (−0.419 3)	−0.027 1 (−0.355 5)	−0.006 0 (−0.431 0)	−0.015 7 (−1.049 2)	−0.006 1 (−0.608 0)
_cons	−1.803 2 ** (−2.418 9)	−12.924 0 ** (−2.307 5)	−11.678 9 ** (−2.138 5)	−2.105 5 ** (−2.502 7)	−1.921 2 *** (−3.154 5)	
Province	Yes	Yes	Yes	Yes	Yes	Yes
Year	Yes	Yes	Yes	Yes	Yes	Yes
Kleibergen－Paap rk LM						28.348 [0.000 0]
Kleibergen－Paap rk Wald F						23.675 {19.93}
Hansan 检验						9.623 [0.001 9]
N	480	480	480	416	480	480
adj. R^2	0.713	0.856	0.852	0.722	0.750	0.540 1
F	22.852 3	193.881 4	121.463 1	30.925 2	55.437 1	23.421 4

注：*、**、*** 分别表示变量在 10%、5%、1% 的水平上显著；括号内为 t 值。

第六节 小结与政策建议

一、小结

本书基于数字经济与乡村产业高质量发展的现实背景，从产业链延伸、新业态发展、技术渗透和组织创新四个维度对乡村产业高质量发展的内涵进行了界定，并将技术创新作为数字经济影响乡村产业高质量发展的路径，构建中介效应模型并进行深入研究，得到以下结论：（1）数字经济能促进农村产业链延伸、新业态发展、技术渗透和组织创新这四个维度，从而有效推动乡村产业高质量发展，且对新业态发展的促进作用最强；（2）数字经济能通过促进技术创新推动乡村产业高质量发展，从技术双元创新的角度看，数字经济能通过突破式创新的驱动显著提升乡村产业高质量发展水平，因此，数字经济通过渐进式创新对乡村产业高质量发展的促进作用相对较弱；（3）从东部、中部、西部地区的检验来看，技术创新的中介作用在东部地区最为显著，中部地区数字经济对乡村产业高质量发展具有显著正效应但是中介效应不显著。

二、政策建议

基于以上结论，本文提出以下对策以进一步发挥数字经济、技术创新对乡村产业高质量发展的作用。第一，大力推进乡村数字经济发展。应着力提升乡村数字基础设施建设水平，持续推进数字经济与乡村产业的深度融合，通过政府政策倾斜、资金支持、税收优惠等措施引导乡村充分发挥数字红利，从而加快乡村数字产业化、产业数字化转型。第二，强化创新驱动战略，鼓励技术创新。技术创新是数字经济推动乡村产业高质量发展的重要路径，从供给端来看，要重视产业供应链层面的突破式创新，通过数字经济的筛选作用淘汰低端技术创新，发挥高精尖技术对乡村产业高质量发展的作用。第三，重视区域协调发展。区域间经济发展水平、交通发达程度等方面的差异影响了数字经济发展水平和乡村产业发展水平，因此，地区间应加强合作，强化区域协同机制，东部地区要立足自身优势持续推动数字经济和乡村产业融合发展，并辐射带动其他地区发展，中西部地区则要加强政府支持力度，加快基础设施建设，着力提升地区的数字经济发展水平和技术创新能力。

第十一章

数字经济影响实体经济高质量发展的效率测度

促进数字经济与制造业、乡村产业深度融合是推动实体经济高质量发展的必然选择。数字经济已经成为新一轮产业革命的驱动核心，推动着产业转型升级，促进经济由高速增长向高质量增长转变。我国经济已由高速增长阶段转向高质量发展阶段，而高质量发展的内涵之一是注重发展的效率。本章选择制造业和乡村产业作为实体经济的典型产业代表，研究数字经济如何影响制造业和乡村产业高质量发展效率具有重要意义。首先，基于2005—2020年中国省级面板数据，构建SBM-Undesirable模型测算制造业高质量发展效率，并从技术创新和创业活力两个角度分析数字经济对制造业高质量发展效率的影响机制。研究表明：总体上，数字经济的发展对制造业高质量发展效率的提升具有显著的促进作用；区域异质性分析表明，数字经济对东部地区制造业高质量发展效率的提升具有显著的正向影响，而对中西部地区的影响不显著；作用机制检验表明，数字经济能够通过技术创新和激发创业活力两条途径推动制造业高质量发展效率的提升。基于此，本文进一步从加快数字基础设施建设、实施差异化发展战略、促进技术创新和激发创业活力等方面提出建议，积极发挥数字经济对提升制造业高质量发展效率的促进作用。其次，本章在对乡村产业高质量发展效率进行内涵界定的基础上，基于2005—2020年中国省级面板数据，构建SBM-Undesirable模型测算乡村产业高质量发展效率，并以要素配置效率、产业结构升级作为中介变量，探究数字经济影响乡村产业高质量发展效率的内在机制。研究结果表明：数字经济能显著提升乡村产业高质量发展效率，但其效果会随着时间推移而减弱；数字经济能通过提高要素配置效率、推动产业结构升级，提升乡村产业高质量发展效率；数字经济对乡村产业高质量发展效率的提升作用存在区域异质性和行业异质性。研究认为，通过着力推进乡村数字化建设、提高要素配置效率、优化产业结构、重视区域协调发展和产业协调发展，能够提升乡村产业高质量发展效率。

第一节

数字经济影响实体经济高质量发展效率的测度：制造业的证据

一、问题提出

制造业是立国之本、兴国之器、强国之基，推动国民经济的快速发展，关键在于发展制造业。经过多年的发展，中国已经成为制造业大国，2021 年中国制造业增加值高达 31.4 万亿元，稳居世界第一位。然而，中国制造业发展具有大而不强的特征：一方面是产业规模的扩大以及“中国制造”遍及全球，另一方面是产业基础能力薄弱，关键核心技术受制于人，面临着生产效率低下、产品附加值低、能源资源消耗大、自主创新能力弱等问题。因此，中国迫切需要寻找新动能来推动制造业高质量发展，实现由制造大国向制造强国的转变。

随着数字化技术的飞速发展，数字经济逐渐渗透到社会生活的方方面面，工业互联网应用已覆盖 45 个国民经济大类，数字经济地位愈加稳定。从国家政策层面来看，党的二十大报告、“十四五”规划当中都有提到要发展数字经济等新产业，促进数字经济与实体经济的融合，总体而言，数字经济已经成为新一轮产业革命的驱动核心，推动产业转型升级，促进经济由高速增长向高质量增长转变（Kalyan Singhal et al.，2018）。当前，在贸易摩擦、技术封锁等各种风险挑战的倒逼之下，中国制造业发展面临着诸多挑战。在此背景下，从数字经济视角出发，研究如何提升制造业高质量发展效率，并厘清其中的作用机制，对于推动制造业提质增效与转型升级、实现制造业高质量发展具有重要现实意义。

二、文献综述

制造业高质量发展是经济高质量发展的重中之重。关于制造业高质量发展的研究主要集中于以下几个方面：一是制造业高质量发展的内涵。已有学者对“高质量发展”的内涵进行了解读，指出创新、协调、绿色、开放、共享的发展理念既是高质量发展的要求，也是对是否实现高质量发展的评价准则（金碚，2018）。制造业高质量发展是在新发展理念的指导下，形成以创新为核心、以质量为先、以人才为本，积极整合内外资源、协调共同发展，实现经济社会效益与生态效益相统一的高水平可持续发展（李秋香等，2022）。二是制造业高质量发展的影响因素与驱动机制。技术创新、人力资本以及外商直接投资等因素对制造业高质量发展具有重要影响。具体来看：制造业的高质量发展离不开技术创新，新时代推动经济发展的关键是要以技术创新为根本。人力资本不仅直接作用于制造业高质量发展，还对技术创新发挥着正向调节作用，对提升制造业高质量发展水平有着重要意义（汪芳和石鑫，2022）。外商直接投资能够缓解制造业高质量发展过程中资金不足的状况，还能以技术进入的方式为制造业企业注入新的技术元素，从而提高其创新能力，带动制造业发展（李春梅，2019）。三是制造业高质量发展水平的测算。从宏观角度来看，制造业高质量发展涵盖经济、社会和环境各个方面，是涉及多个领域和层面的复杂系统，现有部分学者基于新发展理念和高质量发展内涵来构建指标体系（江小国，2019；曲立等，2021）。从微观角度来看，大多数采用全要素生产率予以衡量（钞小静等，2021；张鑫宇和张明志，2022）。

随着数字经济的快速发展，学界在相关方面进行了大量的探索，主要集中于数字经济与制造业高质量发展之间的关系。从宏观层面来看，学者基于生产要素、配置效率以及生产率等角度分析数字经济对制造业高质量发展影响。具体来看：一是在数字经济时代，数据作为新的生产要素投入，改变了要素投入的数量与质量；二是数字经济的高渗透性与高协同性的特征促进生产要素的流动，提高要素配置效率并降低产业发展成本，提高了产业发展效益，有助于实现效率最优化与效益最大化；三是数字经济发展带来的技术进步带动了生产效率的提升，助力产业的提质增效，对制造业高质量产生积极作用（荆文君和孙宝文，2019；马中东和宁朝山，2020）。从微观层面来看，数字技术渗透进企业经营管理的方方面面，在研发、生产、管理等环节发挥着积极作用（S. Wang et al.，2018）。在产品研发上，大数据资源及大数据分析帮助企业对市场趋势进行更为准确的判断，为产品研发决策提供依据，实现研发创新（谢康等，2020）；在生产制造上，数字技术的嵌入，实现对生产线的实时监控，有利于产品质量的提高；在运营管理上，数字平台的应用简化了业务流程，促使企业组织模式向网络化、扁平化、柔性化转变，极大地改善了企业管理模式与工作效率（黄赜琳等，2022）。从作用机制来看，数字经济可以通过技术创新、人力资本积累以及产业升级等渠道间接促进制造业高质量发展（付文宇等，2022；惠宁和杨昕，2022）。在发展效率测算方面，主要包括随机前沿分析（SFA）和数据包络分析（DEA），但 SFA 必须以预先设定相应的函数形式为前提来提高估计结果的准确性，而 DEA 相对效率评价中非期望产出并非所需产品导致投入最小化、产出最大化的目标难以实现（张洪烈和刘宁，2021；KHANDELWAL A. K. 等，2013）。因此，建立综合考虑投入、期望产出以及非期望产出的评价体系来测算制造业高质量发展效率具有重要意义。

综上所述，已有文献对数字经济与制造业高质量发展进行了有益探讨，为本研究提供了丰富的理论借鉴，但同时也存在一定的局限性：第一，已有研究较多关注于数字经济与制造业发展之间的关系，较少从效率角度考察数字经济对制造业高质量发展效率的影响；第二，现有文献较少关注数字经济影响制造业高质量发展效率的作用机制。因此，本文在前人研究的基础上，基于 2005—2020 年中国省级面板数据，从理论和实证上深入探讨数字经济对制造业高质量发展效率提升的影响。可能的边际贡献在于：（1）建立包含投入、期望产出和非期望产出的指标体系，构建 SBM - Undesirable 模型测度制造业高质量发展效率，拓展已有研究；（2）从技术创新和创业活力两个方面分析数字经济对制造业高质量发展效率的具体作用效果和作用机制，深化认识数字经济与制造业高质量发展效率的关系。

三、机理分析与研究假说

（一）数字经济对制造业高质量发展效率的直接影响机制

数字经济的内涵包含四个核心内容：数字化信息（数据要素）、互联网平台、数字技术以及新型经济模式和业态（陈晓红等，2022）。因此，基于数字经济内涵，本章从以上四个方面分析数字经济对制造业高质量发展效率的直接影响。一是数字经济时代，最基础核心的要素便是数据信息，其作用不容忽视。微观层面，数据本质上是过去经济活动所产生的信息，对这些数据的充分利用进而挖掘消费者的潜在需求有利于提高制造业企业决策的精准性、创新产品服务以及重塑商业模式；宏观层面，数据作为新的生产要素嵌入开发、生产、营销、服务等各个环节，并与其他生产要素不断融合促进要素组合和结构的变化，又改善了劳动、知识、资本、技术等要素的质量和效率，有利于资源要素的合理配置和生产效率的提高（胡西娟等，2022）。此外，数据要素非竞争性、非排他性和低成本复制的特征使其在宏观层面的价值创造能力实现倍增（蔡跃洲和马文君，2021），从而促进制造业高质量发展并提升其发展效率。二是互联网平台的迅速发展赋能制造业的高质量发展。一方面，互联网平台在制造业企业间构建起信息沟通的渠道，打破了企业间信息孤立的状态并拓宽了合作网络结构，促进产业链上下游企业的资源共享，使制造业企业从更深程度上参加行业内分工、行业间分工、价值链分工，促进产业协同发展，有利于制造业的转型升级（石璋铭和杜琳，2022）；另一方面，互联网平台通过竞争效应促进了生产效率的提高，互联网平台打破了贸易的地理藩篱，加剧行业的竞争程度，导致制造业企业不断进行技术革新、新产品开发等来提高自身的竞争优势，进而促进生产效率的提高（余文涛和吴士炜，2019）。三是数字技术的深度融合促进传统产业的升级。数字技术强大的渗透力使其融入到各行业的生产活动和经营管理当中，既实现了生产过程的自动化、智能化，提升高复杂度工作的生产效率并节约时间和资源成本，又优化了企业的管理模式，提高企业各部门的协调程度和工作效率，有力地推动了传统制造业企业数字化转型和产业结构优化（田秀娟和李睿，2022）。此外，数字技术打破了传统产业的边界，促进产业跨界融合，加速生产要素的流通，减少交易成本，实现全新的价值增值与价值创造，促进制造业高质量发展。四是数字技术的不断发展催生出新产业、新业态、新模式，即数字产业化，为传统制造业提供了更为优质、便捷和高端的网络服务，同时随着 ICT（信息通信技术）产业的技术扩散、渗透和溢出效应的发挥，传统制造业逐渐改提升原有技术、改造生产方式，推动制造业升级和效率提升（郭美晨和杜传忠，2019）。数字产业的发展为制造业升级提供了新的发展方向，不仅帮助传统制造业向中高端制造业迈进，还促进产业的关联与融合发展，有效延伸产业链（李辉，2019），有助于实现制造业传统产业的转型升级，提升发展效率（刘洋和陈晓东，2021）。

基于以上分析，提出如下假设：

H1：数字经济发展可以通过数据要素的投入、互联网平台的发展、数字技术的融合创新以及数字产业化发展直接促进制造业高质量发展效率的提升。

（二）数字经济对制造业高质量发展效率的间接影响机制

实现制造业高质量发展效率的提升，从根本上要依靠技术创新。一方面，数字经济作为技术革新的重要驱动力，推动着我国科技创新战略的实施，促进企业技术创新能力的提升。首先，互联网、大数据等数字技术使得创新资源在网络空间内实现获取与调配，推动政府、企业、科研机构等创新主体的合作，打造多主体共同参与的协同创新模式，为制造业企业的技术创新提供更加便利的条件，提高其创新能力（王儒奇和陶士贵，2022）。其次，随着数字技术被广泛应用于金融领域，金融机构能在短时间内完成对企业的信用评估，提升制造业企业的融资可得性，同时提供层次更为丰富的融资渠道，进而为制造业企业的研发创新提供充足的资金，企业创新的风险将大大降低。最后，企业技术创新能力的增强将促进产品、工艺、业态等方面的创新，有助于制造业的高质量发展。产品创新满足了消费者多样的需求，工艺创新提高了产品技术复杂度与产品附加值，因而技术创新能够从供需两方面带动制造业的结构调整，有利于传统产业的提质增效，向“制造强国”迈进（韩峰和阳立高，2022），同时更加智能化的产品生产为制造业企业带来更多的超额利润，提高传统制造业的盈利能力，积累的科技资源与数据信息为企业的持续创新提供不竭动力。从业态创新来看，数字经济的强渗透性和强扩散性促进传统产业的数字化转型和数字技术的产业化发展，有助于制造业高质量发展。数字技术逐渐融入到生产、经营、管理等各个方面，推动传统制造业数字化、智能化发展，而数字化转型促进产业跨界融合，加快要素流通，从而实现产业结构的转型升级，提升制造业高质量发展效率。数字技术创新有助于推动数字产业化，形成新产业、新业态，并吸引越来越多的劳动与资本等要素的转移，新兴产业的集聚和生产要素的重组加速产业结构的升级，促进制造业的高质量发展。

激发大众创业是数字经济释放高质量发展红利的重要机制，它能够通过节约成本、拓展市场以及缓解融资约束来提升创业活力。第一，交易成本理论认为外部环境中信息复杂性和不对称性会造成交易成本过高，传统的创业活动由于信息不对称需要花费高额的信息搜寻成本，因此对创业活动的发生具有一定的阻碍作用。而大数据、云计算、互联网等数字技术强大的信息搜集与处理能力，解决了信息不对称问题。同时，数字经济发展衍生出一大批网络平台，促进了信息资源的共享，降低了资源获取费用，为创业企业提供了广阔的交易平台和高效的沟通工具，大大降低了沟通成本，从而降低了创业活动的信息搜寻成本和交易成本，激发地区的创业活力（邹琪和樊丽，2022）。第二，新型数字基础设施强大的连接匹配能力和高效的数据传输能力，促进创业人才、创新资源等生产要素跨区域的连接和流动，使创业市场呈现出全开放、无边界等特征，拓展了创业市场的边界。数字技术帮助多样化创新主体互动合作来探索未知领域，不断发现新的创业机会，尤其是数字化产品市场蕴藏着巨大商机和利润，吸引创业者更加积极的投资来抢占市场先机，同时，创业者依托数字技术不断挖掘出更加碎片化和个性化的消费需求，促进消费需求的升级，从而为创业者提供更为广阔的市场空间（余江等，2018）。第三，数字技术与金融服务的融合缓解了创业活动的融资约束，从而促进地区创业活动。具体来看，一方面，数字金融弥补了传统金融机构的不足，拓展金融服务的范围和可触达性，提高金融服务的便携程度，为创业主体吸纳更多的资金，促进地区的创业活动；另一方面，数字金融依托大数据技术对小微企业的创业项目进行高效、智能的风险评估，减少信息不对称，使小微企业也能获得低成本的金融支持，从而促进创业。数字经济能够提升地区的创业活跃度，而创业活动是经济增长的内生活力，随着数字技术与实体经济的融合，以创新为驱动力的创业活动不断增强，将助力制造业的高质量发展。创业多集中于新兴、高技术产业，并吸引大量高端人才，这种产业和人才的集聚加速了新技术成果的研发，为创新技术和知识的扩散和溢出提供了良好的环境，从而有效推动产业链上下游实现产业结构的升级。此外，面临着新创企业的冲击，在位企业不得不对自身进行改造升级来提高竞争优势，因而在竞争效应的影响下，促进了企业的优胜劣汰，提高制造业整体发展水平，进一步对发展效率产生促进作用。

基于以上分析，提出如下假设：

H2：数字经济的发展有助于提高制造业企业技术创新的能力，并通过产品创新、工艺创新以及业态创新等形式促进制造业高质量发展效率的提升。

H3：数字经济的发展有利于激发地区的创业活力，而创业活力的提升又通过技术的扩散和溢出、产业的竞争效应等促进制造业高质量发展效率的提升。

四、模型、方法、变量与数据说明

（一）模型构建

根据上文的理论分析，为检验数字经济对制造业高质量发展效率的影响，构建如下模型：

$$eff_{it} = \alpha_0 + \alpha_1 dig_{it} + \beta \sum CV_{it} + \mu_i + \delta_t + \varepsilon_{it} \qquad (11-1)$$

其中，eff_{it}为被解释变量，表示制造业高质量发展效率；dig_{it}为核心解释变量，表示数字经济发展水平；CV_{it}表示所有控制变量合成的全局变量，下标 i 表示省份，下标 t 表示年份；μ_i 代表地区固定效应；δ_t 代表时间固定效应；ε_{it}表示随机误差。

为进一步检验数字经济对制造业高质量发展效率的间接作用机制，本文引入技术创新、创业活力作为中介变量，并采用三步法进行中介效应检验，具体模型如下：

$$MED_{it} = \alpha_0 + \alpha_2 dig_{it} + \beta \sum CV_{it} + \mu_i + \delta_t + \varepsilon_{it} \qquad (11-2)$$

$$eff_{it} = \alpha_0 + \alpha_3 dig_{it} + \alpha_4 MED_{it} + \beta \sum CV_{it} + \mu_i + \delta_t + \varepsilon_{it} \qquad (11-3)$$

其中，MED_{it}表示中介变量，分别为技术创新、创业活力。

（二）变量设置

（1）被解释变量。制造业高质量发展效率（eff），制造业高质量发展是指借助新兴技术及应用提升经济效益、社会效益和环境效益，实现三者的协同发展，而效率更加侧重于对生产要素的利用情况（张洪烈和刘宁，2021）。本文借鉴闫星等的指标选取方法来构建制造业高质量发展效率指标体系，将要素和创新作为投入指标，主要体现在劳动力要素和资本要素两方面的投入，将经济效益、创新能力作为期望产出指标，同时选择一般工业固体废物、废水和废气的排放量纳入非期望产出指标，具体指标含义见表 11－1。

表 11-1　制造业高质量发展效率评价指标体系

一级指标	二级指标	三级指标	指标含义	单位
投入	要素投入	劳动力投入	规模以上工业企业平均用工人数	万人
		资本投入	全社会固定资产投资	亿元
	创新投入	创新性人力投入	规模以上工业企业 R&D 人员全时当量	人年
		创新性资本投入	规模以上工业企业 R&D 内部经费支出	万元
产出	经济效益	经营状况	规模以上工业企业主营业务收入	亿元
		盈利状况	规模以上工业企业利润总额	亿元
	创新能力	创新活动产出	规模以上工业企业新产品销售收入	万元
		高技术产业	高新技术产业主营业务收入	万元
	非期望产出	固废	一般工业固体废物产生量	万吨
		废水	工业废水排放总量	万吨
		废气	工业二氧化硫排放总量	吨

本文借鉴 Tone 提出的 SBM - Undesirable 模型（Slack - based Model - Undesirable）对制造业高质量发展效率进行测度，模型如下。

$$\mathrm{Eff} = \min \frac{1 + \frac{1}{m}\sum_{i=1}^{m}\frac{w_i^-}{x_{ik}}}{1 - \frac{1}{q_1 + q_2}\left(\sum_{r=1}^{q_1}\frac{w_j^+}{y_{jk}} + \sum_{t=1}^{q_2}\frac{w_t^{b-}}{b_{rk}}\right)} \tag{11-4}$$

$$\text{s.t.}\begin{cases} \sum_{j=1,j\neq k}^{n} x_j\lambda_j - w_i^- \leqslant x_{ik} \\ \sum_{j=1,j\neq k}^{n} y_j\lambda_j + w_r^+ \geqslant y_{rk} \\ \sum_{j=1,j\neq k}^{n} b_j\lambda_j - w_t^{b-} \leqslant b_{ik} \\ 1 - \frac{1}{q_1 + q_2}\left(\sum_{r=1}^{q_1}\frac{w_j^+}{y_{jk}} + \sum_{t=1}^{q_2}\frac{w_t^{b-}}{b_{rk}}\right) > 0 \\ \lambda_j, w_i^-, w_r^+, w_t^{b-} \geqslant 0 \\ i = 1,2,\cdots,m; r = 1,2,\cdots q_1; t = 1,2,\cdots q_2; j = 1,2,\cdots,n(j \neq k) \end{cases} \tag{11-5}$$

模型中 Eff 代表产业集聚效率，n 代表决策单元的个数，λ_j 表示强度变量，每个决策单元 DMU 均由投入、产出、非期望产出三类要素构成，m、q_1、q_2 分别代表了各类要素的数量，本文模型中包含了 4 个投入要素、4 个期望产出要素和 3 个非期望产出要素，x_{ik}、y_{rk}、b_{ik}代表了决策单元的投入产出的变量形式，w_i^-、w_r^+、w_t^{b-} 则分别代表了三类要素的松弛变量。

（2）核心解释变量。数字经济（Dig），通过构建指标体系测算数字经济水平（详见第 4 章）。

（3）中介变量。本书选取技术创新和创业活力作为中介变量。技术创新（inn），技术创新是制造业高质量发展的关键，本书借鉴已有研究，采用地区专利申请授权数的对数作为技术创新的代理变量。创业活力（ent），创业在很大程度上反映的是个体或私营企业的影响力，本书借鉴刘伟江等（2019）的做法，用个体和私营企业从业人数与地区总人口的比值来表征。

（4）控制变量。为了减弱模型中可能存在的遗漏变量偏误，本书参考已有研究选取以下五个控制变量：经济发展水平（pgdp），以人均生产总值来表征；政府干预程度（gov），采用地方财政一般预算支出占 GDP 的比重表示；对外开放水平（open），采用按境内货源地和目的地分的进出口总额占 GDP 比重表示；人力资本（edu），以平均受教育年限表示；信息化发展水平（infor），选择电信业务量总额与年末常住人口的比重表示。各变量的描述性统计结果见表 11－2。

表 11－2　　变量描述性统计

变量性质	变量名称	变量定义	观测值	平均值	标准差	最小值	最大值
被解释变量	eff	制造业高质量发展效率	480	0.437 8	0.252 4	0.023 1	1.000 0
解释变量	dig	数字经济	480	0.178 1	0.125 8	0.014 1	0.827 2
	dig1	数字基础设施	480	0.168 6	0.131 3	0.002 3	0.885 5
	dig2	数字产业化	480	0.097 9	0.143 4	0.000 8	0.900 0
	dig3	产业数字化	480	0.196 5	0.136 2	0.010 2	0.846 6
中介变量	inn	技术创新	480	4.385 2	0.707 8	2.334 5	5.985 6
	ent	创业活力	480	0.173 5	0.109 9	0.029 6	0.683 5
控制变量	pgdp	人均 GDP	480	4.235 1	2.755 9	0.521 8	16.415 8
	gov	政府干预程度	480	0.226 4	0.098 9	0.079 2	0.643 0
	open	对外开放水平	480	0.301 1	0.333 4	0.007 1	1.664 0
	edu	人力资本	480	8.8520	1.017 8	6.377 8	12.7820
	infor	信息化发展水平	480	0.263 6	0.279 8	0.042 2	1.483 6

（三）数据来源

本书选取2005—2020年中国大陆除西藏以外的30个省份的面板数据进行实证分析，选取数据主要来源于历年《中国统计年鉴》《中国科技统计年鉴》《中国环境统计年鉴》《中国工业统计年鉴》《中国能源统计年鉴》以及各省份的统计年鉴，部分年份缺失值通过插值法和趋势法进行计算得出，以作为近似指标数据替代。

五、实证结果及其分析

（一）制造业高质量发展效率变动趋势

本书利用SBM－Undesirable模型对30个省份的制造业高质量发展效率进行测算，各区域总体效率与变动趋势见图11－1。2005—2014年，我国制造业高质量发展效率变化趋势较为平缓，但2015年之后上升速度加快，这主要得益于2015年“中国制造2025”和供给侧结构性改革等发展战略的实施，推动了我国制造业的高质量发展。从区域差异来看，我国制造业高质量发展效率的区域性差异与我国经济发展水平的区域性差异类似，即东部地区最高，中部地区次之，西部地区最低，但各区域制造业高质量发展效率与全国整体效率发展趋势基本保持一致。东部地区制造业高质量发展效率一直处于全国领先水平，原因在于东部地区区位优势突出，经济发展水平高，制造业发展基础好，有利于吸附资金、人才等优势资源，积极发挥其对制造业发展的正向累积效应，并且受惠于国家各项制造

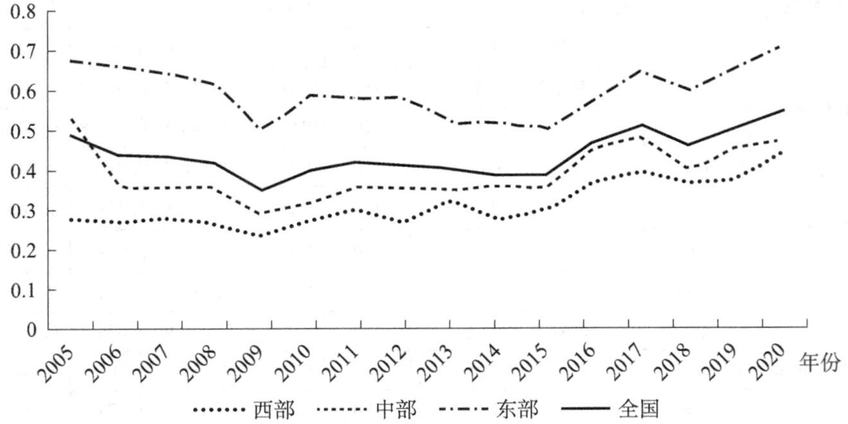

图11－1 2005—2020年制造业高质量发展效率变动趋势

业发展的支持政策，极大地促进了制造业高质量发展效率的提升。虽然西部地区制造业高质量发展效率最低，但大致呈现持续上升态势，逐渐缩小与东部地区的差距。可能的原因是：随着“西部大开发”等战略以及“一带一路”倡议的提出与推进，西部地区的基础设施与招商引资环境不断完善，并通过承接制造业转移产业获得了高速发展。

（二）基准回归检验

在模型选择上，借助 LM 检验与 Hausman 检验，选择双重固定效应模型来研究数字经济与制造业高质量发展效率的关系，基准回归结果见表 11 - 3。模型（1）的结果显示，数字经济的影响系数为正值，且通过了 5% 的显著性水平，说明数字经济的发展能够显著提升制造业高质量发展效率。数字经济通过将数据作为新的生产要素投入，将数字技术充分应用到生产、管理、研发等过程中，使制造业生产效率不断提高、管理模式不断优化、产业结构不断升级，显著促进制造业高质量发展效率的提升，加快制造业高质量发展进程。本书进一步从数字经济分维度来具体分析其对制造业高质量发展效率的影响，模型（2）—（4）为回归结果。据表可知，数字经济三个维度的影响系数均在 5% 的水平显著为正，说明数字基础设施、数字产业化以及产业数字化对制造业高质量发展效率的提升都有促进作用。数字基础设施的完善有利于提高制造业企业的生产制造能力、加速产品流转、改善制造业市场匹配进而提高制造业高质量发展效率，同时数字基础设施缓解了信息传递障碍，有利于信息、知识以及技术的传递与扩散，消除信息不对称的情况，也为企业学习新技术降低了成本，促进企业间的合作交流，有利于企业技术创新水平的提高，从而提升制造业高质量发展效率。数字产业化的本质即新兴信息通信产业，它为传统制造业的发展提供技术支撑，提高传统制造业产业的生产力与市场竞争力，对制造业高质量发展效率的提升发挥积极作用。产业数字化转型加深了数字技术与制造业各领域的融合，既改变了传统生产模式来驱动制造业生产效率的提升，又促进产业间的延伸融合、产业的协同发展来推动产业跨界融合，助力制造业的转型升级，从而促进制造业高质量发展效率的提升。从控制变量来看，政府干预程度的影响系数显著为负，表明政府干预程度越高，则会阻碍制造业高质量发展效率的提升，而对外开放水平和信息化水平的提升会产生积极影响。对外开放水平的提高促进了对外贸易的发展，对外贸易又进一步通过产业间关联与技术溢出等途径对制造业发展产生积极影响；信息化进程的推进降低了信息获取的成本，进而提高了供需市场的匹配效率，也能促进技术创新溢出，有利于制造业内部结构的高端化发展。

表 11-3　数字经济与制造业高质量发展效率的基准回归结果

变量	(1)	(2)	(3)	(4)
dig	0.395 3** (2.502 3)			
dig1		0.3120** (2.086 3)		
dig2			0.311 0** (2.220 6)	
dig3				0.335 2** (2.296 1)
pgdp	-0.008 2 (-0.691 6)	-0.004 3 (-0.360 6)	-0.020 6 (-1.538 6)	-0.006 9 (-0.583 5)
gov	-0.500 0* (-1.923 4)	-0.543 0** (-2.093 2)	-0.616 4** (-2.469 8)	-0.504 2* (-1.922 5)
open	0.264 1*** (3.376 8)	0.259 7*** (3.311 2)	0.286 3*** (3.535 3)	0.250 5*** (3.224 7)
edu	0.009 5 (0.243 0)	0.008 9 (0.224 9)	0.008 2 (0.208 8)	0.009 7 (0.245 5)
pinfor	0.220 7** (2.210 9)	0.220 7** (2.210 9)	0.184 4* (1.875 1)	0.220 2** (2.197 6)
_cons	0.344 8 (1.107 3)	0.369 5 (1.185 7)	0.413 4 (1.335 2)	0.351 5 (1.127 1)
Province FE	Yes	Yes	Yes	Yes
Year FE	Yes	Yes	Yes	Yes
N	480	480	480	480
within-R^2	0.207 5	0.204 0	0.205 0	0.205 7

注：*、**、*** 分别表示变量在10%、5%、1%的水平上显著；括号内为t统计量。

（三）异质性检验

我国制造业高质量发展效率和数字经济发展总体呈现出东部强、中西部薄弱的区域差异，这种差异必然导致数字经济的影响存在异质性。因此，本文从地区差异方面进行异质性影响的检验，结果如表11-4所示。结果显示，东部地区数字经济变量的系数显著为正，中西部地区的数字经济变量的系数不显著，说明数字经济对东部地区制造业高质量发展效率的提升具有明显的促进作用，而在中西部地区没有促进作用。可能的原因在于：一方面，东部地区经济实力雄厚，数字基础设施较为完善，数字经济发展起步早、水平高，使其对制造业高质量发展效率提升的促进作用得到更加有效的发挥；另一方面，相较于中西部地区，东部地区凭借优越的地理位置、较好的产业基础以及政策扶持等条件，吸引大量的优秀人才、金融资本等资源，能够最先接触到先进的知识与技术，为数字经济迅速发展提供良好的环境，有利于数字经济红利的释放。而中西部地区经济发展相对落后，数字基础设施不完善，资金和人力资本积累不足，导致其数字经济发展水平较为落后，数字经济在促进制造业高质量发展效率提升方面难以发挥引领作用。

表 11-4　　异质性检验结果

变量	(1) 东部	(2) 中部	(3) 西部
dig	0.451 0** (2.333 9)	-0.630 2 (-1.117 6)	-2.031 5 (-0.550 9)
_cons	0.040 0 (0.070 0)	-0.874 9 (-1.250 0)	2.015 2 (0.799 7)
CV	Yes	Yes	Yes
Province FE	Yes	Yes	Yes
Year FE	Yes	Yes	Yes
N	176	128	176
within - R^2	0.359 4	0.346 3	0.852 1

注：** 表示变量在 5% 的水平上显著；括号内为 t 值。

（四）内生性与稳健性检验

考虑到可能存在的内生性问题会对研究结论造成干扰，本文借鉴黄群慧等（2019）的方法，将各省份 1984 年固定电话数量（取对数）作为数字经济发展水平的工具变量。一方面，信息通信技术的发展以传统通信技术为基础，作为历史电信基础的固定电话数量会从技术水平和习惯等方面对数字经济的发展产生持续性影响；另一方面，固定电话对制造业高质量发展效率的影响随着使用频率的降低逐渐减弱，满足排他性要求。但固定电话数作为截面数据，无法参与面板数据的计量回归，因此进一步借鉴

Nunn 等（2014）的方法，构建上一年全国互联网投资额与各省份 1984 年固定电话数量的交互项作为新的工具变量用 2SLS 方法进行检验，其中全国互联网投资额以信息传输、软件和信息技术服务业固定资产投资额表示。实证结果见表 11－5 列（1），根据不可识别检验和弱工具变量检验的结果可知，不存在工具变量识别不足和弱工具变量的问题，同时也可看出数字经济的影响系数显著为正，与基准回归结果一致，表明结果的稳健性。

此外，为了验证基准结果的有效性，本文进一步采用如下方法进行检验：（1）替换解释变量，将数字经济采用主成分分析法重新测度；（2）缩尾处理，对被解释变量和解释变量进行 1% 的缩尾处理；（3）剔除直辖市，考虑到直辖市特殊的行政地位，在经济发展水平、政策优先度等方面存在差异，因而剔除北京、天津、上海和重庆的样本数据。结果如表 11－5 列（2）—（4）所示，根据估计结果，数字经济对制造业高质量发展效率的影响系数仍然显著为正，说明结果的稳健性。

表 11－5　　内生性与稳健性检验结果

变量	(1) 工具变量	(2) 主成分	(3) 缩尾处理	(4) 剔除直辖市
dig	0.5945** (0.2677)		0.4525*** (2.6122)	0.4270** (2.1435)
dig2		0.0731*** (3.1690)		
CV	Yes	Yes	Yes	Yes
Province FE	Yes	Yes	Yes	Yes
Year FE	Yes	Yes	Yes	Yes
Kleibergen－Paap rk LM	10.719 [0.0011]			
Kleibergen－Paap rk Wald F	33.928 {16.38}			
N	480	480	480	416
within－R^2	0.2008	0.2143	0.2079	0.1906

注：**、*** 分别表示变量在 5%、1% 的水平上显著；括号内为 t 值。

（五）作用机制检验

根据前文理论分析，数字经济能够通过促进技术创新和激发创业活力来间接影响制造业高质量发展效率的提升，因此本文从创新创业的视角出发，通过中介效应模型来检验数其中的影响机制，回归结果如表 11－6 所示。

表 11－6　数字经济与制造业高质量发展效率中介效应回归结果

变量	(1) inn	(2) eff	(3) ent	(4) eff
dig	0.246 8* (1.829 2)	0.354 6** (2.256 0)	0.063 6* (1.668 8)	0.364 1** (2.311 2)
inn		0.164 7*** (2.939 8)		
ent				0.489 4** (2.461 5)
_cons	2.509 1*** (9.435 1)		−0.150 1** (−1.996 3)	0.418 3 (1.344 8)
CV	Yes	Yes	Yes	Yes
Province FE	Yes	Yes	Yes	Yes
Year FE	Yes	Yes	Yes	Yes
N	480	480	480	480
within − R^2	0.934 4	0.223 2	0.863 0	0.218 5

注：***、**、* 分别表示变量在 1%、5% 和 10% 的水平上显著；括号里为 t 值。

列（1）—(2）为技术创新的检验结果，列（1）中数字经济对技术创新的影响系数显著为正，说明数字经济对技术创新具有促进作用，列（2）将技术创新放入模型中进行回归，发现数字经济和技术创新的影响系数均显著为正，与基准结果相比，数字经济的影响系数略微降低，说明技术创新这一影响机制的存在，数字经济能够通过技术创新促进制造业高质量发展效率的提升，验证了假设 H2。数字技术降低了创新成本，使企业将更多的资源用于创新研发，同时数字经济的强扩散性特点又促进创新技术的溢出，带动制造业整体技术创新能力的提升，而作为产业升级最根本的动力，技术创新能推动制造业高质量发展效率的提升。

列（3）—(4）为创业活力的检验结果，列（3）中数字经济的影响系数显著为正，列（4）将创业活力放入模型中进行回归，结果显示数字经济和创业活力的影响系数均显著为正，且数字经济的影响系数相比基准回归结果有所减小，说明数字经济能够通过提升创业活力促进制造业高质量发展效率的提高，验证了假设 H3。数字经济提升了地区的创业活力，促进新产业部门的形成，进而为市场带来强烈的冲击，淘汰落后企业，迫使在位企业引进、开发新技术来提高自身竞争力，进而提高整个制造业产业的技术创新水平，同时技术的外溢性也为产业整体水平的提高提供了机会，有利于提升制造业高质量发展效率。

六、小结与政策建议

本书讨论了数字经济驱动制造业高质量发展效率提升的理论机制和作用机理，并采用2005—2020年省级面板数据进行实证检验。研究发现，数字经济能够显著促进制造业高质量发展效率的提升，助力制造业高质量发展，且在经过内生性讨论与稳健性检验后，这一结论依然成立，进一步从细分维度来看，数字经济三个维度均对制造业高质量发展效率提升产生促进效应。异质性分析发现，数字经济对制造业高质量效率提升的促进作用存在地区差异，相比于中西部地区，东部地区经济发达、数字基础设施完善并拥有大量的人力资本，数字经济能有效提升东部地区的制造业高质量发展效率，而并未有效改善中西部地区制造业高质量发展效率。机制分析发现，技术创新的提高和创业活力的激发是数字经济影响制造业高质量发展效率的两条途径。

根据上述研究结论，本书提出以下政策建议：

第一，加快数字经济的发展。首先，加强数字基础设施建设，为数字经济发展提供硬件支撑。政府部门应加大对数字技术以及数字平台的支持力度，完善新型基础设施的建设，例如5G网络、数据中心、工业互联网等，夯实数字经济的技术基础，同时不断丰富、拓展数字技术在制造业中的应用范畴并持续创新、推广新数字技术，尤其是借助数字技术与平台打破制造业企业间的交流壁垒，实现数据信息的互联互通互享，充分发挥数据资源优势。其次，以推动数字经济与传统制造业深度融合为主线，大力推进产业数字化转型。一方面是要重点发展一批数字企业，促进数字产业化发展，以数字技术为导向促进制造业的智能化、数字化转型；另一方面是政府可以通过专项补助、税收优惠等方式鼓励并引导传统制造业产业的数字化转型，激发内生动力，同时制造业企业自身要加强数字技术的学习与应用，积极推动产业智能化转型，提升制造业高质量发展效率。

第二，实施差异化发展战略。各地应结合本地实际情况，因地制宜实施差异化的经济发展战略，以便更好地发挥数字经济的优势，促进制造业高质量发展效率的提升。政府要做好数字经济发展的顶层设计，从整体上对不同区域数字经济的发展进行规划。东部地区继续利用自身综合实力优势，加快数字技术研发、应用推广以及与制造业深度融合的步伐，扩大数字技术在制造业领域的应用范围，促进制造业的数字化转型，并重视数字产业化的发展。而对于中西部地区而言，政府应给予更多的政策倾斜，引导数字要素资源向中西部地区流动，弥补落后地区发展短板，包括加大数字经济发展的财政支持力度、加大数字人才引进与培养的政策支持力度、提高数字基础设施覆盖范围等方面，进而加速释放数字经济红利，提高制造业高质量发展效率。此外，在实施差异化发展战略的同时，要注重区域协调发展，消除区域间要素流动障碍，实现数字化转型要素投入与成果的共享互通，促进中西部地区与东部地区的交流合作，推动地区间的协同发展，逐步缩小区域发展差距。

第三，重视创新创业的作用。在技术创新方面，要营造良好的创新发展环境，加大科技教育和技术创新研发的投入以及加强数字经济核心产业的发展，以期通过市场激励与政策支持来调动各主体的创新积极性，尤其是引领行业发展的大规模制造业企业，引导其积极开展数字技术创新活动，充分利用创新资源，加速企业创新成果的转化，促进先进技术的扩散应用，从而带动中小型企业进行自主创新，切实推动区域创新模式的转变，最大限度发挥数字经济的技术创新效应，助力制造业高质量发展。在创业活力方面，充分发挥政府的市场主导优势，从资金扶持、政策保障和风险防控等方面助力创业活动开展。一是出台财政补贴、税收减免等多项优惠政策吸引鼓励人才投身创业活动，并完善创业的资金信贷支持，缓解创业资金压力，同时注重完善公共服务基础设施建设，保障创业活动的有序开展；二是推动数字政府的建设，提高政府服务效率，降低创业活动的制度性交易成本，从而为激活创业生态提供良好的环境，为数字经济驱动制造业高质量发展效率的提升培育新动能。

第二节

数字经济影响实体经济高质量发展的效率测度：乡村产业的证据

一、问题提出

当下，要推动中国式现代化、实现中华民族伟大复兴，最艰巨最繁重的任务依然在农村，最广泛最深厚的基础依然在农村。实体经济是国民经济发展的着力点和财富创造的本源，乡村产业则是农村经济的命脉和支柱，是农村经济高质量发展的坚实力量。自 2004 年至今，我国发布的 20 个中央一号文件均聚焦“三农”发展，为农村农业现代化提供了根本指引，在政策指引和支持之下，我国乡村产业逐渐发展壮大，但是随着我国经济发展进入新常态，乡村产业发展逐渐暴露出盲目追求产业产值、过度依赖传统产业、产业内生动力不足等问题，使得其资源的利用率不高，进一步阻碍了乡村产业高质量发展效率的提升。为了适应我国经济高质量增长阶段的特点，农村也在寻求向未来新乡村转型的路径，而推动传统农业向现代化乡村产业转变、挖掘乡村产业的内生动力是提升乡村产业高质量发展效率的必然选择。

近年来，数字经济逐渐发展壮大，成为我国经济发展的新动能，能够为乡村产业高质量发展创建新的增长极。《中国数字经济发展白皮书》数据显示中国数字经济的规模由 2011 年的 9.49 万亿元增加到 2020 年的 39.2 万亿元，其中农业数字经济渗透率达到了 8.9%，这表明数字经济与乡村产业的融合能推动经济的提档升级。2022 年《政府工作报告》中聚焦产业高质量发展促进乡村振兴，指出发展壮大乡村产业要注重数字转型赋能，将数字化转型作为推动乡村产业高质量发展的重要举措。2023 年中共中央、国务院印发的《数字中国建设整体布局规划》中同样提出要深入实施数字乡村发展行动，以数字化赋能乡村产业发展、乡村建设和乡村治理，为数字经济赋能乡村产业发展提供了新的政策指导。数字技术与乡村产业的结合将挖掘并释放乡村传统产业的巨大潜力，对乡村产业的要素进行全面数字化变革，将进一步推动乡村产业提质增效，稳固乡村产业的供应链、提升乡村产业的价值链。进入新发展阶段，乡村产业的变革不再依靠生活资料尤其是土地的再分配，更多地需要依靠资源创新、科技创新为产业转型发展提供新动力，因此探究数字经济对乡村产业高质量发展效率提升的内在机制具有重要意义。

2017 年，党的十九大首次提出高质量发展的新表述，其内涵是经济发展的质量和效益。本章将高质量发展效率界定为产业的投入产出比率，将产业的投入以及产业的产出质量和效益均纳入指标体系当中，综合测算产业发展的效率，提高测度的科学性、全面性。对产业高质量发展的水平进行量化，更有助于深入分析当前数字经济和乡村产业高质量发展效率提升的作用机制和影响程度，发掘当前数字经济和乡村产业融合发展中存在的问题，为乡村振兴提供新的路径选择。因此本章将基于2005—2020年中国省级面板数据，在构建SBM－Undesirable模型测度乡村产业高质量发展效率的基础上，深入研究数字经济如何影响乡村产业高质量发展效率，并提出相应的政策建议。

二、文献综述

目前我国乡村产业发展过程中存在产业同质化严重、产业组织规模盲目扩张等问题，制约了乡村产业的多元化发展，营商环境较差、公共服务供给不足则进一步阻碍了乡村产业链和供应链的升级，乡村产业高质量发展效率亟待提升。为了厘清乡村产业高质量发展的内涵，探究影响乡村产业高质量发展效率提升的因素，学者们展开了大量的研究。王瑞峰认为政府因素、区域因素、创新因素、品牌因素以及目标因素是影响乡村产业高质量发展的五大因素，而万俊毅等认为农业多功能性的发挥、三产的融合是乡村产业振兴的关键。在科技创新和产业变革浪潮的冲击下，乡村产业也面临着内生动力不足、产业模式落后等问题。在这一背景下，数字经济作为信息时代的产物，为乡村产业转型升级带来了新的契机。已有研究证明，数字经济在宏观上能通过优化资源配置从而提升要素效率和劳动生产率，对微观上则借助数字技术推动企业的专业化分工和企业创新来促进企业全要素生产率的提升。

目前直接研究数字经济与乡村产业高质量发展效率的文献较少，只有少数学者针对数字经济和乡村产业高质量发展的直接和间接关系进行研究。在直接关系方面，数字经济能借助现代信息技术推动乡村产业现代化发展，提高乡村产业的生产率和经营效率，数字金融则能依托数字技术发挥其低成本、广覆盖和可持续包容性，使偏远地区弱势群体突破金融服务的各种“卷帘门”“玻璃门”成为可能。在间接关系方面，数字经济能通过促进传统金融竞争和提升人力资本等方式间接推动乡村产业高质量发展。对于产业发展效率的测算，将经济生产过程中的投入、期望产出和非期望产出综合考虑到效率评价体系当中是目前较为流行的做法，能够综合考虑产业发展过程中社会—经济—环境三维系统的协调发展情况。因此，建立投入产出综合指标体系对乡村产业高质量发展效率进行测度具有重要意义。

既有文献对数字经济、数字金融与乡村产业高质量发展的关系展开了大量研究，研究成果丰硕，但是仍存在有待拓展之处：第一，鲜有文献基于投入产出法从效率的角度探究数字经济对乡村产业高质量发展的影响；第二，对二者关系的研究多从直接作用机制入手，多角度刻画数字经济对乡村产业高质量发展效率作用全貌的较少；第三，尚未对数字经济与乡村产业高质量发展效率的区域异质性、行业异质性进行研究。因此，本章在前人研究的基础上，基于2005—2020年中国省级面板数据，深入探寻数字经济和乡村产业高质量发展效率之间的关系。可能的边际贡献在于：(1) 建立包含投入、期望产出和非期望产出的指标体系，构建SBM - Undesirable模型测度乡村产业高质量发展效率，拓展了既有研究；(2) 从要素配置效率和产业结构两个层面研究数字经济对乡村产业高质量发展效率的间接作用机制；(3) 就数字经济与乡村产业高质量发展效率存在的区域异质性和行业异质性展开研究，丰富了数字经济对乡村产业高质量发展效率提升的异质性研究。

三、机理分析与研究假说

(一) 数字经济对乡村产业高质量发展效率的直接影响机制

数字经济对乡村产业高质量发展效率的直接作用主要体现在以下几个方面：首先，数字经济能够利用数字技术手段为农村的传统产业赋能，推动农村产业的现代化发展。受资源瓶颈的限制，中国农村普遍存在农业现代化滞后于城镇化、工业化和信息化的问题，数字经济能够打破资源约束，通过将遥感技术、地理信息系统、自动化技术等物联网数字技术融入到农业生产体系中，使得农户能够完成智能灌溉、精准施肥等精细化操作，释放农业生产力，提升农业经营生产效率。此外，信息化技术、遥感技术等的使用还能够在生产过程中的灾害防控方面发挥重要作用，形成"预测预警—防御—排除与减缓—灾后恢复"的防控措施，有效减少乡村产业的受灾范围，降低产业的受灾损失，从而提高生产效率。其次，信息技术的使用能够打破农村产业间的壁垒，加强农村产业间的联系。从生产端来看，数字经济发展所引致的生产要素数字化和生产过程智能化能够打破产业间由于信息不对称所造成的要素流通壁垒，从而模糊产业之间的界限，实现了产业之间的互联互通。而从消费端来看，市场需求是所有产业的生产导向，数字经济借助信息化平台能够将产品价格、消费偏好等市场信息及时、快速、有效地传递到生产端，有利于生产商及时调整生产结构和销售策略，减少产品的无效供给，提高乡村产业的生产效率。最后，乡村产业高质量发展是质量和数量的统一，其本质是农村和农民的高质量发展，农民作为乡村产业的发展主体，也是乡村产业高质量发展效率提升的重要保障。数字经济的发展借助技术创新提升了乡村产业的生产效率，在提高产品产量的同时拓宽了产品的销售渠道，增加了农民收入，而农民收入水平的上升使得其在物质需求得到满足的情况下，有富余的时间和精力参与创新创业培训，通过培育农民的企业家精神促进农村创新创业发展，为乡村产业发展提供内生动力，促进乡村产业高质量发展效率的提升。

基于以上分析，提出以下假设：

H1：数字经济能有效提升乡村产业高质量发展效率。

（二）数字经济对乡村产业高质量发展效率的间接影响机制

以盲目追求 GDP 增速为主的“增长主义”导致我国市场化改革的不彻底，难以发挥市场在资源配置中的基础性作用，进一步导致了资源的错配，阻碍了要素配置效率的优化。而由于我国固有的城乡二元矛盾，城乡间的要素自由流动受到限制，农村地区技术、资金和人才严重短缺问题依然严峻，加剧了农村资源错配的程度。此外，受资源瓶颈的限制，农村地区仍以土地、劳动为主要投入要素的一产为主，产业结构亟须调整。随着数字技术的迭代升级，数字基础设施布局加速，通过技术扩散和技术进步能够提升资源配置效率，推动产业数字化转型升级，最终促进乡村产业高质量发展效率的提升。

一方面，数字经济能够通过提高要素配置效率，提升乡村产业高质量发展效率。首先，对于农业而言，在土地作为刚性生产要素的约束条件下，传统的生产技术无法满足人民日益增长的需求，使得规模化生产陷入瓶颈，也造成了土地、劳动力等要素的无效投入，而数字经济能够通过技术进步有效减少土地、劳动力等传统生产要素的投入，提升投入要素的利用效率和管理效率，降低农业生产成本和交易费用。其次，数字经济，在数据这一新型生产要素的使用下，能够借助云计算、互联网等技术，打通生产的各个环节，降低信息成本的同时减少机会主义，并通过促进产业要素的跨界高效流通推动产业一体化发展，进一步提高资源配置效率，形成规模经济。最后，数字经济能够通过技术赋能产业网络平台，不仅能通过数字化平台推动产品和服务的数字化表达，促进属地依赖性资源整合力度和异质性资源配置效率，还能凭借网络平台扁平化的优势深化产业专业化分工，借助数字技术协调要素的分配和产业各个环节经营主体的分工合作，显著提升生产的专业化和产业链分工效率。

另一方面，数字经济能够通过调整产业结构，提升乡村产业高质量发展效率。高渗透性是数字技术的重要特性，数字经济能够通过技术的高渗透性和网络外部性对产业发展产生溢出效应，借助大数据、云计算、互联网等数字技术破除产业主体间的供需矛盾，降低产业主体间联动的边际成本，解决了产业内部公平与效率难以兼顾的难题，从而通过产业链的延伸促进产业结构调整。从生产端来看，数字经济深刻改变了传统产业的生产方式，充分发挥乡村农业的多功能性和延展性，促进农产品加工业、农林牧渔服务业等产业发展，产业结构愈加合理化，从而促进乡村产业高质量发展效率提升。从消费端来看，数字经济的发展催生了数字消费新场景，为了满足数字消费需求，产业的服务化趋势不断加速，而随着数字经济和市场需求的不断扩大，社会分工愈加深化，许多从属于第一、第二产业内部的生产环节或部门从相应的生产领域分离出来形成新的服务业部门，产业结构愈加高级化。已有研究证明，产业结构是影响中国经济高速发展的核心变量，也是理解城乡居民收入差距变化的关键因素，产业结构高度化能够发挥现代化服务业低成本、高附加值的优势，并吸纳农村剩余劳动力就业，提高农村居民收入，从而通过激发产业内生发展动力提升乡村产业高质量发展效率。

基于以上分析，本章提出以下假设：

H2a：数字经济能够通过提高要素配置效率，提升乡村产业高质量发展效率。

H2b：数字经济能够通过推动产业结构升级，提升乡村产业高质量发展效率。

四、模型、方法、变量与数据说明

（一）模型构建

根据上述理论假设，构建如下基准回归模型：

$$Eff_{it} = \alpha_0 + \alpha_1 Dig_{it} + \beta \sum CV_{it} + \mu_i + \delta_t + \varepsilon_{it} \tag{11-6}$$

其中，CV_{it}代指所有控制变量合成的全局变量，下标 i 表示省份，下标 t 表示年份，μ_i 代表地区固定效应，δ_t 代表时间固定效应。此外，本章还将被解释变量替换为农业、林业、渔业的高质量发展效率进行检验。

为了进一步检验数字经济对乡村产业高质量发展效率的间接作用机制，本章引入要素配置效率、产业结构合理化、产业结构高级化和产业结构升级指数作为中介变量，并采用三步法进行中介效应检验，模型如下：

$$MED_{it} = \alpha_0 + \alpha_2 Dig_{it} + \beta \sum CV_{it} + \mu_i + \delta_t + \varepsilon_{it} \qquad (11-7)$$

$$Eff_{it} = \alpha_0 + \alpha_3 Dig_{it} + \alpha_4 MED_{it} + \beta \sum CV_{it} + \mu_i + \delta_t + \varepsilon_{it} \qquad (11-8)$$

其中，MED_{it}表示中介变量，分别为要素配置效率（Alloc）、产业结构合理化（Ris）和产业结构高级化（His）和产业结构升级水平（Upg）。

（二）变量选取与测算

（1）被解释变量。乡村产业高质量发展效率（Eff），当前学界多从产业融合角度测算乡村产业高质量发展水平，鲜有学者纳入环境因素从效率角度测算乡村产业高质量发展水平。本章借鉴陈池波等的指标选取方法，选取技术投入、要素投入作为投入指标，组织创新、新业态发展作为期望产出指标，并纳入受灾面积作为非期望产出的环境变量，测算乡村产业高质量发展效率（见表 11-7）。

表 11-7　乡村产业高质量发展效率测度综合指标体系

一级指标	二级指标	三级指标	指标含义	单位
投入	技术投入	机械动力	农林牧渔业机械动力总和	万千瓦
		新技术培育	设施面积/耕地面积	%
	要素投入	劳动力要素投入	农村就业总人口	万人
		资本要素投入	农村固定资产投资	亿元
产出	组织创新	农民收入水平	农村居民工资性与财产性收入占比	%
		社会发展水平	农业与农村社会发展团体数量与农村人口之比	个/万人
	新业态发展	农产品加工业培育	农产品加工业产值/农业总产值	%
		农林牧渔业服务业培育	农林牧渔服务业产值/农林牧渔业总产值	%
	非期望产出	受灾面积	农作物受灾面积、森林病虫害受灾面积、受灾养殖面积总和	千公顷

此外考虑到数据的可获得性，本章将各行业的投入产出进行调整，由于畜牧业数据缺失较多，因此选择农业、林业和渔业进行深入分析（见表11-8）。

表11-8 分行业乡村产业高质量发展效率测度综合指标体系

一级指标	二级指标	单位
投入	机械总动力（分行业）	万千瓦
	农业（有效灌溉面积）	千公顷
	林业（造林面积）	千公顷
	渔业（水产养殖面积）	千公顷
	从业人员（分行业）	万人
产出	总产值（分行业）	亿元
	农村居民工资性、财产性收入占比	%
	非期望产出：	
	农业（受灾面积）	千公顷
	林业（森林病虫害面积）	千公顷
	渔业（受灾养殖面积）	千公顷

本章借鉴Tone提出的SBM-Undesirable模型（Slack-based Model-Undesirable）对乡村产业高质量发展效率进行测度，具体模型如公式（11-4）和（11-5）所示。

模型中Eff代表产业集聚效率，n代表决策单元的个数，λ_j表示强度变量，每个决策单元DMU均由投入、产出、非期望产出三类要素构成，m、q_1、q_2分别代表了各类要素的数量，本节模型中包含了4个投入要素、4个期望产出要素和1个非期望产出要素，x_{ik}、y_{rk}、b_{ik}代表了决策单元的投入产出的变量形式，w_i^-、w_r^+、w_t^{b-}则分别代表了三类要素的松弛变量。

（2）核心解释变量。数字经济（Dig），通过构建指标体系测算数字经济水平（详见第四章）。

（3）中介变量。本章选取要素配置效率和产业结构升级作为本章的中介变量。要素配置效率（Alloc）采用樊纲市场化指数中的要素市场发育程度表示。产业结构升级参考干春晖等的做法从产业结构合理化和产业结构高度化两个维度构建产业结构升级指数。产业结构合理化能够衡量要素投入和产业结构的协调程度，本章参考刘翠花的做法，以泰尔指数计算产业结构合理化程度，具体见公式（11-9），其中Y_t表示t时间的总产出，

L_t 表示 t 时间的从业人员数量。

$$Ris = \sum_{j=1}^{n}\left(\frac{Y_{j,t}}{Y_t}\right)\ln\left(\frac{Y_i}{L_i}/\frac{Y}{L}\right) \tag{11-9}$$

产业结构高度化是产业由低级向高级阶段发展的过程，本章借鉴刘伟等的做法，纳入产值比例和劳动生产率两部分进行测算，具体见公式（11-10）和（11-11），$V_{j,t}$是 t 时间 j 产业的产值比例，$LP_{j,t}$是 t 时间 j 产业的劳动生产率，$LP^N_{j,t}$是标准化后的劳动生产率。

$$His = \sum_{j=1}^{n} V_{j,t} \times LP_{j,t} \tag{11-10}$$

$$LP^N_{j,t} = \frac{LP_{j,t} - LP_{j,b}}{LP_{j,f} - LP_{j,b}} \tag{11-11}$$

（4）控制变量。为了避免遗漏变量对模型造成的不利影响，本章参考已有研究在模型中加入了六个控制变量，分别是城镇化水平（Ur，非农人口占总人口比重）、农村交通设施水平（Trans，平均每个乡镇村道长度的对数）、农村人民生活水平（Liv，农村居民人均消费支出的对数）、农村生活条件（Elec，农村用电量的对数）、政府教育投入力度（Edu，财政教育支出占 GDP 的比重）、农村创业活跃度（Ent，农村个体户、私营企业投资者人数总和与农村就业人口的比值）。各变量的描述性统计结果见表 11-9。

表 11-9　变量描述性统计

变量性质	变量名称	变量定义	观测值	平均值	标准差	最小值	最大值
被解释变量	Eff	乡村产业高质量发展效率	480	0.290 0	0.230 0	0.064 4	1.000 0
	Agri	农业高质量发展效率	480	0.344 2	0.304 6	0.018 2	1.000 0
	Forestry	林业高质量发展效率	480	0.311 9	0.376 1	0.025 4	1.000 0
	Fishery	渔业高质量发展效率	480	0.476 3	0.413 6	0.016 3	1.000 0
解释变量	Dig	数字经济发展水平	480	0.141 0	0.123 0	0.014 3	0.890 7
中介变量	Alloc	要素配置效率	480	7.360 8	3.374 3	0.370 0	15.690 0
	Ris	产业结构合理化	480	0.259 2	0.149 3	-0.028 6	0.727 0
	His	产业结构高度化	480	1.359 8	0.946 3	0.065 2	6.621 3
控制变量	Ur	城镇化水平	480	0.551 7	0.140 1	0.268 7	0.896 0
	Trans	农村交通设施水平	480	4.010 4	0.555 6	1.970 9	5.187 9
	Liv	农村居民生活水平	480	8.078 4	0.355 3	7.347 6	9.276 1
	Elec	农村生活条件	480	4.686 5	1.353 7	1.098 6	7.606 4
	Ent	农村创业活跃度	480	0.183 3	0.461 2	0.017 4	6.588 8
	Edu	政府教育投入力度	480	0.045 9	0.022 9	0.013 5	0.137 4

（三）数据来源

基于数据的可得性，本章研究时间区间为2005—2020年，剔除西藏外，中国30个省份的数据主要来自历年《中国统计年鉴》《中国人口和就业统计年鉴》《中国科技统计年鉴》《中国农村统计年鉴》《中国工业统计年鉴》《中国交通统计年鉴》《中国民政统计年鉴》《中国第三产业统计年鉴》《中国环境统计年鉴》《中国分省份市场化指数报告》以及各省份的统计年鉴，其中涉及产值和产品收入的数据均采用各自的指数进行平减，部分年份缺失值采用线性插值法和指数平滑法等方法进行补全。

五、实证结果及其分析

（一）基准回归检验

本章在模型选择上，借助LM检验和Hausman检验，选择双重固定效应模型，将时间—省份进行固定，基准回归结果见表11－10。从列（1）的回归结果来看，数字经济对乡村产业高质量发展效率的系数在1%的水平上显著为正，且数字经济每提升1个单位，将带动乡村产业高质量发展效率提升0.219 6个百分点，这表明数字经济能够有效提升乡村产业高质量发展效率，验证了假说H1，相较于传统的发展方式，与数字技术相结合的现代化生产和经营方式对乡村资源的利用更加高效，不仅借助互联网技术联通产品供给和需求端，破除信息壁垒，减少投入成本，还能依靠数字遥感等技术优化作物种植方式、强化灾害预警机制，提高产出，从而进一步提高投入产出效率。从控制变量来看，城镇化水平、农村居民生活水平对乡村产业高质量发展效率显著为正，城镇化水平的提升能够带动更多人才、资金等要素的流入，同时也能改善乡村的基础设施建设条件，有利于乡村产业的发展，农村居民生活水平的提升代表了农村收入水平的提升，更高的消费需求是乡村产业发展的动力源泉。考虑到数字经济对乡村产业高质量发展效率存在滞后影响，分别在模型中引入数字经济发展水平的滞后1—5期。从回归结果看，随着滞后期数的不断增加，数字经济对乡村产业高质量发展效率的作用系数不断减小，显著性水平也不断下降，到滞后第五期，数字经济发展水平对乡村产业高质量发展效率作用不再显著，这表明，数字经济对乡村产业高质量发展效率的提升作用存在持续性，但随着滞后期的增加，这种持续影响会变得越来越弱，这可能是因为随着数字经济的发展，乡村产业在数字技术的渗透下能获得初始阶段效率的大幅度提升，但是数字技术对有效产出的提升作用有限，在投入不断增加的同时产出的增长幅度小于投入的增加幅度，这亦是规模报酬递减规律的作用。因此，未来乡村产业的高质量发展应该更加关注内生发展动力，在数字经济的推动下逐渐转型升级并建立自身的动力体系。

表 11－10　数字经济与乡村产业高质量发展效率的基准回归结果

变量	(1) Eff	(2) Eff	(3) Eff	(4) Eff	(5) Eff	(6) Eff
Dig	0.219 6*** (3.123 6)					
Ur	0.614 3*** (4.294 6)	0.640 4*** (4.677 2)	0.681 2*** (4.870 0)	0.7120*** (4.781 8)	0.731 9*** (4.546 8)	0.746 5*** (4.046 7)
Ent	−0.011 4* (−1.772 2)	−0.012 3* (−1.882 5)	−0.013 4* (−1.981 6)	−0.013 6* (−1.905 4)	−0.014 1* (−1.931 5)	−0.014 4* (−1.957 9)
Liv	0.435 9*** (2.769 4)	0.449 3*** (2.902 4)	0.489 5*** (2.871 7)	0.550 9** (2.367 1)	0.568 9* (1.789 3)	0.657 2 (1.578 2)
Elec	0.016 7 (1.206 7)	0.020 2 (1.471 3)	0.025 2* (1.780 2)	0.028 2* (1.918 9)	0.032 1** (2.069 1)	0.037 8** (2.257 1)
Trans	−0.021 4 (−0.745 4)	−0.028 1 (−0.944 8)	−0.036 0 (−1.164 2)	−0.042 3 (−1.278 4)	−0.047 6 (−1.383 8)	−0.052 6 (−1.499 1)
Edu	−0.785 7 (−1.555 3)	−0.805 4* (−1.701 6)	−0.832 8* (−1.724 8)	−0.813 4 (−1.553 2)	−0.701 3 (−1.155 7)	−0.537 9 (−0.784 2)
L. Dig		0.218 6*** (3.361 2)				
L2. Dig			0.205 7*** (2.968 0)			
L3. Dig				0.195 0** (2.309 6)		
L4. Dig					0.1820* (1.837 0)	
L5. Dig						0.177 6 (1.556 4)
_Cons	−3.453 3*** (−2.774 3)	−3.564 5*** (−2.936 1)	−3.909 0*** (−2.910 7)	−4.430 1** (−2.386 6)	−4.582 4* (−1.801 0)	−5.333 7 (−1.589 6)

续表

变量	(1) Eff	(2) Eff	(3) Eff	(4) Eff	(5) Eff	(6) Eff
Prpvince	Yes	Yes	Yes	Yes	Yes	Yes
Year	Yes	Yes	Yes	Yes	Yes	Yes
N	480	450	420	390	360	330
adj. R^2	0. 576	0. 550	0. 513	0. 464	0. 410	0. 349
F	20. 593 5	22. 819 3	24. 313 5	20. 259 2	11. 911 3	9. 224 6

注：*、**、*** 分别表示变量在 10%、5%、1% 的水平上显著；括号内为 t 值。

（二）内生性检验与稳健性检验

由于数字经济并非乡村产业高质量发展的严格外生变量，本章采用工具变量法对模型进行内生性检验，本章借鉴赵涛等的做法，选择 1984 年各省邮电局数量、各省邮电业务总量作为数字经济的工具变量，并参考 Nunn 和 Qian 的研究中构建工具变量的方法，使用上年度移动电话用户数与原工具变量的交互项作为新的工具变量进行检验，估计结果如表 11 - 11 列（1）所示。结果显示两个工具变量通过了 LM 检验和 Hansan 检验，Wald F 检验的 F 值为 149. 018，大于 10% 临界值，且数字经济的系数仍然显著，与基准回归结果相比，工具变量的估计结果没有发生明显改变，确认了基准回归结果的可靠性。

此外，为验证基准回归结果的有效性，本章依次采用替换解释变量（将数字经济采用主成分分析法测度）、去除极端值（去除被解释变量中效率值为 1 的城市）、两部系统 GMM 分析、缩尾处理（解释变量和被解释变量）四种方法进行检验，结果如列（2）—（5）所示，检验结果显示，无论采取哪种措施，数字经济对乡村产业高质量发展效率都起到显著提升作用。

表 11 - 11　　稳健性检验结果

变量	(1) 工具变量	(2) 替换变量	(3) 去除极端值	(4) 两步系统 GMM	(5) 缩尾处理
L. Eff				0. 562 5*** (5. 337 4)	
Dig	0. 225 3*** (5. 235 8)		0. 219 5*** (3. 179 8)	0. 137 5** (2. 200 2)	0. 249 6*** (2. 860 7)

续表

变量	(1) 工具变量	(2) 替换变量	(3) 去除极端值	(4) 两步系统 GMM	(5) 缩尾处理
Dig2		0.313 3*** (2.825 0)			
CV	Yes	Yes	Yes	Yes	Yes
Province	Yes	Yes	Yes	Yes	Yes
Year	Yes	Yes	Yes	Yes	Yes
Kleibergen - Paap rk LM	83.974 [0.000 0]				
Kleibergen - Paap rk Wald F	252.265 {19.93}				
AR (1)				-2.26	
AR (2)				-1.05	
Hansan 检验	16.054 [0.000 1]			1.000	
N	450	480	448	420	480
adj. R^2	0.517	0.575	0.580		0.573
F	26.879 8	21.570 4	25.339 9		21.268 9

注：**、*** 分别表示变量在 5%、1% 的水平上显著；括号内为 t 值。

（三）作用机制检验

进一步地，本章将要素配置效率、产业结构升级作为中介变量，并将产业结构合理化、产业结构高度化作为产业结构升级的代理变量，通过中介效应模型验证数字经济对乡村产业高质量发展效率的间接作用。回归结果如表 11－12 所示。

表 11－12　数字经济与乡村产业高质量发展效率的中介效应回归结果

变量	(1) Alloc	(2) Eff	(3) Ris	(4) Eff	(5) His	(6) Eff
Dig	4.700 7*** (4.268 0)	0.187 1*** (6.128 0)	0.023 9** (2.538 9)	0.199 8*** (6.641 4)	0.897 3*** (3.870 7)	0.208 2*** (6.661 8)
Alloc		0.006 9*** (5.260 9)				

续表

变量	(1) Alloc	(2) Eff	(3) Ris	(4) Eff	(5) His	(6) Eff
Ris				0.828 8*** (5.411 6)		
His						0.012 7** (1.980 6)
Upg						
_Cons	70.787 7*** (2.833 1)	-3.942 2*** (-5.756 5)	0.306 5 (1.433 6)	-3.707 3*** (-5.460 6)	23.241 9*** (4.419 6)	-3.748 2*** (-5.259 4)
CV	Yes	Yes	Yes	Yes	Yes	Yes
Province	Yes	Yes	Yes	Yes	Yes	Yes
Year	Yes	Yes	Yes	Yes	Yes	Yes
N	480	480	480	480	480	480
adj. R^2	0.812	0.574	0.868	0.576	0.888	0.551
F	96.298 5	30.331 8	146.115 5	30.504 8	174.985 4	27.777 2

注：**、*** 分别表示变量在5%、1%的水平上显著；括号内为t值。

列（1）—列（2）报告了以要素配置效率作为中介变量的回归结果。列（1）结果显示，数字经济对要素配置效率的作用系数在1%水平下显著为正，表明数字经济能显著提升要素配置效率，列（2）中要素配置效率的系数在1%水平下显著为正，说明要素配置效率的提升能显著促进乡村产业高质量发展效率提升，且列（2）中数字经济的系数比基准回归中的系数小，说明数字经济能够通过提升要素配置效率显著促进乡村产业高质量发展效率的提升，验证了假说H2a。对回归系数计算可知，数字经济通过优化要素配置提升乡村产业高质量发展的中介效应为0.03，中介效应与总效应的符号一致，且中介效应占总效应的14.79%，即数字经济对乡村产业高质量发展效率的影响有14.79%是通过提升要素配置效率实现的，表明数字经济能够借助信息化发展推动乡村产业之间要素的畅通流动，并依靠数字技术的渗透作用协调产业间的要素配置，在数字技术对要素的协调分配之下推动产业各个环节经营主体的分工合作，显著提升生产的专业化和产业链分工效率从而提升乡村产业高质量发展效率。

列（3）—（8）报告了以产业结构升级作为中介变量的回归结果。列（3）—（4）为产业结构合理化为中介变量的回归结果，其中数字经济每提升1个单位，产业结构合理化水平提升0.023 9个单位，乡村产业高质量发展效率则提升 0.199 8 个单位，且中介效应与总效应的符号一致，说明数字经济能够通过促进产业结构合理化显著提升乡村产业高质量发展效率，对系数计算可知，产业结构合理化的中介效应为 0.019 8，且中介效应占总效应的 9.02%。列（5）—（6）报告了产业结构高度化为中介变量的回归结果，结果显示，数字经济对产业结构高度化的系数为 0.897 3，在 1% 的水平下显著，而产业结构高度化对乡村产业高质量发展效率的系数在 5% 的水平下显著为正，且加入产业结构高度化之后数字经济的系数依然显著为正，表明数字经济能够通过促进产业结构高度化从而提升乡村产业高质量发展效率。对回归系数计算可知，产业结构高度化的中介效应为 0.011 4，且中介效应占总效应的 5.19%。综上所述，数字经济能够通过促进产业结构升级，显著提升乡村产业高质量发展效率，验证了假说 H2b。数字经济能够推动乡村产业数字化转型，通过技术的渗透改变传统的生产方式，带动乡村新业态发展，优化产业结构，调整产业投入和产出，从而提升乡村产业高质量发展效率。

（四）区域异质性检验

我国不同地区之间的资源禀赋、经济基础差异较大，导致数字经济发展水平和乡村产业高质量发展也呈现出显著的区域异质性。本章将 30 个省份分为东部地区、中部地区、西部地区和东北地区分别进行检验，深入分析数字经济对各地区乡村产业高质量发展效率的影响，检验结果如表 11－13 所示。从回归结果看，东部地区、中部地区和东北地区数字经济对乡村产业高质量发展效率的系数都显著为正，其中东部地区系数最小，东北地区的系数最大，说明数字经济均能显著提升这三个地区的乡村产业高质量发展效率，且对东北地区的作用最大。东部地区经济较为发达，基础设施建设水平高，人才、资金等要素资源充沛，乡村产业具有良好的发展基础，数字经济能够推动东部地区乡村产业的数字化转型，提高其产业投入产出效率，但由于已经经历过乡村产业快速发展的黄金期，数字经济对乡村产业高质量发展效率的提升作用有限。而中部地区和东北地区经济基础较为薄弱，随着政府投入的增加，地区的基础设施逐渐完善，能够凭借数字经济的发展使得产业发展模式转变，推动要素突破时空限制畅通流通，优化资源配置效率，并带动产业结构升级，从而提升乡村产业高质量发展效率。西部地区受交通不便的限制，数字基础设施建设相对落后，且经济基础较为薄弱，投入产出效率较低，数字经济的红利还未能普及到西部地区，因此应当加快西部地区基础设施建设，加速其产业数字化转型，尽快发挥数字经济的福利效应。此外，列（5）—（8）的结果表明数字经济的滞后1期对各地区乡村产业高质量发展效率的作用与当期保持基本一致。综上所述，数字经济对乡村产业高质量发展效率的作用存在地区异质性。

表 11-13　　区域异质性检验结果

变量	(1) 东部地区	(2) 中部地区	(3) 西部地区	(4) 东北地区	(5) 东部地区	(6) 中部地区	(7) 西部地区	(8) 东北地区
Dig	0.324 5*** (3.494 7)	0.616 5*** (4.370 8)	0.077 3 (0.553 4)	0.716 6** (6.817 2)				
L. Dig					0.318 8*** (4.308 4)	0.648 0*** (4.482 2)	0.124 7 (0.790 7)	0.885 7* (4.027 8)
_Cons	-2.419 6 (-0.595 9)	1.773 5 (0.705 7)	-4.091 1*** (-3.811 3)	-7.889 8*** (-10.511 3)	-2.471 2 (-0.6520)	0.754 2 (0.282 3)	-4.475 8*** (-3.775 2)	-5.857 9** (-4.911 8)
CV	Yes	Yes	Yes	Yes	Yes	Yes	Yes	Yes
Province	Yes	Yes	Yes	Yes	Yes	Yes	Yes	Yes
Year	Yes	Yes	Yes	Yes	Yes	Yes	Yes	Yes
N	160	96	176	48	150	90	165	45
adj. R^2	0.562	0.878	0.709	0.938	0.516	0.868	0.688	0.945
F	.	.	.	.	.	.	.	.

注：*、**、*** 分别表示变量在10%、5%、1%的水平上显著；括号内为t值。

（五）行业异质性检验

考虑到不同行业的发展基础、技术水平、发展规模和市场需求不同，导致数字经济的作用效果也存在差异，本章选择乡村产业中数据相对较全的农业、林业和渔业进行深入分析，并将各行业的投入产出进行调整。各细分行业回归结果见表11-14所示。从回归结果看，数字经济对农业高质量发展效率具有显著提升作用。一方面，我国幅员辽阔，农产品种植面积大，农业发展历史悠久，农业地位突出，已经形成较为完善的农业生产体系，并形成专业化和规模化生产模式。另一方面，我国人口众多，粮食需求量大，政府对三农问题一直都有政策倾斜，相较于其他产业更具备数字化转型的优势。受传统技术限制，目前农业发展在高质、高效等方面都遭遇了瓶颈，这使得农业发展对技术进步更为敏感，数字经济通过推动农业技术进步，优化农业资源配置效率，降低农业遭受自然灾害的风险，从而提高农业投入产出效率。数字经济对渔业的发展效率系数显著为负，这是因为我国的现代化渔业发展起步较晚，渔业规模远远小于农业，成本却高于农业，并且受资源环境的刚性约束更加突出，导致渔业的投入和产出不成正比，此外渔业的技术门槛较高、水产技术推广受限、渔业基础设施建设保障力度不强等问题进一步限制了渔业的数字化转型，因此尽管外部数字发展水平提升，短期内却不利于渔业发展效率的提升，但长期来看随着政策的支持力度提升、基础设施建设水平提高，渔业的科技支撑体系会逐渐完善，借助数字技术的力量推动数字化渔业发展，并培育增殖渔业、休闲渔业等新业态，提高渔业的投入产出效率。而数字经济对林业的高质量发展效率并不显著，一方面林业的规模产值要小于农业，且由于经营粗放、生产周期长，以及受自然、气候、社会影响大，对林业信息的采集处理到应用全套技术的集成化研究与应用还不够普及，地理信息系统、虚拟现实技术等数字技术的应用还未推广，数字基础设施建设尚未普及，另一方面林业的经营水平不高，对林业产品的加工管理较为粗放，林业尚未形成规模较大的产业集群，且缺乏数字林业的专业人才，种种原因导致数字经济对林业高质量发展效率的提升作用不显著，未来林业还需要进一步完善数字基础设施建设，培育复合型人才，加强数字技术对林业观测、防灾减灾等方面的作用，从而提升林业的高质量发展效率。

表 11 - 14　　行业异质性检验结果

变量	(1) Agri	(2) Forest	(3) Fishery	(4) Agri	(5) Forest	(6) Fishery
Dig	0.178 2* (1.700 9)	0.073 1 (0.485 2)	-0.470 1** (-2.056 8)			
L. dig				0.088 0 (0.745 3)	0.157 8 (0.918 6)	-0.469 4* (-1.911 9)
_Cons	0.300 6* (1.825 4)	0.486 8** (2.055 5)	-0.635 5* (-1.768 8)	0.254 0 (1.447 7)	0.419 6 (1.644 1)	-0.762 6** (-2.090 8)
CV	Yes	Yes	Yes	Yes	Yes	Yes
Province	Yes	Yes	Yes	Yes	Yes	Yes
Year	Yes	Yes	Yes	Yes	Yes	Yes
N	480	480	480	450	450	450

续表

变量	(1) Agri	(2) Forest	(3) Fishery	(4) Agri	(5) Forest	(6) Fishery
adj. R^2	-0.068	0.003	-0.021	-0.075	0.011	-0.024
F	0.928 9	2.606 5	2.010 5	0.868 6	2.896 6	2.019 9

注：*、** 分别表示变量在10%、5%的水平上显著；括号内为t值。

六、小结与政策建议

本章基于2005—2020年中国30个省份（剔除西藏）的面板数据，构建纳入非期望产出环境变量的SBM-Undesirable模型，从直接和间接两个层面验证了数字经济对乡村产业高质量发展效率的影响效应及作用机制，通过实证分析得到以下结论：（1）数字经济能显著提升乡村产业高质量发展效率，但数字经济对乡村产业高质量发展效率的提升作用存在滞后性，且随着滞后期的增加，影响效果逐渐减弱，并在滞后五期时不再显著；（2）数字经济能通过提高要素配置效率、促进产业结构合理化和产业结构高度化，从而提升乡村产业高质量发展效率，其中数字经济对乡村产业高质量发展效率的影响有14.79%是通过提升要素配置效率实现的，有9.02%是通过促进产业结构合理化实现的，有5.19%是通过促进产业结构高度化实现的；（3）数字经济对乡村产业高质量发展效率的影响存在显著的区域异质性和行业异质性。在区域异质性上，东部地区、中部地区和东北地区数字经济能有效提升乡村产业高质量发展效率，其中数字经济对东部地区乡村产业高质量发展效率的提升作用最小，对东北地区的提升作用最大，而西部地区数字经济对乡村产业高质量发展效率的影响并不显著；在行业异质性上，数字经济能显著提升农业高质量发展效率，对渔业高质量发展效率则存在显著负影响，而对林业高质量发展效率影响并不显著。

基于以上结论，为了更好地推动数字经济发展，提升我国乡村产业高质量发展效率，本文提出以下建议：

第一，着力推进乡村数字化建设。其一，要加强乡村数字经济基础设施建设，提高数字基建覆盖的广度和深度，深化普及农村地区宽带网络和4G覆盖，加快物联网、5G等更高技术要求的基站建设。其二，提高信息平台终端服务供给，整合乡村数据资源，将乡村产业、乡村文化、乡村人才、乡村组织、乡村基础数据、乡村治理事件等模块在乡村一张图上进行直观展示，利用数字化平台加强产业链上下游联通，实现乡村精细化管理和数据的集成应用。其三，积极推动乡村产业数字化转型，推动乡村公路、水利、电力、物流等基础设施的智能化转型发展，从而有效提升乡村产业高质量发展。

第二，坚持市场和政府调控结合，提高要素配置效率。一方面通过政府宏观调控对乡村数字资源进行分配，并通过资金、技术、人才等支持，提升乡村产业数字化水平，另一方面发挥数字经济优势，依靠技术进步提高产业要素的利用率，降低生产成本，并借助互联网技术降低信息成本，推动要素在产业间的自由流动，提高资源整合力度和异质性资源配置效率，并最终提升乡村产业高质量发展效率。

第三，优化产业结构，推动产业结构升级。借助数字技术推动传统产业转型升级，深化物联网、互联网、大数据等在乡村产业的应用，加快乡村产业的互联互通，推动农业与工业、商贸、旅游、文化、教育、康养、环保等实现融合发展，也要大力培育乡村产业新业态，通过挖掘数字消费需求，带动数字产业相关服务业等新兴产业的发展，从而发挥第三产业低成本、高附加值的优势，提高乡村产业投入产出效率。

第四，重视区域协调发展和产业协调发展。区域交通通达程度、经济发展水平和产业要素资源等差异，导致区域数字经济发展不平衡，因此，区域间要加强合作，发达地区通过辐射作用带动周边落后地区发展，不同区域要根据自身产业发展优势，合理规划产业发展方向，通过数字基建的完善加快产业数字化转型。此外，要改变渔业投入产出效率较低的局面，根据渔业的发展现状调整数字技术的渗透方向，同时加强林业方面数字基础设施建设力度，通过提高数字技术普及的深度和广度、创新经营管理方式和培育复合型人才来提升林业的投入产出效率，推动林业高质量发展。

第三节 本章小结

为了探究数字经济对实体经济高质量发展效率的影响，本章节以制造业和乡村产业为实体经济的代表，基于2005—2020年的中国省级面板数据，构建SBM - Undesirable模型进行实证研究。

对于制造业高质量发展效率而言，数字经济对制造业高质量发展效率具有显著促进作用，且数字经济细分维度包括数字基础设施、数字产业化以及产业数字化都能产生积极影响。在数字经济迅猛发展的时代，数据要素、数字技术的投入与融合，有力地推动了制造业产业的升级和发展效率的提升，进一步促进实体经济高质量发展效率的提升。基于区域发展的差异性，数字经济对制造业高质量发展效率的影响也具有异质性，具体来说，数字经济对制造业高质量发展效率的促进作用主要集中在东部地区，而中西部地区尚未产生促进作用，这主要是由于东部地区有较好的经济基础，不管是数字经济发展水平还是制造业发展水平都要高于中西部地区，具有更好的发展环境。在作用机制检验部分，技术创新和创业活力是数字经济影响制造业高质量发展效率提升的重要渠道，因而政府、企业等部门都要重视创新和创业的作用，积极采取措施激发地区的创业活力，提供企业的技术创新能力。

对于乡村产业发展效率而言，数字经济同样能够有效提升乡村产业高质量发展效率，并且这种促进作用存在影响效果逐渐减弱的滞后性。通过机制检验发现，数字经济能够提高要素配置效率和推动产业结构升级来提升乡村产业高质量发展效率，数字经济突破地理空间的限制，促进城乡间生产要素的流动，优化要素配置，数字技术的渗透推动了乡村产业的数字化转型，促进产业结构升级，进而提升乡村产业的发展效率。从区域异质性影响来看，数字经济对东部、中部及东北地区均具有积极影响，并且对东北地区乡村产业高质量发展效率的促进作用最大，而对东部地区的促进作用最小，但在西部地区数字经济的影响并不显著。从分行业异质性影响来看，数字经济发展有利于农业高质量发展效率提升，但会阻碍渔业高质量发展效率的提升，对林业高质量发展效率的影响并不显著。

从研究结论来看，数字经济对制造业和乡村产业的高质量发展效率提升均具有显著的促进作用，且这种影响存在一定的区域异质性，同时技术创新、创业活力、要素配置以及产业结构具有中介效应。这在一定程度上说明数字经济对实体经济高质量效率的提升同样能够发挥积极影响，并且要重视创新创业的作用，优化要素配置结构和产业结构，促进数字经济优势的发挥，同时也要注重区域和产业间的协调发展，避免发展差距的扩大。

第十二章

数字经济背景下实体经济高质量发展的实践分析与国际比较

随着数字经济与实体经济日益紧密的融合，数据与资本、劳动等生产要素的有机结合极大地改变了传统要素的投入方式，成为壮大经济新增长点，培育发展新动能的重要支撑。制造业和农业是实体经济的重要组成部分，立足数字经济对我国社会经济发展产生深刻影响的典型事实，切入企业这一微观视角，研究数字经济背景下制造业和农业企业高质量发展的典型案例具有重要意义。同时，数字经济不仅是推动经济高质量发展的重要引擎，也是各国新一轮科技革命的重要战略基础。因此，有必要对美、日、欧等典型经济体数字经济与实体经济高质量发展状况进行比较分析，总结国际经验，助力于我国数字经济做大做强，实体经济高质量发展，以在内循环和外循环畅通中增强国际竞争力。在分析我国制造业和农业企业高质量发展的现状和困境的基础上，本章利用 2005—2020 年沪深 A 股上市公司的面板数据，采用固定效应对数字经济能否促进制造业和农业企业高质量发展这一命题进行了实证检验。研究结果表明：数字经济赋能制造业和农业企业高质量发展，该结论在经过一系列稳健性与内生性检验后依旧成立。技术创新和人力资本在数字经济与制造业和农业企业高质量发展中发挥了机制作用。数字经济对不同地区制造业和农业企业高质量发展的影响不同，其对内陆地区企业高质量发展的作用效果要强于沿海地区；技术和资本密集型制造业更容易受到数字经济的影响而实现高质量发展；相较于非国有企业，国有企业受益于数字经济红利而实现高质量发展的效果更甚。

第一节 数字经济背景下制造业企业高质量发展的典型案例

一、典型实体经济制造业企业高质量发展的现状和现实困境

制造业在整个国民经济中起着举足轻重的作用，是推动社会发展的重要驱动力。但是，目前我国制造业面临着双重困境：一是代工型、劳动密集型制造业加速向东南亚国家转移，生产成本不断降低，挤占了我国原有的低端制造业市场；二是发达国家技术密集型制造业回流并率先进行制造业数字化转型，其产品科技含量不断增加，致使我国高端制造业也不具竞争力。与此同时，伴随着世界范围内数字经济的来临，传统的制造业发展模式受到了空前的挑战，而消费环境的变化也对制造业企业产生了持续的影响，这使得制造业的智能转型成为当务之急。现阶段，随着政策支撑力度日益增强，我国制造业两化融合发展水平持续提升，数字化赋能综合效应逐步显现。传统制造企业可以通过与数字经济的融合来提升产品的市场竞争力，从而达到企业价值链位置的提升，与数字化的融合发展已经变成了传统制造企业谋求生存和发展的大趋势。但数字经济在对制造业赋能过程中也存在数字基础设施薄弱、企业数字化转型顾虑重重和共享数据的安全问题，对制造业高质量发展产生了一定的阻碍。

（一）数字经济赋能制造业企业高质量发展的现状

（1）政策支撑力度日益增强。根据中国信息通信研究院的统计，我国数字经济规模已经从2011年的9.5万亿元增长到了2021年的45.5万亿元，在GDP中所占比重从20.3%上升到了39.8%。同时，2015年我国的产业数字化规模为13.8万亿元，随着数字经济与各行业的加速渗透融合，2021年我国的产业数字化规模已增长至37.2万亿元，占我国GDP和数字经济的比重分别由2015年的21.6%、74.3%提升至2021年

的32.5%、81.7%。[①] 由此可见，数字经济已经成为推动传统产业转型升级的重要引擎和推动经济高质量发展的必由之路，并且成为国家重要的发展战略之一。2016年《国家创新驱动发展战略纲要》将数字经济作为发展主攻方向之一；2017年党的十九大报告提出，推动互联网、大数据、人工智能和实体经济深度融合，建设数字中国、智慧社会。2021年《"十四五"数字经济发展规划》明确了以数字基础设施为发展基础，以数据资源为核心要素，以产业数字化转型、数字产业化发展和公共服务数字化发展作为行动手段，以健全数字经济治理体系、数字经济安全体系、数字经济国际合作为发展保障的数字经济发展目标。

（2）两化融合发展水平持续提升。两化融合是我国制造业实现高质量发展的必然要求。目前，我国制造业仍然面临着许多问题，如低端供给过剩、高端供给不足、创新能力不强等。因此，迫切需要将新一代信息技术与制造业的全要素、全产业链、全价值链进行深度融合，以不断叠加倍增的网络效应推动产业基础高级化和产业链现代化。据两化融合公共服务平台统计，2021年，我国两化融合发展水平达到57.8，同比增长3.2%，如图12-1。近年来，我国企业两化融合基础愈发扎实，互联网、大数据、人工智能等新一代信息技术在企业研发、生产、服务等全流程和产业链各环节的应用日益深化带动企业两化融合水平不断提升、范围显著扩展、程度持续深化、质量大幅提高。例如，浙江正泰与阿里云ET工业大脑合作，实现单、多晶电池片EL（电致发光）缺陷的毫秒级自动判定，相比人工检测速度提升2倍以上。美的联合英特尔构建基于AI技术的工业视觉检测云平台，物料成本减少30%，人工成本减少70%。三一重工运用大数据、人工智能等技术打造柔性生产线，实现了69种产品在8条生产线上的混装柔性生产。阿里利用人工智能、云计算等技术打造犀牛智造平台，实现了柔性定制，资源利用率较行业平均提升了4倍，制造时间缩短了75%。[②]

提升研发设计能力是企业创新发展的关键所在，数字化研发设计也是企业推动全流程数字化的起点和难点。2021年，我国规模以上工业企业数字化研发设计工具普及率达到74.7%，同比增长1.7个百分点，近五年年均增长2.85个百分点。大部分企业已经开始应用计算机辅助设计

① 中国信息通信研究院：《中国数字经济发展白皮书（2020年）》《中国数字经济发展白皮书（2021年）》《中国数字经济发展白皮书（2022年）》。

② 《中国两化融合发展数据地图（2021）》。

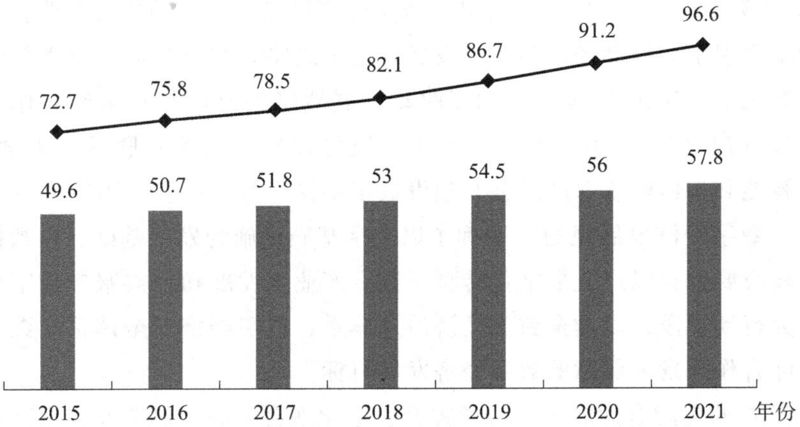

图 12－1　2017—2021 年全国两化融合发展水平、发展指数变化趋势

(CAD)、计算机辅助工程（CAE)、计算机辅助制造（CAM)、计算机辅助工艺过程设计（CAPP）等具有建模、仿真、验证等功能的软件工具，辅助开展产品研发工艺设计、服务创新等活动，企业总体数字化研发创新能力建设情况良好。生产制造活动是大部分制造企业直接创造价值的核心活动，数字化生产制造能够显著提升企业的生产效率和价值创造能力。2021 年，我国规模以上工业企业企业关键工序数控化率达到 55.3%，同比增长 3.2 个百分点，近五年年均增长约 2.25 个百分点（见图 12－2)。

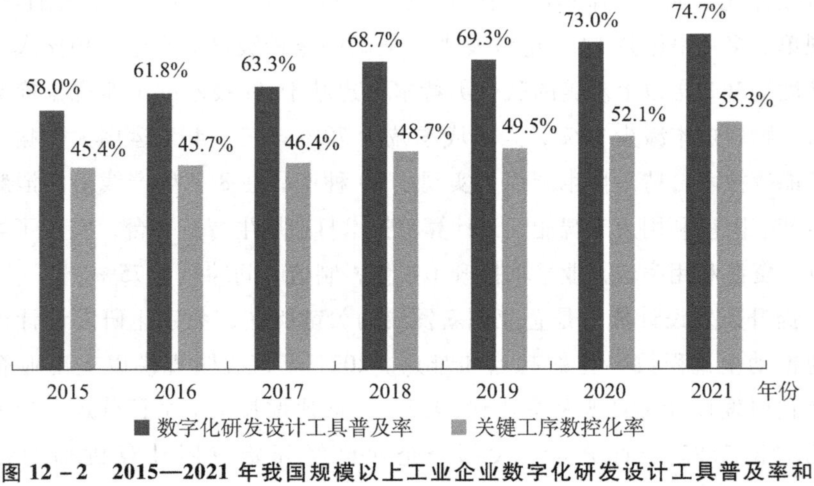

图 12－2　2015—2021 年我国规模以上工业企业数字化研发设计工具普及率和关键工序数控化率

数据来源：钞小静．以数字经济与实体经济深度融合赋能新形势下经济高质量发展［J]．财贸研究，2022，33（12)：1－8.

企业积极推进生产设备与生产线数字化改造，加强内外网络建设，应用可编程逻辑控制器（PLC）、分布式控制系统（DCS）等过程控制系统，以及分布式数控（DNC）、计算机数控（CNC）等数控系统，开展数字化生产制造活动，实现大规模、网络化、个性化、定制化生产。经营管理活动涉及采购、销售、财务、人力、办公等多个具体环节，企业通过数字化经营管理，能够实现以上环节互联互通，减少经营管理过程的信息不对称，有效节约时间和经济成本。2021 年，我国企业经营管理数字化普及率达到 69.7%，同比增长 1.6 个百分点（见图 12－3）。企业通过应用经营管理软件，打通生产与管理间的各个关键环节，实现企业内部数据资源集成共享，有效降低沟通交流成本，促进企业经营模式持续改进、管理效率不断提升、提质增效成效明显。

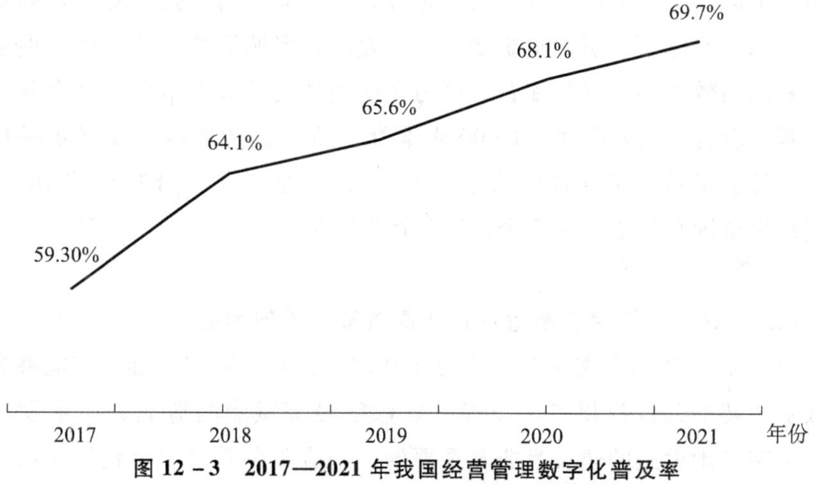

图 12－3　2017—2021 年我国经营管理数字化普及率

（3）赋能综合效应逐步显现。随着产业数字化应用加速向千行百业拓展，越来越多的制造企业把业务系统迁至“线上”、将设备产品搬上“云端”，实现提质降本增效。李君和邱君降（2020）通过分析超过 15 万家企业的两化融合评估数据，发现 2014—2019 年两化融合水平排名前 1 000 名的企业（TOP1 000 企业）的研发、生产、服务等关键环节运作效率均实现稳步提升，研发环节尤为抢眼，近 6 年效率提升约 5 个百分点。具体而言，在研发环节，以研发设计软件、并行工程等为代表的技术及模式广泛采用，推动企业综合创新能力显著提升，两化融合发展水平 TOP1 000 企业新产品产值率年复合增长 4.4%，新产品研发周期年复合降低率为

5.0%，显著优于全国平均水平。在生产环节，以生产管理软件、嵌入式系统以及工业网络等为代表的信息技术的采用，推动企业生产资源管控能力与配置效率不断提升，两化融合发展水平 TOP1 000 企业设备综合利用效率的年复合增长率为 0.5%，是全国平均水平的 16.7 倍，产能利用率年复合增长 0.7%，是全国平均水平的 1.8 倍。在服务环节，随着大数据、移动互联网等技术的深度应用，企业精准迅速服务市场的能力有效提升。2014 年以来，我国两化融合发展水平 TOP1 000 企业按期交货率稳步提升，实现了 0.18% 的年复合增长，是全国平均水平的 2 倍。TOP1 000 企业关键成效指标与全国平均水平进行对比分析发现，在经济效益方面，两化融合发展水平 TOP1 000 企业的全员劳动生产率年复合增长率达 8.7%，为全国平均水平的 1.6 倍，成本费用利润率的年复合增长率为 9.5%，比全国平均水平高出 9.2 个百分点，两化融合有效带动了信息技术对激发创新潜能、重构生产体系、引领组织变革、高效配置资源等的催化作用，促进生产要素的高效流动和优化配置，助力企业实现提质降本增效。社会效益方面，两化融合发展水平 TOP1 000 企业社会价值创造和绿色发展水平稳步提升，社会贡献率年复合增长达 5.1%、综合能耗年复合减少达 16.8%，分别高出全国平均水平 4.2 个、5.7 个百分点。

（二）数字经济赋能制造业企业高质量发展的困境

（1）数字基础设施薄弱。作为新基建的核心，数字基础设施能够为工业数字化转型升级提供有力支撑。在数字经济赋能制造业高质量发展方面，数字基础设施的建设是非常重要的，制造业高质量发展就是在数字基础设施的支持下，充分发挥数字经济的辐射带动效应，使传统制造业重新焕发出勃勃生机。然而，我国在推进制造业高质量发展过程中，面临着数字化基础设施相对薄弱的问题。从存储计算的角度来看，截至 2020 年末，美国拥有 240 多个超大规模数据中心，是我国的 4 倍；从融合应用的角度来看，工业互联网是数字技术与制造业深度融合的一种重要的基础设施和应用模式，是实现制造业高质量发展、数字化转型的重要支持。根据《工业互联网平台应用数据地图（2021 年）》，与 2020 年相比，2021 年全国的工业互联网平台应用普及率有一定增长，但与发达国家相比，仍然有很大的差距。当前，我国工业互联网发展面临的主要问题有：一是缺乏自主创新，我国的先进工业互联网平台严重依赖发达国家提供的传感器、设备连接与软件服务，同时，我国的工业软件开发与设计能力也很难满足我国制造业的数字化转型需求。二是平台运行效率欠佳，这主要体现在：一方面，工业互联网在信息收集与分析方面存在着严重不足；另一方面，工业互联网发展存在着“建设热，应用冷”的问题，总体使用效率不高。总体来说，数字基础设施的不完善将对数字经济赋能制造业高质量发展产生一定程度的阻碍。

（2）企业数字化转型阻力大。企业“不想转、不敢转、不会转”的现象十分明显。一是“不想转”。有些企业常常受到实际利益的制约，他们习惯性地遵循着过去拼资源、拼投入、拼消耗的粗放型发展方式，对数字化赋能的主观意愿并不强烈。与此同时，我国近一半的中小企业还没有形成完整的工业数据链条，数据标准体系不健全，存在“数据孤岛”，难以实现数字化赋能。二是“不敢转”。传统的制造产业大部分都是以低附加值产品为主。在数字经济的环境中，制造业的转型实质就是利用智能机器人、云计算和智能设备等高新技术，对传统的生产和运营模式进行变革。而这些往往需要在前期投入大量的资金，将造成制造企业的高成本，使其不愿意在这方面投资，从而使其在数字化转型中处于被动的地位。此外，在引进技术的过程中，与本企业技术相适应的问题也值得关注。尽管大型技术供应商提供的技术服务方案更加符合企业的生产状况，但是其成本通常较高，并非所有的企业都能负担得起；而小型技术供应商所提供的技术服务方案在价格上略胜一筹，但是仅仅是按照产业来提供技术支持，与企业自身情况相匹配的程度较低。三是“不会转”。当前，数字赋能企业发展已成为常态，但是“有钱没门路，有装备没人才”的现象却是一个普遍的问题。一方面，制造业产业链长，业务复杂，缺乏推广性、复制性强的数字赋能通用经验；另一方面，数字技术人才的缺乏导致制造业企业资源的开发和利用不足，技术创新能力和产品核心竞争力不强，不利于制造业高质量发展。

（3）共享数据存在安全问题。由于计算机网络技术的逐步发展，企业的 IT 信息系统建设也逐步完善。IT 系统建设初期往往缺少自觉统一的规划和部署，企业必须根据自身发展需要不断建成完善具体得业务系体系。从单独业务来看，每个系统都运行良好并积累了大量的基础数据。然而由于解决的业务问题不同、采取的系统架构不同、系统的运行环境各异，数据资源分散在各个应用系统内形成了“数据孤岛”。信息数据在集中共享后各应用系统内“数据孤岛”现象会有相当程度的改善，但在总公司层面数据分散于各个应用系统的情况仍然比较突出。与此同时，由于制造行业多且行业间差异大，各行业之间还没有形成统一、权威的数据标准，零散的数据很难被整合并转化为数据资产，从而为企业创造价值。此外，当前制造业企业对于数据信息的管理较为薄弱，对数据信息的利用率不高，无法对数据进行深入挖掘和分析使其发挥应用的价值。另外，不重视数据存储管理可能会造成数据信息的泄露，直接影响制造业企业的安全生产和业务拓展，不利于企业市场竞争地位的提升。

二、数字经济对制造业企业高质量发展的效果检验

（一）研究设计

（1）模型设定。为验证数字经济能否推动制造业企业高质量发展，本书采用固定效应模型进行基准回归，回归方程如下：

$$TFP\_lp_{it} = \alpha_0 + \alpha_1 Digt_{it} + Z_{it} + \mu_i + \delta_t + \varepsilon_{it} \tag{12-1}$$

式中，i 代表省份，t 代表年份，TFP_lp 为制造业企业高质量发展，采用 LP 法下企业 TFP 的对数表征，Digt 为数字经济，Z 代表控制变量集合，μ 表示地区固定效应，δ 表示时间固定效应，ε 表示随机扰动项。

（2）数据来源。采用 2005—2020 年省（市）和企业的面板数据，其中，省（市）层面保留了剔除西藏后的 30 个省（市）样本数据。企业层面对沪深 A 股全体的上市公司进行处理，剔除所有 ST、*ST 以及 PT 企业、仅保留制造业企业、剔除回归变量数据缺失的样本后，最终得到 2033 家企业，涉及医药制造业、金属制品业和农副食品加工业等 30 个制造业细分行业。相关数据主要选取自国家统计局、CSMAR 数据库和 Wind 数据库等。

（3）变量选取。①因变量（TFP_lp）。参考既有研究，以全要素生产率作为替代变量，用以衡量制造业企业高质量发展的水平。由于 LP 法相较于 OP 法的样本损失较小，且 LP 法能较好地解决内生性问题，获得投入要素的一致有效性估计，因此以 LP 法测度的企业全要素生产率作为企业高质量发展的代理变量。②自变量（Digt），通过构建指标体系测算数字经济水平（详见第四章）。③控制变量。城市层面的控制变量选取政府支持力度（Gov）、对外开放程度（Open）、城镇化水平（Urban）和经济发展水平（ED）。其中，政府支持力度定义为财政支出在 GDP 中所占的比重；对外开放程度表示为进出口总额与 GDP 之比；城镇化水平为城镇

人口在总人口中的比例；经济发展水平用人均GDP的对数表示。在企业层面，选取企业总资产净利润率（Roa）、资产负债率（Debt）、现金流比率（Cash）、托宾Q值（Tbq）作为控制变量。以上变量的统计性描述见表12－1。

表12－1　描述性统计

	Variable	Obs	Mean	Std. Dev.	Min	Max
因变量	TFP_lp	19 088	8.887 4	1.022 8	5.654 2	12.526 2
自变量	Digt	19 088	0.871 6	1.240 5	－0.735 5	4.897 0
	Gov	19 088	0.182 5	0.069 6	0.079 2	0.643 0
省（市）控制变量	Open	19 088	0.464 5	0.379 5	0.007 6	1.799 1
	Urban	19 088	0.616 1	0.133 3	0.268 7	0.896 0
	ED	19 088	10.916 5	06 082	8.527 5	12.013 0
企业控制变量	Roa	19 088	0.039 2	0.077 8	－1.680 6	0.815 6
	Debt	19 088	0.418 7	0.200 6	0.007 1	2.555 4
	Cash	19 088	0.049 9	0.074 8	－1.937 7	0.661 2
	Tbq	19 088	2.077 4	0.709 3	0.693 1	3.401 2

（二）实证结果与分析

1. 基准回归结果分析

表12－2为数字经济对制造业企业高质量发展的影响结果。从列（1）来看，数字经济能够显著推动制造业企业高质量发展，且系数通过了1%的显著性水平检验。随着企业控制变量和城市控制变量的加入，数字经济的系数符号与显著性水平并未发生变化，这表明在排除其他因素的影响后，数字经济对制造业企业高质量发展的积极影响依旧成立。就控制变量而言，列（3）中除城镇化水平外的其他控制变量都显著为正，说明企业自身经营状况的好坏关乎了企业能否实现高质量发展，同时地区的政府支持力度、对外开放程度和经济发展水平等外部环境也能够对企业发展产生重要影响。而城镇化水平并未充分发挥其应有的重置和集聚人力资本等创新要素，促进技术创新和技术外溢，进而推动制造业发展的作用，这可能是早期城镇化战略关注城镇人口比例的不断上升，注重城镇化的“高速发展”，忽略了配套产业和公共服务的支撑，因而城镇化对制造业企业高质量发展的积极作用被削弱。

表 12-2　　数字经济对制造业企业高质量发展的影响结果

变量	(1) TFP_lp	(2) TFP_lp	(3) TFP_lp
Digt	0.367 6*** (0.0120)	0.096 1*** (0.016 4)	0.091 7*** (0.019 2)
Roa		2.104 8*** (0.132 7)	2.086 0*** (0.128 8)
Debt		0.677 9*** (0.080 3)	0.847 9*** (0.081 8)
Cash		0.093 8 (0.093 1)	0.304 7*** (0.088 5)
Tbq		0.546 3*** (0.022 7)	0.249 7*** (0.027 2)
Gov			1.517 2*** (0.353 4)
Open			0.130 7* (0.079 1)
Urban			-0.905 6** (0.397 4)
ED			0.499 5*** (0.050 6)
Year FE	Yes	Yes	Yes
Province FE	Yes	Yes	Yes
Constant	8.567 0*** (0.010 5)	7.297 9*** (0.049 8)	2.604 0*** (0.404 7)
Observations	19 088	19 088	19 088
R-squared	0.245 3	0.407 8	0.454 0

注：***、**、* 分别表示变量在 1%、5%、10% 的水平上显著；括号内为稳健标准误。

2. 稳健性和内生性检验

为检验本文核心结果的稳健性，分别采取对变量进行 1% 的双边缩尾和替换被解释变量进行回归的方法进行稳健性检验。对变量进行 1% 的双边缩尾后重新进行回归，结果如表 12-3 第（1）列所示，异常值对回归结果的影响较小，不影响本文核心结论的稳健性。第（2）列以 OP 法重新测算的企业 TFP 为被解释变量进行回归后的实证结果。结果表示，数字经济对企业全要素生产率的影响系数在 1% 的显著水平上为正，与假说 1 相符，数字经济能够赋能制造业企业高质量发展，再次证实了本文的结论的稳健性。

数字经济能够促进企业转型升级，进一步赋能企业高质量发展，而企业自身综合能力的提升又为企业数字化转型提供支持，进而提高数字经济的发展水平。因此，数字经济和企业高质量发展之间可能存在一定的因果内生问题。引入变量的滞后一期在一定程度上可削弱由反向因果引起的内生性问题，表 12－3 第（3）列为将数字经济滞后一期纳入模型后重新回归的结果，核心解释变量的估计系数依旧显著。此外，由于控制变量在选取过程中存在着遗漏的可能。本书试图通过工具变量法缓解这一问题，以识别数字经济对制造业企业高质量发展影响的净效应。早期，人们主要依靠邮政系统进行信息交流，邮局的布局将对固定电话的分布产生一定的影响，从而影响到网络的初期接入。邮政系统的布局促进了互联网的使用技术提高与使用习惯的养成，进而推动了数字经济的发展。因此，选择邮局数目作为区域数字经济水平指标的工具变量是符合相关性要求的。同时，由于互联网和数字技术的飞速发展，邮局对出口产品质量的影响逐渐消失。从这个意义上看，在对其它变量进行控制之后，选择历史上邮局的数量作为数字经济的工具变量在某种程度上也满足了排他性要求。因此，借鉴黄群慧（2019）的方法，选择 1984 年年末邮局数作为工具变量，进一步与上一年全国互联网用户数相乘，作为数字经济的工具变量并通过两阶段最小二乘法进行回归。工具变量系数显著为正，且在弱相关性检验中，最小特征统计量大于 10，偏 R^2 相对较高，表明工具变量与内生变量不存在弱相关性，工具变量选取合理。表 12－3 第（4）列显示，数字经济对企业高质量发展影响的回归系数在 1% 的水平下显著为正，证明本文结论较为可信。

表 12－3　数字经济对制造业企业高质量发展的影响稳健性和内生性检验结果

变量	(1) TFP_lp	(2) TFP_op	(3) TFP_lp	(4) TFP_lp
Digt	0.089 7*** (0.018 9)	0.081 5*** (0.016 9)	0.084 6*** (0.021 6)	0.062 8*** (0.021 7)
Control	Yes	Yes	Yes	Yes
Year FE	Yes	Yes	Yes	Yes
Province FE	Yes	Yes	Yes	Yes

续表

变量	(1) TFP_lp	(2) TFP_op	(3) TFP_lp	(4) TFP_lp
Kleibergen - Paap rk LM 统计量				1 483.00 [0.000 0]
Kleibergen - Paap rk Wald F 统计量				3 613.53 {16.38}
Constant	2.712 2*** (0.395 0)	1.389 6*** (0.338 0)	3.051 9*** (0.429 9)	
Observations	19 088	19 088	16 801	19 052
R - squared	0.456 9	0.412 4	0.429 3	0.453 6

注：( ) 内为稳健标准误；*** 表示变量在 1% 的水平上显著；[ ] 内为 P 值；{ } 内为 Stock - Yogo 弱识别检验 10% 水平上的临界值。

3. 机制检验

通过梳理相关文献，认为技术创新与人力资本是数字经济影响我国制造业企业高质量发展的途径。一是数字经济促进核心技术不断迭代升级的同时也为之前留存的技术壁垒提供解决方案，推动技术深度融入企业管理与生产过程中，进而促进企业高质量发展。二是数字经济重塑了传统经济形态中的生产关系，推动实现“人口红利”向“人力资本红利”转变。数字经济时代的智能化生产形成了高技能劳动力对低技能劳动力的取代，迫使劳动者主动应变，积极强化数字化技术的训练，不断提高自己的综合能力。同时，数字经济丰富了教育资源，扩大了教育机会，为劳动者的继续学习提供了技术性手段，优化了劳动者的知识和技能结构，促进了一般劳动力向技术型劳动力的过渡，确保了人力资本整体质量和水平的提升，满足了企业追求高质量发展过程中对劳动力高层次的需求。

为了验证技术创新和人力资本的机制作用，利用逐步检验回归系数法构建中介效应模型进行检验：

$$M_{it} = \alpha_0 + \alpha_1 Digt_{it} + Z_{it} + \mu_i + \delta_t + \varepsilon_{it} \quad (12-2)$$

$$TFP\_lp_{it} = \alpha_0 + \alpha_1 Digt_{it} + \alpha_2 M_{it} + Z_{it} + \mu_i + \delta_t + \varepsilon_{it} \quad (12-3)$$

其中，M 表示中介变量，包括技术创新和人力资本两部分。其中，技术创新又可分为创新投入和创新产出。创新投入（RD）通过研发支出占总资产的比重表示，创新产出可以从创新效率（量）和创新质量（质）两个层面进行测度。创新效率（InnoEff）借鉴权晓锋和尹洪英（2017）

的研究，以每单位研发投入的专利申请数进行刻画，计算公式为 LN（1 + Patent）/LN（1 + RD），创新质量（LnCit）借鉴孟庆斌等（2019）的方法，通过公式 LN（下一年企业申请专利的他引次数合计数 +1）表示。人力资本（Hum）采用企业硕士学历人数与员工总数的比值表示。

技术创新的机制检验结果如表 12 -4 所示。在表 12 -4 列（1）（4）（7）证实了数字经济能够推动制造业企业高质量发展后，分别验证数字经济对企业创新的影响，结果如列（2）（5）（8）显示，数字经济能够带动企业研发投入的增加，创新效率的上升和创新质量的提高。最后将企业创新情况分别纳入模型进行回归发现，数字经济对企业高质量发展的影响系数下降，数字经济促进技术创新进而推动企业高质量发展。表 12 -5 展示了人力资本的机制检验结果，同样地，数字经济对人力资本和高质量发展的回归系数均显著为正，说明数字经济具有显著的人力资本提升作用，且这一作用有助于实现我国制造业企业高质量发展。

表 12 -4　　技术创新的机制检验结果

变量	(1) TFP_lp	(2) RD	(3) TFP_lp	(4) TFP_lp	(5) InnoEff	(6) TFP_lp	(7) TFP_lp	(8) LnCit	(9) TFP_lp
Digt	0.091 7 *** (0.019 2)	0.000 7 * (0.000 4)	0.088 2 *** (0.018 8)	0.091 7 *** (0.019 2)	0.003 5 * (0.001 8)	0.091 5 *** (0.017 3)	0.277 2 *** (0.011 7)	0.185 5 *** (0.025 3)	0.271 1 *** (0.011 2)
RD			3.798 7 *** (0.777 5)						
InnoEff						0.789 5 *** (0.110 4)			
LnCit									0.080 7 *** (0.006 6)
Control	Yes	Yes	Yes	Yes	Yes	Yes	Yes	Yes	Yes
Year FE	Yes	Yes	Yes	Yes	Yes	Yes	Yes	Yes	Yes
Province FE	Yes	Yes	Yes	Yes	Yes	Yes	Yes	Yes	Yes
Constant	2.604 0 *** (0.404 7)	-0.104 1 *** (0.008 0)	2.972 7 *** (0.423 1)	2.604 0 *** (0.404 7)	-0.465 3 *** (0.048 4)	2.750 8 *** (0.423 2)	7.198 8 *** (0.066 2)	-0.218 0 (0.186 8)	7.398 0 *** (0.068 5)
Observations	19 088	18 325	18 325	19 088	16 351	16 351	18 395	15 232	15 232
R - squared	0.454 0	0.162 4	0.443 5	0.454 0	0.196 3	0.445 2	0.402 6	0.192 5	0.420 8

注：***、**、* 分别表示变量在 1%、5%、10% 的水平上显著；括号内为稳健标准误。

表 12-5 人力资本的机制检验结果

变量	(1) TFP_lp	(2) Hum	(3) TFP_lp
Digt	0.140 9*** (0.018 3)	0.304 4*** (0.099 5)	0.136 2*** (0.018 1)
Hum			0.015 3*** (0.005 4)
Control	Yes	Yes	Yes
Year FE	Yes	Yes	Yes
Province FE	Yes	Yes	Yes
Constant	7.461 7*** (0.101 8)	1.713 4*** (0.504 0)	7.435 5*** (0.103 9)
Observations	10 471	10 471	10 471
R-squared	0.350 9	0.042 4	0.355 4

注：***、**、*分别表示变量在 1%、5%、10% 的水平上显著；括号内为稳健标准误。

4. 异质性分析

(1) 地区异质性。在地区发展格局方面，中国数字经济水平以及工业化程度差异较大，因此进一步将地区划分为沿海和内陆省份来分析数字经济对制造业企业高质量发展的影响。表 12-6 中第 (1)—(2) 列的结果显示，无论是沿海还是内陆地区，数字经济均能对制造业企业高质量发展产生显著的积极影响，在使用费舍尔组合检验后，二者系数大小在统计上存在显著差异。说明数字经济有助于中国制造业高质量发展，但更有利于促进内陆地区制造业的高质量发展。虽然内陆地区数字经济水平不如沿海地区，但其数字经济发展潜力十足，力图使数字经济成为各省份经济发展新的增长点。数字经济对金融市场及金融服务业务供给产生了重大影响，为内陆企业的融资提供了资金保障，实现了对企业转型发展动力的有效输送，激发了经济增长的内生活力，以此促进企业发展质量的提升。

表 12-6 数字经济对制造业企业高质量发展的影响异质性分析结果

变量	(1) 沿海 TFP_lp	(2) 内陆 TFP_lp	(3) 劳动密集 TFP_lp	(4) 资本密集 TFP_lp	(5) 技术密集 TFP_lp	(6) 国有 TFP_lp	(7) 非国有 TFP_lp
Digt	0.078 7*** (0.019 9)	0.250 0*** (0.081 9)	0.048 0 (0.034 7)	0.054 3* (0.031 1)	0.122 8*** (0.023 2)	0.107 9*** (0.034 0)	0.098 5*** (0.021 7)
Control	Yes	Yes	Yes	Yes	Yes	Yes	Yes

续表

变量	(1) 沿海 TFP_lp	(2) 内陆 TFP_lp	(3) 劳动密集 TFP_lp	(4) 资本密集 TFP_lp	(5) 技术密集 TFP_lp	(6) 国有 TFP_lp	(7) 非国有 TFP_lp
Year FE	Yes	Yes	Yes	Yes	Yes	Yes	Yes
Province FE	Yes	Yes	Yes	Yes	Yes	Yes	Yes
Constant	1.946 6*** (0.663 7)	3.577 3*** (0.504 9)	2.283 2** (0.919 0)	3.436 7*** (0.574 0)	2.727 3*** (0.584 6)	3.322 7*** (0.532 5)	1.383 0* (0.763 0)
Observations	12 665	6 423	4 750	5 473	8 865	7 833	11 255
R - squared	0.464 8	0.447 0	0.403 3	0.429 2	0.498 6	0.463 6	0.453 6

注：***、**、*分别表示变量在1%、5%、10%的水平上显著；括号内为稳健标准误。

（2）行业异质性。数字经济对于不同要素密集型制造业的高质量发展的影响路径是否存在差异？本文借鉴阳立高等（2018）的做法将制造业企业样本划分为劳动、资本和技术密集型，以此对数字经济对制造业企业高质量发展影响的异质性做进一步分析。表12-6中的第（3）—（5）列显示，数字经济的系数在资本密集型和技术密集型制造业显著为正，在劳动密集型制造业依旧为正，但不显著。这说明数字经济对于促进技术和资本密集型制造业高质量发展的作用更加明显。其原因可以归结为技术密集型制造业本身具备良好的技术基础、优秀资源与创新能力，其转型升级的难度也相应较小，能够对各类数字技术做出快速响应，通过数字经济不断提升其核心竞争力，进而实现生产效率提升。对于资本密集型制造业而言，数字经济能够通过提供技术和信息服务促进其高质量发展。因为大部分的劳动密集型制造业都是传统的制造业，行业数字化水平不高，很难实现数字经济和劳动密集型产业之间的良性互动。

（3）企业异质性。本书将企业划分为国有和非国有企业两种，进一步分析数字经济对制造业企业高质量发展影响的异质性。从表12-6第（6）、（7）列的回归结果来看，数字经济对国有与非国有企业高质量发展的影响均显著为正。国有企业既拥有雄厚的经济实力，又拥有较低的融资约束，有能力接受数字化管理理念并引进先进的数字技术，通过降低信息不对称程度和管理层决策行为的非理性程度提升公司治理水平的动机和能力，进而带动企业高质量发展。而非国有企业则更容易受到内部晋升机制和外部市场竞争模式的影响，数字经济的发展迫使他们紧跟数字化潮流，寻求转型升级的机会以获得市场竞争的有利地位，进而实现发展质量升级。

三、结论与政策建议

1. 结论

随着数字经济与实体经济日益紧密的融合，数据与资本、劳动等其他生产要素的有机结合，极大地改变了传统要素的投入方式，成为壮大经济新增长点，培育发展新动能的重要支撑。制造业是实体经济的基础，本章切入制造业企业这一微观视角，立足数字经济对我国社会经济发展产生深刻影响的典型事实，分析了数字经济赋能制造业企业高质量发展的现状和困境，并对数字经济能够赋能制造业企业高质量发展这一命题进行了实证检验。研究结果表明：数字经济赋能制造业企业高质量发展，该结论在经过替换变量、双边缩尾、引入工具变量等稳健性与内生性检验后依旧成立。技术创新和人力资本在数字经济与制造业企业高质量发展中发挥了机制作用，数字经济增加了创新投入，提高了技术创新效率和质量，重塑了传统经济形态中的生产关系，深度激活人力资本红利，进而促进制造业企业高质量发展。数字经济对不同地区制造业企业高质量发展的影响不同，其对内陆地区制造业企业高质量发展的作用效果要更甚于沿海地区。在行业异质性方面，技术和资本密集型制造业更容易受到数字经济的影响而实现高质量发展。在企业异质性方面，国有企业与非国有企业均能享受到数字经济的红利，融入数字化转型的浪潮，以数字经济驱动发展变革。

2. 政策建议

（1）开展工业互联网快速全面导入行动，夯实制造业高质量发展的基础。工业互联网是数字技术与制造业融合的具体表现形式，因此，工业互联网的全面导入成为数字经济背景下制造业高质量发展的关键所在。具体表现为以下几个方面：第一，应在建立跨行业、跨领域工业互联网平台的基础上，根据重点行业的数字化转型需求，推动建立一批多层次、多元化、系统化的企业级工业互联网平台。同时，加强工业互联网的网络创新能力，不断优化网络环境，形成功能强大、应用广泛、充满活力的新型网络系统。第二，对平台的共性关键技术及创新应用进行提前布局。既要支持、鼓励具有较强竞争力的企业对平台的核心技术进行加速研究，推进其产业化进程，也要推动企业结合行业特点，针对企业痛点，探索、开发出创新解决方案和特色实践案例。

（2）实施企业数字化赋能提升工程，壮大制造业高质量发展的主体。

针对企业存在着“不想转、不敢转、不会转”的突出问题，政府需要充分发挥引导作用，为数字技术的开发做好规划和投资，推动数字经济赋能企业发展。一方面，政府应对制造业企业给予相应的税收优惠，以激励其实施数字化转型。此外，还应当考虑设立有关数字化转型的引导基金，对参与数字化转型的企业给予适当的补助，并按照对数字技术的投资比例进行补助，并据此设立数字化转型的保障基金，以减少企业的试错成本。另外，政府应帮助数字化转型企业开拓多元化的融资渠道，引入社会资本，加强企业之间的协作，共同推进技术进步。另一方面，企业要在充分整合和利用已有的数字资源的基础上，推进智能制造融入企业生产管理全过程中，发挥数字技术对闲置资源的合理配置作用，运用数字化技术来改进和升级传统装备的运行模式。然而，在引进技术时也要全面评估该技术与企业内部资源的匹配度。

（3）构建企业数据安全治理架构，优化制造业高质量发展的环境。随着互联网技术的发展，原有的计算机应用方式发生了翻天覆地的变化。因此，针对网络连接的特征和网络连接的风险源，重新确立系统的控制点并建立相应的控制体系十分必要。首先要通过内装入侵检测、漏洞扫描、灾难备份与恢复、网络防毒等软件系统的方式提高网络系统防范风险的能力。企业应在数据管理与服务中心设置网络管理系统以管理和监控整个共享网络的配置、故障、性能、计费和安全问题，同时通过采用防火墙技术对病毒和企业内网之外的非法访问者进行阻挡以达到对内部信息的保护效果。其次，及时做好硬件备份、系统备份和数据备份工作也十分重要，是防止网络业务数据系统发生意外事故最基本、最有效的手段。此外，只有企业制定配套、严格的网络安全管理制度，才能有效保证安全防范技术的发挥进而确保企业数据的安全，为制造业高质量发展营造良好的环境。

（4）强化企业技术创新能力，赋予制造业高质量发展的利器。科技赋能成为当下推动制造业高质量发展的关键，面对激烈的国际竞争和关键技术“卡脖子”难题，我国应从基础研究的源头进行创新，将科技发展主动权牢牢掌握在自己手里。首先，我们要加大对关键核心技术的研究力度，并将其作为企业数字化转型的关键因素。对高端芯片、高端传感器、高端工业软件、操作系统、人工智能关键算法等领域进行重点突破，从而加速国产化进程，提高自主创新能力。其次，构建产学研合作平台，建立国家重点实验室、区域创新中心、技术孵化器等，加强对共性技术、基础性技术的研究，推动科研院所、高校、企业科研力量的最优分配，实现资源的共享。在此基础上，进一步增加资金投入，加强对重点行业的核心、关键技术的研究，推动科技成果转化。

（5）加快建设跨界融合型人才队伍，补齐制造业高质量发展的短板。为保证制造业能够迎合数字时代的发展要求，应强化人才队伍建设，缓解人才短缺矛盾，同时优化人才资源配置，激发人才创新潜能。首先要健全数字制造人才培育的生态系统。鼓励和引导高校、职业院校、技工院校等设立与工业互联网、人工智能有关的专业，并在此基础上，进一步强化政产学研的互动以及跨学科的共同培养。其次要加大对制造业从业人员的数字技能培养力度。运用新媒体、社会网络等多种手段，促进传统制造业人才的数字素养的提高，培养出一批与产业发展需要相适应的制造业数字化人才。再次适当引进外部人才。通过数字化手段对人才引进和考评方式进行创新，引进智能制造方面的高精尖人才，增加制造业企业的人才储备。与此同时，为人才提供子女教育、医疗服务、工作生活方面的保障也十分必要，只有为人才解决后顾之忧才能持续激发他们的创新潜力，从而为数字经济赋能制造业高质量发展提供源源不断的动力。

第二节
数字经济背景下农业企业高质量发展的典型案例

一、典型实体经济农业企业高质量发展的现状和困境

我国是一个农业大国，农业是支撑我国经济高质量发展的重要保障。近年来，我国农业发展综合水平显著提升，逐步由增产向提质转变。但是基于我国土地细碎化、小农户分散等客观现实，农业生产效率低下，产业竞争力不强，生产碎片化程度较高，农民持续增收难度加大，亟须发展新动能助力实现农业高质量发展。现阶段，随着政策支撑力度日益增强，数字技术在农业发展中逐渐发挥作用且在农业生产的运用逐渐丰富。传统农业企业可以通过与数字经济的融合解决农业生产效率和生产动力、农业资

源要素合理配置与农产品供给效率、经营绩效和组织体系问题，进而实现生产方式与生产手段的变革，产业的纵向统一与横向扩大以及经营主体和服务方式的创新。但数字经济在对农业赋能过程中也存在城乡及区域间的数字鸿沟较大、数字农业基础设施短板突出和数字农业人才培养滞后的问题，导致数字经济与农业的融合有待进一步深化。

（一）数字经济赋能农业企业高质量发展的现状

（1）政策支撑力度日益增强。随着数字经济的蓬勃发展以及对实体经济的渗透，我国十分重视数字经济与农业的结合。2015 年《农业部关于推进农业农村大数据发展的实施意见》对于农业发展中大数据应用的总体要求与重点领域进行了部署，2018 年中央一号文件首次明确提出要大力发展数字农业以提升农业发展质量。2020 年，我国公布了全国 117 个市县入选国家数字乡村建设试点地区名单的通知，推动数字技术和农村经济协同发展成为建设数字农村的重心工作。2022 年中央“一号文件”和《政府工作报告》明确提出，要着力推动数字技术与农业生产经营全过程的深度融合，加快数字经济发展，推进智慧农业发展和数字乡村建设，拓展农业农村数字经济应用场景。在此基础上，各地区也结合本地实际对数字农业支持政策展开了积极探索，由此形成了以政府为引导，以农业数字技术创新为核心的数字农业发展体系。例如，江苏省发布了《关于高质量推进数字乡村建设的实施意见》，提出推进农业生产过程的数字化转型。广西省在已获批我国数字乡村试验的基础上，又遴选了灵山、天峨等十个县（市、区）作为自治区数字乡村试验。

（2）数字经济与农业的融合持续推进。《中国数字经济发展白皮书（2021 年）》数据显示，2016—2020 年第一产业的数字经济渗透率从 6.2% 增加到 8.9%，第二产业的数字经济渗透率从 16.8% 增加到 21.0%、第三产业的数字经济渗透率从 29.6% 增加到 40.7%（见图 12 - 4）。2020 年，新冠疫情的暴发推动三次产业加速数字化转型的进程。2020 年第一产业的数字经济渗透率与第二产业、第三产业数字经济渗透率之比约为 1:2:4，同比增长率分别为 0.7%、1.6% 和 2.9%。由此可见，农业的数字化转型进度相对落后于工业数字化和服务业数字化，数字经济与农业的融合还存在很大的发展空间。这很可能是因为，农业生产对自然条件的依赖程度相对较高，农业具有投资成本高、回报周期长且回报率低的特征，导致其产业数字化的比较收益相对较低。即便如此，数字技术仍然赋能农业高质量发展。近年来，受益于我国大力推进乡村数字基础设施建设这一举措，电子商务日益成为农产品销售的重要渠道，已经成为农业农村数字经济发展的关键力量，发挥了稳定农产品供应链，促进农民增收的作用。据《中国数字乡村发展报告（2022 年）》显示，2021 年农产品网络销售额占农产品销售总额的 14.8%。分区域看，东部沿海省份农产品电子商务发展继续走在前列，中部和西部地区紧随其后，东部地区农产品网络销售额占比为 17.7%，中部地区为 15.6%，西部地区为 10.6%。分省份看，农产品网络销售额占比高于全国平均水平的有浙江、广东、江苏、安徽、湖北、上海、湖南、甘肃、陕西、福建、江西、宁夏。同时，快递服务不断向乡村基层延伸，"快递进村"比例超过 80%，2021 年农村地区收投快递包裹总量达 370 亿件。截至 2021 年底，36.3% 的市级以上重点农业龙头企业通过电商开展销售，利用电商销售的农产品加工企业营业收入比上年增长 10.8%。

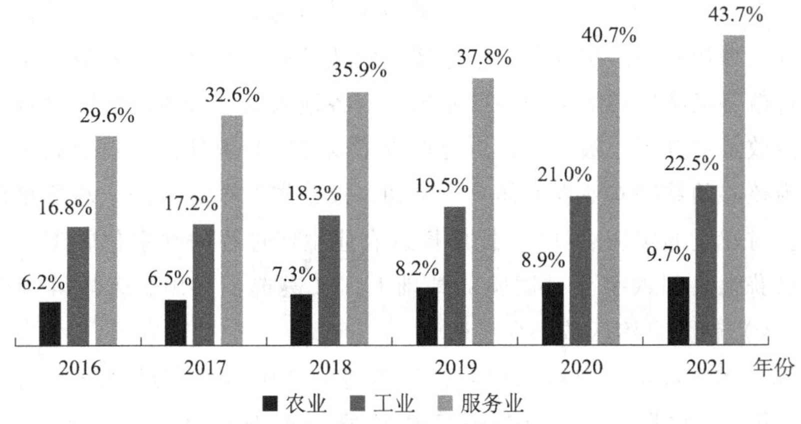

图 12－4　2016—2021 年数字经济在三大产业中的渗透率

（3）数字技术在农业生产的运用逐渐丰富。近年来，数字技术集成应用日益成为农业生产的标配，助力种植业数字化多点突破，畜牧业数字化成效凸显，渔业数字化稳步推进。具体来看，2021 年全国大田种植信息化率为 21.8%，其中，小麦、稻谷、棉花三个农作物的生产信息化率相对较高，分别为 39.6%、37.7% 和 36.3%，玉米的生产信息化率相对较低，为 26.9%；2021 年全国设施栽培信息化率为 25.3%，比上年增长 1.8 个百分点。无人或少人农场在安徽芜湖、北大荒建三江、广东佛山、内蒙古兴安盟等地落地见效。安徽芜湖智慧稻米生产试点将水稻生产过程划分为播种、插秧、分蘖等 13 个环节，并细化出品种选择、土地平整、氮肥用量等 49 个智慧决策点，构建起“智慧农艺 + 智能农机”双轮驱动技术体系，实现了耕种管收全过程信息感知、定量决策、智能作业，2022 年试验面积已扩大到 15 万亩。试验结果显示，亩均增产 14.3%、节约氮肥 32.5%、节约磷肥 16.8%、减药 38.0%、亩均增收 500 元左右。畜禽养殖数字化与规模化、标准化同步推进，现代信息技术在畜禽养殖业中的应用程度在传统三大农业行业中处于领先水平。2021 年全国畜禽养殖信息化率达 34.0%，其中，生猪养殖信息化率为 36.9%，高于家禽养殖信息化率 0.5 个百分点。畜牧业综合信息平台、饲料和生鲜乳质量安全监管系统已覆盖全国规模猪场、生鲜乳收购站、牧场和持有饲料生产许可证的企业等，畜牧业的预测预警、市场调控、疫病防控、质量监管水平得到明显提升。养殖水体信息在线监测、精准饲喂、智能增氧、疾病预警与远程诊断等数字技术与装备在渔业行业不断推广应用，数字技术支撑的工厂化养殖、稻虾养殖、鱼菜共生模式相继投入生产，渔业生产信息化稳步推进。2021 年全国水产养殖信息化率为 16.6%，其中，蟹类、虾类、鱼类和贝类的生产信息化率分别为 23.6%、21.6%、20.9% 和 6.0%。江苏南京浦口区通过生产、流通、消费全环节数字化，打造青虾订单生产、透明供应、信任消费的产业体系，节省了 15% 以上的人工养殖成本、20% 以上的仓储加工物流配送成本，增加了 15% 以上的养殖收益。

（二）数字经济赋能农业企业高质量发展的困境

（1）城乡及区域间的数字鸿沟较大。数字鸿沟指不同国家、地区、行业、社区、人群因拥有和应用信息程度和能力的差别而造成的信息落差，我国数字鸿沟主要表现为城乡数字鸿沟和地区数字鸿沟。在城乡数字鸿沟上，就数字接入的可及性而言，2010 年我国城市宽带接入用户为 9 963.5 万户，到 2020 年我国城市宽带接入用户数增加到 34 165.3 万户，与此同时，农村宽带接入用户由 2 475.7 万户增加到 14 189.7 万户，城乡宽带接入用户之比从 4.02∶1 下降到 2.41∶1。虽然城乡之间在接入宽带用户数上的差距呈现出缩小之势，但在互联网普及情况和网民规模上我国城乡之间仍然存在较大的数字鸿沟。《中国互联网络发展状况统计报告》显示，截至 2021 年，我国城市互联网普及率仍比农村互联网普及率高出 23.7 个百分点（见图 12－5），城镇网民规模约为农村网民规模的 2.6 倍。① 同时，相较于城市，农村 5G 基站建设明显不足。就数字技术的应用性而言，在互联网应用方面，不同于城镇未成年网民偏好于搜索引擎、社交网站、新闻、购物等一系列具有较强社会属性的应用，农村未成年网民更多地使用短视频、音乐等休闲娱乐应用。在个人数字素养与技能方面，2018 年中国家庭追踪调查数据显示，仅有三成左右的农村居民通过互联网开展工作学习、商业活动，显著落后于城镇居民近 20 个百分点。②

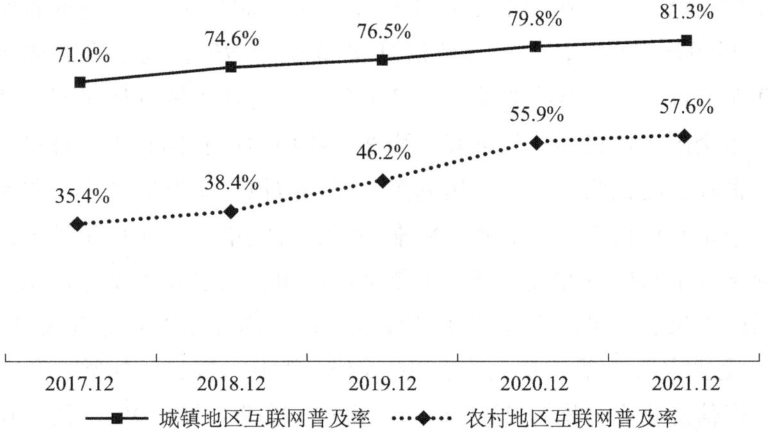

图 12－5 城乡地区互联网普及率

与此同时，我国农村数字经济尚未实现区域均衡发展。根据 2021 年中国互联网发展报告，北京、广东、上海、山东、江苏、浙江等发达省市是互联网发展指数综合排名前五名③，而西部落后省份互联网发展指数较小排名较后。《全国县域农业农村信息化发展水平评价报告》显示，2020 年我国东部地区农业农村信息化水平为 41%，高于西部地区 6.9 个百分点，信息化发展水平位列前三位和后三位的省份之间更是存在着高达 40.3 个百分点的差距。④

① 中国互联网信息中心．第 49 次中国互联网络发展状况统计报告，http://www.cnnic.net.cn/hlwfzyj/hlwxzbg/hlwtjbg/202202/t20220225_71727.htm.

② 中国城乡数字包容发展研究报告——数字化助力乡村振兴与共同富裕［EB/OL］．中国信息通信研究院网站，http://www.caict.ac.cn/kxyj/qwfb/ztbg/202112/t20211230_394812.htm.

③ 中国网络空间研究院．中国互联网发展报告 2021［M］．北京：电子工业出版社，2021：18.

④ 农业农村部：2021 全国县域农业农村信息化发展水平评价报告，http://www.moa.gov.cn/xw/zwdt/202112/t20211220_6385157.htm.

(2) 数字农业基础设施短板突出。数字基础设施的建设在数字经济发展过程中至关重要。同时数字基础设施也为数字经济与农业农村经济的融合发展提供有力支撑。虽然农村不断新增一些便民快递和物流服务，但农村数字基础建设仍然比较缺乏且薄弱，不利于数字经济和农业农村经济在更广与更深领域的进一步融合。究其原因主要是，一方面农村数字基础设施资金投入力度不强。数字基础设施涉及很多方面，具有较大的投资规模、较长的回收周期和较高的投资风险，因此相较于获得民间资本和金融支持，数字基础设施的资金更多地来源于公共财政。而现如今，宏观经济下行明显，各级政府往往面临着较大的财政压力难以提供充足的资金来支持数字基础设施建设。同时，接入数字平台的设施设备、数字化升级及后续软硬件维护需要大量的资金投入，企业出于当前经营状况以及潜在投资风险的考虑可能使得其对数字基础设施投资的积极性大打折扣。另一方面，就目前的我国农业领域数字基础设施发展情况而言，遥感卫星和农机智能装备等投入农业生产的数字基础设施存在着覆盖程度低、信息提供能力弱等问题①，同时由于我国前沿技术研发长期处于追随发达国家的状态，自主研发能力有待提高。此外，农业领域中部分数字基础设施的应用未能有效地契合农业经营的实际需求，而只是简单地套入数字基础设施在工业和服务业中的应用经验。由于农业经营的收益不高，负担数字基础设施的持续资金投入存在一定难度，数字基础设施建设的重点主要在于服务于工业和服务业，进而容易导致农业数字基础设施缺乏有效供给。

(3) 数字农业人才缺乏。数字人才是数字经济与农业农村经济融合发展的关键要素。数字农业相较于传统农业拥有更高的科技化、信息化水平，因此其对于农民的综合素质也有着更高的要求。数字经济时代的农民除了要有良好的体力，更需要具备有智慧、懂技术、敢创新的特点。② 然而，当前的农村居民情况不足以为数字技术与乡村经济的有效融合提供有力的人力资本支持。一方面，我国农村经济发展水平较低，致使农村年轻劳动力和涉农专业的学生大批外流，农村数字产业升级缺少人才保障。另一方面，农民群体整体的数字素养相对较低，甚至很多乡镇一级的干部自

① 程大为，樊倩，周旭海．数字经济与农业深度融合的格局构想及现实路径 [J]．兰州学刊，2022 (12)：131－143.

② 王海倩．基于乡村振兴背景下数字农业高质量发展的路径选择 [J]．农村经济与科技，2022，33 (21)：11－13.

身缺乏相应的数字素质，将不利于农业农村实现数字化管理和生产。此外，尚未建立成熟的数字农业人才培养机制，科研院所、高校和企业目前还没有形成有效的合作关系，产学研协同育人平台的构建还处在初期的探索阶段，数字农业人才队伍的储备力量严重不足，人才培养与农业发展之间的匹配度还有待提升。与此同时，数字技术培训在各种涉农培训中所占的比例仍然较小，农民在接触陌生信息技术的时候容易产生抵触和畏难心理，因此农民的数字技术培训与数字技术推广依旧是亟须解决的关乎数字经济赋能农业高质量发展的重大现实问题。

二、数字经济对农业企业高质量发展的效果检验

（一）研究设计

（1）模型设定。为验证数字经济能否推动农业企业高质量发展，本文采用固定效应模型进行基准回归，回归方程如下：

$$TFP\_lp_{it} = \alpha_0 + \alpha_1 Digt_{it} + Z_{it} + \mu_i + \delta_t + \varepsilon_{it} \tag{12-4}$$

式中，i 代表省份，t 代表年份，TFP_lp 为农业企业高质量发展，采用 LP 法下企业 TFP 的对数表征，Digt 为数字经济，Z 代表控制变量集合，μ 表示地区固定效应；δ 表示时间固定效应；ε 表示随机扰动项。

（2）数据来源。采用 2005—2020 年省（市）和企业的面板数据，其中，省（市）层面保留了剔除西藏后的 30 个省（市）样本数据。企业层面对沪深 A 股全体的上市公司进行处理，剔除所有 ST、*ST 以及 PT 企业，仅保留农业企业，剔除回归变量数据缺失的样本后，最终得到 537 个样本，涉及农、林、牧、渔业和农林牧渔服务业 5 个细分行业。相关数据主要选取自国家统计局、CSMAR 数据库和 Wind 数据库等。

（3）变量选取。①因变量（TFP_lp）。参考既有研究，以全要素生产率作为替代变量，用以衡量农业企业高质量发展水平，以 LP 法测度的企业全要素生产率作为企业高质量发展的代理变量。②自变量（Digt），通过构建指标体系测算数字经济水平（详见第 4 章）。③控制变量。城市层面的控制变量选取政府支持力度（Gov）、城镇化水平（Urban）、经济发展水平（ED）和产业结构调整（Ind）。其中，政府支持力度定义为财政支出与 GDP 的比重；城镇化水平为城镇人口占总人口的比重；经济发展水平用人均 GDP 的对数表示；产业结构调整表示为第三产业增加值占第二产业增加值的比重。在企业层面，选取企业总资产净利润率（Roa）、

资产负债率（Debt）、营业收入增长率（Growth）和管理层持股比例（Mshare）作为控制变量。以上变量的统计性描述见表 12－7。

表 12－7　描述性统计

	Variable	Obs	Mean	Std. Dev.	Min	Max
因变量	TFP_lp	537	8.407 8	0.888 9	5.720 3	11.463 7
自变量	Digt	537	0.135 3	0.826 9	－0.684 1	4.897 0
省（市）控制变量	Gov	537	0.220 2	0.094 3	0.079 2	0.461 7
	Ind	537	1.257 8	0.792 6	0.499 6	5.296 8
	Urban	537	0.548 1	0.140 1	0.295 0	0.896 0
	ED	537	10.569 3	0.635 2	8.919 6	12.013 0
企业控制变量	Roa	537	0.021 0	0.086 3	－0.430 9	0.675 2
	Debt	537	0.436 6	0.190 9	0.048 6	0.980 1
	Growth	537	0.155 6	0.498 5	－0.913 0	5.615 4
	Mshare	537	0.076 2	0.157 5	0	0.664 6

（二）实证结果与分析

1. 基准回归

表 12－8 为数字经济对农业企业高质量发展的影响结果。从列（1）来看，数字经济对企业高质量发展具有明显的促进作用，且系数通过了 1% 的显著性水平检验。随着企业控制变量和城市控制变量的加入，数字经济的系数符号与显著性水平并未发生变化，这表明在排除其他因素的影响后，数字经济对农业企业高质量发展的积极影响依旧成立。就控制变量而言，列（3）中企业层面除管理层持股比例外其余变量均显著为正，说明企业自身经营状况是企业实现高质量发展的重要因素，而管理层持股超过一定数量将会弱化董事会的监管效果，使董事会无法对管理层起到原有的约束作用，此时管理层可能会为了达到自身利益的最大化而侵犯其他股东的权益，最终导致内部资本配置效率越低。在地区层面，政府支持和城镇化无法对农业高质量发展产生显著的正向影响，甚至政府过多干预与过度城镇化将不利于农业高质量发展。产业结构由农业、工业向服务业的演进的过程优化了要素配置，但同时也带来了农村劳动力外流等问题，影响农业的高质量发展水平。而经济发展水平高的地区的农业技术水平较高，为推动农业高质量发展奠定了一定的经济基础。

表 12-8 数字经济对制造业企业高质量发展的影响结果

变量	(1) TFP_lp	(2) TFP_lp	(3) TFP_lp
Digt	0.445 4*** (0.071 8)	0.424 1*** (0.073 4)	0.296 3*** (0.093 7)
Roa		1.288 3*** (0.311 1)	1.229 3*** (0.273 4)
Debt		0.622 6** (0.292 3)	0.526 4** (0.254 8)
Growth		0.256 1*** (0.052 4)	0.271 6*** (0.054 6)
Mshare		-0.831 2** (0.361 6)	-1.025 6*** (0.353 0)
Gov			-0.024 1 (0.703 2)
Urban			-1.498 7 (1.308 5)
ED			0.589 8*** (0.138 5)
Ind			-0.230 0** (0.093 5)
Year FE	Yes	Yes	Yes
Province FE	Yes	Yes	Yes
Constant	8.347 5*** (0.009 7)	8.074 9*** (0.128 0)	3.029 7*** (0.985 8)
Observations	537	537	537
R-squared	0.219 6	0.428 5	0.525 5

注：***、** 分别表示变量在 1%、5% 的水平上显著；括号内为稳健标准误。

2. 稳健性和内生性检验

为检验本文核心结果的稳健性，分别采取对变量进行 1% 的双边缩尾和替换被解释变量进行回归的方法进行稳健性检验。对变量进行双边 1% 的缩尾后重新进行回归，结果如表 12-9 第（1）列所示，异常值对回归结果的影响较小，不影响本文核心结论的稳健性。第（2）列以 OP 法重新测算的企业 TFP 为被解释变量进行回归后的实证结果。结果表示，数字经济对企业全要素生产率的影响系数在 1% 的显著水平上为正，与假说 1 相符，数字经济能够赋能农业企业高质量发展，再次证实了本文的结论的稳健性。

数字经济能够促进企业转型升级，进一步赋能企业高质量发展，而企业自身综合能力的提升又为企业数字化转型提供支持，进而将数字经济的发展推向新的高度。因此，数字经济和企业高质量发展之间可能存在一定的因果内生问题。引入变量的滞后一期一定程度上可削弱由反向因果引起的内生性问题，表 12－9 第（3）列为将数字经济滞后一期纳入模型后重新回归的结果，核心解释变量的估计系数依旧显著。此外，由于控制变量在选取过程中存在着遗漏的可能。本部分试图通过工具变量法缓解这一问题，以识别数字经济对农业企业高质量发展影响的净效应。借鉴黄群慧（2019）的方法，选择 1984 年年末邮局数作为工具变量，进一步与上一年全国互联网用户数相乘，作为数字经济的工具变量并通过两阶段最小二乘法进行回归。工具变量系数显著为正，且在弱相关性检验中，最小特征统计量大于 10，偏 R^2 相对较高，表明工具变量与内生变量不存在弱相关性，工具变量选取合理。表 12－9 第（4）列显示，数字经济对企业高质量发展影响的回归系数在 1% 的水平下显著为正，证明本文结论较为可信。

表 12－9　数字经济对农业企业高质量发展的影响稳健性和内生性检验结果

变量	(1) TFP_lp	(2) TFP_lp	(3) TFP_lp	(4) TFP_lp
Digt	0.289 3*** (0.089 8)	0.368 9*** (0.103 9)	0.356 3*** (0.099 3)	0.312 8*** (0.108 5)
Control	Yes	Yes	Yes	Yes
Year FE	Yes	Yes	Yes	Yes
Province FE	Yes	Yes	Yes	Yes
Kleibergen－Paap rk LM 统计量				49.503 [0.000 0]
Kleibergen－Paap rk Wald F 统计量				58.712 {16.38}
Constant	5.430 6*** (0.234 3)	3.467 7*** (0.968 1)	2.569 2** (1.027 4)	
Observations	537	537	465	530
R－squared	0.440 3	0.527 9	0.5120	0.525 4

注：( ) 内为稳健标准误；*、**、*** 分别表示变量在 10%、5%、1% 的水平上显著；[ ] 内为 P 值；{ } 内为 Stock－Yogo 弱识别检验 10% 水平上的临界值。

3. 机制检验

通过梳理相关文献，认为数字经济可能会从技术创新与人力资本提升两个渠道来影响我国农业企业高质量发展。一是数字经济发展推动了农业机器人、农业智能感知、数控喷药、智能检测等智慧农业技术应用，为农业生产、播种、管理、收获等全产业链条提供高效、精准、智能的技术支撑进而提高农业自动化水平和生产效率，借助大数据采集平台对农产品进行质量分析和风险预警，为生产者在种植结构、灌溉优化等方面提供科学指导，促进农业生产模式转型升级推动品牌强农助力于农业提质增效。二是数字经济为传统的教育与培训方式注入技术要素，劳动者可以借助互联网平台不断学习新知识与新方法以提升自身劳动素养，从而进行科学地养殖耕种、管理营销，促进农产品规模化、品牌化发展，提高农业的竞争力。

为了验证技术创新和人力资本在数字经济与农业企业高质量发展之间是否起到中介作用，利用逐步检验回归系数法构建中介效应模型进行检验：

$$M_{it} = \alpha_0 + \alpha_1 Digt_{it} + Z_{it} + \mu_i + \delta_t + \varepsilon_{it} \quad (12-5)$$

$$TFP\_lp_{it} = \alpha_0 + \alpha_1 Digt_{it} + \alpha_2 M_{it} + Z_{it} + \mu_i + \delta_t + \varepsilon_{it} \quad (12-6)$$

其中，M 表示中介变量，包括技术创新和人力资本两部分。其中，技术创新又可分为创新投入和创新产出。创新投入（RD）通过研发支出占总资产的比重表示，创新产出可以从创新效率（量）和创新质量（质）两个层面进行测度。创新效率（InnoEff）借鉴权晓锋和尹洪英（2017）的研究，以每单位研发投入的专利申请数进行刻画，计算公式为 LN（1 + Patent）/LN（1 + RD），创新质量（LnCit）借鉴孟庆斌等（2019）的方法，通过公式 LN（下一年企业申请专利的他引次数合计数 +1）表示。人力资本（Hum）采用企业硕士及以上学历人数的对数表示。

技术创新的机制检验结果如表 12 - 10 所示。在表 12 - 10 列（1）（4）（7）证实了数字经济对农业企业高质量发展的存在积极影响后，分别验证数字经济对企业创新的影响，结果如列（2）（5）（8）显示，数字经济能够带动企业研发投入的增加，创新效率的上升和创新质量的提高。最后将企业创新情况分别纳入模型进行回归发现，数字经济对企业高质量发展的影响系数下降，企业创新投入和创新质量在数字经济促进企业高质量发展过程中起到部分中介的作用，但创新效率在促进企业高质量发展的传导过程中出现了“堵塞”现象，尽管数字经济能够提高企业创新效率，但注重速度而忽视质量的创新对于企业发展并不是一件好事。表 12 – 11 展示了人力资本的机制检验结果，同样地，数字经济对人力资本和高质量发展的回归系数均显著为正，说明数字经济具有显著的人力资本提升作用，且这一作用有助于实现我国农业企业高质量发展。

表 12 – 10　　　　技术创新的机制检验结果

变量	(1) TFP_lp	(2) RD	(3) TFP_lp	(4) TFP_lp	(5) InnoEff	(6) TFP_lp	(7) TFP_lp	(8) LnCit	(9) TFP_lp
digt_pca	0.296 3 *** (0.093 7)	0.005 6 * (0.003 1)	0.258 8 ** (0.099 3)	0.296 3 *** (0.093 7)	0.029 5 * (0.014 9)	0.261 6 *** (0.077 5)	0.426 2 *** (0.074 3)	0.347 1 * (0.205 2)	0.327 2 *** (0.079 1)
RD			2.118 8 * (1.067 5)						
InnoEff						-0.029 2 (0.265 7)			
LnCit									0.039 2 * (0.021 7)
Control	Yes	Yes	Yes	Yes	Yes	Yes	Yes	Yes	Yes
Year FE	Yes	Yes	Yes	Yes	Yes	Yes	Yes	Yes	Yes
Province FE	Yes	Yes	Yes	Yes	Yes	Yes	Yes	Yes	Yes
Constant	3.029 7 *** (0.985 8)	-0.094 0 (0.101 3)	1.653 3 (2.257 9)	3.029 7 *** (0.985 8)	0.029 5 (0.051 6)	3.658 4 * (2.024 8)	8.062 7 *** (0.129 9)	1.076 4 ** (0.404 2)	8.102 7 *** (0.191 9)
Observations	537	358	358	537	320	320	524	302	302
R-squared	0.525 5	0.081 5	0.502 3	0.525 5	0.058 4	0.566 1	0.420 6	0.038 9	0.416 6

注：***、**、* 分别表示变量在 1%、5%、10% 的水平上显著；括号内为稳健标准误。

表 12 – 11　　　　人力资本的机制检验结果

变量	(1) TFP_lp	(2) Hum	(3) TFP_lp
Digt	0.292 2 *** (0.083 1)	0.252 2 ** (0.096 8)	0.156 6 * (0.078 7)
Hum			0.243 3 *** (0.064 6)
Control	Yes	Yes	Yes
Year FE	Yes	Yes	Yes

续表

变量	(1) TFP_lp	(2) Hum	(3) TFP_lp
Province FE	Yes	Yes	Yes
Constant	8.307 0*** (0.297 3)	3.307 4*** (0.564 3)	7.371 5*** (0.409 3)
Observations	276	276	276
R - squared	0.469 0	0.132 2	0.561 6

注：***、**、*分别表示变量在1%、5%、10%的水平上显著；括号内为稳健标准误。

4. 异质性分析

（1）地区异质性。数字经济对农业高质量发展的影响可能存在区域差异，本文将地区划分为沿海和内陆省份以对数字经济影响农业高质量发展的异质性进行检验。表12－12中第（1）（2）列的结果显示，数字经济对沿海和内陆的农业企业高质量发展的影响均在1%显著性水平上为正，说明数字经济有助于沿海和内陆地区农业高质量发展，相较于沿海地区，数字经济对于内陆地区农业高质量发展的促进作用更加显著。其原因可以归结为虽然内陆地区乡村在基础设施、市场环境等方面条件较弱，但受益于数字经济，农产品交易成本和要素对距离的敏感性能够得到有效降低，要素配置效率将得到大幅提高，在一定程度上缩小发展资源的先天禀赋差异，弱化内陆地区发展的短板，实现农业高质量发展。

表12－12　数字经济对农业企业高质量发展的影响异质性分析结果

变量	(1) 沿海 TFP_lp	(2) 内陆 TFP_lp	(3) 国企 TFP_lp	(4) 非国企 TFP_lp
Digt	0.237 6*** (0.074 3)	0.870 2*** (0.278 2)	0.676 1*** (0.2320)	0.143 3* (0.071 5)
Control	Yes	Yes	Yes	Yes
Year FE	Yes	Yes	Yes	Yes
Province FE	Yes	Yes	Yes	Yes
Constant	2.886 6 (1.776 9)	6.973 5*** (1.406 7)	4.411 0*** (1.394 3)	4.546 1** (1.673 6)
Observations	265	272	262	275
R - squared	0.605 1	0.600 2	0.453 6	0.615 7

注：***、**、*分别表示变量在1%、5%、10%的水平上显著；括号内为稳健标准误。

（2）企业异质性。本文通过将样本划分为国有企业和非国有企业，进一步对数字经济对农业企业高质量发展影响的异质性作出分析。从表 12 - 12 中第（6）（7）列的回归结果来看，数字经济对国有与非国有企业高质量发展的影响均显著为正。国有企业拥有对接先进数字技术和数字化管理理念的经济实力和融资优势，能够通过降低信息不对称程度和管理层决策行为的非理性程度提升公司治理水平的动机和能力，进而带动企业高质量发展。而非国有企业则更容易受到内部晋升机制和外部市场竞争模式的影响，数字经济的发展迫使他们紧跟数字化潮流，寻求转型升级的机会以获得市场竞争的有利地位，进而实现发展质量升级。此外，相较于非国有农业企业，数字经济对国有农业企业发展提质增效作用更强，可能的原因是，与非国有企业的融资约束不同，制约国有企业高质量发展的因素更多在于资源配置与技术创新。数字经济有助于提升资源配置效率，增加创新要素供给，更有利于弥补国有企业高质量发展的短板。

（三）结论与建议

1. 结论

本章切入农业企业这一微观视角，立足数字经济对我国社会经济发展产生深刻影响的典型事实，分析了数字经济赋能农业企业高质量发展的现状和困境，并检验了数字经济能否赋能农业企业高质量发展这一命题。研究结果表明：数字经济能够推动农业企业高质量发展，该结论在经过替换变量、双边缩尾、引入工具变量等稳健性与内生性检验后依旧成立。技术创新在数字经济与农业企业高质量发展中发挥了部分机制作用，数字经济增加了创新投入，提高了创新质量，为农业高质量提供动力，而创新效率的提升并不能充分发挥助力农业提质增效的功能。由于资源禀赋和发展阶段的差异，数字经济对不同地区农业企业高质量发展的影响不同，数字经济在内陆地区展现的农业企业高质量发展的促进作用要强于沿海地区。在企业异质性方面，国有企业受益于数字经济红利而实现高质量发展的效果更甚。

2. 建议

（1）实行因地制宜，结合实际情况进行差异化发展。不同地区的农业生产特征和企业发展情况不同，数字经济发展水平也有很大差别，所以要因地制宜，结合实际情况实施差异化、动态化的数字经济发展战略，以更好地实现数字经济赋能农业企业高质量发展的效果。一方面，在继续推动沿海地区数字经济发展的同时，也要适度增加对内陆地区数字经济发展的资金投入，努力缩小城市间的数字鸿沟和发展差距，形成全面协调发展的格局。另一方面，必须坚持“因地制宜”的原则，鉴于沿海地区企业在市场环境、数字基础设施、农业科技研发等方面具有比较优势，因此应充分发挥领头羊的作用，加速农业科技成果的转化并将其推广到农业发展的应用场景之中。内陆地区企业要推进农业信息化装备与技术与农业生产的深入结合，在“稳产”“稳质”的同时，结合乡村特色资源，推动农业与其他产业的高位嫁接、渗透融合。再一方面，对国有企业和非国有企业一视同仁，促进数字经济发展要素在国企和非国企之间的充分流动与合理配置，避免资源的浪费。

（2）坚持创新驱动，积极探索新技术、新模式与新应用。创新是解决发展问题的关键，以技术创新推动数字经济赋能是实现农业农村农民现代化的必由之路。第一，要充分了解企业当前的技术发展情况，适度地引入数字技术。管理层还可以利用大数据、云计算、云存储和其他技术手段，在着眼当今经济全球化的基础上实施农业技术变革，为农民识别瓶颈，深化工业文化。第二，企业必须建立数字农业思维，响应国家创新战略，探索农业数字化转型发展的新可能性，大中型农业企业尤其要提高自身的数字化能力，通过在生产管理中应用大数据，实现持续创新和长期竞争优势。第三，数字化平台具有去中心化、个性化的特点，企业应利用数字化手段和平台实现跨领域和跨区域的资源重组，基于海量数据，充分挖掘新兴领域和新兴市场中不断涌现的新需求，以农业企业市场适应力的持续提升来推动企业的高质量发展。

（3）加强人才培育，强化农业企业数字人才队伍建设。人才是农业高质量发展的关键要素，也是数字经济发展过程中的稀缺资源，加强人才培育，强化数字人才队伍建设是实现数字经济与农业深度融合的有效途径。首先，要加强对数字人才的引进，吸引大量高校和城镇的数字化人才进入农业企业，为数字农业的发展提供人才支持。企业可以通过与高校签订人才引进协议，招聘“电子商务”“农业管理”“信息技术”等专业的应届毕业生。其次，应积极培养数字技能的复合型人才，提高中低技能劳动者的素质，为企业发展提供人才基础。数字经济发展有效地发挥了新技术的优势，人才培养方式更加多元化。线上课程和线下实践相结合的方法有利于提升人才对新知识的合理运用能力，更好地将专业知识转化为实践工作。

第三节 数字经济下实体经济高质量发展的国际比较

实体经济是源和基础，虚拟经济是流和高端，只有做大做实实体经济这个地基，才能在其上建设虚拟经济的高楼大厦。而近年来，受全球疫情等多方面影响，我国实体经济发展明显疲软，甚至受到威胁。数字经济是当今世界的科技革命先导、产业变革前沿，不仅是实体经济转型升级的新支点，更是抢占全球竞争制高点的关键领域。[①] 因此推动数字经济与实体经济深度融合是发展必然，也是大势所趋。

中国是发展中国家性质，是全球第二大经济体和全球第一制造业大国，探究如何推动数字经济和实体经济深度融合的问题是当务之急。数字经济最显著的特征是高创新性，而美日欧等发达国家具有在资金、技术、人才等各方面的先发优势，能够率先一步探索数字经济新时代。因此，通过总结全球典型经济体在推进数字经济和实体经济高质量发展中的做法和结果，并结合各国国情比较分析国际之间的异同，进而得出的国际经验对推动我国实体经济转型发展有重要作用，借鉴好的经验，规避不足之处，实现从“制造大国”向“制造强国”的“蝶变”。

一、典型经济体数字经济与实体经济高质量发展状况

从定义上的角度出发，广义的实体经济是与虚拟经济相对而言的，指的是为国民经济提供产品和服务的实体部门，而虚拟经济则是在此基础上衍生和发展起来的非实体部门。行业细分来说，当前学术界主要将国民经济活动中的金融业和房地产业划分为虚拟经济范畴，黄群慧（2017）研究

① 《学术前沿》编者．数字经济和实体经济融合发展［J］．人民论坛·学术前沿，2022（18）：10－11．

认为，狭义上的实体经济就是指制造业，一般意义上的实体经济包括制造业、农业、建筑业和除制造业以外的其他工业，广义上的实体经济则是在以上基础上，加上批发和零售业、交通运输仓储和邮政业、住宿和餐饮业，以及除金融业、房地产业以外的其他所有服务业。刘晓欣（2018）则将实体经济分为两类，一是以制造业为主的第Ⅰ类实体经济，二是以服务业为主的第Ⅱ类实体经济。胡西娟（2022）根据广义上的实体经济，将实体经济总量视作生产总值除去金融业和房地产业产值。制造业作为国民经济中重要的组成部分，可以反映实体经济发展概况，因此本文根据狭义上的实体经济，着重分析制造业的相关数据，并与虚拟经济总量进行对比，同时，在传统的对三次产业的划分的基础上，借鉴胡西娟（2022）对广义上的实体经济的定义，将实体经济的结构进行划分，其中实体经济的第三产业为国民经济中第三产业的总产值除去金融业和房地产业产值，从而用以分析一国实体经济结构，以期详细剖析和总结全球典型经济体在数字经济与实体经济融合发展的现状和经验。

（一）美国①

1. 美国实体经济发展

18 世纪末到 19 世纪上半叶，美国承接了当时作为世界工厂的英国向外输出的产业，从东部大西洋沿岸起步，孕育和发展壮大本国的产业，并奠定了第二次科技革命的物质和技术基础。二战后，欧洲和日本经济受到重创，美国则凭借大量的军事订单，实现经济的首次腾飞，在 20 世纪初，美国一举成为了全球制造业强国。20 世纪 50—60 年代，第三产业中的金融业和房地产业凭借超高的财富积累速度，吸引了大量资本支持，于是，在产业升级和资本驱动的双重影响下，美国开始大力实行“去工业化”，大量的中低端制造业向日本、德国等国家迁移，美国的实体经济发展布局和影响的全球化性质愈加显著。对于美国来说，短期来看，“去工业化”将人力、资本等资源引向金融和服务业，引领美国 GDP 高速增长；长期来看，第三产业极度发展，房地产等市场异常繁荣，本土的实业逐渐被掏空，美国经济呈现出“过度虚拟化”态势，这也是后来诱发 2008 年世界金融危机的重要原因。2008 年金融危机以后，为调整产业布局，缓解产

① 若无特殊说明，美国的数据均来自美国商务部经济分析局。

业空心化，拉动经济复苏，美国经济政策的“再工业化”倾向逐渐显露。

（1）美国实体经济总量情况。1997—2021 年，美国经历了世界金融危机、全球新冠疫情等，经济增长曲线出现了几轮波折，但总体上 GDP 经济增长趋势明显。美国 GDP 从 1997 年的 85 776 亿美元上升到 2021 年的 233 151 亿美元，25 年里 GDP 总量增长了 2.7 倍（见图 12－6）。

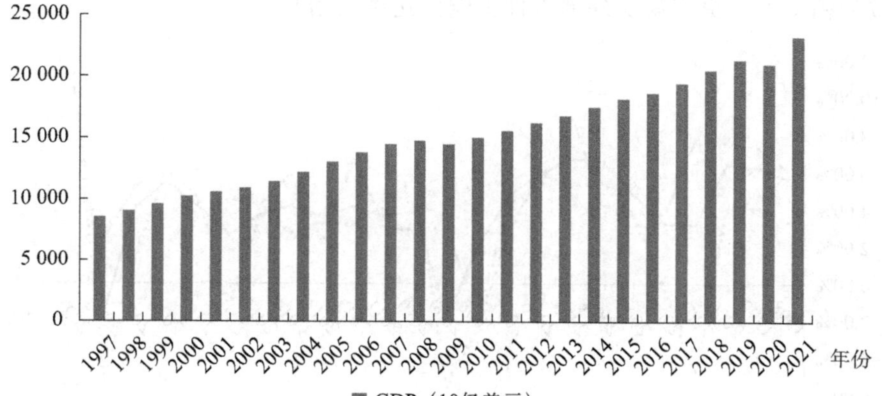

图 12－6 1997—2021 年美国 GDP 走势图

1997—2021 年美国金融业和制造业增加值均呈上升状态，并与 GDP 增长趋势一致，但前者增加值增长速度和稳定性均优于后者。从图 12－7 和图 12－8 可见，制造业增加值从 13 829 亿美元上升到 24 969 亿美元，25 年间增长了 80.55%；金融业增加值从 16 124 亿美元上升到 48 856 亿美元，增长了 203%，增长速度远超制造业。受 2007 年次贷危机以及 2008 年世界金融危机的影响，制造业和金融业增加值均于 2007 年开始有

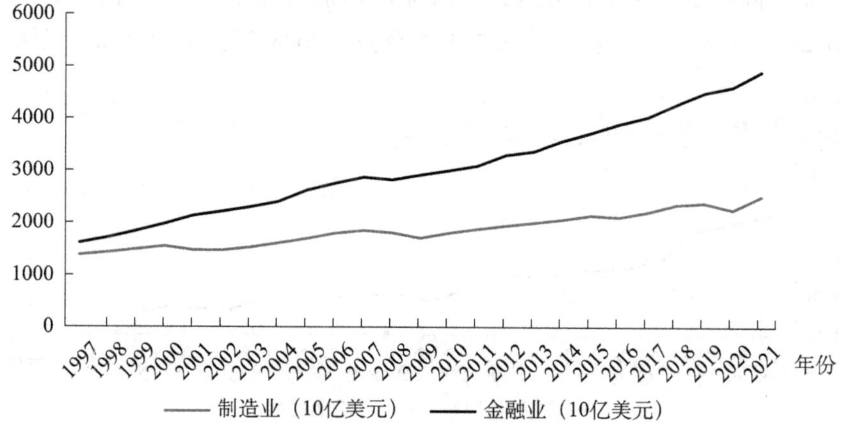

图 12－7 1997—2021 年美国制造业和金融业增加值

一定程度上的下降，后续分别在2010年和2009年实现增加值的再次正增长，因此相较来说，制造业的复苏速度慢于金融业。2019年受全球新冠疫情的影响，美国金融业增加值仍保持正增长，但增速相对放缓；制造业增加值则下滑明显，增长率降至零下。总体来说，制造业增加值增长率走势线位于金融业和GDP总量线以下，增长率较低，且稳定性较差，上下波动幅度大，更容易受外部事件影响而达到负增长。

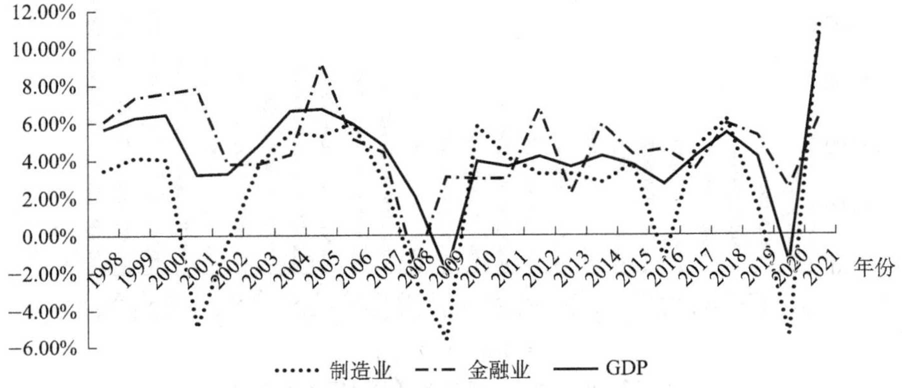

图12－8　1997—2021年制造业、金融业和GDP增加值增长率走势

注：据美国统计资料，美国的金融业主要包括金融、保险、房地产、租赁，因此这里的金融业包括了房地产业，可以将其视作虚拟经济。

（2）美国实体经济占比情况。美国制造业增加值占GDP比重持续下降，金融业占比平缓上升，总体曲线呈现“喇叭状”相反延伸态势，如图12－9所示。制造业增加值占比从1997的16.1%下降到2021的10.7%，降低了5.4个百分点；金融业增加值占比从1997年的18.8%上升到2021年的21%，提高了2.2个百分点。2008年，美国经济因虚拟经

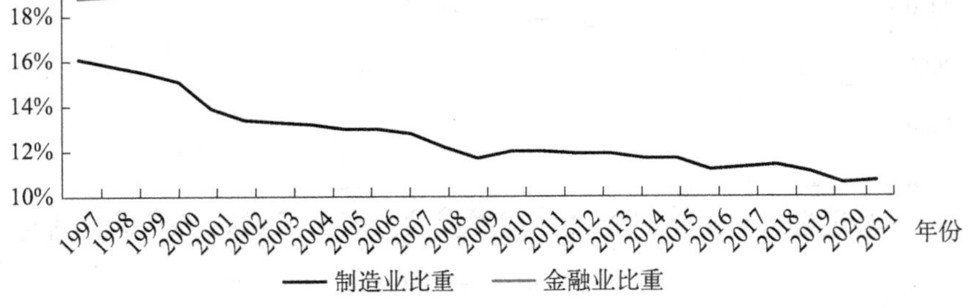

图12－9　1997—2021年美国制造业和金融业增加值占GDP比重走势图

济过度膨胀和制造业产业空心化问题受到金融危机的重创，掀起“再工业化”浪潮，虽然制造业占比曲线确实在随后的两年里呈现出明显上升，但仍不及金融业因产业恢复而实现的占比提升速度。总体而言，制造业增加值占 GDP 比重下降趋势持续不减。在 2020—2021 年，金融业占比有一个明显的下滑趋势，相对应的是制造业占比轻微上升，相比来说，前者的幅度显著大于后者。

（3）美国实体经济结构情况。美国实体经济的产业分布结构长期保持“三二一”态势，且不断深化。从图 12－10 中可以看出，美国实体经济结构中，第三产业占据绝对主导地位，占比超过 60%；第二产业仅为第三产业的不足三分之一；第一产业占比极小，小于 1%。

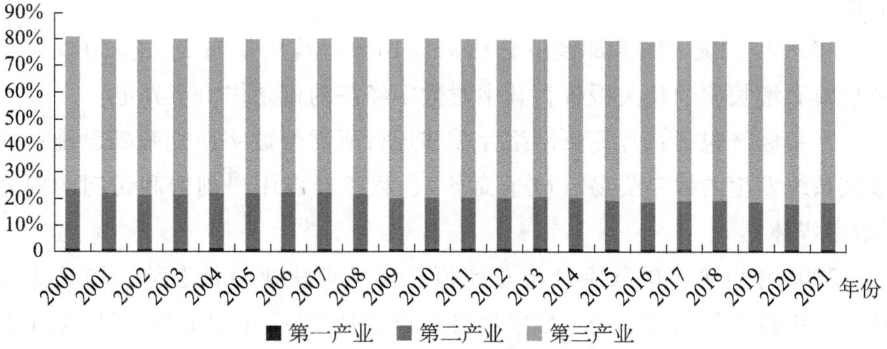

图 12－10 2000—2021 年美国实体经济产业结构

美国实体经济构成中，1997—2021 年增加值增长倍数最多的三类实体经济分别是数据处理、网络出版、在线学习，计算机系统设计及相关服务，出版业（互联网除外，包括软件），均类属于服务业。其中，数据处理、网络出版、在线学习从 303 亿美元增加到 3 465 亿美元，增长了 11.44 倍；计算机系统设计及相关服务从 755 亿美元增加到 4 246 亿美元，增长了 5.62 倍；出版业从 972 亿美元增加到 3 951 亿美元，增长了 4.06 倍。

服务业类别众多，在实体经济中的占比总体呈现上升趋势，发展势头较好，尤其是与互联网、大数据等技术相联系的几类行业，如数据处理、网络出版、在线学习等信息产业和计算机系统设计及相关服务等专业和商业服务。

制造业始终在美国实体经济中具有举足轻重的地位，1997 年制造业增加值占总额比重位居第一，达到 16.12%，2021 年退居第二，为

10.71%。但25年的跨度里，制造业增加值占总额比重下降了5.41个百分点，是下降幅度最大的行业。

2. 数字经济下美国实体经济的发展

(1) 美国数字经济概况。美国是世界上最早开始布局数字经济的国家，早在1993年美国就发布并启动了著名的信息高速公路计划（In formation Superhighway），刻画了美国数字经济的基因，早在1998年，美国商务部就发布了名为《浮现中的数字经济》的研究报告，在全球范围内引起了强烈反响，对早期数字经济概念的普及和推广起到了重要的推动作用。随后，苹果、微软、脸书等一大批全球龙头数字企业在美国的土地上诞生。直到今天，美国在全球数字经济领域始终保持着高度的竞争力和举足轻重的地位。

2018年，美国商务部经济分析局（BEA）首次发布有关美国数字经济规模和增长率的相关报告，其中对数字经济的概念作出了界定。

数字经济包括：计算机网络存在和运行所需的数字使能基础设施；通过该系统发生的数字交易（电子商务）；数字经济用户创造和访问的内容（数字媒体）。

2005年以来美国数字经济总产值总体呈现快速增长态势，增长速度在近三年达到新高度。美国数字经济总产值从2005年的1.70万亿美元上升至2021年的3.70万亿美元，增加了2.18倍，增长率达118.20%，如图12－11所示。

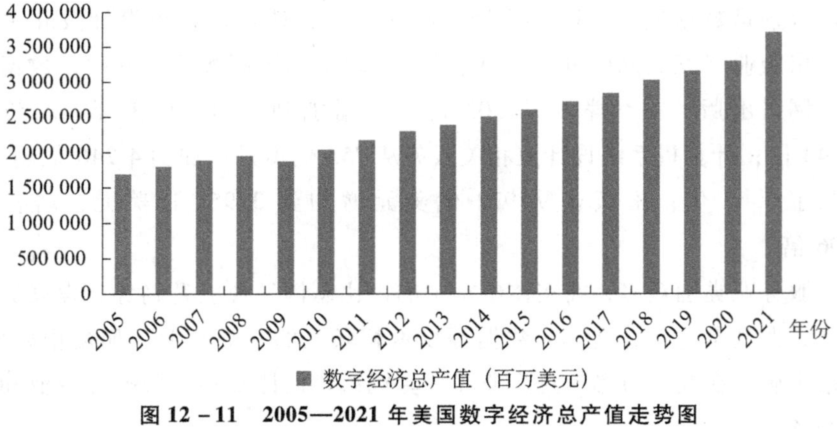

图12－11 2005—2021年美国数字经济总产值走势图

按活动类别分，美国将数字经济分为四类，分别是基础设施（Infrastructure）、电子商务（E－Commerce）、收费数码服务（Priced Digital

Services）和联邦非国防数字服务（Federal Nondefense Digital Services）。从图 12－12 中可见，2005—2021 年的 17 年里，收费数码服务产值贡献比例从 46.64% 到 43.01%，虽略有下降，但始终是占比最高的；基础设施产值贡献比例从 39.78% 到 31.53%，虽稳居第二，但占比下降最多，共计 8.25 个百分点；电子商务贡献比例位居第三，是数字经济细分科目里占比唯一上升的一类，提高了 11.89 个百分点；联邦非国防数字服务产值贡献始终小于 0.1%。

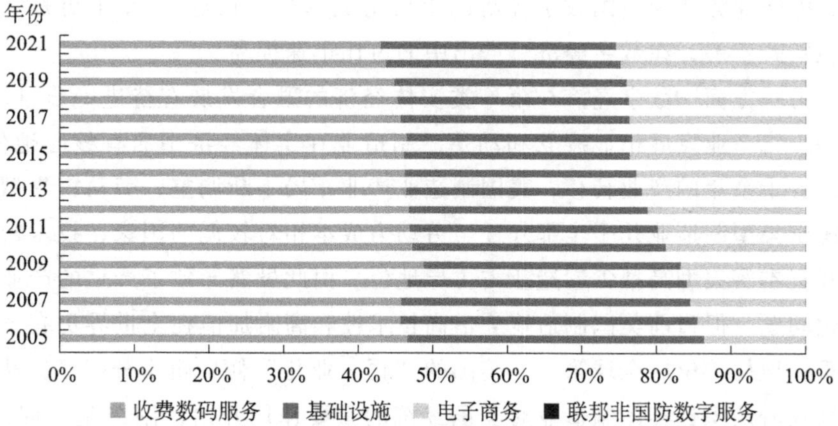

图 12－12　2005—2021 年美国数字经济各类别产值占比

（2）数字经济下美国实体经济发展情况。美国数字经济发展迅猛，且向实体经济渗透的程度不断加深，但在第一、二、三产业中表现出非均衡发展特征。电子商务是数字经济和经济活动融合产生的贸易新业态，从 2005 年到 2021 年，电子商务产值提高了 309.62%，其中 B2B 产值提高了 232.75%，B2C 产值提高量更是达到惊人的 714.01%，电子商务同时作为实体经济的组成部分，不仅推动了零售业的重振，而且为实体经济发展注入了强劲动力。以此为代表，美国数字经济与实体经济的融合发展已初见成效。但分产业看，数字经济赋能服务业、工业、农业的成效呈现为阶梯式下降，以制造业为主的第一类实体经济中所包含的产业基本类属于第一、二产业，以服务业为主的第二类实体经济中所包含的产业则基本类属于第三产业，在 1997—2021 年，以服务业为主的实体经济发展较为稳定，增加值占 GDP 比重平稳上升，而以制造业为主的服务业增加值占 GDP 比重波动下降明显，其中制造业的下降幅度是类属于虚拟经济的金融业的 2.45 倍，由此推断，第一、二、三产业中数字经济的渗透率为低中高水平的非均衡态势。

一方面，数字经济与第二类实体经济的融合程度高，并衍生出大量新业态、新模式。在美国实体经济构成中，1997—2021 年增加值增长倍数最多的三类实体经济：数据处理、网络出版、在线学习，计算机系统设计及相关服务，出版业（互联网除外，包括软件），均是大数据、互联网、计算机与经济活动融合的产物，且均类属于信息产业和服务业，也是作为数字经济核心构成部分的收费数码服务推动实体经济发展的表现之一。同时，电子商务作为美国数字经济的重要组成部分，在近 25 年里更是实现了飞跃式发展，在数字经济总产出中的占比迅速提高。

另一方面，数字经济与第一类实体经济的融合发展有待进一步推动，第一、二产业发展稍显疲软和动荡。制造业在实体经济中居有核心地位，经过五十余年的产业转移，美国制造业产业布局不断调整，劳动密集型和资源密集型制造业几乎全部外迁至劳动力成本相对较低的国家，技术密集型和资本密集型高精尖制造业占主导地位，由此虽然导致了严重的产业空心化问题，但目前美国制造业凭借高技术性和高附加值在全世界仍有举足轻重的地位，位居全球第二。美国的“再工业化”倾向也十分明显，从奥巴马政府认识到实体制造业对美国经济的重要作用开始，制造业“回流”成为热点，随后的特朗普政府和当前的拜登政府都选择积极推动制造业重振。但从数据来看，美国制造业景气持续恶化，发展仍旧疲软，制造业增加值占比屡创新低，并在 2021 年仅为 10.7%。未来，推动制造业数字化转型，加强数字经济服务作用是美国重振制造业的应有之义。

（二）日本①

1. 日本实体经济发展

20 世纪 50—60 年代，日本作为美国产业的首批承接地，工业开始突飞猛进。20 世纪 60—70 年代，日本完成工业化后，效仿美国开始了“去工业化”进程，将中低端制造业向亚洲四小龙等国家转移，也就是全球第三次产业转移。20 世纪 80 年代，原本从美国承接来的半导体产业在日本得到了进一步的迅猛发展，全球市场份额达到 45%，但随着 1985 年《广场协议》的签订，日本半导体产业受到美国政府打压，同时协议中不合理

① 若无特殊说明，日本的数据均来自日本内阁府经济和社会研究所。

的财政政策和金融政策，促使日本经济泡沫化。20 世纪 90 年代，液晶面板的全球市场占有率甚至达到一半以上，被称为“液晶王国”。凭借技术创新，日本以超高质量和超高精度创造了一个制造业神话。同一时期，日本泡沫经济破裂，日本经济陷入长期低迷困境。2000 年以后，“神户制钢数据造假”“高田问题气囊”“三菱油耗造假”等丑闻频出，日本“品质立国”的根基开始动摇，制造业口碑有所下降。2008 年金融危机后，美国开始“再工业化”，并在短期内取得一定成效，促使长期作为美国“追随者”的日本想要尽快开始“再工业化”。

（1）日本实体经济总量情况。1960—2021 年，日本经济经历了一段高速发展期，后因遭受到泡沫经济、经济危机、全球疫情、大地震、核泄漏等危机事件的冲击，GDP 总额走势呈现上下强烈波动态势。1960—2021 年，日本 GDP 总额从 443.07 亿美元上升至 49 408.78 亿美元，增长 111.51 倍。其中，1960—1995 年，日本经济呈现指数型增长态势，35 年里实现了 GDP 增长 125.16 倍。1995—2021 年日本 GDP 围绕 50 000 亿美元的水平线上下强烈波动，年均降低 0.46%，总体表现为经济停滞状态，如图 12－13 所示。

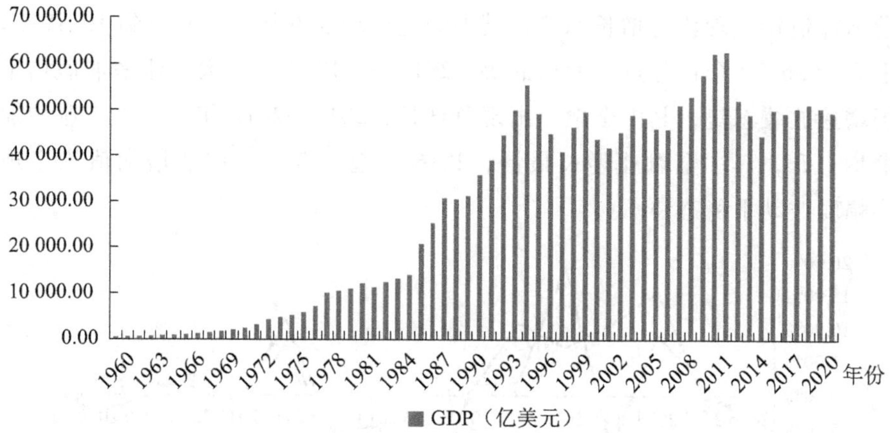

图 12－13　1960—2021 年日本 GDP 走势图

2005—2021 年日本制造业、金融业和房地产业的增加值走势与 GDP 大致相同，均呈现出上下波动稳定与某一水平的增长停滞状态（见图 12－14）。其中，就产值来看，制造业稳居第一，其次是房地产业，最后是金融业；波动幅度来看，金融业最稳定，其次是房地产业，最后是制造业。制造业增加值从 2005 年的 10 291.02 亿美元下降到 2021 年的 10 178.21 亿美元，

16年间下降了1.10%；金融业增加值从2005年的2 898.88亿美元下降到2021年的2 124.58亿美元，下降了26.71%，是增加值下降最多的产业；房地产业增加值从2005年的5 314.61亿美元上升到2021年的5 929.05亿美元，增加了11.56%，是三者里唯一正增长的产业。

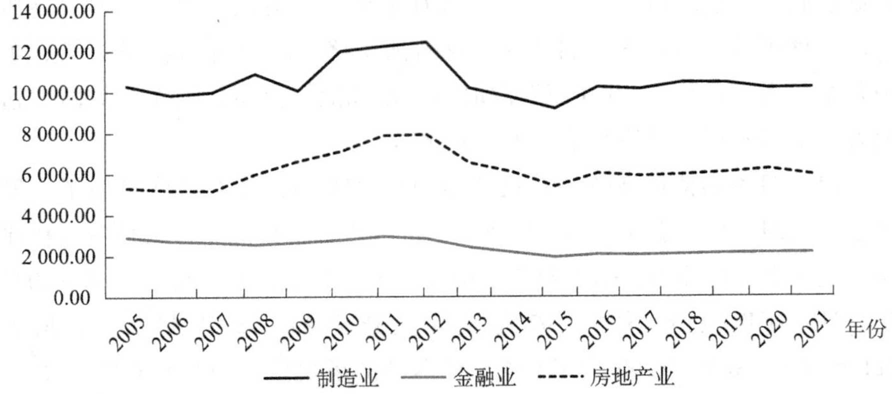

图12－14 2005—2021年日本制造业、金融业和房地产业增加值（亿美元）

2008—2009年，制造业增加值曲线出现了一次明显的下滑，而金融业和房地产业增加值均仍呈现正增长（见图12－15）；2009—2010年，三产业增加值均呈现快速增长态势，其中制造业增长率从－7.60%到19.19%，上升了26.79个百分点，增长最快；2011—2012年，三大产业增加值均呈现增速放缓态势，其中金融业出现负增长；2015—2016年，三大产业增加值均上升，其中金融业增长最慢；2016年起至今，三产业增加值均呈现小幅度波动平稳态势。

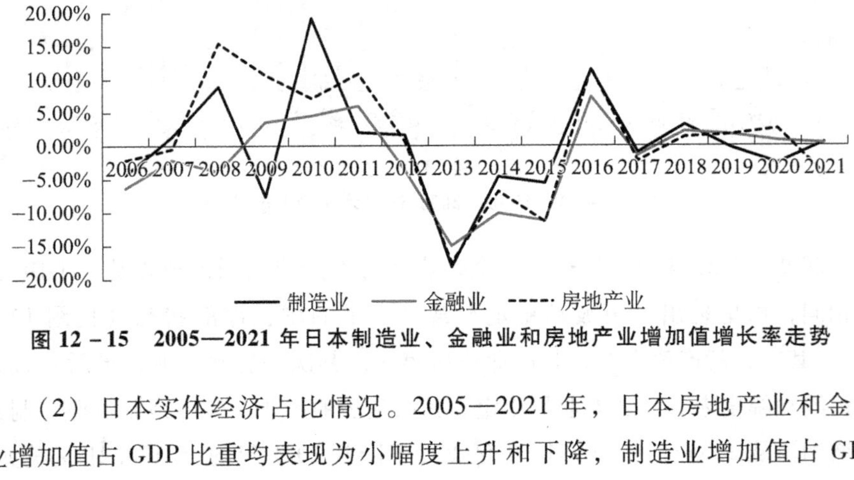

图12－15 2005—2021年日本制造业、金融业和房地产业增加值增长率走势

（2）日本实体经济占比情况。2005—2021年，日本房地产业和金融业增加值占GDP比重均表现为小幅度上升和下降，制造业增加值占GDP

比重总体趋势变化不大但波动频繁（见图 12－16）。其中，从数值来看，制造业占比最高，房地产业占比居中，金融业占比最低。制造业增加值占比从 2005 年的 21.30% 到 2021 年的 20.60%，轻微下降了 0.7%；金融业增加值占比从 2005 年的 6.00% 到 2021 年的 4.30%，下降了 1.7 个百分点；房地产业增加值占比从 2005 年的 11.00% 到 2021 年的 12.00%，上升了 1 个百分点，是三者里唯一上升的产业。2008—2009 年，制造业和金融业增加值占比均呈现出下降趋势，前者幅度更大，相对应的是房地产业增加值占比的小幅度上升；2009—2010 年，制造业增加值占比大幅度上升，而金融业和房地产业则表现为小幅度下降。总体而言，日本虚拟经济在 GDP 中的占比不及制造业，制造业在国民经济中始终保持着举足轻重的地位。

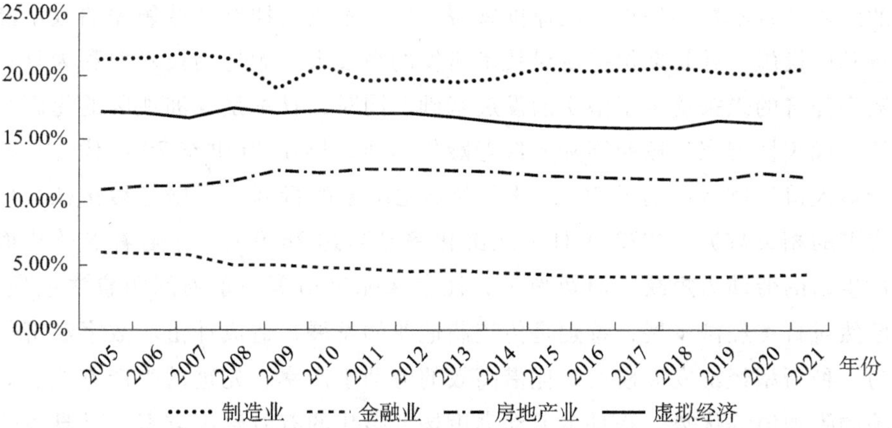

图 12－16　2005—2021 年日本制造业、金融业、房地产业、虚拟经济增加值在 GDP 中的比重

注：这里的虚拟经济增加值占 GDP 比重为金融业和房地产业的相关数值相加。

（3）日本实体经济结构情况。日本实体经济的产业分布结构长期保持“三二一”态势，各产业占比稳定（见图 12－17）。日本实体经济结构中，第三产业占据绝对主导地位，占比超过 56%；第二产业仅为第三产业的约 1/2；第一产业占比极小。

2. 数字经济下日本实体经济的发展

（1）日本数字经济概况。日本是最早探索数字经济的东亚国家，早在 20 世纪 80 年代的经济鼎盛期，日本就开始探索技术创新领域，以“第五代计算机”研发目标的提出为标志，率先尝试引领全球计算机技术进入“人工智能”时代。但随 90 年代泡沫经济的破灭，以及各种技术和非技术

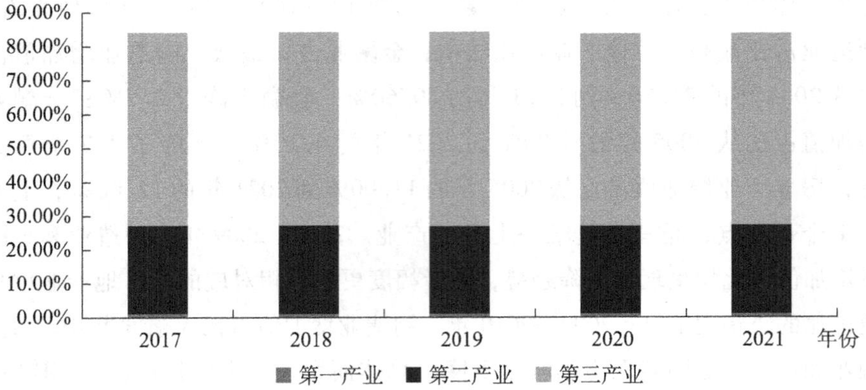

图 12－17 2017—2021 年日本实体经济结构

的障碍，日本数字经济发展速度减缓，但日本仍旧拥有全球领先的数字经济基础设施，并长期保持着对技术研发的高投入，大量的技术专利为日本数字经济的未来奠定了坚实的发展基础。同时，日本是亚洲地区的超高龄社会代表性国家，按照国际人口老龄化标准，早在 20 世纪 70 年代，日本老龄人口比例就达到了 7%，进入老龄化国家的行列，根据老龄化社会白皮书的相关数据，2022 年日本老龄化率已高达 28.9%。伴随着老龄化而衍生出的劳动力短缺、消费减少、社会保障负担等一系列问题愈演愈烈，已然对日本经济发展，特别是传统制造业的发展，造成冲击。数字经济作为一种新型经济发展模式，凭借高效的劳动生产率、先进的生产方式、高等的附加值等优势，是日本劳动力市场老龄化的有效解决方案，是日本传统制造业发展再提速的新契机，更是助力日本国民经济摆脱发展困境的重要推动力。日本经济与社会研究所将对日本国内的研究热点主题持续对外做出公示，目前新社会的政策研究模块中，“数字经济的发展对经济活动的影响”和“数字经济与生产力”分别位列第一和第二，足以凸显“数字经济”在日本国民经济发展中的重要地位。但少子老龄化社会所导致的劳动力严重不足的问题也阻碍了日本数字经济的长远发展，相比欧美等国，日本当前数字经济发展相对弱势。

日本数字经济产业的产品附加值高，其中支柱产业是数字基础设施产业，重点产业是平台公司。2020 年 10 月日本内阁府经济社会研究所发布了《关于数字经济时代卫星调查研究报告》，在该报告中，受次对日本数字经济国民经济数据进行了测算：日本数字基础设施产业附加值 30.5 万亿日元，占数字经济增加值总额的 80% 以上，具体包括制造业，如电子零件/设备，通信设备和电子计算机，电信/电话业，以及软件行业；余下的20%，附加值约7万亿日元，主要分布在平台公司，如谷歌、雅虎、亚马逊和日本的二手网站 Mercari 等平台。

（2）数字经济下日本实体经济发展情况。日本将发展数字经济作为缓解少子老龄化形势下社会劳动力不足的问题，并构筑实体经济竞争新优势的重要举措。日本是世界超高龄社会的代表性国家，老龄化对国内传统产业，特别是传统制造业的发展和改革带来了诸多弊端，企业层面，除了劳动力投入不足的问题，领导层的老龄化也会使企业决策趋向保守，阻碍企业的升级和改革；政府层面，少子老龄化的社会背景必然带来政府财政压力的剧增，相对应的产业扶持资金规模大大受限。2016 年，安倍政府成立“第四次产业革命官民会议”，下设人工智能技术战略会、第四次产业革命人才培养促进会等，大力发展代表人工智能技术产业化的机器人产业，以期利用数字技术通过改变生产力、推动产业结构升级等途径，打造传统产业新的发展点和突破口。

日本实体经济利用数字技术赋能发展的效果还未达到预期，爆发式增长尚未出现。相关数据显示，2016 年以来，一方面，日本工业物联网在企业的“已引入”规模逐渐扩大，但增长缓慢，同时“讨论中”和“准备中”比例均出现了一定程度的下降现象。另一方面，日本人工智能在企业的引入情况与工业物联网高度相似，“已引入”规模逐渐扩大，但增长速度同样缓慢，同时“讨论中”和“准备中”比例均出现了下降。因此，从数据可以预示到未来企业工业物联网和人工智能的引入规模的增长或将陷入停滞，甚至出现收缩（见图 12－18 和图 12－19）。

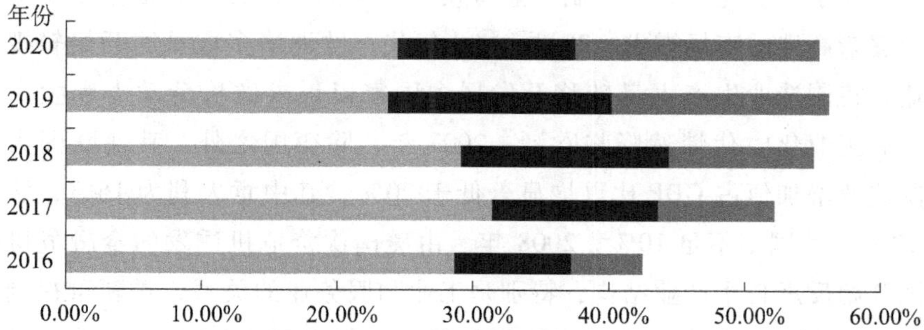

图 12－18　日本企业工业物联网引入情况调查

数据来源：令和元年（即公元 2019 年）通信利用动向调查。

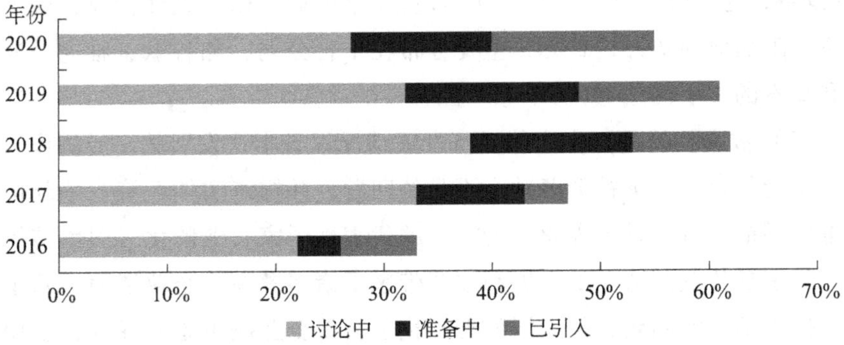

图 12－19　日本企业人工智能引入情况调查

数据来源：令和元年（即公元 2019 年）通信利用动向调查。

日本“科学技术立国”的定位助力实体经济高质量发展，但利用数字技术进行实体经济优化改革的大方向出现一定偏差。以信息产业为例，20 世纪 80 年代日本就率先研发并生产出了彩色电视机、“随身听”等优质消费电子产品，在国际市场上占据绝对的竞争优势，同时日本是世界电阻、电容、电感等高端被动器件的主要供应商，日本制造长期以高质量和高性能占据国际市场竞争优势，但长期以来对精益生产的过度追求使得日本企业陷入发展陷阱，这也是日本数码行业逐渐走向下行的重要原因。

（三）欧洲[①]

1. 欧洲实体经济发展

18 世纪 60 年代，第一次工业革命的火焰在英国燃气，工业化在欧洲快速推进，制造业等实体经济急速发展，大量制成品极大地提升了人类的生存发展水平。此后，随着制造业劳动生产率的不断提高，催生出了对服务业逐渐高涨的市场需求。20 世纪 80 年代，欧洲诸多成员国开始轻视制造业，将制造业生产大量转移至发展中国家以谋求廉价劳动力和生产资源，后工业化时代悄然降临欧洲。2007 年，除德国之外，其他欧洲大国的制造业增加值占 GDP 比重均显著低于 20%，其中意大利为 16%，法国为 12%，英国则不足 10%。2008 年，由美国次贷危机诱发的金融危机使欧洲开始反思自生产业结构，特别是工业和服务业的关系，重新重视制造业。2012 年，欧洲发布“再工业化”战略，提出到 2020 年将制造业增加

① 若无特殊说明，欧洲的数据均来自欧洲统计局。

值占 GDP 比重提升至 20% 的目标，但受欧债危机、英国脱欧、新冠疫情等事件的持续性影响，欧洲制造业发展始终缓慢。2022 年，俄乌冲突爆发，俄国的能源制裁使欧洲能源不足问题空前严重，不仅极大地威胁着企业的生存，甚至影响国民的日常生活，未来欧洲或将开启“去工业化”进程。

（1）欧洲实体经济总量情况。1993 年，欧盟的成立标志着欧洲将长期作为一个整体共同谋求发展、应对危机，并不断加深和扩大一体化程度和范围。1995—2021 年，欧洲经历了金融危机、主权债务危机、全球新冠疫情、英国脱欧、俄乌冲突等，经济增长曲线略有波动，但总体上呈现持续上升态势。根据欧统局相关数据，如图 12 - 20 所示。欧洲 GDP 从 1995 年的 5.71 万亿欧元上升到 2021 年的 12.99 万亿欧元，27 年里增长了 2.27 倍。

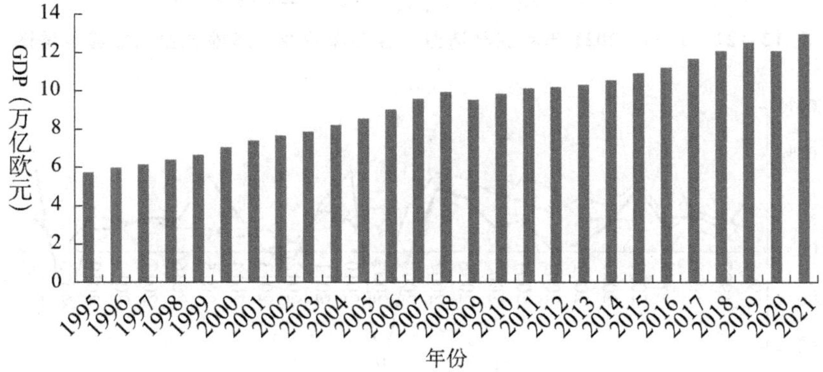

图 12 - 20　1995—2021 年欧洲 GDP 走势图

1995—2021 年，制造业、房地产业、金融保险业的的增长曲线与 GDP 大致相同，制造业总产值始终远超于金融保险业和房地产业，但增长曲线波动性最高，产业发展最为动荡，如图 12 - 21 和图 12 - 22 所示。2008 年，金融危机极大地冲击了欧洲经济，产业下行压力在制造业表现最为强烈，制造业产值从 2008 年的 1.69 万亿欧元下降到 2009 年的 1.47 万亿欧元，增加值增长率下降了 12.57 个百分点。金融危机同样对房地产业的产值增长造成重创，从 2008 年的 1.07 万亿欧元下降到 2009 年的 1.04 万亿欧元，增加值增长率下降了 5.33 个百分点。金融保险业是唯一抗住金融危机的产业，在极其动荡的产业环境下仍旧保持了产值的正增长。2020 年，新冠疫情席卷全球，金融保险业仍旧展现出了良好的稳定性。房地产业产值同样保持了小幅度的正增长。而欧洲制造业大受打击，从 2019 年的 2.10 万亿欧元下降到 2020 年的 1.97 万亿欧元，增加值增长率下降了 8.1 个百分点。

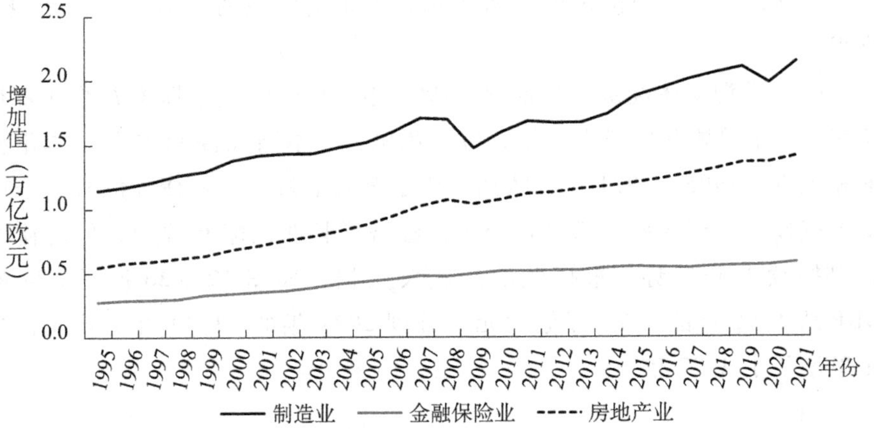

图 12－21 1995—2021 年欧洲制造业、金融保险业和房地产业增加值走势图

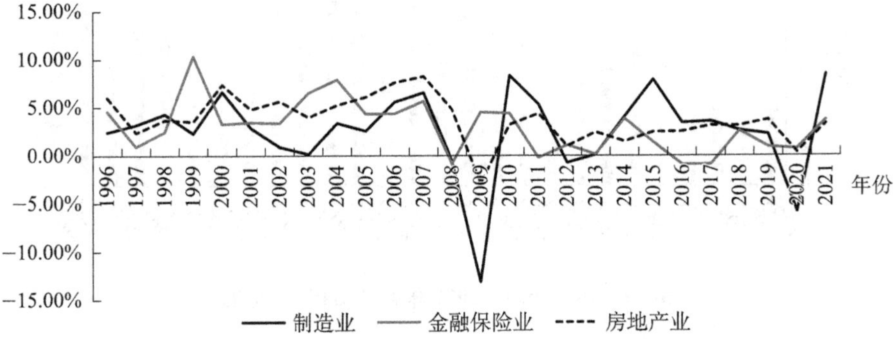

图 12－22 1995—2021 年欧洲制造业、金融保险业和房地产业增加值增长率走势图

（2）欧洲实体经济占比情况。1996—2021 年，欧洲制造业占 GDP 比重大幅下降，虚拟经济在国民经济中的地位逐渐上升（见图 12－23）。21 世纪以前，制造业在欧洲国民经济构成中占据绝对高位，进入 21 世纪以后，其在国民经济中的占比开始逐渐下降，2007—2009 年则经历了一次急剧下滑，在之后的十余年里，制造业占 GDP 比重长期保持着波动性小幅度上升，但始终未恢复到原来的水平。虚拟经济产值在 GDP 中比重呈现缓慢上升趋势，并在 2009 年明显超出制造业。制造业和虚拟经济产值占 GDP 的比重走势曲线整体呈现反向相关变动态势，两线在 2009 年开始交织，占比逐渐齐平，以制造业为代表的实体经济在国民经济中的地位受到虚拟经济扩张的严重威胁。

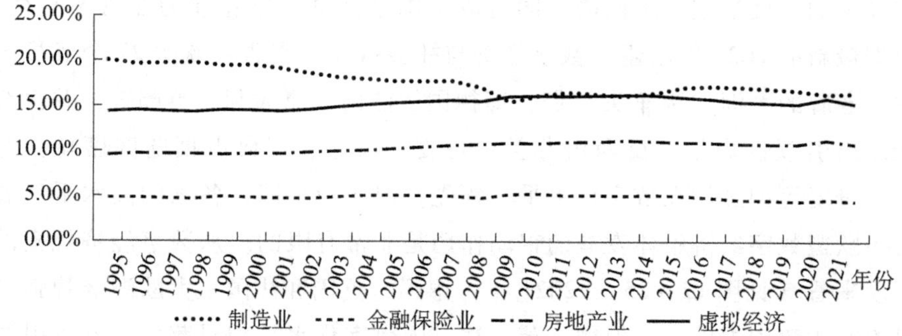

图 12－23　1995—2021 年欧洲制造业、金融保险业和房地产业增加值占 GDP 比重走势图

注：根据美国统计资料，这里的虚拟经济增加值占 GDP 比重为金融业和房地产业的相关数值相加。

（3）欧洲实体经济结构情况。2020—2021 年，欧洲实体经济的产业分布结构稳定保持“三二一”态势，其中，第三产业占据绝对主导地位，占比超过 57%；第二产业仅为第三产业的不足二分之一；第一产业占比极小（见图 12－24）。

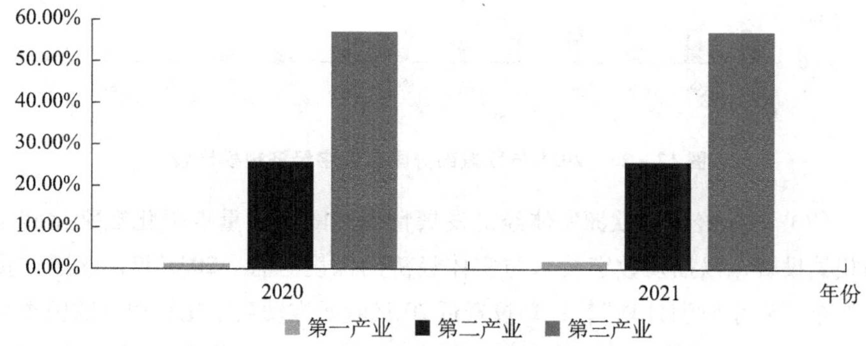

图 12－24　2020—2021 年欧洲实体经济产业结构

2. 数字经济下欧洲实体经济的发展

（1）欧洲数字经济概况。数字化水平和数字经济规模在国家间分布的矛盾是困扰欧盟发展数字经济的难题。欧盟一直以来都将数字经济作为一个整体战略在欧盟成员国之间广泛推行，自 2014 年起，欧盟每年发布“数字经济与社会指数”，从互联互通、人力资源、互联网服务使用、数字技术的整合、数字公共服务等维度对各成员的数字化水平进行综合评分，并以此为推进各国的数字化进程提供政策建议。报告指出，欧盟整体上数字经济的发展是较为缓慢的，同时成员国之间的数字化能力非常不平衡。根据最新的2022年欧盟“数字经济与社会指数”报告，欧盟27个成员国中，老牌的欧洲“火车头”们，即德国、法国、意大利、英国等，并没有展现出引领性力量，反而由芬兰、丹麦、荷兰、瑞典占据前四席位。芬兰、丹麦等国虽然在数字化水平上领先，但作为小国，各国的高水平发展对于欧盟数字经济整体发展的带动作用是非常有限的。从数字经济规模的角度来看（见图12－25），2021年，德国、英国和法国三大欧洲老牌强国以绝对优势占据前三，但德、英、法三国数字化水平相对落后，难以引领欧洲数字经济实现高质量发展。

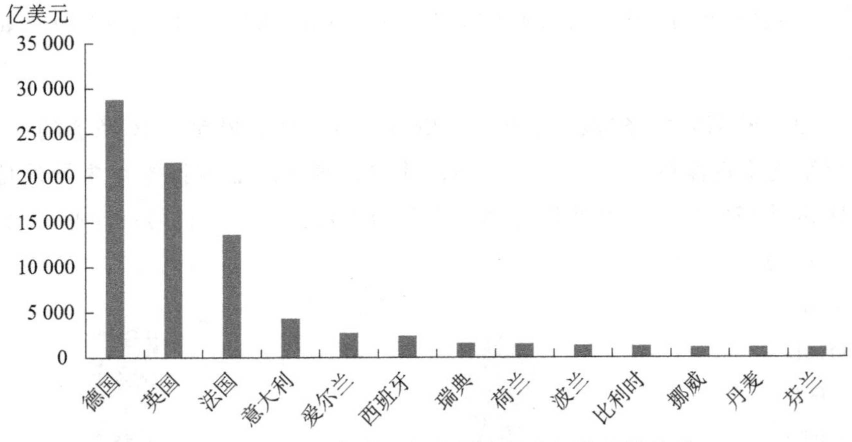

图12－25 2021年欧盟部分国家数字经济规模比较

（2）数字经济下欧洲实体经济发展情况。欧洲正重点强化数字化转型的相关投资，以推动数字技术与实体经济的深度融合。2021年，欧盟委员会发布“数字欧洲计划”，计划投资近20亿欧元推动数字化转型。欧盟委员会发布的《2020数字经济与社会指数（DESI）结果》报告显示，2018年，欧盟委员会内约38%的大型企业、17%的中型企业和18%的中型企业使用了云服务；约33%的大型企业、12%的中型企业和13%的小型企业使用了大数据服务，加速企业的数字化转型，推动了产业数字化进程。

欧洲积极推进数字工具成为日常生活和社会参与的组成部分，但极大地受限于数字技术人才数量短缺的问题。2022年欧盟委员会发布的“数字经济与社会指数”报告中指出，欧洲仅54%的16—74岁的欧洲人拥有基本的数字技能。《数字十年》的目标是到2030年至少达到80%。尽管在 2020 年至 2021 年有 50 万名信息通信技术人才进入劳动力市场，但现有 900 万名该领域人才远未达到欧盟到 2030 年 2 000 万人的目标。2020 年，超过一半的欧盟企业（55%）报告在填补信息通信技术人才专家空缺方面存在困难。

二、典型经济体数字经济与实体经济高质量发展状况比较分析

典型经济体之间的经济发展情况各不相同，所采取的数字经济和实体经济融合发展策略各具特色，要想更好地借鉴典型经济体的发展经验，进行深入的比较分析是必不可少的。

（一）实体经济发展情况比较

1. 实体经济总量情况比较

1999—2021 年，美日欧的 GDP 排行始终不变，保持美国第一、欧洲第二、日本第三态势，而中国的国民生产总值快速攀升，分别在 2016 年、2019 年超过日本和欧洲，从 1999 年的第四名跃升为第二名，仅次于美国，如图 12－26 所示。

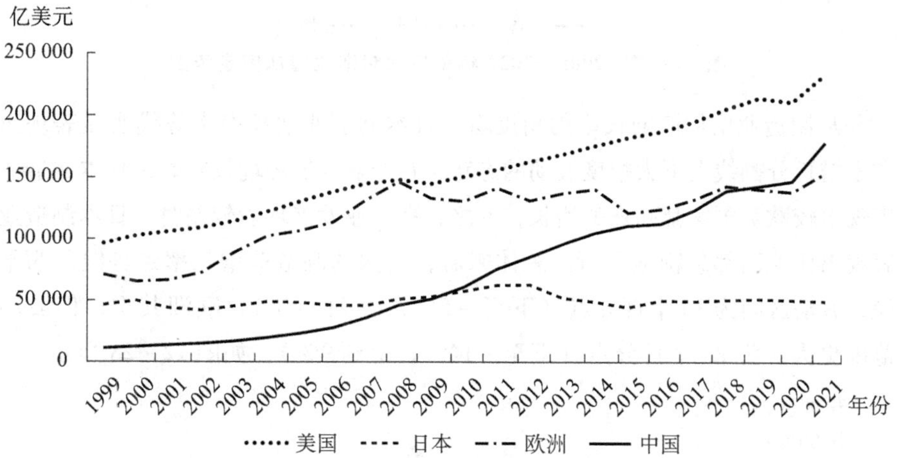

图 12－26　1999—2021 年美日欧 GDP 走势图

数据来源：美国 GDP 数据来自美国商务部经济分析局；日本 GDP 数据来自日本内阁府经济和社会研究所；欧洲 GDP 数据来自欧洲统计局；历年汇率数据来自世界银行。

美国经济实力雄厚，GDP 总量遥遥领先，并长期保持稳定增长。2000—2008 年欧洲经济快速发展，平均增速超过美国，2008 年欧洲 GDP

与美国仅差 1 472.46 亿美元；受 2008 年的国际金融危机的冲击，欧洲经济一蹶不振，直到 2021 年有所起色，GDP 总量突破 15 万亿美元大关。1999—2021 年，日本国民经济总量停滞不前，与美欧中的差距逐渐拉大。中国 GDP 总量在 1999—2021 年获得了长足进步，由 10 940.04 亿美元上涨到 178 204.59 亿美元，上涨了 16 倍。

从制造业增加值的角度看，2015 年以前，欧洲位居第一，美国其次，日本最后。美国制造业则在 2009 年以后强势增长，在 2015 年超越欧洲，随后与欧洲制造业增加值走势线高度重合，相互角逐直至现在（见图 12－27）。长期以来，欧洲和日本的制造业增加值增长较为滞缓，特别是日本，与欧美的差距不断扩大。

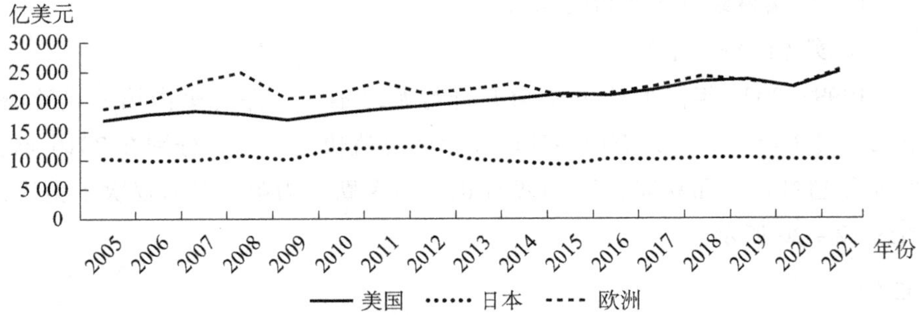

图 12－27　2005—2021 年美日欧制造业增加值走势图

从制造业增加值增长率的角度看，日本制造业增长率走势线明显表现出在零增长分割线上下大幅度波动的态势，在产业发展环境较好时，日本制造业表现出较欧美国家都高速的增长，反之，在产业发展环境较差时，日本制造业表现出比他国都急剧地下行。总体来看，美国的制造业增长率走势线最为平稳，波动区间为 16 个百分点（下至－5%，上到 11%）；欧洲其次，但波动范围更大，为 23 个百分点（下至－14%，上到 9%），如图 12－28 所示。

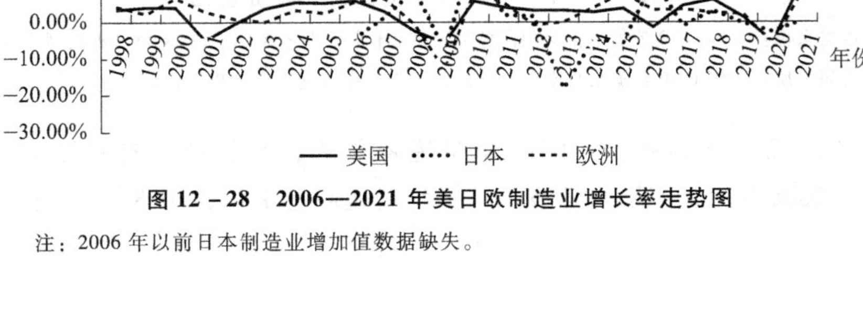

图 12－28　2006—2021 年美日欧制造业增长率走势图

注：2006 年以前日本制造业增加值数据缺失。

2. 实体经济占比情况

与国民经济总量和制造业增加值日本落后的情况不同，制造业产值占 GDP 比重中呈现日本长期强势领先的情景，总体上美日欧三大经济体的走势线呈现出平行下降态势，从高到低分别为日本、欧洲、美国（见图 12－29）。虽然日本制造业占 GDP 比重长期领先，但面对 2008 年金融危机的冲击，日本表现出最大幅度的下行。其次是位列第二的欧洲，制造业占 GDP 比重最低的美国反而表现了最高的稳定性。

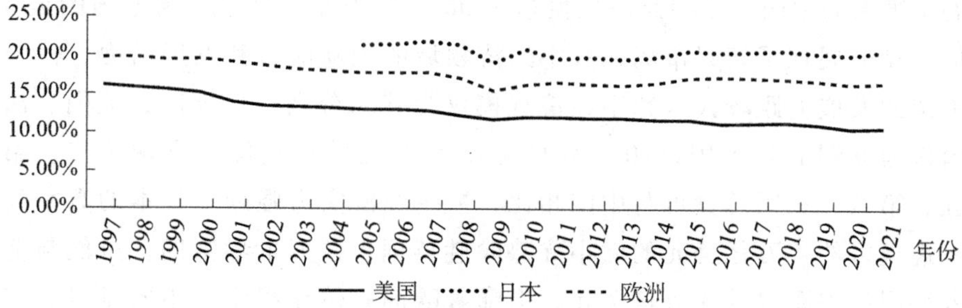

图 12－29　1997—2021 年美日欧制造业产值占 GDP 比重走势图

注：2005 年以前日本制造业增加值数据缺失。

3. 实体经济结构情况

美日欧的实体经济结构均形成了以第三产业为绝对主体的产业结构，第一产业占比都极小（见图 12－30）。其中，美国的第三产业占实体经济总产值比重最高，超过 60%，其第二产业和第二产业占比也最低，分别约为 17% 和 0.8%；日本和欧洲的实体经济中三次产业占比结构高度相近，欧洲的第一产业和第三产业占比略高；相对应的，日本的第二产业占比略高，两大经济体的三次产业占实体经济总产值比重差额不超过 1%。

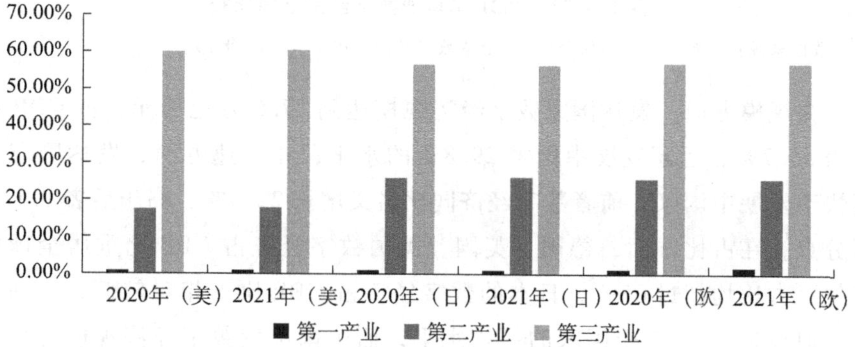

图 12－30　2020—2021 美日欧实体经济结构

（二）数字经济下实体经济发展情况比较

1. 数字经济规模

中国信息通信研究院发布的《全球数字经济白皮书（2022 年）》显示，数字经济发展在全球范围内形成了美中欧的三级格局，表现为第一梯队的断层和其余国家的激烈角逐态势，如图 12－31 所示。2021 年美国数字经济规模遥遥领先，位居世界第一，达 15. 31 万亿美元。其次是作为发展中国家的中国，数字经济规模达 7. 06 万亿美元，是第三名德国的近 3 倍，充分展现了新兴市场在数字经济领域的创新能力和发展活力，但与美国的发展差距较大，数字经济规模仅为其二分之一。德国、英国、法国作为欧洲老牌大国，2021 年的数字经济规模分别位列全球第三、第五、第六，三国总量可与中国相比，数字经济实力强劲。日本的数字经济规模以约 4 万亿美元的微小优势险胜英国，位列世界第四，虽然与前者德国的差距仅约 3 万亿美元，但随着欧洲一体化程度的不断推进，与欧盟相比日本的数字经济发展相对落后。

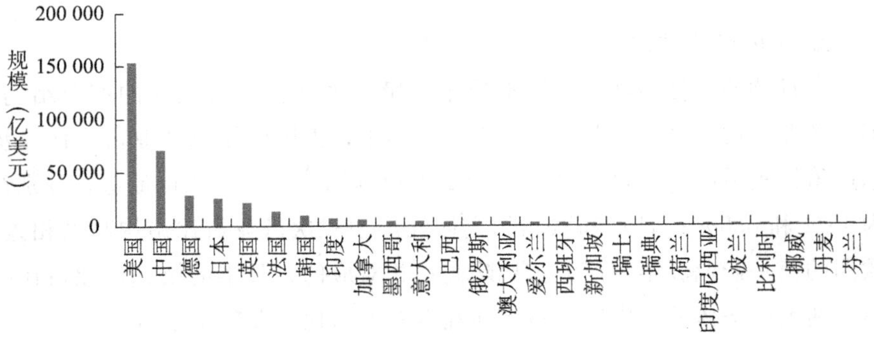

图 12－31　2021 年全球数字经济规模比较

数据来源：中国信息通信研究院：《全球数字经济白皮书（2022 年）》。

在规模方面，发达国家数字经济规模达到 27. 6 万亿美元，占 GDP 比重为 55. 7%，远超发展中国家 29. 8% 的水平；在增速方面，发达国家显著快于发展中国家，前者数字经济同比名义增长 22. 3%，高于后者 9. 1 个百分点；在占比方面，德国、英国、美国数字经济占 GDP 比重居全球前三位，占比均超过 65%，日本的数字经济占 GDP 比重相对较低，位列第五，但也超过了 47 个国家的平均水平，而中国虽然数字经济规模总量排名第二，仅次于美国，但占 GDP 比重为 30%—45%，与美日欧相差较远。①

2. 融合发展的战略布局

数字经济是当今世界科技革命和产业革命的前沿阵地，集中了一系列当今最为先进的技术，做强做优做大数字经济将成为一国国际竞争力的新砝码。在过去的二十余年里，世界各国都在加快布局本国数字经济战略格局，出台相关政策（见表 12－13），力图凭借政府意志，率先占据发展的前沿阵地，争取数字经济的国际竞争优势。

表 12－13　美日欧数字经济发展战略

美国	欧盟	日本
2010 年 3 月，国家宽带计划 2011 年 2 月，联邦政府云计算战略 2012 年 5 月，“数字政府”战略 2015 年 11 月，数字经济议程 2016 年 10 月，国家人工智能发展策略 2018 年 10 月，先进制造业美国领导力战略 2020 年 1 月，促进 5G 发展战略 2021 年 6 月，2021 美国创新与竞争法案	2010 年 5 月，欧洲数字议程 2015 年 5 月，数字单一市场战略 2016 年 4 月，产业数字化规划 2017 年 1 月，建设欧盟数字经济计划 2019 年 7 月，人工智能政策与投资建议 2020 年 2 月，欧洲数据战略 2021 年 3 月，欧洲数字罗盘计划	2009 年 7 月，日本战略 2013 年 6 月，创建最尖端 IT 国家宣言 2015 年 1 月，机器人新战略 2017 年 3 月，人工智能产业化战略图 2018 年 3 月，量子飞跃旗舰计划 2018 年 7 月，后 5G（6G）战略 2019 年 6 月，人工智能战略

资料来源：徐康宁．数字经济时代转型的理论逻辑与长三角地区的发展策略重点［J］．南通大学学报（社会科学版），2022（02）：34－43.

3. 数字经济的产业渗透情况

典型经济体的数字经济的产业渗透水平高，但在三次产业中呈现出不均衡渗透态势。

第三产业数字化引领实体经济转型发展。美日欧等发达经济体已基本完成了向“三二一”的产业结构的转型，第三产业在国民经济中占据绝对地位，同时受行业属性的影响，数字技术在第三产业领域中得到了迅速发展，数字化进程快、效果显著。美国、德国、英国等国家的数字经济在第三产业中的渗透率均已超过 60%。

① 中国信息通信研究院：《全球数字经济白皮书（2022 年）》。

第一、二产业数字化的转型有待进一步推进。美、英、法等国国内普遍存在着产业空心化问题，制造业总量在国民经济中的占比逐渐降低，数字技术在工业中的应用和推广受到规模限制，未来随着“再工业化”浪潮的推进，发达经济体的以高端制造业为核心的工业得到再发展，现有局面或将有所改变。德国的二产数字经济渗透率超过40%，美国、日本的长期以来的产业结构转型，使得第一产业在发达经济体的国民经济中占比极低，同时受到自然条件、土地资源等因素的限制，数字技术在第一产业中的应用难度较、应用程度最低、进程最慢。

三、国际经验对中国实体经济高质量发展的启示和借鉴

作为发展中国家的中国要利用好后发优势，吸取发达国家的宝贵经验和教训，根据客观需要和现实可能，制定科学的发展战略。习近平总书记在党的二十大报告中明确指出，加快发展数字经济，促进数字经济和实体经济深度融合，并坚持将实体经济作为发展经济的着力点。总的来说，中国要走重视实体经济的中国式现代化道路。

数字经济在推动实体经济高质量发展的过程中，要充分发挥市场和政府的双重力量，激发市场主体活力，更好发挥政府作用，建设有效市场和有为政府。下文将从经济结构、数据资源、数据人才和基础设施四个角度展开国际经验对中国实体经济高质量发展的启示和借鉴。

（一）经济实力：经济环境打基础和产业结构升级

1. 经济环境打基础

数字经济带来了巨大的经济效益，并日益成为经济增长的新型驱动力。良好的经济环境是数字经济得以顺利持续健康发展的重要保障。在后疫情时代，数字经济成为各国经济复苏以及后续持续发展的重要动力。经济实力决定了一国政府是否有能力为数字经济和实体经济的融合发展提供有效支持，决定了一国市场是否有足够力量支撑新型经济模式的有效运转。国民经济的持续发展为数字经济和实体经济的协同发展打下坚实的经济基础。美国凭借强劲的经济实力，长期保持其世界强国的地位，GDP总量多年位居世界第一。只有经济环境向好，市场和政府才有信心尝试发展新型经济形态，2021年美国数字经济规模实现以两倍的优势超出位列第二名的中国，虽然国内存在较为严重的产业空心化问题，但制造业实力仍

旧不容小觑。近年来美国持续聚焦大数据和人工智能等前沿技术领域，凭借高技术优势，实现制造业增加值逐年稳步上升，是数字经济和实体经济互促发展的生动体现。

2. 产业结构再升级

数字化经济转型是顺应时代潮流，助推实体经济高质量发展，建立高效益产业结构的必由之路。实体经济和数字经济的深度融合，可以通过产业数字化和数字产业化两个途径推动新产业的产生和传统产业的转型，从而实现产业结构的升级。

（1）经济结构的虚实平衡发展。数字经济是实现经济结构“虚实”平衡的当代最优解。资本具有极强逐利性，这是亘古不变的。当前我国已进入实体经济和虚拟经济共同发展的时期，二者的关系问题是我国经济领域中必须重视的一个现实问题，而欧美日的历史经验告诫中国，任由虚拟经济放肆膨胀必然会引起经济失衡，诱发经济危机。从历史的角度看，美国、日本和欧洲国家在完成工业化后，先后进入“去工业化”进程，将低附加值的传统制造业向外转移，利用产业承接国的资源禀赋降低生产成本，提高利润，转而将第三产业作为经济增长着力点，这是产业结构升级的必然趋势。但典型经济体的“去工业化”举措并没有控制在一个有利于经济可持续发展的范围内，金融保险业、房地产业具有高回报的先天优势，投资的趋利性使得虚拟经济过度膨胀，由于国内产业空心化问题严重，虚拟经济的发展逐渐脱离实体经济，社会经济出现“虚实”失衡的情况，2008 年国际金融危机由此大爆发，极大地破坏了全球各国的生产力。北京大学新结构经济学研究院院长林毅夫认为，数字经济是实体经济的一部分，应与实体经济融合发展。因此，通过数字经济与实体经济的深度融合，重塑产业形态和发展模式，壮大实体经济，避免经济过度虚拟化，从而控制虚拟经济发展风险。

（2）数字技术的均衡融合。在推动数字经济与实体经济融合发展的过程中，要注重数字技术在三次产业中的均衡融合。由欧美等先进发达国家率先提出的“再工业化”战略，不是对国内产业空心化问题和经济“虚实”结构失衡的权宜之计，而是将产业结构的平衡和升级作为目的，从而支撑国家未来经济增长。2008 年国际金融危机的爆发是触动西方发达国家开始反思工业和服务业的关系的里程碑事件，制造业重新开始受到重视，掀起一股“再工业化”浪潮。先进经济体的国内产业结构已经初步完成了向“三二一”的转变，数字技术与以服务业为主的第二类实体经济的融合深度和广度较高，数字服务成为数字经济主体，而对制造业为主的第一类实体经济的赋能作用较弱，至少从数值来看，美日欧的制造业增加值占GDP比重都呈现下降态势，在国民经济中的地位并未因“再工业化”浪潮而有所提升。

（二）互联互通：数据链与产业链的互“补固强”

数字经济是实体经济的重要组成部分，要积极推动实体经济数字化和数字经济实体化，促进二者价值共生是实现实体经济发展再突破的应有之义。数字经济与实体经济的融合发展主要通过产业数字化和数字产业化两种方式来实现，前者是将数据资源链与传统产业链相融合起来，对产业链上下游进行全要素数字化升级，以释放生产潜能，从而提升经济效益的过程；后者是指为产业数字化发展提供数字技术、产品、服务、基础设施和解决方案的各类经济活动。

1. 产业数字化

产业数字化是数字经济发展的主引擎，推动实体经济的传统转型和新一轮扩张。发挥由数据要素和信息技术带来的成本降低和规模经济优势，通过建设数据链保障产业链的要素供给、效率提升和成本降低。利用数据链将传统产业链的各个环节融合起来，用数据在产业内各环节、各产业之间建立虚拟链接，为产业的融合发展创造更大可能。例如，2020年，美国工业互联网联盟（IIC）发布《工业数字化转型白皮书》，分析了企业数字化转型的驱动因素，描述了云计算、人工智能、数字孪生、工业互联网、增材制造等数字化转型的关键技术的应用场景，加大力度推动产业数字化进程。

2. 数字产业化

数字产业化是数字经济发展的基础，是关键数字技术创新应用的前提。培育壮大人工智能、大数据、区块链、云计算、网络安全等新兴数字产业，提升通信设备、核心电子元器件、关键软件等产业水平，为产业数字化提供大数据技术服务，助力信息化和工业化的深度融合，促进平台经济、共享经济等新型经济形态的健康发展。

（三）人才驱动：重视知识供给来强化经济硬支撑

数字经济是高知产业，在数字经济生态系统中，学科交叉融合加速，新兴学科不断涌现，前沿领域不断延伸，传统意义上的基础研究、应用研究、技术开发和产业化的边界日趋模糊，多主体跨界合作、协同创新、融合发展频繁。数字经济的发展是靠创新驱动的，创新驱动本质上是人才驱动，是人才掌握着知识。因此，强化知识供给，提高发展软实力为经济提供硬支撑，是推动数字经济与实体经济的融合发展的应有之义。

1. 人才储备

要想实现推动产业增长方式从传统要素驱动向科技创新驱动转变，就必须保障好人力资源的队伍。党的二十大报告明确提出教育、科技、人才是全面建设社会主义现代化国家的基础性、战略性支撑，通过人才驱动释放“人才红利”，为发展数字经济做好人才的战略储备和梯队建设。随着数字经济在国民经济中的不断厚植，一方面，数字技术领域的“高精尖”人才需求旺盛而供给不足；另一方面，产业融合将萌生一系列新岗位，亟待一批复合型人才填补空缺。欧盟委员会公布的《2022 年数字经济和社会指数》中重点提出欧洲企业中普遍存在的数字技术人才的短缺问题，极大地阻碍了欧洲数字化进程；美国国会正推动国防部门改善其专业量子计算领域的劳动力供给质量，《量子网络基础设施和劳动力发展法案》为国防部门和私营部门更好地吸收量子相关学位的毕业生提供了保障。

2. 知识供给与保护

创新决定于研发投入量和知识存量，因此，一方面，增加对关键研究领域的投入量。2021 年 6 月美国参议院投票通过的《2021 美国创新和竞争法案》，承诺 5 年内投入约 2 500 亿美元用于芯片、人工智能、量子计算、半导体等关键科技研究领域。另一方面，重视知识产权保护，保证数字技术领域的知识存量。“保护知识产权就是保护创新”，在网络环境下，各类电子信息知识的传播成本普遍低，产权人权益流失的现象严重。完善知识产权保护的方案，不仅是对保护现有知识的保护，更是对创新最大的激励，从而实现知识创新的可持续发展。

（四）基础设施：数字基建助推数字经济发展实践

1. 硬件设施

5G、宽带等数字产业的快速崛起，技术层面的普遍连接是经济社会推进数字化改革的基础。美国的“再工业化战略”将互联网接入、宽带普及、智能电网改造等项目作为现代化的基础设施建设工程，“国家宽带计划”的提出旨在实现国内数字设施均衡发展。日本半导体行业的辉煌是日本制造业或者说是实体经济卓越发展的表现，与数字经济表面上看似无关，但数字经济并不是独立于传统国民经济外的特殊经济形态，在原有经济行业中嵌入数字和数据元素从而产生新价值的过程就可以视作是数字经济。在半导体、芯片技术产品等方面的“硬”产品正是数字经济的基础，构成了数字经济的底层支撑，是信息物质的载体，是连接数字经济和实体经济的桥梁。中国的数字经济规模虽然庞大，但要想在数字经济占 GDP 比重、产业渗透等各方面与发达经济体看齐，想要进一步推动数字经济的深层次发展，就必须强化 5G 基站建设、人工智能中心、大数据中心等数字基础设施。

2. 软环境

完善法律法规，保护数据安全，强化市场监管。一方面，大数据时代，数据泛滥且容易泄露，数据的访问和使用方面存在安全问题，从而导致不公平竞争等现象，容易出现市场失衡，扰乱市场秩序，甚至威胁国家安全。2013 年“斯诺登事件”的曝光，印证了大数据时代下数据安全问题的严峻，相关法律保护制定的欠缺，以及各国之间就数据保护法的统一标准缺少交流与协作，从而使信息窃取者有机可乘。另一方面，平台经济等新型经济模式的健康发展离不开法律法规的规范和引导，强化制度规范，营造良好的制度环境，以避免出现数据的滥用和恶性竞争，从而恶化市场营商环境。

技术标准向国际靠拢，提高技术创新效能。数字技术属于高精尖的前沿科技领域，国际上尚未形成成熟的技术标准体系，为避免在数字贸易中受技术壁垒的过度限制和制约，中国应更积极和广泛地参与国际标准化工作中，进而推动国内标准不断向国际靠拢，提高技术创新效能。

第四节 本章小结

本章主要围绕我国数字经济背景下实体经济高质量发展的实践展开现状分析和实证检验，以及对典型经济体数字经济与实体经济高质量发展的情况进行国际比较与经验借鉴。从国内视角出发，在制造业方面，我国有关数字经济与制造业发展的政策支撑力度日益增强，制造业两化融合发展水平持续提升，数字化赋能综合效应逐步显现，但依然存在着数字基础设施薄弱、企业数字化转型顾虑重重和共享数据的安全问题。对数字经济与制造业企业高质量发展之间关系进行实证分析发现，数字经济将显著推动制造业企业高质量发展，数字经济增加了创新投入，提高了技术创新效率和质量，重塑了传统经济形态中的生产关系，深度激活人力资本红利，进而促进制造业企业高质量发展。因此，需要开展工业互联网快速全面导入行动，实施企业数字化赋能提升工程，构建企业数据安全治理架构，强化企业技术创新能力，加快建设跨界融合型人才队伍以补齐制造业发展的短板，充分发挥数字经济对制造业高质量发展的驱动作用。在农业方面，随着政策支撑力度日益增强，数字技术在农业生产中的运用逐渐丰富，数字经济与农业的融合持续推进，但城乡及区域间的数字鸿沟较大、数字农业基础设施短板突出和数字农业人才培养滞后的问题需要得到重视。实证检验发现，数字经济将显著推动农业企业高质量发展，数字经济发展推动了智慧农业技术的应用，为传统的教育与培训方式注入技术要素，提升劳动者劳动素养，进而提高农业的竞争力。因此，需要实行因地制宜，结合实际情况进行差异化发展，坚持创新驱动，积极探索新技术、新模式与新应用，加强人才培育，强化农业企业数字人才队伍建设。从国际视角出发，分别从实体经济总量、占比与结构，数字经济概况与数字经济下实体经济发展情况等多个角度对美日欧数字经济与实体经济高质量发展的现状进行了定量分析与比较，发现这些典型经济体在资金、技术、人才等方面具备先发优势，能够率先进行有关数字经济的战略布局和实践探索，推动数字经济与实体经济的融合。因此，我国应吸取发达国家的经验教训，充分利用后发优势，营造良好的经济环境，建立高效的产业结构，加快产业数字化和数字产业化的进程，强化人才队伍的建设，重视知识的供给和保护，推动基础设施的完善，助力数字经济更好地赋能实体经济高质量发展。

第十三章

数字经济影响实体经济高质量发展的路径优化研究

以互联网、大数据、人工智能和物联网为代表的数字技术的迅速发展推动了数字经济的快速崛起。这些技术的广泛应用和普及在实体经济中产生了深远的影响，改变了传统商业模式和生产方式，重塑了产业结构和市场格局。为了更好地发挥数字经济在推动实体经济高质量发展中的作用，有必要厘清数字经济对实体经济的影响路径。本章采用了系统动力学和fsQCA分析方法，旨在探讨数字经济与制造业和乡村产业高质量发展之间的路径关系。研究结果发现，数字经济对于促进制造业的高质量发展起到了积极的作用。随着数字经济水平的提高，这种正向影响也得到了进一步扩大。此外，数字经济可以基于个人、组织和社区三个维度，通过增强个人综合素养、加快组织服务能力和提高社区治理能力，形成强大的融合赋能效应，进而为乡村产业高质量发展带来前所未有的变革。研究认为：数字经济的快速发展推动了技术创新，为制造业带来了巨大潜力，并为乡村振兴提供了更多的机会。数字技术的广泛应用和普及对实体经济产生了深远影响，重塑了商业模式、生产方式和市场格局。随着数字经济水平的不断提高，其对实体经济的积极影响也将进一步扩大，为高质量发展打开新的可能性。

第一节
数字经济影响制造业高质量发展的路径优化研究

一、问题提出

2023 年 2 月，中共中央、国务院发布的《数字中国建设整体布局规划》明确提出了推进数字中国建设的目标，并将数字化发展水平提升至世界前列作为 2035 年的重要任务。制造业的高质量发展在数字经济与实体经济深度融合中扮演着关键的角色。现有研究已经表明，制造业企业可以通过数字经济提高全要素生产率（余东华和王梅娟，2022）、提升企业资源配置效率（韦庄禹，2022），并最终实现制造业从“微笑曲线”到“武藏曲线”的转变（史丹，2022）。然而，面对新冠疫情和中美贸易摩擦的双重冲击，我国的制造业一直处于低端锁定的困境中，无法成功实现高质量的跃升。作为支撑中国经济发展的重要支柱，制造业能否乘坐“数字经济”快车，实现高质量发展呢？

在以往的经济发展阶段，制造业主要依靠产业集聚、减退税政策、优化营商环境、要素配置等外部政策或环境来实现自身的发展（余子鹏和田璐，2020；刘明，2021；张乃丽和马荣国，2023；梁运吉等，2023）。然而，随着中国经济进入新的发展阶段，传统对制造业高质量发展的助力已经面临困境，无法继续扮演支撑的角色。随着技术进步、全球产业链的演变以及市场需求的变化，中国制造业正面临着新的挑战。一方面，技术进步和自动化正在改变制造业的格局。随着人工智能、大数据分析和机器人技术的迅速发展，许多传统劳动密集型的制造业正在面临替代和转型的风险。自动化生产线和智能机器人可以提高生产效率和产品质量，降低生产成本，这使得传统的助力制造业发展的方式已经难以跟上时代的步伐。另一方面，全球产业链的调整也对中国制造业造成了压力。随着全球化的进一步发展和国际分工的深入，许多企业将生产环节转移到了成本更低的国家和地区。中国的制造业正面临来自其他竞争国家的竞争压力，这使得传统的助力制造业高质量发展的方式变得越来越困难。不仅如此，市场需求的变化也对制造业提出了更新更高的要求，消费者对产品质量、创新和个性化需求的增加，使得单纯依靠传统助力的制造模式难以满足市场的多样化需求。制造业需要加强技术研发、创新设计和品牌建设，提高产品附加值和竞争力。

在新冠疫情的冲击下，世界各国都认识到了制造业作为经济压舱石的重要作用，并普遍通过“数字经济赋能”来提升制造业质量。数字经济依靠大数据、区块链、物联网和人工智能等数字技术，为制造业注入新的活力和创新力。通过数字经济赋能，制造业能够更好地适应市场需求的变化，提高生产效率和灵活性，降低成本和资源消耗。企业可以利用大数据分析预测市场趋势，及时调整生产计划和供应链策略提高供应链管理效率，并提升企业对市场需求的响应速度和准确性。区块链技术确保供应链的透明和可信度，减少信息不对称和风险，信息在供应链上更加透明。物联网技术实现了设备之间的智能连接，实时监测和调整生产过程，提高工作效率和质量控制。人工智能技术赋予制造业更高的自动化和智能化水平，加快产品研发和创新速度，优化制造业企业劳动力结构，进而促进制造业高质量发展（唐晓华和迟子茗，2021）。

鉴于此，本书选取2013—2020年中国宏观数据为样本，基于系统动力学分析数字经济对制造业高质量发展的路径和机制，并试图从以下几个方面对现有文献进行扩展：第一，本书是基于系统动力学的研究方法，采用建模仿真方法，能较好解决变量之间的因果关系。本书将在分析数字经济促进制造业高质量发展的基础上，结合之前学者的研究成果，对数字经济促进制造业高质量发展路径进行梳理，并根据关键路径建立数字经济促进制造业高质量发展的系统动力学模型，系统研究数字经济对制造业高质量发展的影响。第二，本书研究发现，制造业可以借助数字金融，通过缓解融资约束和促进人力结构优化两个方面促进制造业高质量发展。并有助于提高企业创新力度、提高能源和环境效益，并降低交易成本，从而减少碳排放。

二、文献综述和理论假说

（一）数字经济相关文献回顾

现有文献大多从价值重塑、数字技术和数据要素三个角度去阐述数字经济与实体经济之间的关系。焦勇（2020）认为，数字经济的本质是通过降低信息不对称和重塑不合理的价值分配模式来改变经济的运行方式。数字经济的价值体现在两个方面：一是从降低信息不对称转变为发挥信息创造的功效，使数据成为重要的生产要素，支持实体经济的变革；二是通过价值重塑和价值创造来实现对经济的短期和长期冲击。而田秀娟和李睿（2022）则认为数字技术是数字经济的基础，通过与实体经济和金融的融合，可以赋能实体经济的转型发展，促进经济的高质量增长。数字技术与实体经济的深度融合有助于优化产业结构、推动实体经济的数字化转型，并加快经济增长的动力转换。数字技术与金融的融合则可以提高融资效率、降低融资成本，促进金融行业的升级，并为实体经济提供高效和高质量的金融服务。数字经济和实体经济的深度融合是释放数字红利、构建现代化经济体系的主要抓手。洪银兴和仁保平（2023）则从数据要素的视角探讨了数据对国民经济的辐射带动作用，提升了实体经济的全要素生产率。

对数字经济的相关研究也被进一步拓展至数字金融上。一方面，学界普遍认为数字金融可以通过减少借贷双方的信息不对称，减少市场摩擦，改善金融市场结构，提升融资效率，进而减轻企业的融资难题（张宗新、张帅，2022；Aijie Lin 等，2023）。此外，数字金融对传统金融部门的冲击与竞争，推动了金融机构的转型升级，极大促进了金融服务效率，进一步缓解了企业的融资约束（吴雨等，2020）。对于制造业企业来说，较小的融资约束能帮助他们更快在价值链上完成跃升，脱离低端锁定的困局（马述忠等，2017）。另一方面，数字金融为企业在信息流转匹配方面提供助力，帮助企业更好实现资金与创新活动之间的匹配程度，为制造业企业的科技创新活动提供支撑（唐松等，2020）。

（二）制造业高质量发展相关文献回顾

目前，关于制造业高质量发展的研究主要集中在制造业高质量发展水平的测度和影响制造业高质量发展的路径上。例如，余东华和王梅娟（2022）构建了一个包括投入要素、期望产出、绿色非期望产出和社会非期望产出四个方面的指标体系，用于评估制造业的高质量发展。这个指标体系综合考虑了制造业发展过程中的投入、预期产出以及对环境和社会的影响。通过考察投入要素的合理配置、期望产出的实现情况，以及制造业对绿色和社会效益的贡献，可以全面评估制造业的高质量发展程度。杨仁发和陆瑶（2022）提出了以经济效益、创新效益、绿色效益和附加值效益为核心的指标体系，用于评估制造业的高质量发展水平。这个指标体系关注制造业在经济、创新、绿色和附加值方面的表现，通过衡量制造业的经济效益、创新能力、环境友好性以及附加值创造能力，来评估其高质量发展的程度。在制造业高质量发展的路径方面，徐华亮（2021）认为，在全球价值链调整的国际环境与建设新发展格局的国内背景下，需要从“社会—共生—技术”这三个逻辑来探讨制造业高质量发展的路径，使制造业从模仿型的封闭产业转为创新型的开放价值网络。

（三）数字经济对制造业高质量发展影响相关文献回顾

最近的文献研究主要关注数字经济对制造业高质量发展的影响。现有文献探讨了数字经济的实现途径以及数字经济对制造业出口、效率和企业分工等方面的影响。例如，姚战琪（2022）研究了数字经济如何影响制造业出口，黄慧群等（2019）则关注制造业效率的提升，施炳展等（2020）则探讨制造业企业分工的变化。此外，对于数字经济的中间机制的研究也是一个热点。研究者们从不同角度进行探讨，包括企业家精神（余东华等，2022）、政府的创新偏好（秦建群等，2022）、资本和劳动要素（马中东等，2020）、技术创新（徐星等，2023）以及数据要素（李治国等，2021）等方面。

三、系统动力学理论简介与模型构建

系统动力学是一种研究复杂系统行为的数学建模方法和分析工具。它主要用于研究系统内部各个组成部分之间的相互作用及其对整个系统行为的影响。系统动力学的目标是揭示系统的结构和行为之间的关系，并通过模拟和分析系统的动态变化来预测系统未来的发展趋势。在系统动力学中，系统被分解为各个子系统和变量，它们之间通过因果关系、反馈环路和延迟等方式相互作用。这些相互作用的结果导致系统出现动态行为，例如增长、震荡、饱和等。系统动力学通过建立系统模型来描述这些动态行为，并通过模拟和分析模型的行为来理解系统的运行规律和未来的变化趋势。系统动力学的模型通常包括两个基本要素：库存和流量。库存表示系统中的累积量或储存量，如物质库存、人口数量等。流量表示库存之间的变化率，如产出、消耗、转移等。通过定义库存和流量之间的关系，系统动力学模型可以模拟系统的动态行为，并预测不同变量随时间的变化趋势。系统动力学广泛应用于各个领域，如经济学、管理学、环境科学、社会学等，用于解决复杂系统的问题和优化决策。它可以帮助研究者和决策者理解系统的复杂性、发现系统内部的关键因素和反馈机制，并通过调整系统的结构和策略来改善系统的性能和稳定性。

（一）子系统划分

在利用系统动力学研究数字经济对制造业高质量发展的路径中，本书围绕数字经济在制造业高质量发展中的核心作用，构建了投入能力、产出能力与支撑能力子系统的反馈回路，以此来研究数字经济对制造业高质量发展的影响路径。

1. 投入能力子系统

制造业高质量发展所需的投入能力子系统主要包括两方面创新资源的投入，一方面是科技活动经费的投入，另一方面是科研人力资源的投入。与制造业高质量发展相关的经费投入来源主要有 3 个，分别是政府为支撑制造业高质量发展投入的资金、企业自身的经费以及金融机构贷款。

政府为制造业的高质量发展投入科研资金具有重要而显著的影响。科研资金的注入不仅可以促进制造业企业的创新能力和技术进步，还能够推动整个行业朝着更高端产业迈进，从而提升国家的整体经济竞争力。政府鼓励科研投资的目的之一是促使制造业实现从低端产业向高端产业的转型。这种转型不仅有利于提高企业自身的发展水平，还有助于提升整个国家的经济实力。然而，为了在激烈的市场竞争中生存并保持竞争优势，制造业企业必须自行投入大量的科研资金进行持续创新活动。通过科学研究，制造业企业能够开发新的技术、产品和工艺，这将有助于提高产品的质量和生产效率，降低成本，并增强市场竞争力。尽管政府为制造业企业提供科研资金的支持，但企业在创新活动中仍需自主投入大量资金。为了保持竞争力并不断满足市场需求，制造业企业需要不断进行创新。这意味着企业需要投入大量资金来支持内部的研发项目、技术改进和创新实践，以推动高质量发展。然而，尽管政府和企业本身都提供资金支持，制造业企业仍然面临着相当大的科研资金缺口。在这种情况下，金融机构发挥了重要作用。它们可以为制造业企业提供融资和贷款服务，帮助填补科研资金缺口，促进企业的创新活动和高质量发展。但是，由于金融市场存在的资本错配，传统金融机构难以全面覆盖中小企业，这使得处于产业链中下游的中小制造业企业长期缺乏资金融通支持（金祥义和张文菲，2022）。传统金融服务长期的供给不足严重阻碍了制造业的高质量发展。而数字金融通过利用其大数据精准搜索和匹配能力，为制造业企业中存在上述特征的企业提供资金支持。贷款资源的可获得性、及时性和可访问性得到了加强，大大支持了制造业企业的创新（Yan 等，2023）。

科研人才是制造业高质量发展的基础。在制造业追求高质量发展的过程中，简单的劳动力资源已经无法满足对先进、系统、专业和综合理论的需求。正因如此，科研人才的作用显得尤为重要。他们在技术创新和研发、质量控制和标准制定、自动化和智能制造、教育培训和人才储备等方面发挥着关键的作用，推动着制造业的高质量发展。鉴于科研人才对制造业企业的重要性，企业往往会加大对专业研发的经费投入。这种投入可以用于设立研发中心、引进优秀科研人才、提供研发设备和资源等，以保障科研人才的持续创新和研发工作。政府在培养科研人才方面也扮演着至关重要的角色，而教育经费的投入则是高校人才培养和科技活动的关键资金来源。高校科研人员长期从事科研工作，他们通过与制造业企业的校企合作，对推动制造业的高质量发展产生积极影响。与此同时，数字经济对高层次人才的聚集也带来了积极的影响。数字经济的快速发展通过改善营商环境和提供公共服务等举措，吸引了高素质人才的加入。这使得相对较弱的企业也能够获得丰富的外部人才资源。当人力资本积累到较高水平时，企业的劳动力技能结构得以优化，从而改善了生产效率，最终实现了制造业的升级（黄赜琳等，2022；申明浩等，2022）。

2. 产出能力子系统

制造业高质量发展是一个复杂而系统的过程，其成果的验证具有一定的不确定性。因此，评估制造业高质量发展的标准之一是其产出能力。制造业高质量发展的产出成果多种多样，包括发明专利数、自主品牌、新产品销售利润等。然而，鉴于各类成果的可获得性不同，本文选取了发明专利数和新产品销售产值作为评估指标。制造业的发明专利数是衡量创新能力和技术实力的重要指标之一。发明专利的数量和质量能够反映出制造业在技术创新和研发方面所取得的成果。更多的发明专利数量通常意味着企业在技术创新方面取得了突破，能够保持竞争优势并推动整个行业的发展。新产品销售产值是衡量制造业高质量发展的另一个关键指标。新产品的研发和成功推出对企业的发展至关重要。通过推出具有竞争力和市场需求的新产品，企业能够实现销售增长、提高市场份额和盈利能力。新产品销售产值也反映了企业在产品创新方面的成果。制造业企业通过不断推出新产品，能够满足市场的不断变化和消费者的多样化需求。新产品的销售产值的增加意味着企业在产品设计、技术研发和市场营销等方面取得了成功，并能够提供具有竞争力的产品解决方案。因此，新产品销售产值能够全面反映制造业企业在市场拓展和产品创新方面所取得的成果。

3. 支撑能力子系统

支撑能力是指与制造业企业对其高质量发展的支撑力度，支撑能力是制造业企业实现高质量发展的重要组成部分。研究制造业企业的支撑能力子系统主要从以下 2 个方面出发。

从金融服务的角度来看，制造业企业高质量发展所需的基础创新和关键技术创新是一个长期而持续的过程。制造业的基础创新和关键技术创新通常需要大量的投入。从研发设备、人才培养到实验室建设等方面，都需要雄厚的资金支持。这些资金用于购买先进的设备和技术，吸引高素质的科研人才，并为创新项目提供持续的资金保障。然而，很多制造业企业可能面临着资金不足的问题，特别是对于中小型企业而言，寻求创新所需的资金可能相对有限。创新活动具有一定的风险性和不确定性，这也增加了金融机构对制造业企业的投资风险。创新过程中可能会遇到技术难题、市场不确定性和竞争压力等因素，这些因素都会增加企业的经营风险。传统金融机构在面临高风险的创新项目时可能会更为谨慎，对资金的投入存在一定的限制和保守。而借贷双方之间的信息不对称也制约着中小制造业企业的融资能力。数字金融的发展为制造业企业提供了更多的融资渠道，助力了信息传播，通过减少借贷双方之间的双向信息不对称来有效缓解中小微企业的融资约束，不仅为企业生产运营提供了资金，也能加大他们对创新活动的投资（Lin 等，2022；唐松等，2020）。

从企业的角度，只有企业意识到高质量发展所带来的成果对企业利润的重要驱动作用，以及这些成果对企业产品在市场上更多份额的积极影响之后，企业才会不断加大对高质量发展的投入。制造业企业是技术创新的主要推动者，它们通过持续的研发活动，探索新的制造技术、工艺和材料，提升产品的技术含量和附加值。制造业企业投入资金和人力资源，开展产品改进和新产品研发，推动技术的进步和创新。通过技术创新，制造业企业能够不断提高生产效率、产品质量和产品性能，实现高质量发展。此外，得益于数字经济的发展，企业可以应用大数据分析、人工智能和物联网等技术，优化生产流程和供应链管理，实现智能制造。自动化和智能制造使制造业企业能够实现高度灵活性、定制化和个性化生产，提供更高质量的产品和服务。

（二）因果关系分析

综合投入能力、产出能力与支撑能力子系统的划分情况，构建数字经济对制造业高质量发展模型因果图，如图 13－1 所示。其中表 13－1 对主要反馈回路做了梳理，并对作用进行了描述。

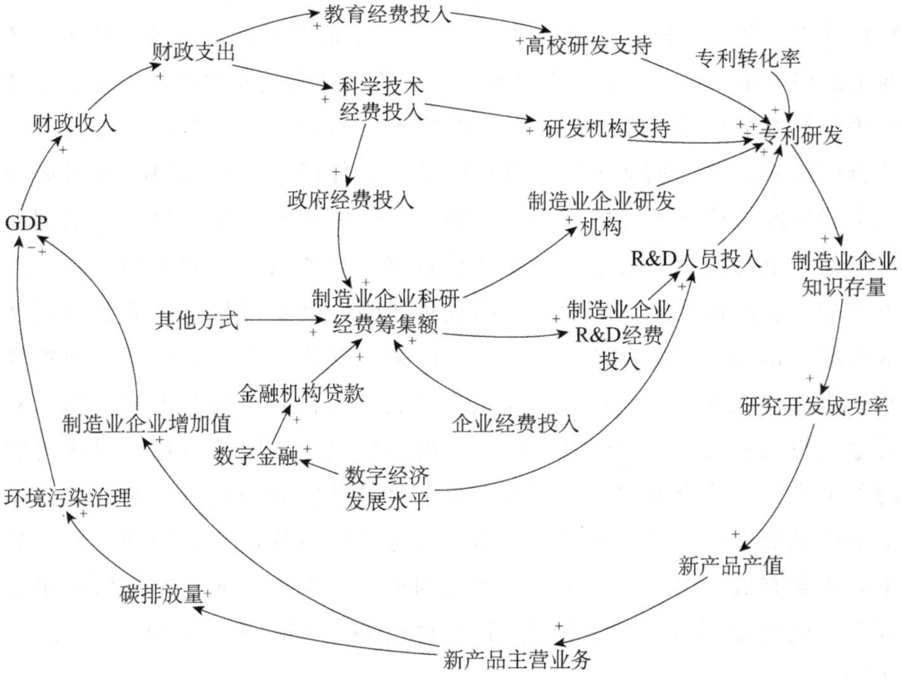

图 13－1　数字经济对制造业高质量发展影响路径因果图

表 13－1　数字经济对制造业高质量发展影响路径主要反馈回路

序号	反馈回路	极性	长度
1	GDP－财政收入－财政支出－科学技术经费投入－研发机构支持－专利研发－制造业企业知识存量－研究开发成功率－新产品产值－新产品主营业务收入－制造业企业增加值	正	10
2	GDP－财政收入－财政支出－教育经费投入－高校研发支持－专利研发－制造业企业知识存量－研究开发成功率－新产品产值－新产品主营业务收入－制造业企业增加值	正	10
3	GDP－财政收入－财政支出－科学技术经费投入－研发机构支持－专利研发－制造业企业知识存量－研究开发成功率－新产品产值－新产品主营业务收入－碳排放量－环境污染治理	负	11
4	GDP－财政收入－财政支出－教育经费投入－高校研发支持－专利研发－制造业企业知识存量－研究开发成功率－新产品产值－新产品主营业务收入－碳排放量－环境污染治理	负	11
5	GDP－财政收入－财政支出－科学技术经费投入－政府经费投入－制造业企业科研经费筹集额－制造业企业研发机构－专利研发－制造业企业知识存量－研究开发成功率－新产品产值－新产品主营业务收入－制造业企业增加值	正	12
6	GDP－财政收入－财政支出－科学技术经费投入－政府经费投入－制造业企业科研经费筹集额－制造业企业研发机构－专利研发－制造业企业知识存量－研究开发成功率－新产品产值－新产品主营业务收入－碳排放量－环境污染治理	负	13
7	GDP－财政收入－财政支出－科学技术经费投入－政府经费投入－制造业企业科研经费筹集额－制造业企业 R&D 经费投入－R&D 人员投入－专利研发－制造业企业知识存量－研究开发成功率－新产品产值－新产品主营业务收入－制造业企业增加值	正	13
8	GDP－财政收入－财政支出－科学技术经费投入－政府经费投入－制造业企业科研经费筹集额－制造业企业 R&D 经费投入－R&D 人员投入－专利研发－制造业企业知识存量－研究开发成功率－新产品产值－新产品主营业务收入－碳排放量－环境污染治理	负	14

（三）模型构建

结合系统内各要素因果关系的分析，本书建立了数字经济对制造业高质量发展影响路径的动态流图，如图 13－2 所示。将数字经济对制造业高质量发展影响的路径进行剖析，从各要素的协同机理和实际结果出发，将该系统各要素进行量化并设置相应参数方程，如表 13－2 所示。

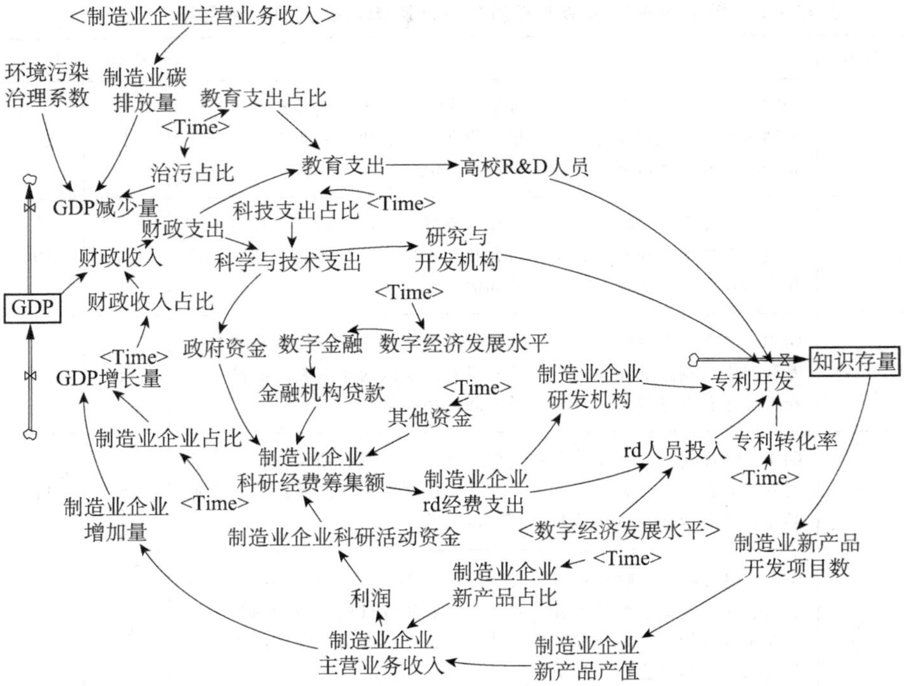

图 13－2 数字经济对制造业高质量发展影响路径流图

表 13－2 系统变量方程

名称	类型	方程
GDP	状态变量	INTEG（GDP 增长量－GDP 减少量，592 963）
知识存量	状态变量	INTEG（专利开发，327 989）
GDP 增长量	速率变量	制造业企业增加值＊制造业企业占比
GDP 减少量	速率变量	制造业碳排放量＊环境污染治理系数＊治污占比
专利开发	速率变量	(0.31＊R&D 人员投入－1 912.41＊高校 R&D 人员－326.332＊研究与开发机构＋5.293＊制造业企业研发机构＋851 159)＊专利转化率
环境污染治理系数	常量	0.118
R&D 人员投入	辅助变量	265.368＊数字经济发展水平－14.761＊制造业企业 R&D 经费支出＋2.268 03e＋06
专利开发	辅助变量	(0.31＊R&D 人员投入－1 912.41＊高校 R&D 人员－326.332＊研究与开发机构＋5.293＊制造业企业研发机构＋851 159)＊专利转化率
专利转化率	辅助变量	WITH LOOKUP（Time，([(0，0)－(3 000，10)]，(2013，0.203 529)，(2014，0.202 63)，(2015，0.311 677)，(2016，0.233 004)，(2017，0.193 595)，(2018，0.123 847)，(2019，0.218 55)，(2020，0)))

续表

名称	类型	方程
其他资金	辅助变量	WITH LOOKUP (Time, ([(0, 0) - (3 000, 600)], (2013, 97.12), (2014, 118.25), (2015, 112.49), (2016, 188.27), (2017, 281.63), (2018, 374.99), (2019, 468.35), (2020, 561.71)))
利润	辅助变量	0.098 * 制造业企业主营业务收入 - 36 206.5
制造业企业 R&D 经费支出	辅助变量	0.835 * 制造业企业科研经费筹集额 - 9 706.75
制造业企业主营业务收入	辅助变量	制造业企业新产品产值/制造业企业新产品占比
制造业企业占比	辅助变量	WITH LOOKUP (Time, ([(0, 0) - (3 000, 10)], (2013, 0.389 693), (2014, 0.338 687), (2015, 0.351 201), (2016, 0.471 552), (2017, 0.413 283), (2018, 0.292 812), (2019, 0.126 854), (2020, 0)))
制造业企业增加值	辅助变量	-0.078 * 制造业企业主营业务收入 + 301 671
制造业企业新产品产值	辅助变量	0.209 * 制造业新产品开发项目数 + 75 738.3
制造业企业新产品占比	辅助变量	WITH LOOKUP (Time, ([(0, 0) - (3 000, 10)], (2013, 0.140 303), (2014, 0.144 507), (2015, 0.150 552), (2016, 0.165 232), (2017, 0.185 709), (2018, 0.208 931), (2019, 0.221 743), (2020, 0.244 134)))
制造业企业研发机构	辅助变量	7.923 * 制造业企业 R&D 经费支出 - 12 154.6
制造业企业科研活动资金	辅助变量	0.067 * 利润 + 5 053.27
制造业企业科研经费筹集额	辅助变量	其他资金 + 制造业企业科研活动资金 + 政府资金 + 金融机构贷款
制造业新产品开发项目数	辅助变量	0.409 * 知识存量 + 147 307
制造业碳排放量	辅助变量	-0.21 * 制造业企业主营业务收入 + 864 418
政府资金	辅助变量	0.499 * 科学与技术支出 - 37.062
教育支出	辅助变量	教育支出占比 * 财政支出
教育支出占比	辅助变量	WITH LOOKUP (Time, ([(0, 0) - (3 000, 10)], (2013, 0.156 918), (2014, 0.151 804), (2015, 0.149 376), (2016, 0.149 518), (2017, 0.148 475), (2018, 0.145 626), (2019, 0.145 68), (2020, 0.147 998)))

续表

名称	类型	方程
数字经济发展水平	辅助变量	WITH LOOKUP (Time, ([(0, 0) - (3 000, 5 000)], (2013, 1 000), (2014, 1 135.3), (2015, 1 429.11), (2016, 1 858.19), (2017, 2 295.57), (2018, 3 076.75), (2019, 3 508.83), (2020, 4 898.5)))
数字金融	辅助变量	1.331 * 数字经济发展水平 +6 556.9
治污占比	辅助变量	WITH LOOKUP (Time, ([(0, 0) - (3 000, 10)], (2013, 0.247 344), (2014, 0.261 464), (2015, 0.161 087), (2016, 0.172 975), (2017, 0.121 327), (2018, 0.098 6523), (2019, 0.083 238 8), (2020, 0.071 724 3)))
研究与开发机构	辅助变量	-0.126 * 科学与技术支出 +4 369.42
科学与技术支出	辅助变量	科技支出占比 * 财政支出
科技支出占比	辅助变量	WITH LOOKUP (Time, ([(0, 0) - (3 000, 10)], (2013, 0.036 261 5), (2014, 0.035 012 9), (2015, 0.034 960 2), (2016, 0.034 960 2), (2017, 0.035 782 9), (2018, 0.037 693 5), (2019, 0.039 650 2), (2020, 0.036 707 8)))
财政支出	辅助变量	1.713 * 财政收入 -85 058.8
财政收入	辅助变量	财政收入占比 * GDP
财政收入占比	辅助变量	WITH LOOKUP (Time, ([(0, 0) - (3 000, 10)], (2013, 0.217 905), (2014, 0.218 114), (2015, 0.221 046), (2016, 0.213 834), (2017, 0.207 434), (2018, 0.199 46), (2019, 0.192 993), (2020, 0.180 466)))
金融机构贷款	辅助变量	-0.514 * 数字金融 +17 257.7
高校 R&D 人员	辅助变量	0.004 * 教育支出 -15.304

根据图 13-2 所示的模型流图，通过对《工业统计年鉴》《中国统计年鉴》两个文献上的数据的拟合以及对其他文献的参考，本书确定了状态变量 2 个、速率变量 3 个、常量 1 个、辅助变量 30 个。

（四）模型检验

模型构建完成后，需要对所建立的模型进行检验，来检验其与数字经济对制造业高质量发展影响真实路径对实际情况是否相近，适合进行后续的仿真与分析。本文采用 2013—2020 年财政收入来对模型的准确度进行检验，结果如表 13－3 所示。

表 13－3　财政收入真实值与模拟值对比表

年份	实际值（亿元）	模拟值（亿元）	误差率绝对值（%）
2013	129 209.64	129 210	0.000 3
2014	140 370.03	144 396	2.868 1
2015	152 269.23	158 592	4.152 4
2016	159 604.97	167 349	4.8520
2017	172 592.77	181 046	4.897 8
2018	183 359.84	190 520	3.905 0
2019	190 390.08	195 618	2.745 9
2020	182 913.88	186 939	2.200 6

从表 13－3 中的绝对误差可以得知，系统模型的模拟值与其实际值的误差率绝对值都没有超过 0%，这说明所建立的模型可以比较有效地反映出真实系统的情况，因此本模型可以用来进行系统仿真以及政策模拟比较。

四、系统仿真分析

在制造业高质量发展的过程中，数字经济发展水平无疑是重要的因素之一。因此，本书研究不同数字经济发展水平下，制造业高质量发展的情况。设置了 3 个不同数字经济发展水平的情景，来对制造业高质量发展的情况进行仿真。

选取知识存量、制造业碳排放量、制造业主营业务收入三个变量作为制造业高质量发展的检验标准。知识存量是创新的基础，它决定了制造业在技术上的能力和创新潜力。拥有丰富的知识存量可以为企业提供更多的技术选择和创新机会，推动制造业不断提升产品质量、降低成本、提高生产效率。知识存量的积累有助于制造业转型为绿色、低碳、循环经济的发展模式，提高企业的可持续竞争力。制造业的可持续发展是实现经济、社会和环境的协同发展的重要目标。碳排放量作为衡量制造业可持续发展的重要指标之一，反映了企业在生产过程中对能源的使用效率和环境的影响。制造业高质量发展需要在减少碳排放的同时保持经济增长，实现经济效益和环境效益的双赢。更何况碳排放已成为国际贸易中的一项重要考量指标。随着国际社会对碳排放的关注和要求增加，许多国家和地区已制定了碳排放减排政策和标准。制造业碳排放量的高低直接影响着企业在国际市场上的竞争力。高质量发展要求制造业降低碳排放，提高产品的环境友好性，以满足国际市场的需求和要求。制造业作为经济的重要支柱，其主营业务收入直接反映了产业的经济规模和增长水平。高质量发展的制造业应该具备较高的主营业务收入，这意味着产业的增长动力强、经济效益好，能够为国家创造更多的就业机会和财富。同样，制造业主营业务收入的增长还可以反映产业结构的优化和调整。随着经济发展和市场需求的变化，制造业需要不断调整产品结构和产业布局，向技术密集、高附加值的领域转型。主营业务收入的增长可以说明企业在产业结构调整中的积极响应和变革能力。具体仿真结果见图 13－3、图 13－4、图 13－5。

通过观察图 13－3，我们可以发现，随着数字经济发展水平的提升，知识存量呈现一定程度的增长。然而，这种增长的效果并不明显，可能存在一些原因导致这种情况。首先，数字经济的发展虽然为知识的获取和传播提供了更广阔的平台，但仍然存在一些障碍和挑战。例如，数字鸿沟的

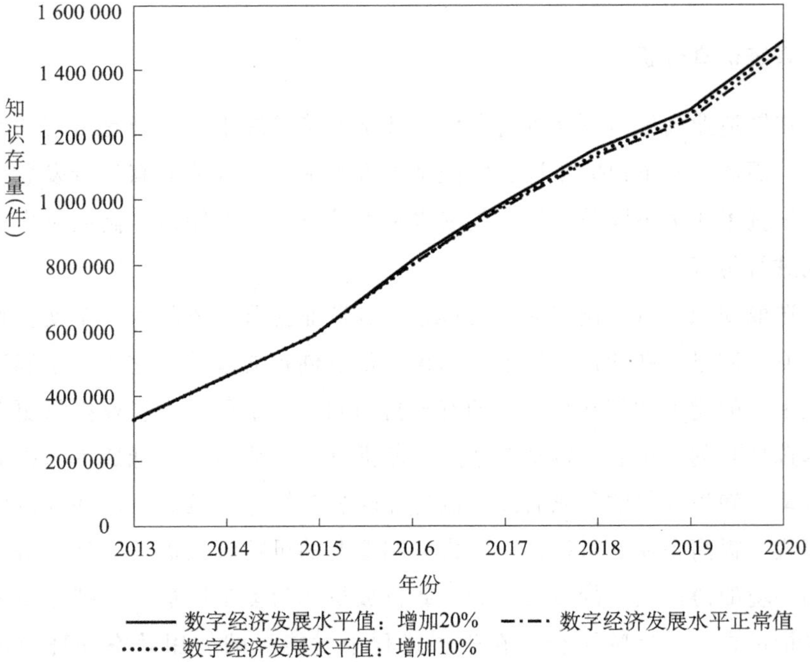

图 13－3 知识存量仿真结果图

存在可能导致信息获取和知识分享的不平等现象，特别是在发展中国家或边缘地区。因此，尽管数字经济的发展可以促进知识的积累，但在一些地区或群体中，这种增长可能受到限制。其次，知识的积累需要一定的时间和投入。即使数字经济提供了更多的信息和学习资源，个体或组织在获取和应用这些知识时仍然需要时间和努力。这可能是知识存量增长效果不明显的另一个原因。知识的应用和转化需要结合实际场景和实践经验，仅仅依靠数字经济的发展水平提升可能无法充分体现知识的增长效果。此外，数字经济的发展虽然为知识创新和技术进步提供了新的机遇，但也伴随着一些问题和风险。例如，知识产权保护、隐私和数据安全等问题可能对知识的积累和利用产生一定的限制和顾虑。这些问题可能阻碍了知识存量的充分增长，导致数字经济发展水平提升时知识存量增长效果不明显。

通过对图 13－4 的观察，可以明显看出数字经济对于制造业的碳排放水平具有有效的降低作用。而且随着数字经济发展水平的提升，这种减缓作用呈现出更为显著的成效。数字经济的发展为制造业提供了创新的技术和解决方案，可以帮助企业更加高效地管理和利用资源，减少能源消耗和

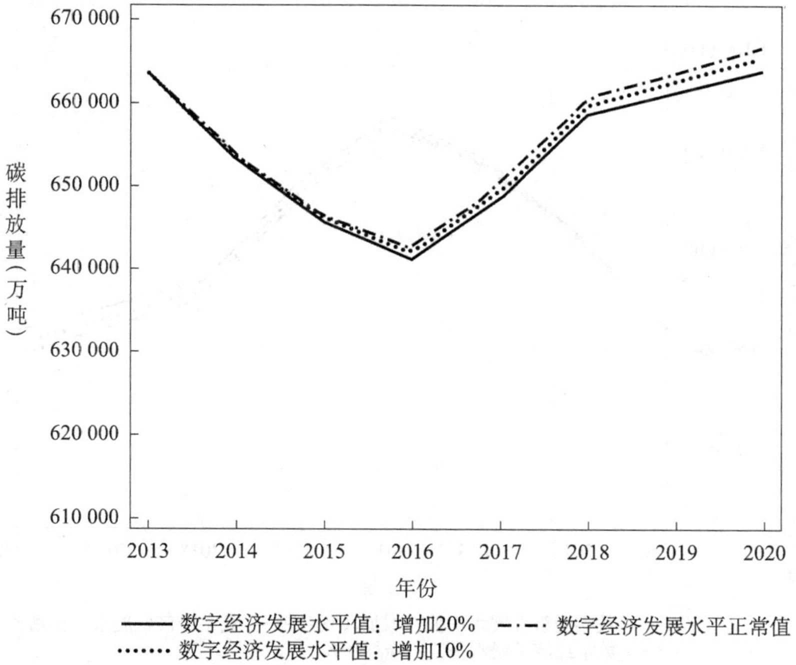

图 13－4　制造业碳排放量仿真结果图

碳排放。数字技术的应用可以优化生产过程，提高能源利用效率。通过智能化控制系统、自动化设备和数据分析等技术手段，制造业可以实现生产过程的精细化管理，减少能源浪费和碳排放。数字经济的发展促进了供应链的协同和优化，进一步降低碳排放。通过数字化的供应链管理系统和物流优化方案，制造业可以实现供应链各环节的协同配合，减少物流环节中的能源消耗和碳排放。同时，数字经济还可以提供更为精准的需求预测和资源调配，减少过剩生产和资源浪费，进一步降低碳排放水平。另外，数字经济的发展还推动了清洁能源的应用和发展。随着可再生能源技术的进步和成本的降低，制造业越来越多地采用清洁能源替代传统的能源来源，从而降低了碳排放。数字经济为清洁能源的智能化管理和整合提供了技术支持，使得制造业能够更加便捷地接入和利用清洁能源，进一步降低碳排放水平。

通过图 13 – 5，可以看出，数字经济的发展对制造业企业的主营业务收入具有促进作用。数字经济为制造业企业提供了更广阔的市场和销售渠道。随着数字技术的普及和互联网的发展，企业可以通过电子商务平台和在线市场等数字化渠道，实现产品的全球化推广和销售。这种便利和广泛

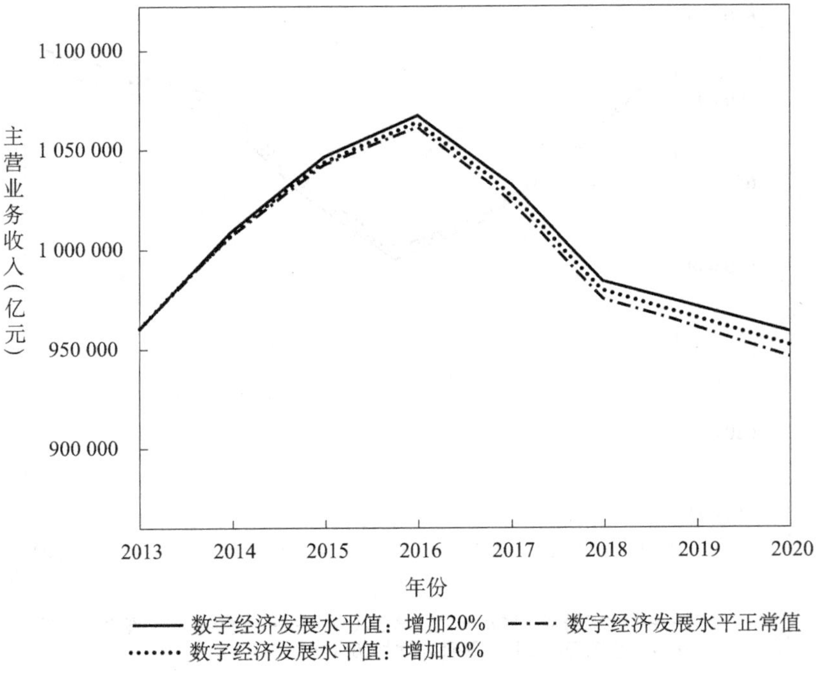

图 13 – 5　制造业企业主营业务收入仿真分析图

的市场接触有助于拓展客户群体，吸引更多的消费者，从而增加主营业务收入。得益于数字技术的发展，生产过程的智能化和自动化，提高了制造业企业的生产效率和成本控制能力。数字技术的应用使得生产过程更加高效、灵活和精确，减少了人力资源和物料的浪费，降低了生产成本。通过提高生产效率和降低成本，制造业企业可以在市场中取得更大的竞争优势，并实现主营业务收入的增长。通过数据分析和人工智能等技术手段，企业可以更加准确地了解市场需求、优化供应链、提高运营效率等。这种基于数据的决策和管理能力有助于企业做出更明智的战略决策和市场响应，从而增强主营业务收入的稳定性和增长性。总的来说，数字经济的发展提供了更广阔的市场渠道、创新和差异化的商业模式和产品、提高的生产效率和成本控制能力，以及数据驱动的决策和管理工具。这些因素共同促使制造业企业实现主营业务收入的增长，推动其高质量发展和可持续竞争力的提升。

五、小结与政策建议

通过建立系统动力学模型，本书对数字经济对制造业高质量发展的影响路径进行了初步探究，揭示了整个系统的内部机制、各个因素之间的相互影响关系以及反馈回路。通过对模型进行赋值和调整，使得整个模型基本符合数字经济对制造业高质量发展的影响机制。最后，我们对系统进行了仿真分析，并获得了一系列有意义的结果。这些结果显示，数字经济对于促进制造业的高质量发展起到了积极的作用。随着数字经济水平的提高，这种正向影响也得到了进一步扩大。根据仿真分析的结果，我们得出以下结论：

第一，数字经济的发展为制造业创造了更多的机会和潜力。数字技术的应用和数字化转型使得制造业能够更高效地管理生产流程、优化供应链、提升产品质量等，从而提升整体竞争力和市场份额。

第二，数字经济的推动促进了创新和技术进步。数字技术的应用为制造业带来了新的商业模式、产品和服务，推动了产品升级换代和产业结构的优化。这种创新和技术进步不仅满足了消费者的需求，也为企业提供了新的增长点和竞争优势。

第三，数字经济的迅速发展不仅促进了信息共享和协同合作，也为制造业企业提供了更加便捷的途径进行信息交流、合作创新和资源共享。通过数字化平台和互联网的连接，企业可以更高效地获取和共享知识、技术和资源，从而进一步提升整体效能和资源利用效率。然而，尽管数字经济的发展为创新提供了广阔的机遇，但仍然存在信息鸿沟的问题。因此解决信息鸿沟问题是促进数字经济对创新的全面发挥的关键。政府、企业和社会各界应共同努力，加强数字技术的普及培训，提升企业和个人的数字能力，促进数字化转型。同时，建立开放、包容的数字平台和合作机制，推动信息共享、创新合作和资源互利，进一步消除信息鸿沟的影响。

第二节 数字经济影响乡村产业高质量发展的路径优化研究

一、问题提出

2021 年 2 月 25 日，国家乡村振兴局的挂牌，标志着继扶贫攻坚目标如期完成后，乡村振兴的历史使命正式开启，成为第二个百年奋斗目标中中国的底线任务，而乡村要振兴，产业振兴是基础，是关键，是解决一切问题的前提。当前互联网、大数据、人工智能、区块链等数字化工具正向乡村加速渗透，数字经济与实体经济的深度融合，为乡村产业发展模式创新、优化、升级提供新引擎、新方向，成为乡村产业兴旺的强大内在助推力。习近平总书记在中共中央政治局第三十四次集体学习时强调，“充分发挥海量数据和丰富应用场景优势，促进数字经济与实体经济深度融合，赋能传统产业转型升级，催生新产业新业态新模式”，为乡村产业数字化振兴道路表明态度、指明方向。

2022 年 1 月出台的《数字乡村发展行动计划（2022—2025）》提出，数字乡村建设将智慧农业作为重点任务推进，要求加快推进农业农村大数据建设应用、建设天空地一体化农业观测网络、加快农业生产数字化改造、加快智慧农业技术创新、加强农业科技信息服务。在聚焦产业促进乡村发展上，中央一号文件提出“藏粮于技”，强调强化现代农业基础支撑，持续推进农村一二三产业融合发展，促进信息技术与农机农艺融合应用。

由此可见，在当前巩固脱贫攻坚成果并转向乡村振兴的历史关键时期，党中央以锐利的目光锁定了在信息化、网络化、数字化新形势下，数字经济对乡村产业高质量发展的重大作用。党中央关于数字经济支持乡村产业高质量发展的态度，就是要坚定不移地推动乡村产业深度融入到数字化新发展格局，推动产业数字化转型，助力产业兴旺，赋能乡村产业高质量发展。厘清数字经济支持乡村产业高质量发展的机理，总结剖析现存主要问题，并进行优化设计，是高质量落实乡村振兴战略的重要课题，对于实现全体人民共同富裕宏伟目标具有重要意义。

探究如何将数字经济与乡村产业高质量发展深度融合，厘清内部各因素之间的逻辑关系，总结经验，解决好乡村产业数字化改革进程中的现时痛点，以巩固脱贫攻坚成果。并在具体实践探究中，使其上升成为推动乡村产业高质量发展的相关机制是本书重点讨论的内容。

通过对涉农主体进行问卷调查和开放式访谈，深入了解个人、社区、组织三方面主体数字经济赋能乡村产业高质量发展现状及成效，总结出浙江县域农业数字化转型的独有特色和实践误区。借助 fsQCA 软件，尝试立足于赋能视角，分析数字经济赋能乡村产业高质量发展的路径背后的多元复杂作用机制，得出多条组态并进行案例剖析。基于组态分析结果，对未来乡村产业兴旺的发展方向进行合理展望，并将调查所得结果和具体的意见措施呈交给有关部门，以期为相关顶层设计提供借鉴。

二、文献综述

（一）赋能理论

“赋能”一词最早源于积极心理学，其作为理论形式出世可以追溯到 20 世纪 70 年代。郑军南、刘亚辉（2021）指出，早期“赋能”的概念更加倾向于“赋权”，强调降低弱势群体的无权感，是指赋予组织成员或部门更多做事的权力，特别是之前不具备的权力或特别权力，创造更多可能性。张艳俊（2023）认为，随着理论研究的深入，赋能理论已经逐步成为了一种全社会通用的理论工具，成为管理学、心理学、教育学、政治理论等各学科研究的关键概念，并指出其概念解读正有“赋权”向“赋能”转变，强调赋予主体内在的能力，而非直接授予的权力。郑永兰（2021）同样认为，赋能强调激发自我效能感，提高控制感，以适应新时代社会发展需要。林艳、周洁（2023）指出，随着数字时代的到来，赋能理论的适用对象已经不再局限于人，开始应用于更大范围的概念，此时，可以将赋能理论的作用理解为对企业、行业乃至经济社会活动的改革或升级过程。

（二）乡村产业高质量发展的测度

乡村振兴，产业为先。党中央、国务院高度重视乡村产业发展，习近平总书记多次强调产业振兴对贯彻落实好乡村振兴战略的重要积极作用。随着战略主体由绝对贫困群体向相对贫困群体的转变，政策指向由特惠定制向全民普惠的转变，乡村产业发展要求也由快速脱贫转向可持续发展。目前学界对乡村产业振兴衡量的研究正持续进行。

对于乡村产业兴旺衡量指标的选择主要围绕五大主流指标不变。《乡村振兴战略规划（2018—2022年）》中谋划了产业兴旺的五大主要指标，学者们围绕五大指标的主要方面不变，主要研究中选取的指标见表13－4。

表13－4　主要研究中选取的一、二级指标

一级指标	二级指标
产业农业生产条件	1）耕地保有率；2）综合机械化率；3）农业保险深度；4）农林牧渔服务业发展程度；5）农田节水灌溉率；6）农业规模经营化率；7）乡村劳动力供给强度；8）亩均农业机械动力；9）农村人均用电量；10）单位耕地面积农林水事务支出；11）农户参加农村专业合作经济组织比重；12）农业研发经费投入占比；13）每万人口农业科技人员数
农业生产效率	1）人均农产品占有量；2）劳动生产率；3）土地生产率；4）农业科技进步贡献率；5）农林牧渔业总产值指数
产业融合水平	1）农产品加工程度；2）开展旅游接待的乡村占比；3）乡村经济活动多样化水平；4）农村中农业从业人员比重；5）非农产业收入占农民收入比重；6）农产品地商品转化率；7）休闲农业和乡村旅游占农业产值比重；8）农村网络零售额；9）非农产值占总产值比重
农产品质量安全	1）农产品安全抽检合格率；2）“三品一标”农产品认证情况
农业品牌化	1）农产品区域公用品牌价值；2）省级以上农产品企业品牌数量
农业对外开放	1）人均农产品出口额；2）农产品出口率

资料来源：毛锦凰．乡村振兴评价指标体系构建方法的改进及其实证研究［J］．兰州大学学报（社会科学版），2021，49（03）：47－58.2021.03.005.

由于众多学者研究的出发点不同，具体指标选取相对多样、各有侧重。部分学者围绕多个主流指标较为系统地提出乡村产业兴旺衡量指标体系。张挺等（2018）在梳理现有研究成果和实践经验的基础上，将乡村产业兴旺指标分为农村产业结构、农业科技水平、农村市场化程度3个3级指标，分别隶属于农业生产条件、农业生产效率和农业对外开放，并进行了权重赋值。部分学者则立足于某一主流指标，构建影响体系，从而对乡村产业振兴做出评价。站在促进农村一二三产业融合发展以实现产业振兴的立意上，徐维莉（2019）构建了农业与二三产业融合发展的评价指标体系，并以苏州为例提出需要加强农业与加工业、旅游业和服务业等产业的有效融合发展，不断强化产业融合的深度和延伸农业的多功能性。还有学者进一步缩小范围，将第三产业作为农村产业发展的重中之重，文仆（2018）以乡村旅游为研究对象，构建了智慧基础设施、智慧应用、智慧管理及智慧服4个要素在内的评价指标体系对农村旅游产业发展进行了评价。而申云等（2020）是鲜少从实现现代农业目标的整体角度出发，构立乡村产业振兴评价指标体系的学者之一，构建了以农产品产业体系、农业多功能产业体系、农业支撑产业体系为理论分析框架的乡村产业振兴评价指标体系。

（三）数字经济赋能乡村产业高质量发展

党的二十大报告指出要加快促进数字经济和实体经济深度融合，加快建设农业强国，扎实推动乡村全面振兴。乡村振兴，产业为先，强调要以乡村特色产业为发展突破点，着力提升产业链供应链韧性和安全水平。此后，关于乡村产业高质量发展的研究接踵而至，并逐渐向作用机制中引入数字经济赋能。

近年来，学术界对于数字经济赋能乡村产业振兴展开了广泛研究，相关研究围绕作用机制、现存问题、路径对策等方面开展。在作用机制方面，崔慧霞（2022）认为数字经济增加了就业岗位、拓展销售途径、加快农产品生产销售。数字经济之所以能助推农村经济发展，齐文浩、张越杰（2021）则认为是数字经济弱化了城乡二元结构壁垒，从而稳定了稳定农业生产。李辉（2019）、陈一明（2021）认为，数字经济通过推动乡村产业融合，从而作用于乡村产业高质量发展。倪冰莉（2020）则着眼于数字经济推动乡村产业产业链延申的角度，认为数字经济可以助推农业传统生产模式的重建，充分发挥互联网在推动小农向现代农业升级过程中的中介作用。在现存问题方面，陈一明（2021）将现阶段我国数字经济与乡村产业的融合发展存在的问题系统性地概括为融合深度不深、范围不广、方式不全、支撑不足等问题。具体而言，周新德，周杨（2021）认为目前数字经济赋能乡村产业发展主要存在基础较薄弱、产业数字化水平不高、数字化信息技术供给不足、人才资源短缺、发展环境有待改善等问题。在路径对策方面，吴晓曦（2021）通过分析美国、南非、德国、英国等发达经济体的融合模式案例，聚焦产业融合角度，为数字经济下我国乡村产业高质量发展模式提炼借鉴意义高的国外经验，指出未来我国应注重完善政策体系、投入体系、人才支撑体系和风险控制体系。马文武、韩文龙（2023）则较为全面地从优化农村地区数字经济发展环境、推动农村治理数字化、保障农村地区数字人才供给、推动数字经济和乡村产业融合发展四个方面构建赋能体系。

（四）文献评述

首先，乡村产业高质量发展的衡量指标体系尚不健全。总体而言，目前国内多数学者将乡村产业兴旺度的衡量作为乡村振兴水平的一部分融入整体评价指标体系中，鲜有学者着眼于农业产业发展，系统科学地评价提出独立的乡村产业振兴衡量指标体系，相关文献仍然相对缺乏。围绕党中央提出的五大主流产业兴旺评价指标进行模型构建，从而进行实证分析已是学界共识。故作者结合案例研究层次、数据可得性、指标与研究方向适配性等，本项目研究的调查体系构建也将围绕毛锦凰（2021）对主流指标改进后制定的农村产业兴旺度评价指标体系（见表 13 - 4）进行灵活应用。其次，联系数字经济与乡村产业高质量发展二者之间研究的尚处于起步阶段。一是已有理论分析大多集中在数字经济或乡村振兴各自概念界定、内涵解读、政策设计及实施路径等方面，理论机制分析较多，而关于二者之间的实证研究相对较少；二是现有的实证研究论文大多聚焦于某一维度的局部影响，而不是从全局视野考量二者间的关系，未进行深入的影响机制研究。另外，高层次文献中，基于小范围的本土化现实基础，对某地的数字经济赋能乡村振兴建设提出因地制宜的具体化路径思路和政策建议的研究同样较为缺乏。

三、机理分析与研究假说

在赋能理论的分析维度上，学术界主要将其分解为个人、组织与社区三个维度，进而理解赋能的含义和作用机制。本文遵循被学术界广为认可的维度划分方法，从以上三个维度展开深度剖析，将赋能理论定位在数字经济上，切入乡村产业高质量发展的议题，建立理论分析框架，即通过增强个人综合素养、加快组织服务能力和提高社区治理能力，形成强大的融合赋能效应，进而为乡村产业高质量发展带来前所未有的变革。

（一）赋能乡村产业高质量发展的个人技术维度

个人技术赋能主要指村民群众借助数字经济，通过知识学习、意识觉醒、技能掌握三个阶段，大幅强化了村民的个人综合素养、外在资源获取能力，使其成为兼备农业知识和掌握数字技术的复合型人才，进而为乡村产业高质量发展注入新鲜活力。

第一，数字经济促进个人综合素养提升的赋能。乡村人才是乡村产业发展的力量来源、动力来源，是乡村产业高质量发展的关键要素。现代信息技术的应用将有助于汇集整合庞大的知识与信息，提升信息传播能力，降低信息壁垒，减少信息不对称，进而成为村民加快获得乡村产业发展知识和能力的催化器和助推器。此外，互联网平台公开、共享的禀赋，打破了农业技术的应用和服务壁垒，快速传递并迎合村民的技术需求，达到村民与外界广泛联结的效果，进而提升其农业技术应用技能和水平，促进农业技术成果的快速转换。在此过程中，村民将提高对自身存在价值的认知，自我能动性得以激发，自我价值意识从中觉醒，个人综合素养得以快速提高，逐渐成为乡村产业高质量发展所需的复合型人才，从而为乡村产业发展提供人才支撑。

第二，数字经济保障村民外在资源获取的赋能。数字经济的迅猛发展，能够充分发挥高校与科研单位作为智力库的优势，为村民和乡村产业经营主体提供多形式、多渠道、多元化与数字经济有关的应用能力培训，进而提升其数字化素养。熟练掌握数字技术后，村民能够获得较稀缺的社会资源，帮助原本作为弱势群体的乡村村民提高实力，在市场竞争中有更足的底气，甚至占据优势，进而获得更多更有质量的发展机会。比如，数字普惠金融通过数字技术，大大减少传统金融存在的金融排斥问题，以较低的成本实现了农村产业资金的供需配置，在很大程度上解决了金融地域歧视问题，扩大了农村金融的服务范围，同时提高村民获得金融服务的可能性，为乡村产业高质量发展提供了有力的资金支持。

（二）赋能乡村产业高质量发展的组织技术维度

组织技术赋能是指广泛吸纳各种组织的多方面力量，在协同合作下，综合运用各种数字技术手段，通过不同组织资源的汲取和能力拓展等方式，驱动乡村产业发展。

第一，数字经济提升政府组织政务水平的赋能。在乡村层面，政府组织主要是指县镇村三级政府，在着力构建好乡村数字化基础设施的基础上，将物联网、人工智能、大数据等数字技术集合内化为乡村数字信息服务平台等应用，投入实施后将为人民提供更高效的智慧化管理与更优质的智能化服务，提高办事效率，例如实现农村医疗、卫生、社保等领域的手续简化等。总而言之，数字经济可以提升政府服务水平，为乡村产业高质量发展提供各类服务保障。

第二，数字经济优化市场组织资源配置的赋能。市场组织主要是指各类服务于农业农村的数智企业，这类企业一方面帮助促进资源的优化配置与合理利用，另一方面，为乡村提供了大量的就业机会。市场组织可充分发挥智力、资金等优势，将互联网、大数据等数字技术内化为各类市场定位于农业农村的数智产品，助力乡村产业的生产智能化、管理智慧化、运输便捷化和销售精准化，从而促进农产品产销对接和供需平衡。市场组织的介入，将加快数字经济与乡村产业发展的融合，催生出乡村新产业和新业态，例如企业与政府联合，牵头带动部分传统农业地区发展高质量、高效率的现代化农业，以订单式、股份式合作联结村庄和村民，从而不仅为广大村民提供更多的就业和创业机会，推动乡村产业兴旺发展。

第三，数字经济推进社会组织公共服务的赋能。社会组织主要包括协会、乡贤会、公益组织等，这类主体可以为乡村提供更具体化、个性化和集聚化的公共服务，打开与外界交流的窗口，从而为乡村凝聚更多的人力资源与社会资本。例如，浙江普遍推行的乡贤会，通过激发乡贤回报故乡的情怀，充分动员各地乡贤的人脉资源助力当地产业发展，许多乡贤以微利或公益的形式回乡投资，实现低成本提高村庄的发展活力，事半功倍，有效促进了乡村产业的发展。

（三）赋能乡村产业高质量发展的社区技术维度

社区技术赋能主要是在村庄层面，应用物联网、云计算、大数据等数字技术，发展乡村产业文化、完善管理引导机制与重塑治理经营体系，使村庄拥有更健全、更完善的现代化治理能力。

第一，数字经济发展乡村产业文化的赋能。乡村产业文化是乡村产业高质量发展的内在推动力，数字技术日益普及有助于进一步拓展乡村产业文化的内涵，成为促进乡村产业文化发展的新动力，为弘扬与传播乡村优秀价值提供全新技术支撑与文化样式。利用数字化的技术手段推进乡村优秀产业文化资源数字化，向外发扬中国特色社会主义文化、乡村地方产业民俗特色，讲好乡村产业高质量发展故事，助力全面实施乡村振兴战略。

第二，数字经济完善乡村管理引导机制的赋能。数字经济的广泛普及利于乡村社区管理体系逐渐走向有序健全，促进现有乡村管理体系越来越朝向扁平化发展，从而更好发挥乡村社区的内生动力。近几年，从浙江对省内乡村地区新冠疫情的防控措施可以明显看出，微信、钉钉、支付宝等数字平台的使用，有效加强村民彼此联系和村庄有序管理，进而保证乡村产业在动荡的疫情影响下平稳健康发展。

第三，数字经济重塑乡村治理经营体系的赋能。乡村产业高质量发展需要乡村治理来保驾护航，构建良好秩序，规范市场行为。将数字经济融入于乡村治理的体系中，重塑乡村治理格局，着力搭建数字化治理平台，一方面，利用互联网的力量，提高市场行为的透明度，降低违规行为的逃逸成功率，另一方面，可以实现区域产业发展情况的可视化呈现，方便管理和监测。此外，乡村旅游、农光互补田园综合体等新型数字化理念与运营模式兴起，他们代表着未来乡村产业升级的新方向，将助力产业立体化延伸与变现，为乡村产业高质量发展带来生机与活力。

综上所述，通过数字经济多维赋能乡村产业高质量发展将是大势所趋。在实施乡村产业高质量发展的过程中，个人通过社会网络形成政府组织、市场组织以及社会组织，而不同组织的集合构成了乡村社区，数字经济通过赋能个人、组织和社区三个层面，形成强大的融合赋能效应，有利于在乡村产业发展中提高个人综合素养、加快组织服务能力和提高社区治理能力，从而促进乡村产业兴旺发展。

四、研究方法、案例选择、数据来源、变量选取

（一）研究方法

1. QCA 定性比较分析方法理论适用性

定性比较分析方法（Qualitative Comparative Analysis，QCA）是由查尔

斯·拉金（Charles C. Ragin）在 1987 年提出的，一种基于集合论与布尔代数的、以案例为导向的理论研究方法。

（1）QCA 以“由果溯因”为路径，具有很强的处理复杂问题的能力。乡村产业振兴是一个亟待解决的复杂问题，其涉及的主体要素相互交织，相互作用。以单一线性因果关系为基础的传统研究方法难以有效回答乡村产业振兴这一因果复杂性问题。QCA 定性比较分析方法秉持“由果溯因”的路径原则，不对个人、组织、社区三大技术主体之间的复杂因果关系作出人为假设，或对控制变量做出静态束缚，而是根据案例所反映的数据和现象向前推导影响因子，能够直接分析三大技术主体对乡村产业振兴的赋能作用，并系统揭示三者之间复杂的互动机理（指本项目所选用的的 fs/QCA），特别适用于解决有多重并发因果关系的问题。

（2）QCA 立足于组态效应，能够揭示实现等效结果的不同路径。乡村产业振兴是一个需要个性化实施方案的问题，自适性是决定其成效的重中之重。自 2018 年提出“乡村产业振兴”以来，产学研各界高度关注并尝试贯彻，对此的认识逐渐全面：各地乡村的现实实际不同，经济底子不同，优势产业和产业发展侧重点不同，因此，涵盖个别要素的单一路径具有很强的局部适用性，全面发展路径对于基础较为薄弱的乡村来说又难以落地。而 QCA 方法立足于组态效应，能够系统揭示实现乡村产业振兴的不同路径，以多元化、差异化克服了一定程度上的自适性问题。

（3）QCA 以案例为导向，力图挖掘经过实践验证的正反向路径。乡村产业振兴是一个追求高应用性的实际问题，高水平的试错成本要求了方案实施的高度慎重。QCA 以案例分析为导向，能够有效、系统地进行多案例的比较，不仅可以产生高乡村产业振兴的路径，还可以产生非高乡村产业振兴的路径，且均是经过实践验证的可靠路径，具有较高的实践价值。

2. 选择 fsQCA（模糊集）的原因

定性比较分析包括清晰集定性比较分析（cs/QCA）、模糊集定性比较分析（fs/QCA）以及多值集定性比较分析（mv/QCA）三个基本类别。其中，cs/QCA 和 mv/QCA 只适合处理类别问题，而 fs/QCA 的作用面更广，还能够进一步处理有关程度变化抑或部分隶属的问题（杜运周、贾良定，2017）。正因如此，fs/QCA 在近年来的相关实证研究中被广泛使用。

本研究基于数字经济支持乡村产业高质量发展的实践背景，选取模糊集定性比较分析方法，在理论框架的基础上，从个人技术赋能、社区技术赋能、组织技术赋能三方面着手，探讨数字经济对乡村产业高质量发展的影响，并识别出乡村产业高质量发展的驱动路径。

（二）案例选择与数据来源

研究选取浙江省35个省级乡村振兴产业发展试点示范县作为典型案例进行实地调研，以"农林牧渔"为分类依据对35个示范县的优势产业进行判定和分类，保证抽样结果中上述四类产业的比例与35个示范县的总体比例相近，最终选取了14个省级乡村振兴产业建设示范县作为典型案例，原因如下：14个县不仅优势产业各有特色，优势产业个数也不尽相同：有的县集中力量发展一种产业，如临安区的山核桃、长兴县的胡湖羊养殖，有的县发展两种或两种以上产业，如平阳县的平阳黄汤茶和南麂大黄鱼、桐乡县的杭白菊、蚕桑、花卉等。因部分县存在两个及两个以上优势产业的情况，且优势产业分属于不同门类，团队特将此类记为"混合"产业，与农林牧渔并列。经过统计发现，35个示范县中农林牧渔混的比例为10∶13∶4∶2∶6，而本次实地调研的14个县中农林牧渔混的比例为5∶4∶1∶1∶3，二者比例大致相近，样本选择具有较强的代表性和典型性，且各县乡村产业发展程度各异，有利于研究作定性比较分析。

本项目的研究资料为一、二手资料相结合，首先，团队通过于2022年7月和8月先后到14个县进行实地调研，得到关于数字经济赋能乡村产业振兴的问卷数据和访谈资料作为第一手资料；其次，通过查阅各县统计年鉴、各地方政府门户网等官方网站得到的数据与分析资料，以及以中国知网为主的文献为二手资料；最后，若以上方式均不能获得所需数据时，将采用政府门户网站的依申请公开、电话访谈等方式对14个县的林业局、自然资源局等进行调研。综上，研究数据来源的渠道权威，数据可信度、时效性高。

（三）变量选取与校准

1. 变量选取

（1）条件变量。本书将个人技术赋能、组织技术赋能、社区技术赋能三个因素作为一级变量，而对于二级变量，除了个人组织技术赋能仅对应个人技术以外，剩余两大因素均对应三个二级变量，具体如图 13 – 6 所示。

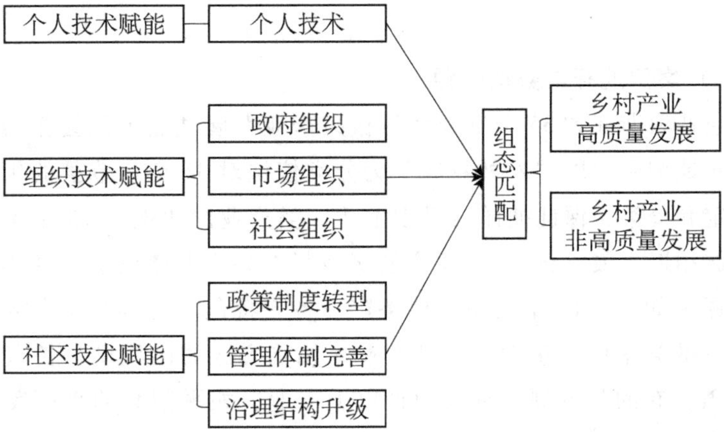

图 13 – 6 理论模型

（2）结果变量。本文就六个方面对结果变量进行衡量指标的选取，并对所获数据进行了主成分分析和归一化处理，并应用于总体乡村产业高质量发展水平的计算，详见表 13 – 5。

表 13 – 5 结果变量表

结果变量	二级指标	标号	单位	指标解释	指标意义	数据来源	主成分分析归一化结果
乡村产业高质量发展	县农局财政助农相对规模	C1	%	农业农村局 2022 年收支预算相对总额（%）	农业发展政策环境	县（区）政府公开部门预算	0. 146 7
	劳动生产效率	C2	万元	2021 年农业劳动生产效率（万元）	农业劳动生产效率	县（区）统计年鉴、县（区）政府数据公报	0. 244
	农业平台建设情况	C3	—	根据基础数据、创新驱动、综合平台三类平台拥有情况进行赋值	农业平台建设水平	—	0. 035

续表

结果变量	二级指标	标号	单位	指标解释	指标意义	数据来源	主成分分析归一化结果
乡村产业高质量发展	农业品牌化情况	C4	—	根据地域公共品牌、品字标和浙江农业百强品牌拥有情况赋值	农业品牌化水平	—	0.029 5
	县域省级休闲农业与乡村旅游精品路线数量占全市比重	C5	%	本县省级休闲农业与乡村旅游精品路线数量/本市省级休闲农业与乡村旅游精品路线总数	产业融合水平	省农业农村厅公开名单	0.015
	农村常住居民人均可支配收入增长率	C6	%	2021 年农村常住居民人均可支配收入增长率（%）	带动农业农村能力	县（区）统计年鉴、县（区）政府数据公报	0.529 7

2. 变量校准

校准（Calibrating）指的是给案例赋予集合隶属的过程，将每一个条件和结果变量都视为一个独立的集合，每个案例在这些集合中均有隶属分数，给案例赋予集合隶属分数的过程就是校准。具体而言，研究者需要根据已有的理论知识和案例情境将变量校准为集合。校准后的集合隶属度将介于0—1之间。为了将条件变量的取值校准到0—1的范围内，研究者需要结合案例中条件变量的实际取值分布，并根据案例的实际情况来选取能够体现条件变量中间程度的取值来选取校准的锚点，包括完全隶属点、交叉点和完全不隶属点。

校准的完全隶属/交叉点/完全不隶属的点的选择：

(1) 解释变量（问卷）和结果变量（质性数据、普通数据）的性质不同，故不采用专门针对问卷数据提出的（5，3.5，1）或者（5，3，1）方案，也不采用在二手数据和案例数据中普遍运用的分位数取点法，即将0.95作为完全隶属，0.05作为完全不隶属，0.5作为交叉点。

(2) 由于社会称许性，问卷填写者对本地真实情况的估计存在偏差，量表选择结果偏向性较严重，主要集中于4和5，最低选择为2，故也不采用宋华（2017）等学者的方案将0.95与0.05的临界值分别选取为“5”与“1”两个数值，0.5的临界值选择为均值的方案。

综上所述，基于案例的描述性统计，在借鉴其他期刊论文的做法基础上，本项目最终选用均值加减标准差的方式，对应变量校准的完全隶属、交叉点和完全不隶属点，具体结果如表 13－6 所示。

表 13－6　研究变量校准表

变量类型	条件变量	完全隶属	交叉点	完全不隶属
个人技术赋能	个人技能	4.696	4.461	4.227
社区技术赋能	政策制度转型	4.505	4.204	3.902
	管理体制完善	4.659	4.344	4.03
	经营体系升级	4.466	4.194	3.923
组织技术赋能	政府组织	4.544	4.16	3.776
	市场组织	4.554	4.294	4.035
	社会组织	4.683	4.346	4.01
结果变量	乡村产业高质量发展	7.83	7.219	6.608

五、实证结果及其案例呈现

（一）必要条件分析

在进行条件组态进行分析前，研究者需要对各个条件逐一进行“必要性（Necessity）”检验。若某一条件变量对结果变量构成必要性，则没有进一步探讨的必要。本项目按部就班对各条件进行了必要条件分析，相关结果如表 13－7 所示。

表 13－7　必要条件分析表

条件变量		乡村产业高质量发展		非乡村产业高质量发展	
		一致性	覆盖度	一致性	覆盖度
个人技术赋能	个人技术	0.676 7	0.582 5	0.533 2	0.559 3
	非个人技术	0.488 1	0.461 8	0.602 1	0.694 2
社区技术赋能	政府制度转型	0.716 3	0.613 3	0.585 2	0.610 6
	非政府制度转型	0.545 2	0.518 9	0.629 4	0.730 0
	管理体制改善	0.529 3	0.511 5	0.526 7	0.620 2
	非管理体制改善	0.607 0	0.512 7	0.585 2	0.602 4
	经营体系升级	0.649 8	0.637 6	0.425 2	0.508 6
	非经营体系升级	0.499 2	0.416 1	0.697 0	0.708 1

续表

条件变量		乡村产业高质量发展		非乡村产业高质量发展	
		一致性	覆盖度	一致性	覆盖度
组织技术赋能	政府组织	0.727 4	0.643 8	0.491 5	0.530 2
	非政府组织	0.469 1	0.430 9	0.669 7	0.749 6
	市场组织	0.641 8	0.648 0	0.414 8	0.510 4
	非市场组织	0.515 1	0.419 4	0.713 9	0.708 4
	社会组织	0.600 6	0.538 4	0.533 2	0.582 4
	非社会组织	0.534 1	0.484 2	0.577 4	0.637 9

数据来源：fsQCA 软件计算结果。

一致性是检验某一条件变量是否为必要条件的重要检测标准，目前学术界一直肯认可的临界值为 0.9. 当一致性大于 0.9 时，则该条件就是结果的必要条件。上表 13－7 为使用 fsQCA3.0 软件分析的乡村产业高质量发展和非乡村产业高质量发展的必要条件检验结果。由上表 13－7 可知，所有条件的一致性水平都小于 0.9，因此，本研究中所有的条件变量均不构成影响乡村产业高质量发展的必要条件。

这一结果显现了乡村产业高质量发展的复杂性，即个人技术赋能、社区技术赋能和组织技术赋能需要相互间的联动匹配才能够共同影响乡村产业高质量发展。换言之，乡村产业高质量发展成功与否，应该综合考量个人技术赋能、社区技术赋能和组织技术赋能三个方面下多重条件的并发协同效应。

（二）条件组态的充分性分析

fsQCA 通过判断多重因素组合的集合是否为结果集合的子集，试图解释不同组态引起结果产生的充分性。在分析条件组态的充分性分析时，频数的阈值选择为 1，表示希望最终所得的每一种组态都能至少覆盖 1 个案例；一致性阈值则选择自然界截断值，即默认值 0.8，表示条件组态与结果关联度的最低可接受水平为 0.8。通过 fsQCA 分析，得到了对乡村产业高质量发展具有解释力的 3 个前因条件组态。目前学术界可接受的解的一致性水平为 0.75，本研究中无论是总体解还是单个解的一致性均高于这一最低标准。总体解的覆盖度约为 0.562 6，表明整体组态方案可解释大部分的研究案例。表 13－8 所展示的所有组态均是 14 个省级乡村产业发展试点示范县高质量发展的充分条件组合。

表 13-8 组态汇报表

<table>
<tr><th colspan="4">简单解</th><th colspan="4">中间解</th></tr>
<tr><th>条件组态</th><th>原覆盖度</th><th>净覆盖度</th><th>一致性</th><th>条件组态</th><th>原覆盖度</th><th>净覆盖度</th><th>一致性</th></tr>
<tr><td>管理体制完善*~社会组织</td><td>0.310 6</td><td>0.012 7</td><td>0.878 9</td><td rowspan="2">个人技术*政策制度转型*管理体制完善*经营体系升级*政府组织*市场组织</td><td rowspan="2">0.424 7</td><td rowspan="2">0.366 1</td><td rowspan="2">0.829 7</td></tr>
<tr><td>~经营体系升级*市场组织</td><td>0.256 7</td><td>0</td><td>0.852 6</td></tr>
<tr><td>~政策制度转型*市场组织</td><td>0.263 1</td><td>0.025 4</td><td>0.772 1</td><td rowspan="2">个人技术*~政策制度转型*~管理体制完善*~经营体系升级*~政府组织*市场组织*~社会组织</td><td rowspan="2">0.096 7</td><td rowspan="2">0.026 9</td><td rowspan="2">1</td></tr>
<tr><td>个人技能*市场组织</td><td>0.556 3</td><td>0.025 4</td><td>0.810 6</td></tr>
<tr><td>经营体系升级*市场组织</td><td>0.530 9</td><td>0</td><td>0.801 4</td><td rowspan="2">个人技术*~政策制度转型*管理体制完善*~经营体系升级*政府组织*~市场组织*~社会组织</td><td rowspan="2">0.153 7</td><td rowspan="2">0.095 1</td><td rowspan="2">0.858 4</td></tr>
<tr><td>个人技能*社会组织*~社会组织</td><td>0.286 8</td><td>0</td><td>0.826 5</td></tr>
<tr><td>解的覆盖度</td><td colspan="3">0.719 5</td><td>解的覆盖度</td><td colspan="3">0.562 6</td></tr>
<tr><td>解的一致性</td><td colspan="3">0.766 9</td><td>解的一致性</td><td colspan="3">0.833 3</td></tr>
</table>

注："*"表示条件和，即条件同时存在；"~"表示条件非，即条件缺失。

数据来源：QCA 软件计算结果。

参考已有大部分研究的汇报方式，本项目坚持"中间解为主，简单解为辅"的原则：同时在简约解与中间解中出现的条件为核心条件，只在中间解中出现的条件为边缘条件。由此，绘制了区别两种条件的组态汇总结果表，如表 13-9 所示。

表 13-9　　乡村产业高质量发展路径组态分析

		“深度复合”型	“政企共创”型	“多元平衡”型
个人技术赋能	个人技能	●	⊗	●
社区技术赋能	政策制度转型	•	⨂	⊗
	管理体制完善	•	⨂	⊗
	经营体系升级	●	⊗	●
组织技术赋能	政府组织	•	•	●
	市场组织	●	●	⊗
	社会组织		⊗	⨂
原始覆盖度		0.424 7	0.096 7	0.153 7
唯一覆盖度		0.366 1	0.026 9	0.095 1
一致性		0.829 7	1.000 0	0.858 4
解的覆盖度		0.562 6		
解的一致性		0.833 3		

注：●（大）或•（小）表示该条件存在，⨂（大）或⊗（小）表示该条件不存在；●（大）或⨂（大）表示核心条件，•（小）或⊗（小）表示边缘条件。空白代表条件可存在也可不存在。

组态 1 中的乡村产业高质量发展方式可概括为“深度复合”型，个人技能、经营体系升级和市场组织发挥了核心作用。该组态的一致性为 0.829 7，原始覆盖度为 0.424 7，唯一覆盖度为 0.366 1，表明该路径能够解释 42.47% 的乡村产业高质量发展案例，此外，约 36.61% 的乡村产业高质量发展案例仅能被这条路径所解释。

组态 2 中的乡村产业高质量发展方式可概括为“政企共创”型，市场组织发挥了核心作用。该组态的一致性为 1.000，原始覆盖度为 0.096 7，唯一覆盖度为 0.026 9，表明该路径能够解释 9.67% 的乡村产业高质量发展案例，此外，约 2.69% 的乡村产业高质量发展案例仅能被这条路径所解释。

组态 3 中的乡村产业高质量发展方式可概括为“多元平衡”型，个人技术赋能之个人技术、社区技术赋能之经营体系升级、组织技术赋能之政府组织发挥了核心作用。该组态的一致性为 0.858 4，原始覆盖度为 0.153 7，唯一覆盖度为0.095 1，表明该路径能够解释15.37%的乡村产业高质量发展案例，此外，约9.51%的乡村产业高质量发展案例仅能被这条路径所解释。

（三）案例呈现

1. “深度复合”型：“个人+社区+组织”三边全面发力，构建长效机制

“深度复合”型振兴模式，主要指通过数字经济分别赋能个人层面提高自身发展能力、社区层面提高治理能力、组织层面提高服务能力，三边系统全面发力，构成乡村产业高质量发展的长效机制，具体路径如图13-7所示。在产业基础成熟的乡村地区，“硬软件”均配备完全，涉农主体思想先进，经济基础有力支持设备需求，往往形成三边“深度复合”型乡村产业高质量发展模式，该模式的一致性最高，说明其发展效果最为显著。区别于下文“多元平衡”型路径，该路径更加殷实与扎实，将以杭州临安的山核桃产业为例展开案例分析。

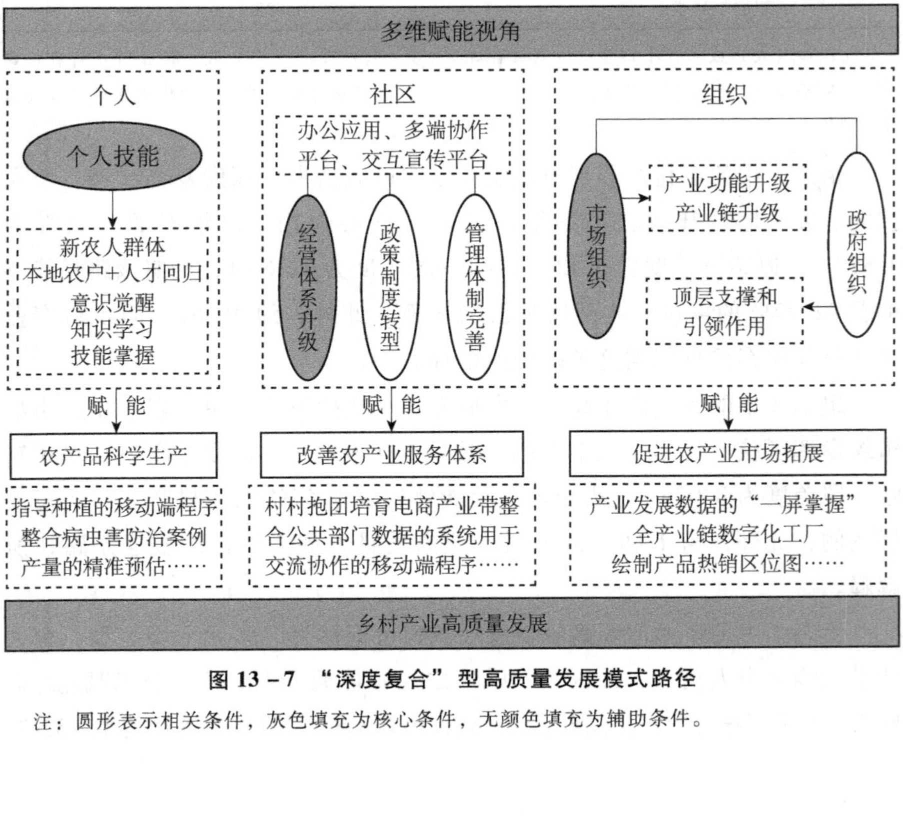

图13-7 “深度复合”型高质量发展模式路径

注：圆形表示相关条件，灰色填充为核心条件，无颜色填充为辅助条件。

（1）个人技术赋能：促进农产品科学生产。为当地农户提供相关技术技能培训，通过“意识觉醒–知识学习–技能掌握”的路径，激发本地农户内生活力，同时落实人才回归与吸引计划，打造新农人群体，实现农产品的科学生产。杭州临安的山核桃特色产业云平台作为附着于数字技术的现实化产物，通过采集生物量和自然环境数据，实现了山核桃产量的精准预估；通过微信小程序，实现了日常种植生产的线上指导；通过数字化整合现实山核桃病虫害案例，实现了病虫害防治闭环的逐步完善等。

（2）社区技术赋能：改善产业服务体系。凭借数字化的办公应用、多端协作平台、交互宣传平台，赋能村庄层面完善产业服务体系：整合各公共部门数据，简化各项办理手续；加强农户彼此交流，推动区域产业的有序管理；改造农村品牌，打造产业发展新业态。“临安山核桃产业大脑”重点解决了产业数据在各部门共享程度低、数量少，服务碎片化的需求和问题。以白牛镇为代表，强化培育电商产业带，该镇联结周边山核桃主产区，形成集种植、加工、销售、运营等为一体的分工体系，并引入阿里巴巴“农村淘宝”等项目，以特色产业为引，带火整村，借而以农旅融合的提速增效服务品牌的颠覆性改造。

（3）组织技术赋能：促进农产业市场拓展。综合运用各大技术手段所衍生的数字化设备和产品，助力政府组织在顶层更好地发挥支撑和引领功能，助力市场组织通过产业功能升级和产业链升级更好地发挥主体运行功能，但当前社会组织在现实中的作用较为薄弱。在临安山核桃产业数字化转型过程中发挥重要作用的“临安山核桃特色产业云平台”，是杭州闻远科技有限公司和农业农村局通力合作的产物，通过该平台所集合并呈现的相关指标，为政府决策提供了科学数据支撑。龙头企业姚生记更是建设集生产加工、销售展示、观光旅游、科学研究的现代化数字化工厂，进一步擦亮了“临安山核桃”品牌金名片。电商发展是临安山核桃闻名之路的关键举措，根据云平台绘制的消费者画像、产品热销区位图等，为政府评价产业发展情况、企业产品开发和市场营销提供导向作用。

个人、社区、组织为目前学术界着重理解技术赋能含义和作用的三个维度，是助推乡村产业高质量发展的三台“核心发动机”，若一地区的个人、社区和组织之间能够形成孵化、推广、转化数字技术的联盟，应用“深度复合”型振兴模式，其经济必定能率先起飞。不仅是杭州临安山核桃产业，还有绍兴新昌的茶产业等作为成功案例，都应证了全面发展的

"深度复合"型振兴模式对于产业基础成熟的乡村地区的可行性和实效性。

2. "政企共创"型：市场活力激活，政府有力辅助，个人社区淡出

"政企突出"型振兴模式，主要指通过数字经济突出赋能市场组织的活力激发和政府组织的有力辅助，弥补个人和社区层面短期内一定程度上无法突破的局限性。在产业基础薄弱的乡村地区，传统农业严重退化，社区经济服务功能近乎消失，产业依赖外部力量即有为政府来激活有效市场来夯实产业基础，往往形成"政企突出"型乡村产业振兴模式，具体路径如图 13－8 所示，将以绍兴上虞的山核桃产业为例展开案例分析。一般来说，政府和市场在任一区域的乡村产业发展过程中都发挥着至关重要的作用，本处所指的"政企突出"意在强调突出性以及一定程度上的唯一性，也就是说，上文提到的两种振兴模式中除了政府和市场，还有个人和社区层面的强大支持，而在"政企突出"型模式中，其他维度的作用微乎其微，政府和企业的作用有着绝对的突出性。

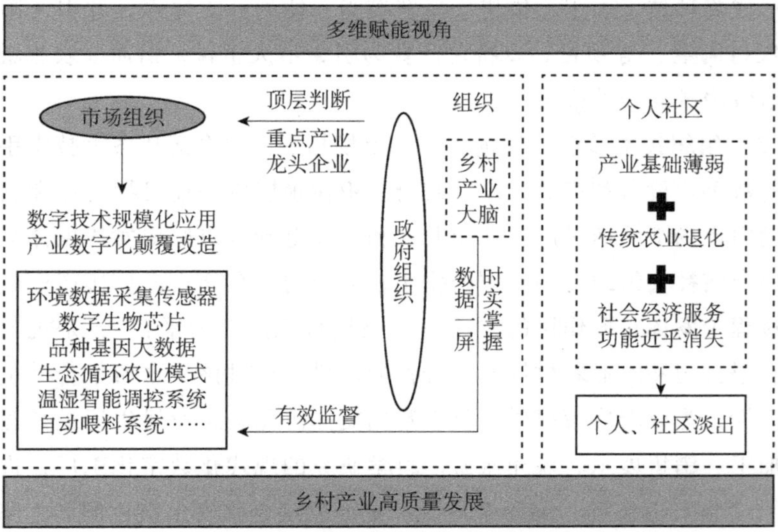

图 13－8 "政企共创"型高质量发展模式路径

注：圆形表示相关条件，灰色填充为核心条件，无颜色填充为辅助条件。

（1）数字经济赋能政府组织的有力辅助，淘汰原有落后的产业产能，扶持监督有重点。一方面，基于传统农业严重退化、劳动力大量外流、乡村产业空心化、数字化设备的高投入性等现实，政府精准锁定湖羊作为优势农产品，不仅搭桥集结小规模散户，协助市场企业大规模地投入应用数字技术以保证收益；而且积极向上级政府申请立项，争取财政支持，服务

于重点项目的建设，例如，长兴吕山乡利用上级资金 4 500 万元，建成了全省规模最大、标准最高的湖羊养殖循环产业园。另一方面，市场企业本身不可避免地有着很强的自利倾向，为了避免出现专项资金挪用等不良现象，要求政府对企业进行有效监督。长兴县政府与科技数智公司牵线打造的“湖羊乡村大脑”，为政府有效展开监督工作提供了可靠数据支持。

（2）数字经济赋能市场组织的活力激活，凭借自身优势对产业进行数字化颠覆改造。在政府有力的整体策划并引导下，长兴吕山乡拥有多个知名企业贯穿湖羊全产业链，凭借数字经济，赋力一产强、二产精、三产旺。以天下牧业为例，凭借自身在资本、技术、经营等方面的先发优势，养殖场生产、管理、流通、营销等数据可“一屏掌握”，湖羊存出栏量、价格趋势等有效信息实现实时监测，凭借环境数据采集传感器的数据，系统会自动对羊舍内的卷帘、风扇、喷雾除臭等设备进行调控。数字生物芯片是长兴“数字羊倌”建设的又一突出代表，不仅能监测羊的动态健康状况，还可凭借性别、血统等信息进行优质基因筛选，或避免近亲繁殖等，建立湖羊单品种大数据。

“政企突出”型振兴模式要特别注重振兴成果反哺农民的问题，不能仅仅从数据上改善产业发展评估情况，核心是要重视增强本地农户生计能力，不能仅仅是“输血”，更要“造血”。久祥牧业是由吕山全乡 9 个行政村抱团与美欣达集团达成合作，在村集体资金和政府财政资金支持下成立的，参与投资的 9 个村均以租金形式增加年收入约 100 万元，同时“10 头湖羊养殖”的帮扶措施，实现帮扶对象人均增收 1.75 万元以上，农旅融合项目预计吸纳本地劳动力就业约 60 人，带动周边农户发展约 30 户以上。由此可见，长兴湖羊产业数字化发展成果部分反馈到了农户，但随着产业的持续发展，如何更好地深度反哺农民的问题还需进一步解决。

3. “多元平衡”型：个人积极发展，社区经营给力，政府力量支撑

“多元平衡”型振兴模式，主要指通过数字经济突出赋能农户个人成为建设的核心力量与收益主体，以社区层面的经营体系升级为着力点，由组织层面的政府发挥方案设计、要素保证、财政补助、监管规范的作用，形成三元平衡的三角体系。在产业基础较好的乡村地区，传统农业占比较高，村合作社、强村公司等集体组织活跃，往往易形成内部主导的“多元平衡”型乡村产业高质量发展模式，具体路径如图 13－9 所示。区别于上

文“深度复合”型路径，该路径相对较薄弱，将以绍兴上虞的水果产业为例展开案例分析。

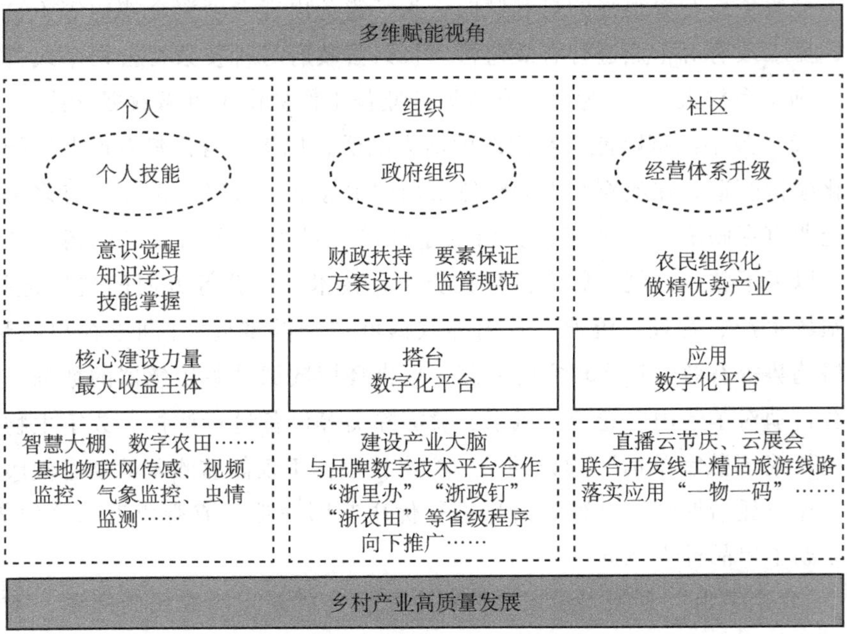

图 13－9 “多元平衡”型振兴模式路径图

注：圆形表示相关条件，灰色填充为核心条件，无颜色填充为辅助条件。

（1）数字经济赋能农户个体成为产业建设的核心力量与最大收益主体，并逐渐成为技术和服务的“创新主体”。在上虞区丰惠镇的蓝莓智慧大棚内，电子显示屏上清晰地显示着实时气温、湿度等信息，一旦某个指标超过园区负责人设定的阈值，“小柚智农”系统便会向手机发送警报短信，负责人就可根据短信对大棚进行远程操作，如通过大棚薄膜开合的智能化操作调节温度等，大大降低了人工成本。除了赋能种植过程智能化，大棚杨梅的产量和品质也得到了大幅提升，相比一般的露天杨梅，大棚杨梅的成熟期整整提前了 20 天左右，首批售价每公斤 600 元左右，产值也提高到了 3 倍以上。目前“小柚智农”系统已广泛应用到蓝莓、杨梅、红美人等多种水果大棚中。浙里三位一体共富服务站的服务已经覆盖了 64% 的农民合作社和家庭农场，值得一提的是，工作人员在上门推广应用平台、协助直播等过程中，更激发了农户对发展现代农业的意识，一部分农民主动找到服务中心，希望专家协助改良新品种，因此服务中心也力图通过更多的渠道，让农户自主自发地去学习。

（2）数字经济赋能以社区为单位的经营体系升级，协同政府在方案设计、要素保证、财政补助、监管规范上的力量，共建产业新业态。上虞的产业发展以多种品类同步推进为特色，实施农民组织化，逐渐形成“一镇一品”格局，做精特色优势水果产业。2019 年，上虞区人民政府着力策划搭台数字化，与新华网股份有限公司签约“溯源中国·四季仙果”品牌的数字平台合作合约，标志着“四季仙果之旅”的共富新路子正式开启。“溯源中国·四季仙果”品牌数字经济平台是基于物联网、大数据、人工智能、无人机、新媒体等融合创新应用技术，创新了“数字果园”“文旅果园”“社区果园”“码上果园”服务模式，甚至开发了线上四季仙果精品旅游线路，“四季仙果之旅”名声大噪，成功打造出“野藤葡萄”“二都杨梅”“舜阳猕猴桃”“覆卮山樱桃”等一批集体商标和重点品牌。

该模式能够体现一定程度上的三角平衡，但相对单薄，个人、组织和社区的全功能未被激发，从长期来看，若能向“深度复合”型模式成长，有助于形成产业高质量发展的长效机制。

六、小结与政策建议

（一）小结

本书摒弃基于传统“自变量 - 因变量”的二元关系的研究方法，引入以集合论与布尔代数为基础的 QCA 定性比较分析方法，选用 fsQCA 研究方法，以浙江省 14 个乡村振兴产业发展试点示范县为案例，重点利用问卷数据，着眼于个人、组织、社区三个维度，探究了数字经济对乡村产业高质量发展的赋能路径，揭示了三维机制中的核心影响因素及彼此间的互动关系。经过实证分析以及进一步理论阐述，主要研究结论包括：

第一，浙江省各县积极顺应数字经济潮流，数字技术已经开始融入农民个人、社区集体和各级组织，赋能乡村产业发展，其成效已有所显现。但各地融合深度、速度和模式相差甚多，相应的赋能成效也有所差别。

第二，得出三条数字经济赋能乡村产业高质量发展的组态：其一是“深度复合”型，特点是以个人层面的个人技能、社区层面的经营体系升级、组织层面的市场组织为核心条件，联同多个因素，共促乡村产业数字化高质量发展。乡村产业基础成熟的地区往往能调动更多的因素，更适合达成这一组态。其二是“政企突出”型，在个人维度和社区维度薄弱的情况下，凭借政府组织和市场组织的组合效应，实现乡村产业数智化转型。其三是“多元平衡”型，强调通过个人提高技能、社区推行经营体系升级、政府加强引领和支持的多因素组合，联动推高乡村产业数字化发展质量。

第三，虽然本文试图达成殊途同归，但实证结果表明，要想借力数字经济实现乡村产业高质量发展，无论如何政府这一支力量不容或缺。

第四，组织层面的社会组织始终处于边缘，但这并不意味着社会组织应当被划出乡村产业数字化高质量发展的蓝图。一方面反映浙江在乡村产业发展领域中，社会群众团体可能存在机构不健全、力量薄弱、人员不足等问题，从而导致其功能淡化；另一方面，动员和号召社会多元力量的参与是毋庸置疑的，需要进一步放眼全国探究如何激活社会组织活力。

（二）政策建议

1. 完善数字乡村标准体系

强化标准工作顶层设计，高站位谋划，因地制宜“绘图”是政府抢抓数字机遇发展乡村产业的重要选择。瞄准基础通用、支撑技术与平台、基础设施、数据、治理与服务、产业与经济等关键要素等关键领域，全面考量数字农业环境与本土发展特色等重点因素，明确数字乡村建设的长短期方向，构建标准体系与战略规划，指导全域数字乡村标准化工作有序开展。同时，引导各类要素流向乡村产业建设，引导社区将更多农用平台融入产业发展过程。学习上虞三位一体共富服务站、南浔数字渔村共富驿站的优秀做法，通过搭建系统关联的信息体系，优化产业相关的规范性文件办理流程，实时检测观察并反馈产业运行实况，促进乡村产业智能化、数字化发展，打造数字乡村标准体系新格局。

2. 加快乡村新型基础设施建设

“十四五”期间，农业发展应当以国家国民经济和社会发展“十四五”规划中强调的建强基础设施，推动农业生产加工和农村基础设施数字化、智能化升级为基本遵循，发挥新型基础设施在乡村产业振兴的价值功能。一方面，为农业发展不成熟地区提供资金支持与技术援助，推动农村千兆光网、5G、移动物联网规划建设，提升农村宽带网络水平，以通过基础设施建设的硬件升级方式弥合农业发展的“数字落后”。另一方面，政府应合理规划建设场地，积极听取人民意见等，在完善新型基础设施建设的同时，提高设施使用率，真正将新型基础设施建设工作落到实处，加快推进乡村振兴战略实施进程。

3. 培养优秀数字化人才

强化人才支撑，培养优秀数字化人才已然成为乡村产业释放数字化创新效能，强化数字化赋能乡村产业振兴力量的强劲动能。强化人才队伍建设，使得科技创新在乡村振兴中发挥真正效力。作为一项系统工程，应当立足于培养人才与招揽人才的共同发展。首先，加大高校对培养相关专业人才的重视力度，充分利用高校资源供给学习者学习信息技术，构建数字化思维与互联网时代的实践能力，培养高端数字化人才后备军。同时，发挥培养农业农村工作人才的功能作用，在畜牧、农林经济、农技等方面加强技能的培训，培养专业人才，提高专业技术水平，弥合乡村农民的“能力鸿沟”。其次，强调外部引进和吸纳数字化人才的关键作用，加强对农业科技创新人才的培养投入力度，联合高校、企业等社会主体做好人才运输、对口帮扶工作，引导各类人才投身乡村产业振兴的数字化工作中，并以良好的人才待遇实现“引才”“留才”，让乡村产业振兴的过程获得新思想、新战略、新格局的洗涤。最后，对农业科技工作者给予高度的尊重和认可，并采用物质和精神双重激励的方式，鼓励农业科技工作者深入实地展开调研，获取精准确切的一手资料，真正做到为农民群众服务。

4. 拓展乡村产业融资渠道

乡村地区在吸纳资金方面长期处于弱势，拓展乡村产业融资渠道要充分发挥政府的力量。一方面，政府应当注重引入社会力量参与乡村数字经济的发展，例如通过税收优惠、土地优惠政策等吸引社会力量参与数字乡村基础设施的建设投资。另一方面，将乡村产业数字化类支出单独列入政府预算中，一是加大投入力度，保障相关资金供给，政府可以设立农村建设专项资金，以专款专用避免资金挪用问题，二是针对乡村产业数字化发展中存在的资金问题进行对应细化处理，助力财政拨款真正落到实处。

5. 激发村民群众数字化觉醒

强调产业数字化转型成为助力产业兴旺、赋能乡村产业振兴的强劲动能，注重农民数字化意识的思维渗透。一方面，提高乡村干部的科技创新意识，掌握科技创新第一手资料，了解相关领域技术前沿，有效结合当地实际状况，积极地为科技创新在本地落地生根发芽作出应用的贡献，传播创新思想，带动当地农民参与积极性，从而加快科技创新的成果转化。另一方面，鼓励企业、机构等参与农村数字素养提升行动，联合政府搭建虚拟仿真教学实验室、可视化培训系统、远程培训系统、农业生产经营分类培训系统等，加大数字经济赋能乡村产业振兴的选产力度，破除农民误解数字经济门槛高、难使用的心理障碍。同时，注重打造生产经营主体队伍、产业领导小组等，以小组为轴心，以村民为对象，以科技创新带动农业发展为内容，从而积极地整合各类资源，领导小组在实践中发挥好引领带头作用。

第三节 本章小结

数字经济对实体经济的高质量发展路径是一个相对复杂的过程。为了更深入地研究这一关系，本章采用了系统动力学仿真模拟方法，以模拟数字经济与制造业高质量发展之间的路径。同时，还采用了 fsQCA 方法来分析数字经济与乡村产业高质量发展之间的路径。

通过系统动力学仿真模拟，本章模拟了数字经济对制造业的影响过程，并揭示了数字经济通过数字金融改善制造业融资约束和促进制造业内部人力结构优化的关键因素。这种方法有助于我们理解数字经济对制造业高质量发展的动态机制，以及数字经济在不同阶段如何产生积极影响。通过对模拟结果的研究，我们可以更好地理解数字经济对制造业高质量发展的动态机制，为我们通过促进数字经济发展来推动制造业的高质量发展提供了有力的证据。这些研究结果也为加强数字经济与制造业的融合，推动制造业向着更高效、智能和可持续的方向发展提供了指导。

另一方面，本章采用 fsQCA 分析方法，从赋能视角出发，分析了数字经济对乡村产业高质量发展的路径背后的多元复杂作用机制，并揭示了不同模式对乡村产业发展的不同影响。研究发现，数字经济可以基于个人、组织和社区三个维度，通过增强个人综合素养、加快组织服务能力和提高社区治理能力，形成强大的融合赋能效应，从而为乡村产业的高质量发展带来前所未有的变革。为了更好地发挥数字经济在乡村产业高质量发展中的作用，提出了完善数字乡村标准体系、加快乡村新型基础设施建设、培养优秀数字化人才、拓展乡村产业融资渠道以及激发村民群众的数字化觉醒等建议。

通过本章的研究，我们可以更好地理解数字经济对实体经济高质量发展的作用和影响路径。这对于实现全体人民共同富裕的宏伟目标提供了有价值的参考，并为政策制定者和实践者提供指导，以更好地利用数字经济推动实体经济的发展。

第十四章

数字经济支持我国实体经济高质量发展的政策体系设计

习近平总书记在党的二十大报告中强调："加快发展数字经济，促进数字经济和实体经济深度融合，打造具有国际竞争力的数字产业集群。"[①]实体经济是人类社会赖以生存和发展的基础，是一国经济的立身之本、财富创造的源泉，做大做强实体经济是事关就业问题和民生福祉的大事，要毫不犹豫、坚持不懈地把发展的着力点放在实体经济上。改革开放四十余年，我国实体经济"一骑绝尘"，得到了长足发展，强势助力中国完成了向世界第二大经济体的伟大成长。与此同时，随着时间的积累，一些前所未有的风险和挑战也逐渐凸显，特别是疫情给实体经济带来的前所未有的压力和困难。数字经济是把握新一轮技术革命和产业革命的核心，世界各国正争相布局数字经济发展蓝图，力图率先占据数字经济发展高地。疫情的浪潮逐渐褪去，未来中国乃至世界经济的复苏以及长远发展要靠实体经济。"利用互联网新技术对传统产业进行全方位、全链条的改造，提高全要素生产率，发挥数字技术对经济发展的放大、叠加、倍增作用"是党中央在当下作出的重要指示，数字经济已成为实体经济未来发展的核心推动力，要紧紧把握二者融合发展的必然趋势。数字经济作为一种全

---

① 习近平．高举中国特色社会主义伟大旗帜 为全面建设社会主义现代化国家而团结奋斗——在中国共产党第二十次全国代表大会上的报告［N］．人民日报，2022－10－26（01）．

新的经济形态，其利用、治理、监管等各方面的探索尚处于起步阶段，存在诸多亟待解决的问题。数字经济即将迈向全面拓展期，充分发挥数字经济对实体经济发展的服务作用，抓住二者融合发展过程中的主要问题，厚植实体经济这一强国富民的根基，需要探索建立并不断完善政策支撑体系。

针对数字经济与实体经济融合发展的目标和关键问题，制定符合中国实际发展需要的三维动态政策体系。发展数字经济已经上升为国家战略，建设数字中国成为构筑国家竞争新优势的有力支撑；数字经济与实体经济的融合发展是传统产业与新兴产业的伟大碰撞，要在行业间构建多元的混合驱动模式；市场主体是经济的力量载体，实体经济的各项改革策略终究要落实在微观主体上，因此，本章从宏观、中观和微观三个层面展开提出政策支持措施，推动数字经济和实体经济的有机融合，促进中国经济高质量、可持续发展。

第一节 宏观层面政策体系设计

不管是“加快发展数字经济”，还是“大力促进数字经济和实体经济深度融合”，都是党中央在明晰中国实际的基础上，为中国未来国民经济的发展方向提出的重要宏观指示，帮助各行业、各企业把握时代发展机遇。因此，政府加强有关数字经济赋能实体经济高质量发展的政策建议和支撑体系是必然，首先从建立有利于数字经济支持实体经济高质量发展的长效机制的角度出发，提出总体目标和具体建议以完善顶层设计，进而加强制度供给，并坚持动态调整，加快提高政府数字治理能力，最终推动政府在新发展格局下更好地发挥调控作用。

一、完善顶层设计

构建数字经济与实体经济的融合发展新格局需要政府制定总体目标，完善顶层设计、构建宏观形态是二者融合发展的第一动机和行动指南针。

党中央将发展数字经济上升为国家战略，数字经济和实体经济的融合发展成为推动中国经济高质量发展的战略选择，在发展初期，以政府意志带动实体经济转型和改革踏出第一步是必然选择。

（一）根据实际情况，细化发展目标

政府要结合当前中国实际，从国家层面明确并不断跟进数字经济和实体经济融合发展的总体目标。近年来，“促进数字经济和实体经济的深度融合”在国民经济和社会发展第十四个五年规划、二十大报告等重量级文件中被反复号召，其中，国务院印发的《“十四五”数字经济发展规划》中明确提出“到2025年，数字经济迈向全面扩展期，数字经济核心产业增加值占GDP比重达到10%，数字化创新引领发展能力大幅提升，智能化水平明显增强，数字技术与实体经济融合取得显著成效”的总目标。如今，十四五规划期即将过半，受内外部诸多因素的影响，我国数字经济与实体经济的融合发展形势正悄然发生着多样且深刻的变化。国家信息中心大数据发展部的研究人员提出，“十四五”期间数字经济与实体经济融合发展暴露出“不全”“不深”“不能”“不便”“不愿”五大难题。为更好地推进数字经济赋能实体经济高质量发展，总目标在着眼于数字经济核心产业增加值总量的同时，重视产业间、行业间、区域间的融合不均衡问题，融合深度问题、融合受限因素、融合不规范问题、融合不积极问题，以更好地展望中国数字经济和实体经济的未来，助力贯彻新发展理念，实现国民经济的高质量发展。

（二）夯实经济基础，优化总体布局

第一，完善数字经济融合和实体经济转型的区域空间布局，打造数字化转型梯队。放眼全中国，东部、中部、西部的经济发展差距持续缩小，这是因为党中央长期将破解我国东西部经济差距困境，提高区域发展协调性作为实现共同富裕的重点任务持续推进，但不均衡问题仍旧显著。区域经济水平决定了区域内发展数字经济所能得到或能依靠的资金支持水平、人力资源水平、产业基础水平等，因此，以经济发展水平为主要依据，结合该省市自身的定位，将数字经济与实体经济融合发展的各个阶段拆分，一部分省市（如北京、上海、广东、深圳等）处于高起点，应提高融合深度，重点布局高端数字产业，重视技术研发，以高标准充分发挥引领作

用；一部分省市（如天津、山东、辽宁等）处于平均起点，应加快融合进程，探索数字技术赋能实体经济高质量发展的可行路径，代表着整个中国的实体经济数字化发展的平均水平和最大活力；一部分省市（青海、甘肃、西藏、新疆等）处于较低起点，或还未达到加速发展数字经济的阶段，应加大力度推进数字新型基础设施建设，为未来的技术落地奠定基础。梯队式推进实体经济的数字化转型有利于每一梯队的省市相互集结、合作，携手解决共同或相似的难题，并为后方梯队提供发展经验，最终达到弥合数字鸿沟的作用。

第二，完善产业布局，明确重点领域和重点产业，有重点地高效推进实体经济数字化进程。当前，中国的数字经济在实体经济中的融合出现了“三二一”产业的逆向渗透趋势。一方面，数字经济在三次产业中的融合不均衡，与第三产业融合程度最高，第二产业其次，第一产业最低。以服务业为主的第三产业凭借其服务性劳动、高知识、高技能等产业性质，存在一系列科技水平较高的高科技服务项目，对数字技术的接受度高，行业排异反应弱，融入过程更加顺利，并衍生出大量的新业态、新模式。而另一方面，制造业是实体经济的主体，乡村产业是实体经济的重量级组成部分。中国制造是世界上认知度最高的标签之一，重视数字技术赋能制造业高质量发展的广度和深度，是推动中国制造向中国“智”造升级，完成从“制造大国”向“制造强国”的历史性跨越的必然要求。中国是农业大国，我国全面推进乡村振兴战略，并将数字技术作为总抓手，数字赋能乡村产业振兴更是促进共同富裕的重要实践。综上所述，在产业布局上，政府应将制造业和乡村产业作为未来中国数字经济赋能的重点领域和重点行业。

第三，完善产业链的空间布局，发挥本土特色产业优势，打造数字化全方位矩阵。历史上，以美国为代表的西方发达国家均选择产业对外转移作为优化产业链、提高利润的手段，21 世纪以来，随着中国国内产业的快速发展，社会各界就中国的产业转移，特别是制造业的转移，展开了广泛讨论。制造业是中国国民经济的支柱产业之一，急于对外转移产业可能会损伤中国制造业的竞争力，总观当前的国家各项战略文件，应将继续推进国家内部东、西、南、北部地区之间的产业转移作为完善产业链的重点举措，通过产业转移和产业承接，留下、承接并集中资源发展区域内具有比较优势的产业，转出区域内具有比较劣势的产业，优化生产力空间布局，调整全国范围内的实体经济产业分工体系，从而提高数字化转型效率。放眼全国，东部地区要集中发挥技术优势，依托数字化推进高水平产业集群迈向更高层次，并通过向中西部地区转移产业地方式，发挥技术扩散效应；中部地区在承接东部地区部分技术密集型产业的同时，将劳动密集型产业向西部地区转移；西部地区通过承接东部和中部地区的成熟产业，发挥资源优势，加快构筑经济基础。由此，依据地区比较优势布局，将整个中国打造成为链条式关联关系形态，助力数字技术对全产业链的协同转型。

二、加强制度供给

数字经济是融合性经济、创新型经济，实体经济囊括了国民经济中的绝大部分产业，推动数字经济与实体经济的融合发展需要联动产学研各界的力量，展开多部门的跨界合作，二者融合的过程中存在着大量的亟须填补的制度空缺，保障充足有效的制度供给是实现数字经济规范发展的应有之义。当前政策网络主要偏向宏观部署，政策部门网络建设有待加强，更具针对性的专项性政策整体上还有所欠缺，难以快速、有效地应对和满足实践中出现的各类问题和需求。应在顶层设计所引导的大方向下，增加专项政策的发布，上下各级协同指引、共解难题，才能形成推动发展的强大合力，助力实践工作，从而更好地推动数字经济向实体经济扩散发展动力，赋能实体经济的高质量发展。

（一）统一数字经济标准体系

统一的标准体系是推动数字经济和实体经济融合发展的重要前提，分散的、大量的“局域网”的简单集合无法实现有效的业务互动和数据联通。随着对工业互联网的推广力度不断增强，以及疫情下频繁的“停工停产”形势倒逼，相当一部分的企业开始尝试或已经不同程度上实现了部门工作和业务工作的“上云”，但都遵循着本公司技术部门所开发的或取得合作的技术公司的一套标准体系，而我国目前有数百个工业互联网平台，沿着产业链形成了一个又一个“局域网”的集合，而平台之间难以有效融通。就微观企业来说，日常经营的大部分环节确实实现了线上化，但由于平台之间的融合和互动存在标准的“壁”，就全产业链来说，业务互动和数据联通受到限制，数字技术通过推动实体经济跨界融合的方式转化成数字经济的路径受阻。由此，为更好地集结和融合线上全产业链的各个环节，达到“1+1大于2”的效果，加快打造数据驱动的全产业链发展新高地，政府层面应该加强与网络技术龙头企业的合作，成立专业标准化技术委员会，构建开放参与式架构，以点带面，逐渐延伸拓展，推动数字经济统一标准的规模化应用，同时，主动参与国际规则和标准制定也更有利于推动中国数字经济与国际接轨，构建开放的数字经济。

（二）完善数字经济安全体系

网络与信息安全是目前数字经济的重要议题，规范的数据交流与共享是保持数字经济创新力的必然要求。数据要素化是数字经济时代的核心，开放共享是数字经济的重要特征，但无限制、无制约地放任数据肆意传播、流通、加工将会导致市场的恶行竞争，扰乱市场竞争，甚至设计违法犯罪行为。只有保障好数据流通的环境是安全、可控、可信任的，并确保市场主体对数据的应用合规，才能促进市场释放更多的信息要素，从而推动数字经济的可持续健康发展。聚焦数据相关的一系列行为，加快完善数据安全方面的法律法规体系，进行旧法旧制的修正和新法新制的制定，提高数据安全的法律保障和制度支撑。新法新制要重点解决数据产权的归属问题、数据使用的权限问题、数据交易的合法问题、隐私和知识产权保护问题等突出方面，完善个人、单位信息保护认证体系，数据获取和交易的流程体系等，对网络平台中存在的不授权获取用户数据就不能登录使用等不合理行为进行整改，促进数据潜能的充分释放。

（三）增加数字经济激励体系

尽管推动数字经济与实体经济的深度融合已经上升为国家战略，但相当一部分市场主体由于能力、资源等各方面的压力仍在观望，需要政府完善激励制度，提升这些市场主体的数字化转型意愿。一方面，要着力完善科技创新方面的激励制度，加快构建数字经济的运转生态。人才、资金、技术等构筑了数字经济的运转生态，是推动数字经济赋能实体经济高质量发展的基础。一是要提高知识产权的保护力度。数字技术的研发是高知领域，具有投资大、周期长、回报慢等特点，对知识产权的保护本质上是对研发积极性的保护。二是要保证企业数字化转型的资金支持。在日益激烈的行业竞争背景下，企业，特别是中小企业，生存压力大，而数字化转型风险高、投入大，政府要加紧出台财政支持政策、投融资利好政策和税收减免政策等，让企业对于数字化转型既“有心”参与又“有力”实践。三是要加紧数字化核心技术人才的培养。数字经济的发展是靠创新驱动的，创新驱动本质上是人才驱动，人始终是掌握、运用、创造知识的主体。教育部门除了在高校层面加快人才培养方案的改革，还可以从企业层面着手出台，鼓励现有员工再深造。另一方面，要着力完善协同发展方面的激励制度。不仅要鼓励企业拥抱数字化，还要探索上下游产业链的协同发展，达到聚力共推数字经济发展的效果。在当前的数字化推进阶段，锚定智能制造，政府要着力引导和推进几个基础好、有能力、有意愿的重点产业园区的数字化协同转型，进而由点向面逐渐延伸、推广下去。

三、坚持动态调整

推进数字经济的发展要充分发挥“有为政府”的力量，政府不仅是数字经济发展的提出者，更应是全面的规划者和推动者，市场是逐利的，微观主体的行为多是利益取向，需要政府作为调控者，对整体发展进行宏观把控，发现问题、思考问题、研究问题、解决问题，从而实现目标，引导数字经济的健康、可持续发展。

（一）针对融合难题的动态总结

融入数字技术推动实体经济高质量发展的道路未来可期，但任重道远、道阻且长，在解决实际问题中推进高质量发展是必然选择，要充分发挥政府在数字经济发展中的宏观调控作用。推进数字经济与实体经济的融合，促进国民经济高质量发展是新时代的创新之举，探索的过程中必然萌生诸多问题亟待解决。我国长期奉行阶段式的部署发展理念，将推进数字经济发展的时代任务分解，2022 年 1 月，《国务院关于印发“十四五”数字经济发展规划的通知》发布，该规划是立足“十四五”新发展阶段，着眼于阶段性发展重点提出的导向性文件。该规划共部署了八方面重点任务，对“十三五”期间数字经济发展现状和形势做出了总结，但整体偏向于总结成就和回答“为什么”发展数字经济的问题，就上一个五年中萌生的发展问题总结过少。政府应当鼓励高校、科研院所、市场机构等各界主体为数字技术更好地赋能实体经济高质量发展建言献策，全面了解问题所在、需求所在，打破信息壁垒，只有在全面总结阶段性发展问题的基础上，才能针对性地提出下一周期的发展规划。

（二）针对融合实况的动态建议

紧紧抓住“大力推进产业数字化转型、加快推动数字产业化”的发展主线，根据发展规划的实践过程中出现的时实难题，动态提出指导建议。数字经济是一种制度创新，数字经济相关政策的制定也必定是一个逐渐探索、由表及里的过程，促进发展、解决现存问题等配套措施始终有调整的需求。“十四五”时期，数字经济已经成为助推高质量发展的重要力量，虽然我国数字经济发展迅速，数字经济规模仅次于美国，位列全球第二，但产业数字化转型、前沿技术研发和深度应用始终面临着各式各样的难题。当前，我国数字经济与实体经济融合发展面临着“不全”“不深”“不能”“不便”“不愿”五大难题，针对性地，强化顶层设计、夯实基础支撑、健全法规标准、推动示范引领四个方面可作为党中央制定下一个数字经济的五年计划的重要参考，着力推进数字经济和实体经济的深度融合。“十四五”规划期尚且过半，新形势时刻在发生着深刻变化，未来更多的阶段性难题需要党中央作为最高领导者根据实况进行部署，逐个击破，为数字经济发展保驾护航。

（三）针对融合进程的动态规划

推动数字经济赋能实体经济高质量发展是新时代的创新之举，阶段性落成数字经济重大工程是历史必然，配套的阶段性规划和措施是加速落地建设的重要支撑。中国是典型的利用后发优势快速工业化崛起的国家，但在发展数字经济方面，全球均处在探索期。《国务院关于数字经济发展情况的报告》指出，数字经济的“十四五”规划期结束后，即 2025 年，我国数字经济即将进入全面扩展期，数字经济建设正在大规模全面铺开。一方面，中央政府要保持五年一次的数字经济规划，带领整个中国在发展数字经济方面走出中国节奏。2022 年国务院印发的《数字经济“十四五”规划》是我国第一部聚焦数字经济健康发展的国家级专项规划，通过采用与我国国民经济和社会发展规划相同步的规划期，能够更好地契合经济社会的发展节奏。中央层面应保持五年一次的规划，在总结“十四五”阶段性克服难题的经验基础上，有针对性地做好“十五五”规划，落实全局发展。另一方面，地方政府要结合好本土化现实基础，对中央在不同的发展阶段作出的数字经济规划，做好落实工作，完善地方性配套政策和法规体系。数字产业化和产业数字化的实践主体是企业、研究所等微观主体，但由于区域间数字经济发展水平差距悬殊，为积极配合中央的政策措施，地方要结合区域现实，制定更加细致和具体化的数字经济规划。例如，2017年，浙江省人民政府基于建设国家数字经济示范省的引领目标和发展定位，提出实施数字经济的“一号工程”，将扩大核心产业规模、做大做强特色产业、提高创新能力等作为重要措施，打造浙江高质量发展的“金名片”。“十四五”期间，浙江省将实施“一号工程”2.0版。同样，2019年，深圳市基于党中央在国民经济和社会发展的“十三五”规划中对数字经济领域发展的战略谋划，基于粤港澳大湾区一体化发展的经济和地理优势条件，发布了《深圳市数字经济“十三五”规划》等。

四、提高治理能力

数字革命正席卷着全社会，数字技术已悄然融入了各行各业，整个经济社会正向着“更智慧”的方向前进。但随之而来的是复杂性和风险性的显著提升，给政府的治理带来更多挑战。因此，为支撑政府高质量管理和服务，保障市场秩序，重塑制度规则是重要举措，也是现实要求。

（一）聚力完善规则体系，深入参与国际治理

数字经济要在相对自由的环境中展现蓬勃生机，完善的规则制度是支撑其平稳发展的四梁八柱。数字经济以数据为生产要素，是破维度的经济模式，线上的数字经济业务具有很大的隐蔽性，易发生监管的空间逃逸。同时，当前政府的数字治理经验不足，无法充分规范在市场中迅速成长的数字经济。为此，要完善法律法规体系：第一，加快完善数字经济测度体系，实现对数字经济发展水平的科学、真实、精确评估。第二，加快完善数字监管政策配置，紧抓“缺位、越位、错位”问题，修正、明确多元主体的监管责任和监管范围，同时提高市场主体自律规范的引导力度。第三，加快完善数字经济的专项税收法，界定数字经济业务的监管范畴，加强税收审计，减少跨国避税等扰乱市场秩序的行为。第四，加快完善网络信息安全法，改善平台数据和用户个人信息被过度收集、非法窃取和加工的现象，通过在平台设立程序性规则等手段，保证授权流程规范，同时提高用户个体和企业主体对信息的保护意识。

中国数字经济的长远发展仍需要适应国际变革，要提高国际治理参与度以保证话语权。要在习近平总书记的倡导下，深度贯彻“构建网络空间命运共同体”理念，未来的全球数字治理体系应该体现平等、互惠、共赢的原则，维护绝大多数国家的共同利益，团结世界各国人民，共享数字经济发展红利，而非出于个别强国的意志。因此，全球数字经济治理体系坚决反对逆全球化、坚决反对单边主义。近年来，我国已发起《携手构建网络空间命运共同体行动倡议》《“一带一路”数字经济国际合作倡议》等多项数字经济合作倡议，未来中国政府要更加深度地参与到数字经济的国际治理当中，特别要在 G20、亚太经合组织等体制下，加深数字经济合作和交流的深度和广度，在统一数字经济的核算与统计标准、规范数据利用和保护信息安全等突出问题上，借鉴大国经验，加强多边合作，共解难题，共建开放、公平、和谐的国际营商环境，并不断提高我国数字经济国际影响力和话语权。

（二）加速健全实施细则，保障规则实施成效

制定数字经济相关法律法规的政府部门往往层级较高，为更好地保证下级机关或人员能够有效贯彻新的规则制度，完备的实施细则是关键。为保证中央政府提出的数字经济发展战略规划和规则制度能够落地生效，要允许地方政府考虑本区域内的实际情况，在中央的政策基础上提出地方化的规章制度，形成目标同一、方向同一但道路多样的多彩局面。地方政府首先要保证细则的补充性和辅助性，要对中央文件进行深刻解读，对各项条款进行必要的注解，补充说明各条款在本地区的具体规定。其次，要保证细则的可操作性，实施细则是指导市场行为的首要文件，要保证文件的操作流程、文件需求有效，审核部门、责任单位的担责。最后，要保证细则的规范性，保证每个环节、步骤、流程标准且合法，必要的程序不可少，冗余的程序不可留，有序推动整个社会的实体经济数字化转型进程。

（三）发挥多方协同作用，加快编织治理网络

应着力构建数字经济的共治体系，形成政府引领，企业、公众等多行为主体参与的多元治理体系，形成协同监管的数字经济治理网络。一是政府主体。要重视政府的组织协调，首先，平衡好中央政府和地方政府的关系，前者侧重制定流程、规范方法、细化标准等统筹性工作，赋予地方更

多自主权，后者则要贯彻落实好来自中央的发展纲要和规则体系，构建从中央到地方权责清晰、运行顺畅、充满活力的工作体系。其次，平衡好地方政府之间的关系，杜绝地方保护主义，加强地方间在数字治理方面的交流合作，推动信息互通和资源共享，协调共建治理体系大网络。最后，平衡好政府内部各部门之间的关系，明确各部门职能范围和权力责任，优化分工，协作共治，避免出现管理和监管的缺位、错位和越位。二是企业主体。企业是实体经济数字化转型的实践主体，是政府监管的重点对象，应建立关于企业信息的管理体系，并对接专项部门，同时与平台企业达成合作，参与数字政府、城市大脑等项目的建设，辅助政府打造数字监测体系，用“电子眼”实现市场的全面洞察，建起“智能防线”，推动治理现代化，全面提高治理能力。三是公众主体。一方面要提高个人信息保护意识，积极搭建数据共享、分析、管理平台，发挥广大公众群体的力量，完善公众检举制度；另一方面，充分发挥社会和媒体的舆论监督作用，提高失信成本和违法成本，从源头镇压市场乱象的萌芽。

第二节 中观层面政策体系设计

实体经济加速数字化转型是关乎到各行各业的大事，单打独斗是行不通的，要强调产业间的功能互补与跨界协同，不仅要大力推动数字产业和实体产业的融合发展，通过重塑产业链分工逻辑与运作模式达到优化升级的效果，而且紧抓数字经济的创新本质，重视数字技术供给，同时不能忽略技术的供需对接问题，强调数字研学合作，否则将会导致极大的资源浪费、时间耗费和资金损失。

一、数智产业建设

伴随着抢抓数字经济发展新机遇的口号，党中央多次指出要加快促成产业数字化和数字产业化的“双轮驱动”，“产业”二字被反复提及，由此可见，建设数字产业是推动数字经济赋能实体经济高质量发展的核心要义之一，必须牢牢把握并贯彻下去。

（一）大力推动数实产业的融合式发展

着力打破数字产业和实体产业之间的边界，加快推进数字产业化和产业数字化，鼓励产业融合、产业交叉和产业重组。数字产业是跳出“克拉克大分类法”① 的第四产业，是指依托数字技术介入全社会各领域的，自身没有明显利润但是可以提升其他产业利润的公共产业。重点推动数字产业介入实体产业，特别是要推动传统实体产业吸收数字要素，从而注入新的发展活力。数字经济基础产业是数字产业的基石，其中软件产业和IT服务的产业附加值比重较高。实体经济中各行各业的经济体可将软件和IT服务作为融合数字要素的落脚点，首先提高与数字基础产业的融合强度和深度，渐进式地刻画实体经济的数字基因，营造好数字化发展氛围，完善好数字化发展的配套措施，进而根据各行各业的产品和服务需求，引入更高层次的数字技术，提高整体数字化水平，强化赋能作用。同时，在这个过程中，或将出现一系列产业新业态，市场要对这部分新兴经济体报以包容的态度，加大资源倾斜，以助力构建数字经济的产业体系。

（二）积极引导融合产业的集群式发展

通过产业集群，形成产业链体系，推动资源共享与协同合作，助力技术突破和联动式发展。对于实体经济如何实现数字化高质量发展的问题，各行各业均处在摸索阶段，而构建创新型产业园区的方式，将有助于加速摸索进程。当产业集中度得到提高，同行业的企业之间的距离拉近后，一方面，大大降低了相互之间的模仿成本和扩散难度，相对于独立个体，投入到技术创新和应用的时间成本和资金成本都得到了极大的节约，另一方面，促进了企业之间的协同合作，助力加速核心技术的突破，以及产业链体系的联动发展。此外，可以将产业集群视作一个孵化器，在园区内集中培育出一批未来引领发展的重量级骨干企业，进而在更大的地域范围内，

① “克拉克大分类法”：克拉克大分类法为经济学中产业研究的一种重要的分类方法，它将全部国民经济分为三个类别，分别是第一产业、第二产业、第三产业。其中，第一产业主要为农业，第二产业主要为工业，第三产业则包含了除第一产业和第二产业以外的其他产业。

发挥他们对同行业企业的示范、引领作用。目前，集群化发展的模式已经在国内多个省份得到了实践认可，如浙江在数字产业领域已拥有通信与计算机、软件与信息技术服务、通信电缆及光缆、电子信息机电、电子元器件及材料5个超千亿元级产业集群。

（三）优先促成重点产业的先行式发展

为稳步推进实体经济的数字化转型升级战略，应当汇聚力量，优先促成重点领域的先行式发展。国务院发布的《“十四五”数字经济发展规划》中，就产业数字化转型如何迈上新台阶，主要在农业、制造业和服务业三个重点领域做出了重要指示，主张全面深化重点产业的数字化转型，推动资源向重点领域的倾斜。第一，重点扶持乡村产业的数字化转型，大力发展智慧农业，为乡村经济赋能，为乡村振兴赋能，为共同富裕赋能。第二，重点扶持制造业的数字化转型，深入实施智造工程，助力中国制造2025行动纲领落到实处。第三，重点扶持服务业的数字化转型，加快推动智慧物流等生产性服务业向着价值链高端延伸，加快推动批发零售、住宿餐饮等生活性服务业向着高品质发展，建设现代化产业体系的同时，满足人民日益增长的美好生活需要。在全面推进乡村产业、制造业和服务业的数字化转型提升工程的同时，鼓励和支持产业重点产业之间的融通发展，以数字技术促进产业间的相互服务、相互支撑、相互补充，乃至培育新产业新业态，为市场注足数字活力。

二、数字技术供给

加快数字技术创新应用，赋能实体经济发展降本提质增效，是数字经济下实体经济高质量发展的重要途径。掌握科技、把握未来，必须要有足够的数字技术满足数字产业运行的需要，因此，想法设法提高数字技术供给的“量”和“质”是应有之义。

（一）保障技术研发的资金投入

数字技术研发是高新领域，研发活动的持续运行离不开强大的资金流支持。研发创新始终面临着周期长、投入大、见效慢的特点，同时研发所需的高级人才需要特别引进，研发所需的先进设备需要特别配备，因此，不管是企业、高等院校还是科研机构等主体，对于研发投入的成本压力在持续加剧。为缓解以上局面，弘扬自主创新和坚持重研发的信念，可以协同运用以下几个主要投融资途径：第一，加大政府财政资金支持力度，积极构建相关的财税政策体系，一方面，统筹拨款资金，支持各主体的技术研发活动，另一方面，加大减税降费红利，为积极投身数字技术研发的主体提供相应的税收优惠政策，激发市场活力。第二，鼓励社会资本进入，以财政资金为引导，让社会资本充分认识到数字经济发展潜力巨大、前景向好的必然趋势，同时取消或禁止对加入数字研发领域所单独设立的附加条件或准入门槛，通过提高市场开放度来撬动社会资本。第三，开拓多元化的融资投资渠道，引导金融机构和银行开发更多的优惠产品，更好地服务市场主体，满足研发活动的资金需求，支撑其可持续性运行。

（二）保障技术交易的市场公平

保护研发成果就是另一层面上对技术研发的鼓励，应当积极构建数字经济条件下开放、包容、公平的市场环境，规范数字技术交易程序。正因为数字技术具有研发难、研发满、研发贵的特点，适当的模仿和学习可以快速推动研发进程，降低一定的研发成本，但必然存在一些企业抱有不正当的技术窃取心理，市场竞争的公平性还不够稳固，因此，公平市场的构建值得格外重视，特别是要提高数字技术交易程序的规范性。并不是所有的市场主体在数字化转型的进程中，有能力进行自我研发，相当一部分市场主体需要在市场上进行技术购买以满足自身转型需求，当技术交易愈加频繁时，不公平现象也将随之增多。目前数字技术交易的相关规律还看不太清楚，在市场保障体系还不完善的情况下，政府可以根据目前已经暴露出来的，技术交易方面的不公平行为和套路设置“红灯”，保护技术研发成果和市场交易活动的平稳运行，进而从本质上有效激励市场进行数字经济创新。

三、数字研学合作

数字经济下，我国实体经济的高质量发展一定要坚持走产学研结合之路，加强教育、科研、生产三大领域之间的交流互动，持续推进产教融合、科教融合、产研融合，实现协同育人和技术攻关步调一致，协同解决人才和技术方面不平衡不充分的问题，共同为实体经济发展注入“新动能”。

（一）产教融合：推进校企深度融合办学

为实现“数字人才链”与“产业发展链”的高度匹配，培养市场急需的人才，产教融合势在必行。随着各行业中企业的数字化渗透率不断提高，在数字技术研发、运营、维护等各环节萌生了诸多新岗位，或对老员工提出了更高的职业技能要求。基于此，行业协会、学会、商会、政府等要发挥好桥梁纽带作用，面向在职或拟从事数字经济领域工作的各类从业人员，借助高校、研究院所等主体的“智力库”力量，共同探索举办数字技术技能竞赛、数字经济技术技能人才论坛、数字人才专题研修等活动，以提高从业人员的数字素养。但优化现有人才团队的职业能力仍是应急之策，与高校共建协同育人工程以满足未来人才需要才是长远之方。要积极推动各行业主体同高校之间的合作，聚焦数字化转型展开探讨，科学判断行业发展需求，并形成双向互动以促共赢，一方面，明确人才需求，调整高校学生的培养方案和模式，或设立创新型新专业，另一方面，鼓励企业选派在职优秀人才及专业技术人员前往高校授课，提高学生必要的实操应用能力。推动我国实体经济在数字时代的高质量发展，各行各业都要担负起应有的社会责任，以开放、包容的态度积极寻求合作，共促“数实融合”发展模式落地生根。

（二）科教融合：加强科教融汇充盈智库

要想在数字化这条路上稳健前行，就必须牵住创新这个“牛鼻子”，抓紧扩大高层次专业化管理和科研人才梯队。科研院所聚集了一大批专业领域的顶尖层次人才，从事着最前沿技术的研发攻关工作，不能将这部分力量和资源孤立出去，应当充分发挥其辐射作用，与高校、企业密切合作，形成多元化参与的创新生态体系。一方面，支持科研院所将研究人员的最新成果引入到人才培养体系之中，把科研资源转化为育人资源，把科研设施转化为教学实践平台，鼓励学生和企业职员参与到科研项目中去，实现“科研—教学—学习—实践”有机结合，激发学生的自主性和创新性，以高水平的科研助力高层次人才培养。另一方面，借助高校丰富的竞赛平台，鼓励大批的在校学生发挥主观能动性，探索科研成果落地、应用、推广的的实践模式。

（三）产研融合：需求导向强化科研支撑

坚持在创新中谋发展求突破，要持续推进产研融合，强化“研”对“产”的支撑，助力突破数实融合发展的核心技术难题，并提高科研成果转化和产业化水平。在尝试数字化转型的过程中，生产和研发两个环节中的各类主体存在对接匹配不精准的问题，尚未构建一个一体化的创新生态体系，呈现出各难各的，各忙各的，研发端创新效率低下，生产端生产效率停滞不前的窘境。为此，应当围绕“以需求为导向，优化技术供给”为核心，从多个主体层面入手。第一，政府层面。政府要做好牵线工作，着力推进产研融合项目，搭建好项目交流、技术互动的平台，以浙江省的“揭榜挂帅”方法路径为例，浙江省委联动各部门开发并上线了“揭榜挂帅”产研融合互联网平台，通过搜集省域企业的技术需求，梳理得出一批放榜项目，连同榜金一并在平台上发布出来，实现创新资源和创新需求的高质量匹配，该平台取得了良好反响，取得普遍欢迎。第二，企业层面。引导企业积极参与科研院建设，扩大投资力度，将市场需求带到科研院所，融入到技术创新活动中去。第三，研究所层面。推动研究院加快走向企业化运营、市场化发展之路，积极为企业提供技术服务，与企业协同攻克一批关键核心技术，把科研能力转化为现实生产力。

第三节
微观层面政策体系设计

数字经济与实体经济融合是以微观个体的数字化转型为最终落脚点的，基于各类企业在数字化转型过程中面临的现实难题，本节分析并明确实体经济企业在吸收数字技术、坚持自主创新、加强数字经济运营能力方面的政策需求，从而为更好地推动企业数字化转型提供可行的建议。

一、推动数字技术吸收，深入实施智造工程

数字化转型要求企业打破传统运营方式，并将数字要素融入日常经营

的过程，同时，技术经济是数字经济最为显著的特征之一，推动技术成果转化，不断加强互联网、大数据、人工智能等数字技术在企业的创新应用，逐步将数字技术进步转化为企业的长期发展动能，这是推动数字经济赋能实体经济高质量发展战略落地生根的奠基之举。

（一）针对“不愿”难题：激发转型意愿

在数字时代的开局阶段，企业的数字化转型道路面临着高度不确定性，消除转型顾虑，激发企业的转型意愿至关重要。数字经济方兴未艾，要推动企业顺应从工业经济时代向数字经济时代迈进的必然趋势，主动变革企业经营模式，打造数字化运营模式，赋能企业高质量发展。通过揭示管理层人员的创新积极性低迷的心理动因，发现对收益的短视行为支配着相当一部分企业不愿进行数字化转型，管理层害怕承担决策失败的代价，因此政府可以以提认知、降成本和去风险为目的来布局数字化转型的激励政策。一方面，政府要着重提高企业管理层对数字化转型的认知能力，深入评判数字化转型对提升企业竞争力的意义，同时明确数字化转型并不简单等同于办公和业务的线上化，加强对企业数字化转型的整体统筹和长远规划。另一方面，政府要完善兜底政策，扩大企业在尝试数字化过程中的容错机制，最直接也是最有效的措施就是划拨资金，下放到符合标准的一批企业中去，充分发挥财政激励作用，但不能一味支持国有企业和大中型企业，要保证中小微企业获取同等的政策资源和福利。

（二）针对“不能”难题：提高应用能力

数字技术从研发到应用的过程并不能做到无缝衔接，为避免出现水土不服，需要应用主体将其消化、重塑，直到与自身完全契合，进而转化为发展的内生动力。受限于各方面因素，发展基础较为薄弱的企业在吸收数字技术方面存在“不能”吸收或吸收“不全”问题。对此，一是要提高数字技术的应用转化能力。一方面是要鼓励技术研发单位提高科技成果市场化程度，打通新技术应用落地的第一步；另一方面是要鼓励企业形成对新技术和新知识“消化、吸收、再创新”的良性应用过程，实现企业生态与数字生态系统紧密契合。同时，将外部资源最大程度地内化也更能够获得更多重组创新的潜在机会，使技术投资发挥更大价值。二是要完善数字技术的应用工具组合，“数字＋平台”架构是当前普遍采用的数字经济发展范式，工业互联网平台成为数字经济与实体经济融合发展的重要抓手，因此要充分发挥各类平台的工具性特质，鼓励大型互联网平台企业向市场输出科技成果，丰富实体企业的平台功能，将专业的研发工作交给市场中专业的角色来做，有效降低中小微企业踏足数字化转型的门槛和难度。

（三）针对“不会”难题：打造转型标杆

数字经济是发展的前沿领域，要打造标杆企业，充分发挥龙头骨干企业的赋能作用。在实践重要改革任务的过程中，在实力雄厚的地区进行试点是探索可复制、可推广的实现路径和实现形式的重要工作，在未来由点向面的推广过程中，试点扮演着标杆角色，为其他地区创造了“后动优势”，以尽可能地规避发展误区。在推动实体经济数字化转型升级的过程中，借鉴“试点”思维，鼓励龙头骨干企业先发展起来，并着力将其打造成转型标杆，深入剖析骨干企业的成果经验和失败教训，为后发企业提供借鉴，发挥“头雁效应”，这将极大地降低中小微企业的转型风险，有效带动整个市场向着数字方向前进。此外，还要健全数字化转型服务体系和必要的配套机制，由地方政府领头来聚合和组建出几个专业的咨询服务团队或部门，为企业提供转型方案设计、转型问题处置、转型风险评估等各项服务。

二、提高自主创新能力，转型进程提挡加速

数字经济是创新驱动的融合型经济模式，提高自主创新能力是数字时代下企业提高核心竞争力必然选择。关键领域创新能力不足的问题是当前我国数字经济“大而不强、快而不优”的突出表现。在数字化转型初期，企业大多受到资金、人才、技术可达性等各方面制约，抑或是出于试探性心理，不愿投入过多，更倾向于选择引进已成熟的技术，并直接应用于经营活动。但随着企业数字化改革的程度不断加深，市场上流通的技术已无法为企业创造足够的竞争力，唯有科技自立自强，从技术的引入这一方向创新主体转变，才能掌握市场主动权。

（一）壮大数字创新的智力支撑力量

数字经济是高知经济，科技研发是其发展的重要驱动力，壮大数字创新的智力支撑力量是数“智”赋能高质量发展的基础保障和关键要素。一

是吸纳人才，高素质数字技术人才往往会自发地向北京、上海、广东、深圳等东部沿海一线发达城区流入，而其余城市，特别是中西部地区，则面临着严峻的数字化人才不足问题。政府应制定更丰富的吸才利好政策，例如人才补贴、落户政策、配偶安置等措施，充盈区域内人才市场，同时，鼓励企业通过提高科技人才薪酬，优化人才服务等方式，留住关键人才，建好属于自己的数字技术核心人才梯队。二是展开合作，积极寻求与研发类企业、大学和科研院所等创新主体的技术研发合作，实现数字技术需求和供给的有效对接。短期来看，开展合作是比吸纳人才收益更快的技术获取方式，长期说来开展技术合作将给企业带来较高的成本，并具有灵活度较差、信息泄露风险高等弊端。三是员工深造，鼓励企业的在职员工再深造，进入院校进行半脱产学习，就前沿领域进行针对性的技能学习和实训，助力人才团队的提档升级。企业应当合理规划，利用好各种智力引进方式，保证企业在各个阶段的所求皆有所应。

（二）保证数字转型的投入资金来源

进一步发挥金融支持数字经济发展作用，保障微观主体数字化转型升级的资金来源。数字经济具有成本高、周期长、收益慢的显著特征，资金问题是广大企业，特别是中小型企业，对加入数字经济建设行列望而却步的核心问题之一。企业对于数字化转型存在两大忧虑：一是没有足够的资金支持自身放开拳脚，数字化转型参与度低；二是回报周期过长，阶段性的数字化改造未能给企业带来显著的、可观的收益，数字化转型失败率高。保障微观主体落实数字化转型的资金来源，是提高其转型升级意愿的关键。第一，面向政府，政府应增加对企业数字创新的财政支持规模。第二，面向社会，完善数字经济领域的投融资制度。政府应将“鼓励性”和“规范性”作为出发点，前者要求政府引导充分发挥资本市场的作用，例如，对重大数字技术应用进行领投，撬动社会资金倾倒等，同时进一步拓宽投融资渠道，实现多源引资。后者要求政府对多层次运转的资本市场予以调控，深化股票发行注册制度改革，避免出现违规举债、违规融资担保等资本乱象。第三，面向金融机构，优化信贷结构，持续扩大数字经济产业中长期贷款投放，降低领域内的贷款利率。综上所述，引导全社会的资金向企业数字创新领域倾倒，满足企业发展需求。

（三）明晰数字领域的知识产权问题

数字经济下数字技术高速更新迭代，提高企业创造、运用、保护、管理知识产权的意识和能力，对于激发员工创新积极性有着重要作用，是支持全面创新的基础制度。随着数字经济的不断发展，大数据、人工智能、区块链等数字技术的迭代发展，知识产权保护的新客体不断涌现，而数字经济的飞速发展与保护滞后之间的矛盾，给数字经济发展的未来带来了不确定性。企业是数字经济中最为活跃的主体，鼓励企业进行知识产权创新不仅有助于企业保持竞争力，更是推动我国知识产权强国建设的重要力量。而基于知识创新投入高、易扩散、收益慢等特征，越来越少的企业对知识创新保持坚持态度，特别是在数字时代网络全覆盖的背景下，知识的扩散越来越难以阻挡，知识产权面临着更大的被占用的可能性和风险。[①]第一，完善知识产权法律，探索基于数字经济理念的保护制度，重点关注数据确权、数据使用等关键问题，提高法律适用性，助力数字经济核心技术领域的发明专利授权和使用、知识产权质押融资等行为合法合规。第二，探索设立数字经济领域的知识产权案件审理专门化机构，为企业提供精准、高效的知识产权公共服务。第三，加强知识产权监管与监督，提高企业自律意识。

三、加强数字运营能力，优化融合运转环境

提高数字化战略的可持续性要求企业将对路径的探索限制在真实经营框架中，进而思考如何构建和提升数字化情境中的运营能力，如何优化数字技术和数据要素与现有业务活动的融合运转环境。数字化被称作是一场改革，意味着企业为了享受数字红利而不得不打破原有的经营模式，这个过程显然不是一蹴而就的，而是循序渐进的，因为在面对未知时，企业始终要依赖一部分传统业务活动来保证盈利。因此，如果将吸收数字技术视作实体经济企业加盟数字经济踏出的第一步，那么在这一循序渐进的改革过程中，内化外在的数字技术和数据要素工具为自身能量的关键在于不断加强数字运营能力并优化融合环境，应将其作为重点工作展开部署。数字

---

① 郭颖，魏佳奇，段炜钰．数字经济时代企业的知识产权保护——基于内部网络防御视角［J/OL］．软科学：1－12［2023－05－31］．http://kns.cnki.net/kcms/detail/51.1268.G3.20221223.0910.001.html.

运营能力强调企业在应用数字技术和使用数据要素时的稳定性，融合运转环境强调数字技术和数据要素与企业原有内部结构的融合性和交互水平。

（一）提升基础设施，夯实数字底座

实体经济中各类企业的数字化转型都需要强大的数字底座作为支撑，数字基础设施是数字底座的关键模块，亟须通过打造新一代数字基建释放数字原生力量，为企业转型兜底、发力。当前实体企业在数字基础设施建设方面面临的最大困难是，数字技术的快速迭代导致数字基础设施的断代式发展，企业如果想要应用最新的数字技术，就不得不花费大量的时间、金钱、人力去重复建设基础设施，否则就会出现“带不动”的问题。因此，为了加快数智化转型进程，企业应当就基础设施着手构建可进化架构，以满足多样化数字技术的多场景应用，避免由重复建设导致资源浪费和业务停滞。一方面，在信息基础设施方面，将专业的事情交给专业的人来做，实体企业应积极与市场上的数字技术开发类企业寻求合作，协同开发满足需求的产品，特别是各类数字平台。另一方面，在物理基础设施方面，企业，特别是制造类企业，要大胆拥抱以人工智能为核心的新型生产力，打造智能生产线以降本提效。

（二）加强数据管理，释放数据价值

随着数据的资产化特征逐渐凸显，为充分发挥数据要素价值，共享数据红利，不仅要加深数据使用，更要加快数据确权，并加强数据维权，从而保证市场秩序的平稳性。党的十九届四中全会中，数据首次被列入生产要素行列。相比传统物权，数据具有产量大、产速快、价值密度低等特点，因此数据确权的难度更高，更容易受到市场微观主体的忽视。传统物权更加注重物品的使用权，而数权的重点并不在于数据的独占，而是在于数据资源的共享和数据价值的个性化挖掘。2022 年，中共中央国务院就如何更好地发挥数据要素作用，发布了二十条建议，创新性地提出了数据资源持有权、数据加工使用权、数据产品经营权“三权分置”的制度框架。基于此，企业要坚定地做法律忠实的遵从者，一方面，善于拿起法律的武器维护自身权利，积极打击数据垄断、商业信息违法窃取等市场违规行为，另一方面，保证自身数据收集、数据使用、数据加工等行为合法合规，不随意侵犯他人权利，建立并坚守企业自律。

（三）把握人才需求，健全培育机制

数字经济背景下亟须的人才是创新重组的复合型人才，数字经济发展方兴未艾，要求市场人才与数字技术同生共长，要求企业以需求为导向建立好内部的人才培育机制，打好“引才、育才、用才”的组合拳。具体而言，数字时代对人才提出三大素质和能力要求：数字经济领导力、数字化业务能力和数字化治理能力。就微观层面来说，数字化业务能力是企业在数字化转型的进程中突出关注的，这要求人才向复合型成长，一方面要掌握应用数字技术的知识和能力，另一方面要深度适应业务场景。企业的数字化转型没有通用方案，而是在业务牵引下建立起来的，具有高度的个性化特征。而市场上的跨界人才是极其稀少的，这不得不要求企业以需求为导向建立好内部的人才培育机制，一方面是对 IT 人才进行业务指导，另一方面是对具有再学习潜质的业务精英进行数字化培育，使其掌握职能范围内的数字化感知与意识、数字化分析能力、数字化营销能力、数字化产品研发能力等。相对而言，前者的门槛较低，往往通过企业内部培训，花费较少的时间即可实现，而后者则大概率需要借助外部机构，如科研院所、高校等，需要投入更多的人力、物力、财力和时间，因此，有一定网络技术基础的专业性人才应是学员的首要选择。未来，随着数字时代发展的不断深入，外部环境将对领域内的从业者提出新的素质和能力要求，企业要答好“用人”的时代问卷，以前瞻性视角审时度势，加强团队建设，做好人才的培养工作。

第四节
本章小结

促进传统产业转型升级是着力推动实体经济高质量发展的重要内容，数字化变革正重塑全球产业链布局，为传统产业型中小企业转型升级带来了机遇与挑战。探索我国实体经济如何借“数”转型，是共谋高质量、可持续发展的关键议题，亟须制定涵盖宏观、中观、微观的全方位政策支撑

体系。在宏观层面，首先，完善顶层设计，一方面要根据发展实际，细化发展目标，另一方面要基于经济基础，优化总体布局。其次，加强制度供给，包括统一标准体系、完善安全体系、增加激励体系。再次，坚持动态调整，一是针对融合难题做动态总结，二是针对融合实况提动态建议，三是针对融合进程定动态规划。最后，提高治理能力，不仅要聚力完善规则体系，深入参与国际治理，还要加速健全实施细则，保障规则实施成效，更要发挥多方协同作用，加快编织治理网络。在中观层面，一是要通过推动数实产业融合式发展、引导融合产业集群式发展、优促重点产业先行式发展来赋能数智产业建设；二是要保障研发资金的投入和交易的市场公平来保障数字技术供给；三是要推动产教融合、科教融合和产研融合来助力数字研学合作。在微观层面，第一，推动数字技术吸收，通过激发转型意愿、提高应用能力、打造转型标杆，着力解决“不愿”“不能”“不会”问题。第二，提高自主创新能力，不仅要壮大智力支撑力量，还要保证投入资金来源，同时重视知识产权问题。第三，加强数字运营能力，通过提升基础设施、加强数据管理、把握人才需求来优化融合运转环境。

参考文献

[1] 白暴力，程艳敏，白瑞雪．新时代中国特色社会主义生态经济理论及其实践指引——绿色低碳发展助力我国“碳达峰、碳中和”战略实施［J］．河北经贸大学学报，2021，42（04）：26－36.

[2] 白万平，孙溶镁，白鸽，等．科技金融发展的产业结构升级效应研究——基于创业活力的视角［J］．贵州财经大学学报，2022，218（03）：59－68.

[3] 蔡超．论数字平台的兴起与数据商品的生成——基于马克思主义流通理论的考察［J］．消费经济，2020，36（06）：17－24.

[4] 蔡绍洪，谷城，张再杰．中国省域数字经济的时空特征及影响因素研究［J］．华东经济管理，2022，36（07）：1－9.

[5] 蔡跃洲，马文君．数据要素对高质量发展影响与数据流动制约［J］．数量经济技术经济研究，2021，38（03）：64－83.

[6] 曹建飞，韩延玲．数字经济对城市经济高质量发展影响的实证检验［J］．统计与决策，2022，38（16）：82－86.

[7] 曹伟，冯颖姣，余晨阳，等．人民币汇率变动、企业创新与制造业全要素生产率［J］．经济研究，2022，57（03）：65－82.

[8] 茶洪旺，左鹏飞．中国区域信息化发展水平研究——基于动态多指标评价体系实证分析［J］．财经科学，2016（09）：53－63.

[9] 陈景华，辛雨．数字经济对经济高质量发展地区差距的影响研究［J］．华东经济管理，2023，37（02）：1－12.

[10] 陈康，叶明华，王同江．数字金融服务如何影响农业保险的发展？——来自24个主要农业省份的经验证据［J］．兰州学刊，2022（04）：64－78.

[11] 陈曦．推动数字经济与实体经济深度融合：理论探析与实践创

新［J］. 人民论坛·学术前沿，2022（24）：64－76.

［12］陈晓红，李杨扬，宋丽洁，汪阳洁. 数字经济理论体系与研究展望［J］. 管理世界，2022，38（02）：208－224＋13－16.

［13］陈一明. 数字经济与乡村产业融合发展的机制创新［J］. 农业经济问题，2021（12）：81－91.

［14］陈昭，陈钊泳，谭伟杰. 数字经济促进经济高质量发展的机制分析及其效应［J］. 广东财经大学学报，2022，37（03）：4－20.

［15］崔慧霞. 数字经济与农业经济融合的需求、机制及路径［J］. 农业经济，2022（04）：6－8.

［16］丁松，李若瑾. 数字经济、资源配置效率与城市高质量发展［J］. 浙江社会科学，2022（08）：11－21＋156.

［17］干春晖，郑若谷，余典范. 中国产业结构变迁对经济增长和波动的影响［J］. 经济研究，2011，46（05）：4－16＋31.

［18］高培勇，杜创，刘霞辉，袁富华，汤铎铎. 高质量发展背景下的现代化经济体系建设：一个逻辑框架［J］. 经济研究，2019，54（04）：4－17.

［19］高培勇. 深刻理解社会主要矛盾变化的经济学意义［J］. 经济研究，2017，52（12）：9－12.

［20］郭美晨，杜传忠. ICT 提升中国经济增长质量的机理与效应分析［J］. 统计研究，2019，36（03）：3－16.

［21］韩峰，阳立高. 生产性服务业集聚如何影响制造业结构升级？——一个集聚经济与熊彼特内生增长理论的综合框架［J］. 管理世界，2020，36（02）：72－94＋219.

［22］何玉长，潘超. 经济发展高质量重在实体经济高质量［J］. 学术月刊，2019，51（09）：57－69.

［23］何宗樾，宋旭光. 数字经济促进就业的机理与启示——疫情发生之后的思考［J］. 经济学家，2020（05）：58－68.

［24］洪银兴，任保平. 数字经济与实体经济深度融合的内涵和途径［J］. 中国工业经济，2023（02）：5－16.

［25］胡西娟，师博，杨建飞. 数字经济壮大实体经济发展的机制识别和经验证据［J］. 经济问题，2022（12）：1－8.

［26］胡莹. 论数字经济时代资本主义劳动过程中的劳资关系［J］.

马克思主义研究，2020（06）：136－145.

［27］黄聪英．中国实体经济高质量发展的着力方向与路径选择［J］．福建师范大学学报（哲学社会科学版），2019（03）：51－61＋168.

［28］黄东兵，王灵均，周承绪，刘骏．制造企业人工智能创新如何赋能高质量发展——来自中国上市公司的经验证据［J］．科技进步与对策，2022，39（08）：110－120.

［29］黄群慧．论新时期中国实体经济的发展［J］．中国工业经济，2017（09）：5－24.

［30］黄赜琳，秦淑悦，张雨朦．数字经济如何驱动制造业升级［J］．经济管理，2022，44（04）：80－97.

［31］姜松，孙玉鑫．数字经济对实体经济影响效应的实证研究［J］．科研管理，2020（05）：32－39.

［32］金碚．关于“高质量发展”的经济学研究［J］．中国工业经济，2018（04）：5－18.

［33］荆文君，孙宝文．数字经济促进经济高质量发展：一个理论分析框架［J］．经济学家，2019（02）：66－73.

［34］邝劲松，彭文斌．数字经济驱动经济高质量发展的逻辑阐释与实践进路［J］．探索与争鸣，2020（12）：132－136＋200.

［35］李本庆，岳宏志．数字经济赋能农业高质量发展：理论逻辑与实证检验［J］．江西财经大学学报，2022（06）：95－107.

［36］李辉．大数据推动我国经济高质量发展的理论机理、实践基础与政策选择［J］．经济学家，2019（03）：52－59.

［37］李娟，刘爱峰．数字经济驱动中国经济高质量发展的逻辑机理与实现路径［J］．新疆社会科学，2022（03）：47－56.

［38］李巧华．新时代制造业企业高质量发展的动力机制与实现路径［J］．财经科学，2019（06）：57－69.

［39］李三希，黄卓．数字经济与高质量发展：机制与证据［J］．经济学（季刊），2022，22（05）：1699－716.

［40］李治国，王杰．数字经济发展、数据要素配置与制造业生产率提升［J］．经济学家，2021，（10）：41－50.

［41］李宗显，杨千帆．数字经济如何影响中国经济高质量发展？［J］．现代经济探讨，2021（07）：10－19.

[42] 刘贯春，司登奎，刘芳．人力资本偏向金融部门如何影响实体经济增长？[J]．金融研究，2021（10）：78－97.

[43] 刘淑春．中国数字经济高质量发展的靶向路径与政策供给［J]．经济学家，2019（06）：52－61.

[44] 刘伟，戴冰清，刘卫镇．数字金融能驱动经济高质量发展吗？——基于2011～2017年中国省级面板数据的实证分析［J]．经济社会体制比较，2021（06）：63－75.

[45] 刘晓欣，田恒．虚拟经济与实体经济的关联性——主要资本主义国家比较研究［J]．中国社会科学，2021（10）：61－82.

[46] 刘洋，肖远平．数字文化产业赋能实体经济高质量发展：市场逻辑、跨界效应及现实向度［J]．理论月刊，2021（12）：100－108.

[47] 陆岷峰．新发展格局下数据要素赋能实体经济高质量发展路径研究［J]．社会科学辑刊，2023（02）：143－151.

[48] 吕铁，李载驰．数字技术赋能制造业高质量发展——基于价值创造和价值获取的视角［J]．学术月刊，2021，53（04）：56－65＋80.

[49] 罗来军，蒋承，王亚章．融资歧视、市场扭曲与利润迷失——兼议虚拟经济对实体经济的影响［J]．经济研究，2016（04）：74－88.

[50] 罗千峰，赵奇锋，张利庠．数字技术赋能农业高质量发展的理论框架、增效机制与实现路径［J]．当代经济管理，2022，44（07）：49－56.

[51] 罗茜，王军，朱杰．数字经济发展对实体经济的影响研究［J]．当代经济管理，2022（07）：72－80.

[52] 马文武，韩文龙．数字经济赋能乡村振兴的内在逻辑与实现路径［J]．天津社会科学，2023（03）：91－98.

[53] 裴长洪，倪江飞，李越．数字经济的政治经济学分析［J]．财贸经济，2018，39（09）：5－22.

[54] 任保平，何厚聪．数字经济赋能高质量发展：理论逻辑、路径选择与政策取向［J]．财经科学，2022（04）：61－75.

[55] 任保平．数字经济赋能高质量发展的现代化治理体系研究［J]．学术界，2022（12）：24－30.

[56] 史宇鹏，王阳，张文韬．我国企业数字化转型：现状、问题与展望［J]．经济学家，2021（12）：90－97.

[57] 苏治，方彤，尹力博．中国虚拟经济与实体经济的关联性——基

于规模和周期视角的实证研究［J］. 中国社会科学，2017（08）：87－109.

［58］唐文浩. 数字技术驱动农业农村高质量发展：理论阐释与实践路径［J］. 南京农业大学学报（社会科学版），2022，22（02）：1－9.

［59］唐要家，王钰，唐春晖. 数字经济、市场结构与创新绩效［J］. 中国工业经济，2022，415（10）：62－80.

［60］田秀娟，李睿. 数字技术赋能实体经济转型发展——基于熊彼特内生增长理论的分析框架［J］. 管理世界，2022，38（05）：56－74.

［61］汪芳，石鑫. 中国制造业高质量发展水平的测度及影响因素研究［J］. 中国软科学，2022，374（02）：22－31.

［62］王如玉，梁琦，李广乾. 虚拟集聚：新一代信息技术与实体经济深度融合的空间组织新形态［J］. 管理世界，2018（02）：13－21.

［63］王儒奇，陶士贵. 数字经济如何影响实体经济发展——机制分析与中国经验［J］. 现代经济探讨，2022（05）：15－26.

［64］韦庄禹. 数字经济发展对制造业企业资源配置效率的影响研究［J］. 数量经济技术经济研究，2022，39（03）：66－85.

［65］文春晖，任国良. 虚拟经济与实体经济分离发展研究——来自中国上市公司 2006－2013 年的证据［J］. 中国工业经济，2015（12）：115－129.

［66］夏杰长，姚战琪，徐紫嫣. 数字经济对中国区域创新产出的影响［J］. 社会科学战线，2021（06）：67－78.

［67］徐华亮. 中国制造业高质量发展研究：理论逻辑、变化态势、政策导向——基于价值链升级视角［J］. 经济学家，2021（11）：52－61.

［68］徐星，惠宁，崔若冰，等. 数字经济驱动制造业高质量发展的影响效应研究——以技术创新效率提升与技术创新地理溢出的双重视角［J］. 经济问题探索，2023（02）：126－43.

［69］姚战琪. 数字经济对我国制造业出口竞争力的影响及其门槛效应［J］. 改革，2022（02）：61－75.

［70］叶祥松，晏宗新. 当代虚拟经济与实体经济的互动——基于国际产业转移的视角［J］. 中国社会科学，2012（09）：63－81.

［71］张腾，蒋伏心，韦朕韬. 数字经济能否成为促进我国经济高质量发展的新动能？［J］. 经济问题探索，2021（01）：25－39.

［72］张延林，王丽，谢康，张德鹏. 信息技术和实体经济深度融合：

中国情境的拼创机制［J］. 中国工业经济，2020（11）：80－98.

［73］赵涛，张智，梁上坤．数字经济、创业活跃度与高质量发展——来自中国城市的经验证据［J］. 管理世界，2020，36（10）：65－76.

［74］郑琼洁，曹劲松．数字经济与实体经济融合的基本逻辑及路径选择［J］. 江苏社会科学，2023（01）：95－102.

［75］周清香，李仙娥．数字经济与农业高质量发展：内在机理与实证分析［J］. 经济体制改革，2022（06）：82－89.

［76］Acemoglu D，Restrepo P. Robots and jobs：Evidence from US labor markets［J］. Journal of Political Economy，2020，128（6）：2188－2244.

［77］Caputo F.，Cillo V，Candelo E，et al. Innovating through Digital Revolution：The Role of Soft Skills and Big Data in Increasing Firm Performance［J］. Management Decision，2019，57（8）：2032－2051.

［78］CHEN Y. Improving market performance in the digital economy［J］. China Economic Review，2020，62.

［79］DARON A，PASCUAL R. Low－skill and high－skill automation［J］. Journal of human capital，2018，12（2）：204－232.

［80］Dorn D. This job is "getting old"：Measuring changes in job opportunities using occupational age structure［J］. American Economic Review，2009，99（2）：45－51.

［81］Eapen A. Social structure and technology spillovers from foreign to domestic firms［J］. Journal of International Business Studies，2012，43（3）：244－263.

［82］FRANK L. Computer and populism：artificial intelligence，jobs，and politics in the near term［J］. Oxford Review of Economic Policy，2018，34（3）：393－417.

［83］Georg Graetz，Guy Michaels. Robots at Work［J］. Review of Economics and Statistics，2018，100（5）：753－768.

［84］Georgiadis C K，Stiakakis，et al. Editorial for the Special Issue：Digital Economy and E－commerce Technology［J］. Operational Research，2013，13（1）：1－4.

［85］Gomber P，Koch J A，Siering M. Digital Finance and FinTech：Current Research and Future Research Directions［J］. Journal of Business Economics, 2017, 87 (5): 537 -580.

[86] Humna Ahsan, M Emranul Haque. Threshold effects of human capital: Schooling and economic growth [J]. Economics Letters, 2017, 156: 48 -52.

[87] KHANDELWAL A K, SCHOTT P K, WEI S J, et al. Trade liberalization and embedded institutional reform: evidence from Chinese exporters [J]. American Economic Review, 2013, 103 (6): 2169 -2195.

[88] Mahshid Bagheri et al. Internationalization Orientation in SMEs: The Mediating Role of Technological Innovation [J]. Journal of International Management, 2018, 25 (1): 121 -139.

[89] Maryam Ghasemaghaei, Goran Calic. Does big data enhance firm innovation competency? The mediating role of data - driven insights [J]. Journal of Business Research, 2019, 104 (C): 69 -84.

[90] Neil T. Bendle, Xin (Shane) Wang. Uncovering the message from the mess of big data [J]. Business Horizons, 2016, 59 (1): 115 -124.

[91] Nunn N, Qian N. US Food Aid and Civil Conflict [J]. American Economic Review, 2014, 104 (6): 1630 -1666.

[92] S. Wang et al. Big Data enabled Intelligent Immune System for energy efficient manufacturing management [J]. Journal of Cleaner Production, 2018, 195: 507 -520.

[93] Tone K. A slacks - based measure of efficiency in data envelopment analysis [J]. European Journal of Operational Research, 2001, 130 (3): 498 -509.

[94] Zhou P, Ang B W, Han J Y. Total factor carbon emission performance: A Malmquist index analysis [J]. Energy Economics, 2010, 32 (1): 194 -201.

